Dieter A. Binder

Die Freimaurer

HERDER / SPEKTRUM
Band 4631

Das Buch

Die Freimaurer standen seit ihrer Gründung im Zentrum wildester Spekulationen, Angstphantasien und Verschwörungstheorien und mußten immer wieder als Sündenböcke für schwierige politische, wirtschaftliche und gesellschaftliche Entwicklungen herhalten. Kaum eine Abscheulichkeit oder Niedertracht, die man ihnen nicht in die Schuhe geschoben hat. In diesem Buch gibt ein Nicht-Freimaurer einen lückenlosen historischen Überblick von der Gründung der ersten Großloge in London 1717 über die nationalen und übernationalen Entwicklungen und Ausformungen bis in die Gegenwart hinein. Brisante Fragen um Freimaurerei und Kirche, Politik und Gesellschaft werden sachlich und nüchtern in ihren Zusammenhängen gedeutet. Ausführlich werden die geheimnisumwitterten Zeremonien und Riten vorgestellt. So wird auch für den „profanen" Leser das Selbstverständnis der Maurer, ihre Grundregeln, ihre Lebensprinzipien und auch ihre Lebensfreude verständlich. Ein alphabetisches Begriffslexikon zu den Symbolen, Riten, Strukturen und Gebräuchen schafft Übersicht und erhöht den Gebrauchswert.

Der Autor

Dieter A. Binder, Universitätsdozent für Neuere Geschichte an der Universität Graz, geboren 1953, Studium in Graz, Wien und Bonn; Promotion 1976, Habilitation 1983.

Dieter A. Binder

Die Freimaurer

Ursprung, Rituale und Ziele einer diskreten Gesellschaft

Herder
Freiburg · Basel · Wien

Lizenzausgabe mit freundlicher Genehmigung des
Styria Verlags, Graz/Wien/Köln
Originaltitel: Die diskrete Gesellschaft. Geschichte und
Symbolik der Freimaurer

Satz: Fotosetzerei G. Scheydecker, Freiburg i. Br.
Herstellung: Freiburger Graphische Betriebe 1998
Umschlaggestaltung: Joseph Pölzelbauer
Umschlagmotiv: Drei Säulen; Linolschnitt von Heinz Braun

ISBN 3-451-04631-8

Inhalt

Teil II: Der Weg zur Meisterschaft

Vorwort

Zusammenschlüsse, Gruppenbildungen, Männerbünde, die sich bewußt abgrenzen, waren und sind immer wieder Anstoß für Vermutungen, Gerüchte und im schlimmsten Falle für Verschwörungstheorien. Freimaurerei, Service Clubs oder der CV werden dann je nach Standpunkt des Betrachters zu vorsintflutlichen anachronistischen Vereinen, zu Protektionsmechanismen, zu geselligen Kegelklubs oder zu sinistren Beherrschern des Staates, wenn nicht gar der ganzen Welt. Je diskreter die Mitgliedschaft gehandhabt wird, desto größer wird häufig der Erwartungshorizont des Außenstehenden; ob er nun grundsätzlich positiv oder negativ eingestellt ist, spielt dabei kaum eine Rolle.

Die Freimaurerei als klassische diskrete Gesellschaft stand nahezu seit ihrer Gründung im Zentrum derartiger Vermutungen und Spekulationen. Ähnlich wie die Juden mußten sie immer wieder als des Rätsels Lösung herhalten; komplizierte wirtschaftliche oder soziale oder politische Entwicklungen, die für den Zeitgenossen schwer verständlich waren, wurden damit auf ein griffiges Schlagwort reduziert: Die Freimaurer waren es, die die Französische Revolution und die Schreckensherrschaft der Jakobiner organisierten, die Freimaurer waren es, die den Ersten Weltkrieg auslösten, die Freimaurer waren es, die die Weltwirtschaftskrise für ihre Zwecke der Bereicherung nutzten, die in Rußland den Bolschewismus trugen und die die New Yorker Börse beherrschten. Ab und zu verboten sie sich dann zwecks Tarnung – auch noch selbst. Und immer waren sie es, die die Karriere des Betrachters stoppten und für beunruhigende Nachrichten sorgten. Und weil ein Sündenbock zu gering war oder vielleicht doch zu überspannt wirkte, suchte man nach weiteren. Ein erfolgloser deutscher General – Erich Ludendorff – faßte u.a. diese Bilder, den Nationalsozialisten vorarbeitend, wenig originell zusammen: Freimaurer, Juden und Jesuiten.

Natürlich gab es daneben differenzierende Betrachter, natürlich gab es auch zeitbedingte Auseinandersetzungen auf politischer oder theologischer Ebene, die, inhaltlich argumentierend, die Kontroverse führten.

Und es gibt in einem sehr großen Ausmaß jene Menschen, die die Mechanismen der Verschwörungstheoretiker erkannt haben und ablehnen, die aber auch ein gewisses Informationsbedürfnis haben; und dieses wenigstens ansatzweise zu befriedigen, hat der Verlag mich angeregt. In den letzten Jahren wiederholt gehaltene Vorträge vor interessierten Laien haben mich überdies mit ganz spezifischen Fragen konfrontiert, die mich bei der Gestaltung leiteten. Daß ich trotz des wohlmeinenden Rates eines gewichtigen Kollegen, mich nicht in scheinbar angestammte Gebiete hineinzubewegen, die Arbeit zu Ende bringen konnte, verdanke ich jenen, die mich stets und uneigennützig unterstützt haben. Herrn Direktor Herbert Schneider vom Deutschen Freimaurermuseum in Bayreuth sei gedankt; er half wie die Stiftung Bibliotheca Masonica August Belz St. Gallen stets und unbürokratisch, und er las schließlich das Manuskript des Nichtmaurers. Alle jene Stellen und Personen aufzuzählen, die bereitwillig meine Briefe beantworteten, mit mir Gespräche führten, ist unmöglich. Das offene Klima der deutschen Freimaurerei hat hier aber sicher eine große Rolle gespielt. Die Begegnungen in Österreich – besonders in Kärnten – waren aber ebenso lehrreich und freundlich entgegenkommend.

Danken will ich den Institutsvorständen des Instituts für Kirchengeschichte an der Karl-Franzens-Universität Graz, Univ.-Prof. Dr. Maximilian Liebmann und Univ.-Prof. Dr. Karl Amon, die echte Nachbarschaftshilfe leisteten. Und schließlich sage ich Dank der Familie und den Freunden, die es ertrugen, daß ich mich zeitweise monoman meiner Arbeit widmete.

In Zeiten, in denen dummdreiste Verschwörungstheoretiker unterschiedlichster ideologischer Herkunft alte Feindbilder reaktivieren, um als „neue" Rechte alten Zielen zu dienen, ist es auch für einen Autor ein gutes Gefühl, mit nüchterner Informatione sich an ein großes Publikum mit einer Taschenbuchausgabe wenden zu können.

Graz, 1998 DIETER A. BINDER

Teil I
Vorgeschichte

Entstehungstheorien

Auf die Frage, was Freimaurerei sei, folgen – je nach Standpunkt des Befragten – Antworten, die von der exakten Selbstdefinition über kritische Anmerkungen einen elitären Männerbund betreffend zur kämpferischen Anklage, zur dummen Verleumdung, zu Verschwörungstheorie und Aberglaube, zum Scherzwort „Freimaurer – das sind traurige Schlaraffen!" reichen. Es ist wohl über keine soziale Gruppenbildung von berufener und unberufener Seite, von Befürwortern und Gegnern seit dem 18. Jahrhundert eine derartige Fülle von Informationen publiziert worden, wie in diesem speziellen Bereich, und dennoch gehen die Desinformationen, Spekulationen und Gerüchte weiterhin um, weil diesem „Geheimbund" alles zugemutet und zugetraut wird; präzise Forschungsergebnisse werden dabei ebenso ignoriert wie umfassende Aufklärungsmaßnahmen.

Hinzu kommt, daß es daneben eine freimaurerische Apologetik gibt, die immer wieder und teilweise heute noch historische Forschungsergebnisse mit systemimmanenten Interpretationen vermischt, die nur allzu häufig zu einer völlig unkontrollierten Theorienbildung geführt haben. „Die Freimaurer sind allezeit schlechte Geschichtsschreiber ihres Ordens gewesen und haben sich von jeher an zufällige Übereinstimmungen gehalten, um alle möglichen kühnen Geister alter und neuer Zeit für Freimaurer erklären zu können." Mit diesen Worten Fritz Mauthners leitet der bedeutende freimaurerische Historiograph Oskar Posner[1] seine Darstellung der historischen Wurzeln der Freimaurerei ein, wobei er – gleichsam erklärend – hinzufügt, daß „seitdem Menschen in Gruppen zusammenleben ... es immer etwas gegeben" hat, „was sich mit der Freimaurerei vergleichen ließ". Und so sind frühe freimaurerische Geschichtsschreiber bis zu Adam gekommen, „der mit

Der Baumeister mit Winkelmaß. Zirkel Lot und dem Buch auf einem Holzschnitt von Jost Amman (1536) trägt hier Symbole seines Standes; eine ahistorische Interpretation könnte darin auch die großen Lichter der Freimaurerei sehen – das Buch des Heiligen Gesetzes, Zirkel und Winkelmaß.

Meister Pilgram als Baumeister der Dombauhütte mit dem Zirkel als Zeichen seines Berufes im Wiener Stephansdom.

seinen Söhnen Loge hielt". Vereinzelt ist man in der Begeisterung noch weiter gegangen: „Alte maurerische Tradition behauptet ..., daß unsere Gesellschaft schon vor den verschiedenen Sonnensystemen bestanden hat"; ein Faktum, das jener Maurer, der es überliefert, persönlich voll akzeptiert.[2] Ausgehend von dieser Mentalität wird schließlich die Liste der legendären Großmeister verständlich, in der sich Jesus Christus und der Erzengel Michael genauso befinden wie Moses, Noah, Salomon, Phaleg, der Baumeister des Turmes von Babel, oder Hiram, der legendäre Baumeister des Salomonischen Tempels. So hat ein bedeutender französischer Maurer bereits um die Jahrhundertwende in 206 Werken über den Ursprung der Freimaurerei folgende 39 verschiedenen Angaben über die Herkunft gefunden:

28 in den Bauhütten der gotischen Steinmetzen,
11 in England, 5 unter den Anhängern der Stuarts,
5 in Schottland,
3 in Frankreich,
1 in Schweden (anno 1125),
1 in China,
1 in Japan,
1 in Wien,
1 in Venedig,
5 unter den Jesuiten,
7 im Kreis der alten Rosenkreuzer,
5 als Folge der Kreuzzüge,
12 im Templerorden,
1 bei den Albigensern,
2 in der Vereinigung „Nova Atlantis" des Bacon,
4 unter den Druiden,
1 bei den alten Germanen,
3 in Skandinavien,
2 im vorgeblichen Turm zu Wilwinning,
9 im alten Rom,
7 in Griechenland,
18 in Ägypten,

Berniger0th fec. 1746.

Wenige Jahre nach der Gründung der ersten Großloge setzte die „Enthüllungsliteratur" ein.

Die

zerschmetterten Freymäurer,

Oder

Fortsetzung

des verrathenen

Ordens der Freymäurer.

Franckfurt und Leipzig,

1746.

1 im Orient (ohne genau zu sagen, wo),
1 in Persien,
1 in der Person des Zoroaster,
1 bei den Heiligen Drei Königen,
6 im alten Indien,
1 im alten Chaldäa,
6 unter den Juden (ohne genauere Angaben),
1 im Orden der Mörder,
1 bei den Manichäern,
10 im Urchristentum oder bei Jesus Christus selbst,
3 bei den Maurern, die den Tempel des Salomon erbaut haben,
1 unter den Arbeitern, die bei Errichtung des babylonischen Turms beschäftigt waren,
3 bei den Überlebenden der Sintflut,
20 verlieren sich in die Dunkelheit der Geschichte,
15 verfolgen den Ursprung der Freimaurerei bis in die Genesis zurück, indem sie bereits im irdischen Paradies eine Loge entdecken,
1 vor der Erschaffung der Welt.

Präzis analysiert Gottlieb Imhof[3] den Ursprung dieser naiv anmutenden Geschichtsklitterungen: „Es ist nicht zu bestreiten: die Analogien zwischen dem freimaurerischen Brauchtum und demjenigen sowohl antiker Mysterienbünde, aber auch von Männerbünden bei den Primitiven der Jetztzeit sind oft geradezu beunruhigend. Aber was beweisen sie in Wirklichkeit? Trotz gegenteiliger Behauptung ist das Gebiet der Symbolik bei weitem nicht unbegrenzt. Im wesentlichen haben wir es immer mit der Wechselwirkung gegensätzlicher Prinzipien zu tun, wie Gut und Böse, Kosmos und Chaos, Licht und Finsternis, Himmel und Hölle. ... Aber ihr Urgrund ..., der Dualismus, der die Innen- wie die Außenwelt spaltet, ist stets derselbe." Derartige Ähnlichkeiten haben zu irrigen Schlüssen geführt und haben mit der „Sucht, einen fabelhaften Stammbaum zu besitzen", unzählige, heute unvorstellbare Blüten getrieben. In dieser Richtung hat auch jüngst Hans Biedermann verblüffende Ähnlichkeiten aufgezeigt.[4] Für Paul Naudon müssen diese „naiven Legenden" aber unter Berufung auf ein Wesensmerkmal der Freimaurerei „in ihrer esoterischen Bedeutung verstanden werden. Es soll zum Ausdruck kommen, daß die Freimaurerei immer bestanden hat, wenn nicht tatsächlich, so doch als geistiges Prinzip, und daß die Universalität der Menschheit über Raum und Zeit ihre Berufung ist."[5] Dabei darf dieses Erklärungsmodell nicht als ein weiterer Versuch abgetan werden, doch noch „eine ganz amüsante Zahl von Kranzträgern zusammenzustellen".[6]

In einer offiziösen Publikation der deutschen Freimaurerei werden die Vorläufer bzw. die Wurzeln der modernen Freimaurerei dreistufig dargestellt.[7] „Als Mysterienbund geht die Freimaurerei auf Vorläufer zurück, die wir hier erwähnen müssen, auch wenn Zusammenhänge direkt nicht nachzuweisen sind": den Kult der Brahmanen, die Osirislegende, die Eleusinischen Mysterien, den Bund der Pythagoräer, den Mysterienkult der Essener, den Mithras-Kult, die Kabbala, die Gnosis, die Druiden und Barden. Ausdrücklich wird darauf hingewiesen, daß diese Mysterienbünde nur „die möglichen esoterischen Wurzeln" aufzeigen. Gemeinsam ist diesen aus so unterschiedlichen Kulturkreisen und Zeiten stammenden Bünden die Initiation, die Einhaltung von Ritualen, Erkennungszeichen, Symbolen, die Verpflichtung zur Verschwiegenheit und häufig die Gliederung ihrer Mitglieder nach Graden mit unterschiedlichen Aufgaben, Einflußmöglichkeiten etc. Nachweislich sind verschiedene Elemente einzelner dieser Mysterienbünde in die moderne Freimaurerei durch bewußte Rückgriffe eingegangen; so hat z.B. die Gedankenwelt der Gnostiker einen entscheidenden Einfluß auf Ignaz A. Fessler, den Schöpfer eines freimaurerischen Rituals, ausgeübt.

Ausgehend vom Zweiten Buch der Chronik des Alten Testamentes, Vers 10–16, wo von Hiram, dem Sohn einer jüdischen Witwe, als Baumeister beim Salomonischen Tempelbau die Rede ist, entstand in der frühen Freimaurerei eine Baulegende, in der Hiram 34 000 Mann, in Meister, Gesellen und Lehrlinge geteilt, befehligt. Den einzelnen Gruppen übergibt er zur Erleichterung bei der Lohnauszahlung geheime Losungsworte. Um an das Meisterwort heranzukommen, überfallen drei Gesellen Hiram und töten ihn, ohne an ihr Ziel gelangt zu sein. Ohne hier auf Details einzugehen, muß festgehalten werden, daß in der Erhebung des Gesellen zum Meister innerhalb der Johannismaurerei, die in der „Spiritualisierung" des Salomonischen Tempelbaues ihr Kernstück besitzt, dieser Vorgang nachvollzogen wird. Der Akazienzweig, der den Grabhügel Hirams markiert, wird ein spezielles Symbol, sein gleichsam familiärer Stand – Sohn der Witwe – wird auf die Freimaurer – Söhne der Witwe – übertragen.[8]

In der politischen Konfrontation wird aus der Hiramslegende seitens der katholischen Stuarts und ihrer Anhänger Kapital geschlagen; die im Exil lebenden Anhänger der Stuarts sollen zur besseren Organisation ihrer Tätigkeit um die Mitte des 17. Jahrhunderts Logen in Frankreich gegründet haben, wobei sie sich der Hiramslegende bedienten, um ein passendes System für ihre Paßworte und Erkennungszeichen zu besitzen. Die Ermordung Hirams wurde auf die Hinrichtung Karls I. gemünzt, dessen Frau, Henriette von Frankreich, wurde zur „Witwe", und die Kinder, die Prinzen Karl und Jakob, wurden zu den „Söhnen der Witwe".[9]

Im Gegensatz zu dieser gleichsam politischen katholischen Interpretation des Kernstückes des dritten Grades steht die Theorie von der protestantischen Herkunft der Maurerei, die in dieser den Versuch Cromwells erblickte, die religiösen Streitigkeiten in England zu beenden.

Während in der Hiramslegende der Meistergrad der Johannismaurerei esoterische Bezugspunkte hat und diese als solche von der Freimaurerei heute durchaus im symbolischen und psychologischen Sinn interpretiert werden[10], ge- und mißbrauchten „vom Urahnenkult" besessene Freimaurer „die antiken Institutionen zur Gründung immer neuer Systeme"[11], deren bruchstückhaft bekanntgewordene Symbolik die Phantasie breiter Massen beflügelt und den krausen Gedankengängen unterschiedlich gebildeter Verschwörungstheoretiker Nahrung geboten hat. Dabei hat sich im Volksglauben ein ganzer freimaurerischer Formenkreis entwickelt, der von K. Werhan und K. Olbrich zu Beginn des 20. Jahrhunderts übersichtlich dargestellt worden ist; das Fortleben dieses Aberglaubens bis in die Gegenwart – sieht man hier von den kämpferischen Antifreimaurern ab – haben Volker Knieriem und Theo Gantner festgehalten.

Mit dem Auftreten der Freimaurer zu Beginn des 18. Jahrhunderts übertrug man im Volk das, was „man bisher von Teufelsdienern, Hexen und Zauberern glaubte und dachte, ... nun auf die Freimaurer".[12] Damit wurde auch der Teufel zu einem der legendenhaften Gründer der Freimaurerei, der aber in der Regel weiterhin engsten Kontakt mit den Maurern zu halten pflegte und in unterschiedlichster Form in den Logen auftrat bzw. mit jedem Neuaufgenommenen in sehr persönlicher Weise Bruderschaft zu machen pflegte. Besonders drastisch treten derartige Vorgänge bei Verschwörungstheoretikern zutage. Diese wittern häufig in den Hochgraden besonders gefährliche Vertreter des Maurertums, die sie „mit dem Teufel im Bunde" wähnen. Die Hochgradsysteme lassen sie in einem alles beherrschenden obersten Maurer münden; typisch für derartige Überlegungen ist das Geraune dieser Kreise über den ehemaligen Bundeskanzler von Österreich und Nichtmaurer Bruno Kreisky, dessen Wahlerfolge bei ihnen die Vermutung haben aufkommen lassen, daß er mindestens den 33. Grad besitze, während man seinem Nachfolger, dem sehr hausbacken wirkenden deklarierten Maurer, Fred Sinowatz, den dritten Grad zugebilligt hat.

In diesen Bereich fällt auch eine klassische Entstehungstheorie, die ihren Ursprung in der antifreimaurerischen Literatur hat und auf der Verwendung hebräischer Worte im Ritual beruht die Freimaurerei als jüdische Schöpfung. Global denkende Verschwörungstheoretiker haben mit diesem Modell bis in die Gegenwart ihre These von der Verschwörung des „Weltjudentums" und der „Weltfreimaurerei" unter abenteuerlichsten Kombinationen aufrechterhalten; der geheimnisvolle, stets als vorhanden angenommene oberste Drahtzieher nimmt dabei nur allzuoft Züge eines Rabbiners in der Kleidung eines Großmeisters an und kann in extremen Fällen auch noch mit jesuitischen Zügen gepaart werden. Dieser Versuch einer Entstehungstheorie wirkt um so grotesker, wenn man feststellt, daß den Juden sehr lange der Eintritt in Logen aufgrund ihrer Religion unmöglich gemacht wurde, da nur Christen Aufnahme finden konnten.[13] In unnachahmlicher Weise hat der Freimaurer Kurt Tucholsky derartige Kombinationen der Verschwörungstheoretiker in einem Erich Ludendorff „gewidmeten" Gedicht fixiert:

„Hast du Angst, Erich? Bist du bange, Erich?
Klopft dein Herz, Erich? Läufst du weg?
Wolln die Maurer, Erich – und die Jesuiten, Erich,
dich erdolchen, Erich – welch ein Schreck!
Diese Juden werden immer rüder.
Alles Unheil ist das Werk der … Brüder.
Denn die Jesuiten, Erich – und die Maurer, Erich –
und die Radfahrer – die sind schuld
an der Marne, Erich – und am Dolchstoß, Erich –
ohne die gäbs keinen Welttumult.
Jeden Freitag abend spielt ein Kapuziner
mit dem Papste Skat – dazu ein Feldrabbiner;
auf dem Tische liegt ein Grand mit Vieren –
dabei tun sie gegen Deutschland konspirieren …
Hindenburg wird älter und auch müder …
Alles Unheil ist das Werk der ∴ ∴ Brüder."[14]

Charakteristisch für die von Tucholsky angedeutete Geisteshaltung ist auch nachstehender Bericht eines prominenten Diplomaten des alten Österreichs.[15] „Die Freimaurer, welche aus ganz Italien zusammengeströmt waren und mit Hunderten von Fahnen, auf denen die Embleme der einzelnen Logen gestickt waren, am Zuge teilnahmen, forderten für ihre Banner den Vortritt vor den Feldzeichen jener Regimenter, die sich an der Einnahme der Porta Pia beteiligt hatten. Militärischerseits wurde dies verweigert. Die politische Entscheidung fiel aber zugunsten der Freimaurer aus. Daraufhin verließen die Abteilungen mit den Regimentsfahnen den Zug und marschierten auf einem abgekürzten Weg zur Gedenkstätte, um dort als die ersten einzutreffen. Das Risorgimento, wie auch der Eintritt Italiens an der Seite unserer Feinde in den Weltkrieg, kann zum großen Teil als Werk der italienischen Freimaurerei bezeichnet werden. In Italien, wo die Logen des symbolischen Ritus dem Großorient von Rom unterstanden, hatten sich einige Logen, die sich zum schottischen Ritus bekannten, unter protestantischer Führung abgezweigt. Zwischen dem Großorient von Rom und jenem von Paris bestanden enge Beziehungen. Paris nahm auch durch Geldsubsidien entscheidenden Einfluß auf die zum Kriegsausbruch im Jahr 1915 treibende Einstellung der italienischen Freimaurer.

Gemeinsam führten sie dann den Kampf gegen einen vorzeitigen Frieden und gegen die Friedensaktion Papst Benedikts XV. Sie erreichten es auch, daß ihrem Verlangen nach Ausschluß des Papstes von der Friedenskonferenz Rechnung getragen wurde. Bemerkenswert ist die enge Verbindung zwischen der französischen Freimaurerei mit dem Judentum, vertreten durch die Alliance Israelite, deren leitende Männer fast ausschließlich Franzosen und gleichzeitig Freimaurer sind. Dadurch verfügt der Pariser Großorient über die Möglichkeit, die Mittel dieser unerschöpflich reichen jüdischen Organisation in Anspruch zu nehmen."

Als wesentlich konkretere Wurzel der modernen Freimaurerei werden die beruflichen Zusammenschlüsse der Handwerker und die Ritterorden angeführt. „Erstere bilden die Grundlage für die Werkfreimaurerei, von den Ritterorden beziehen die freimaurerischen Hochgrade wesentliches Gedankengut."[16]

In der hypothetischen Vorgeschichte der Freimaurerei spielen neben dem Malteserorden – besonders Raymond du Pay, 1. Hochmeister und Begründer der dreigliedrigen Ordenshierarchie: Ritter, Ärzte und Priester, dienende Brüder – und dem Deutschen Ritterorden – ebenfalls straff gegliedert mit einem Großmeister und Großwürdenträgern an der Spitze – vor allem die Tempelritter und ihr letzter Großmeister, Jacques de Molay, eine beachtliche Rolle. Mit der Verbrennung de Molays und seines Gefolges 1314 und der daran anschließenden Verfolgung der Templer bzw. der Vernichtung des Ordens entstand die Legende, daß „durch geflohene Tempelritter, die über schottische Bauhütten ihr Wissen in die Freimaurerei eingebracht hätten, vor allem freimaurerische Hochgrade legitime Geisteserben des Templerordens" wären.[17]

Die Templer-Theorie stützt sich auf das hohe Ansehen der Templer als Bauherren und auf der Annahme, daß der Orden trotz seiner Verurteilung und Verfolgung seinen Fortbestand sichern wollte. Pierre d'Aumont, ein Großmeister, dem zusammen mit zwei Kommandeuren und fünf Rittern die Flucht nach Schottland geglückt war[18], soll wohlwollend vom schottischen König Robert I. Bruce, der selbst seit 1306 gebannt war, aufgenommen worden sein und weitere bereits glücklich dem römischen Zugriff entgangene Templer um sich gesammelt haben; dieser Kreis aber bediente sich nun der Logen als Organisationsträger. Als Beweise für die Stichhaltigkeit dieser Theorie werden u. a. angeführt eine kirchliche Verurteilung von geheimen Gesellschaften aus dem Jahre 1326 und die Änderung des Eides, die man aus dem Regius-Manuskript – eine der ältesten Quellen maurerischer Geschichtsschreibung – zu erschließen können glaubt.[19] Bis dahin seien lediglich Berufsgeheimnisse durch einen Eid unter den Verschwiegenheitsschutz gestellt worden, während nun alles einbezogen wurde. Als weitere Untermauerung werden das analoge Ritual, der Schutzpatron – Johannes der Täufer – und hebräische Worte, etwa bei Paßworten, angeführt. Auch bei dieser Theorie keimt der Verdacht, daß sie, im 18. Jahrhundert entstanden, das ritterliche Lebensgefühl der Freimaurer historisch absegnen sollte, und noch heute wird von Hochgradsystemen diese Abstammung trotz der erwiesenen Ahistorizität kultiviert.

Es ist nicht uninteressant, daß in der oben angeführten offiziösen Darstellung der Vollständigkeit wegen auch der Ritterorden vom Heiligen Grab angeführt wird, „weil oft Verwechslungen stattfinden".[20] Dieser 1496 von Alexander VI. gestiftete Orden hat ebenfalls ein dreigradiges System mit einem Initiationsritus und einem Bürgensystem; den Idealen der Kreuzzüge verbunden, sehen seine Mitglieder in der christlichen Lebensführung, der Verteidigung der Rechte der Kirche im Heiligen Land und in der unbedingten Treue zum Heiligen Stuhl ihre Aufgabe. Diese zitierten Verwechslungen sind mannigfach; so hat ein wesentlicher Reorganisator des Ritterordens im deutschen Sprachraum nach 1945, Karl Maria Stepan, in ihm so etwas wie eine Möglichkeit einer katholischen (Anti-)Freimaurerei erblickt, ein Organisationsmodell, das in vielem dem libertinistischen Feindbild entsprach und das gleichsam mit den „erprobten Waffen" des Gegners den eigenen Zielen dienen sollte.

Derartige Überlegungen haben in Wien um 1920 zur Gründung des *Ritterordens von der Wilden Rose* geführt, der in Ritual, Organisation und Katechismus bewußt als „katholische Freimaurerei" den Kampf gegen die Juden, Materialisten, Aufklärer, Internationalisten, Freimaurer etc. aufnehmen wollte.[21]

Die beruflichen Zusammenschlüsse der Handwerker, besonders die Steinmetzbruderschaften, „auf deren Brauchtum man möglichst viel maurerisches Gedankengut zurückzuführen trachtet", gelten als „eigentliche Vorläufer der Freimaurerei", doch sind auch hier „direkte Bezüge nur selten nachgewiesen".[22] Wiederum sind es aber verblüffende Ähnlichkeiten, die hier einem speziellen freimaurerischen Ahnenkult Tür und Tor öffnen. Die römischen Baukollegien, die *Collegia Fabrorum*, waren Arbeits-, Kunst- und Kulturgemeinschaften mit normierten Werkzeichen und Symbolen, der Verpflichtung zur Bruderhilfe etc. Nach den Wirren der Völkerwanderung breiteten sich vom Comer See die lombardischen *Magistri Comancini* mit ihrem rituellen Brauchtum, ihren Gelübden und eigenen Festkreisen aus. Das Anwachsen der Bautätigkeit im 11. und 12. Jahrhundert führte innerhalb der europäischen Wanderarbeiter zur Bildung von Steinmetzbruderschaften, deren Zentren England, Deutschland und Frankreich wurden. Aus den zunächst religiös, d.h. von Benediktinern, Zisterziensern und

Oblaten dominierten Bruderschaften wurden im Zuge der Spezialisierung Laienbruderschaften.

Die Abstammungstheorie von den Maurerkorporationen läßt sich in das späte 18. Jahrhundert zurückverfolgen. So zitiert Bokor[23] ausführlich einen Brief des Abbé Grandidier, der im Zusammenhang mit dessen historischen Studien über das Straßburger Münster steht und am 24. November 1778 verfaßt worden ist: „Madame, Sie haben sicherlich von der berühmten Gesellschaft gehört, die von England zu uns gekommen ist und die sich Freimaurerei nennt ... Ich schmeichle mir, Madame, Ihnen einiges über den wahrscheinlichen Ursprung dieser Vereinigung mitteilen zu können ... als Laie hielt ich echte Urkunden und reale historische Quellen in Händen, aus denen wir ersehen können, daß die so gerühmte Gesellschaft der Freimaurer nur eine blinde Nachahmung einer älteren und nutzbringenden Bruderschaft wirklicher Bauhandwerker ist, deren Sitz früher Straßburg war.

Das Straßburger Münster – besonders sein im Jahre 1277 vom Dombaumeister Erwin von Steinbach begonnener Turm – ist ein Meisterwerk gotischer Baukunst ... Dieses wunderbare Werk hat den Ruhm der Straßburger Steinmetzen weit verbreitet ... Um sich von den gewöhnlichen Handwerkern zu unterscheiden, gründeten die Steinmetzen Bauhütten-Bruderschaften, die zu deutsch Hütten hießen, was dasselbe wie Logen bedeutet ..., aber alle anerkannten die beherrschende Stellung der ursprünglichen Dombauhütte von Straßburg, die Haupthütte oder Großloge genannt wurde ... Die verschiedenen Meister der einzelnen Logen versammelten sich in Regensburg, wo sie am 25. April 1459 die Bauhüttenordnung verfaßten, die den Meister der Haupthütte am Straßburger Münster und seine Nachfolger als alleinige und immerwährende Großmeister der Freimaurer-Bruderschaft in Deutschland bestimmte. Kaiser Maximilian hat diese Ordnung in einer Urkunde, gegeben zu Straßburg im Jahre 1498, bestätigt; Karl V., Ferdinand und ihre Nachfolger haben sie von Zeit zu Zeit erneuert. Dieser aus Meistern, Gesellen und Lehrlingen zusammengesetzte Bund besaß eigene Hütten-Gerichtsbarkeit.

Die Mitglieder dieses Bundes hatten keinerlei Verbindung mit den anderen Maurern, die nur Kelle und Mörtel verwendeten ... Als Erkennungsmerkmale wählten sie solche, die ihrem Berufsstand entsprachen ... Winkelmaß, Wasserwaage und Zirkel wurden ihre Symbole ... Da sie eine Vereinigung bilden wollten, die sich von der Masse der gewöhnlichen Handwerker unterscheiden sollte, erfanden sie für ihren Gebrauch Erkennungsworte, Ausweiszeichen und andere Unterscheidungszeichen. Sie nannten sie Wortzeichen und Gruß.

Zweifelsohne, Madame, werden Sie in diesen Eigentümlichkeiten die moderne Freimaurerei wiedererkennen. Eigentlich liegt die Analogie auf der Hand; Loge bedeutet Versammlungsort; dieselbe Gliederung der Gruppen, dieselbe Unterteilung in Meister, Gesellen und Lehrlinge; beide stehen unter der Leitung eines Großmeisters. Beide haben besondere Zeichen, geheime Gesetze und Statuten gegen Laien; in fine können sie zueinander sagen: ‚Meine Brüder und Gefährten anerkennen mich als Maurer.'"

Obwohl keine genauen Unterlagen über Rituale, Organisationsformen und Mitgliederbewegungen in größerem Umfang erhalten geblieben sind, ist es der freimaurerischen Forschung dennoch gelungen, einen Kanon von zwölf Kriterien aufzustellen, der die Abstammungstheorie absichern sollte.

1. die Einteilung der Mitglieder in Meister, Gesellen und Lehrlinge;
2. die Verwaltung der Bünde durch eine gewisse Anzahl von Beamten;
3. der Ausschluß Nichteingeweihter aus ihrer Gemeinschaft;
4. die dem Sohn eines Meisters zustehenden Vorrechte;
5. die besondere Qualifikation, um Mitglied zu werden;
6. die brüderliche Gleichheit aller Mitglieder des Ordens;
7. ihre gegenseitige Verpflichtung, Leiden zu mildern;
8. ihre besonderen Gesetze;
9. gewisse Eröffnungs- und Schlußformeln bei den Versammlungen;
10. gewisse Einführungsrituale;
11. die Zeremonien bei den Festmahlen;
12. die Prüfung fremder Brüder.[24]

Die traditionell überregionale Zusammensetzung und die Abschirmung der Bauhütten gegenüber Nichteingeweihten führten zu einer zunehmenden Polemik gegen diese Institutionen, die mit Niedergang des alten Dombauwesens und der Loslösung Straßburgs vom Reich 1681 rasch zerfielen bzw. bedeutungslos wurden.

Die französischen *Compagnonnages*[25], deren Wurzeln ins Mittelalter zurückreichen mögen, wenn sie auch erst im 16. Jahrhundert historisch greifbar werden, umfassen Gesellen, die intern in die Kinder Salomons oder Hirams, in die des Maître Jacques und die des Père Soubisse, letztere wie Hiram Baumeister des Salomonischen Tempels, gegliedert sind. Auch im übrigen Ritual finden sich Anklänge an den Tempelbau, und ihre Initiationsriten führten 1655 zu einer Verurteilung durch die Theologische Fakultät in Paris, in der unter anderem ausgeführt wurde, daß die Gesellen bei der Aufnahme zur striktesten Geheimhaltung verpflichtet würden.

In eine derartige Tradition ist auch möglicherweise die Malerakademie in Livorno zu stellen, die Maler, Bildhauer und Baumeister aufnahm, ein drei Grade umfassendes Mitgliedersystem hatte und Kelle bzw. Hammer als Mitglieds- bzw. Rangabzeichen führte. Ebenso hatten ihre regelmäßigen Zusammenkünfte an Logen gemahnende Eigenheiten, doch gilt für sie wie auch für andere, daß Äußerlichkeiten oder ähnliches Verhalten noch lange kein Beweis für eine maurerische Tradition sind.[26]

Die ersten schriftlichen Belege für das englische Gildenwesen, das als direkter Vorgänger der Freimaurer angesehen werden muß, reichen in das ausgehende 14. Jahrhundert zurück.[27] So findet man in der Steinmetzordnung von York Minster den aus dem Normannisch-Französischen stammenden Begriff *masoun*, während im Letterbook H der Stadt London unter dem 9. August 1376 erstmalig der Begriff *freemason* für die Steinmetzgilde innerhalb der Mysteries, das sind die anerkannten Stadtzünfte, aufscheint. Trotz der unregelmäßigen Verwendung der Begriffe *mason* und *freemason* – so bezeichnet sich die Londoner Vereinigung abwechselnd als *Company*

Johann Valentin Andreae (1586–1654) verfaßte die „Chymische Hochzeit Christiani Rosenkreuze (Straßburg 1616) und wurde daher irrtümlich als Begründer der Rosenkreuzer angesehen.

of masons und als *Company of freemasons* – ist man heute der Ansicht, daß der Ausdruck *mason* „als Sammelbezeichnung für alle Steinarbeiter gebraucht" wurde, während der *freemason* im Gegensatz zum *roughmason* stand. Diese Theorie wird durch Baurechnungen aus dem 16. Jahrhundert erhärtet, in denen die Bearbeiter der *freestones*, einem besonders gut zu bearbeitenden Sandstein, als *freemasons* aufscheinen, und schließlich werden im 17. und 18. Jahrhundert die Begriffe *freemason* und *freestonemason* ohne jegliche Differenzierung verwendet. Die Verknüpfung der Begriffe *freestone* mit *freemason* wird durch den Umstand verdeutlicht, daß in Schottland, wo derartige Steine nicht vorkommen, die Bezeichnung *freemason* in dieser Zeit nirgends aufscheint. Bokor weist allerdings auf eine schottische Urkunde von 1057 hin, die den Terminus *free incorporate masons* verwendet.[28]

Die Theoriendiskussion über die Abstammung der Freimaurer – vor allem in der Auseinandersetzung zwischen handwerklicher und/oder ritterlich-templerischer Tradition – greift auch die Frage der Namensgebung auf: Bokor spricht sich gegen die These *freestone-free(stone)mason* aus. Unter Berufung auf die mittelalterliche Verwendung des Begriffes frei für alle jene, denen persönliche Dienste oder Abgaben erlassen waren, kommt er zur Überzeugung, daß *freestone* mit *freemason* nicht in Verbindung zu bringen wäre. In diesem Konnex führt er eine Theorie an, die annimmt, daß *freemason* identisch mit dem späteren Begriff *gentleman mason* sei.[29]

Die Londoner *Masons Company* erhielt 1472 ein eigenes Wappen und kontrollierte bis zum großen Brand 1666 in zunftmäßiger Manier die Tätigkeit ihrer Mitglieder. Ab 1621 häufen sich die Hinweise auf eine neue Kategorie von Mitgliedern; während bis dahin lediglich von *Yeomen* und *Liverymen* – etwa Gesellen und Meistern – in der *Company* die Rede ist, taucht nun der Begriff der *Accepcon* auf, einer Institution für *the making of masons*. „Ursprünglich stellte sie wahrscheinlich eine Art von ‚innerem Zirkel' der in ihrem Gewerbe tätigen Masons dar, machte aber um 1650 auch ‚angenommene' Masons aus Leuten, die weder mit dem Masonsgewerbe noch mit der Company in irgendeiner Beziehung standen."[30]

Seit der Mitte des 15. Jahrhunderts gibt es in Schottland erbliche Meister im Hochadel bzw. die Schirmherrschaft der schottischen Könige über die schottischen Logen. Diese Protektorfunktionen konnten auf regionaler Ebene Geistliche, Notare, Ärzte und Adelige erfüllt haben, deren Existenz in den Logen man aufgrund gewisser Stellen im „Regius-Manuskript" bzw. aus der kommentarlosen Notiz über die Aufnahme eines Nichtmaurers im Protokollbuch der Loge *Mary's Chapel* aus dem Jahre 1600 erschließt.[31]

Ein weiteres Wesensmerkmal der modernen Freimaurerei läßt sich ebenfalls auf die Eigenheit schottischer Logen zurückführen. Das Mason-Wort bestehend aus Worten, Griffen, Zeichen und Körperstellungen ist vorerst ein Spezifikum dieser Zusammenschlüsse, und man nimmt an, daß es in der operativen Maurerei als zusätzliche Legitimation des ausgelernten Facharbeiters diente, also einen „rein gewerblichen Zweck verfolgte und keinerlei esoterische oder spekulative Hintergründe besaß. Die Masons waren lediglich verhalten, die intimen Logenangelegenheiten (vor dem Unternehmer), die Erkennungszeichen (vor den Minderqualifizierten) und die handwerklichen oder technischen Kunstgeheimnisse (wie etwa die Sätze der Geometrie oder die Konstruktion eines Gewölbebogens u. dgl.) geheimzuhalten".[32]

Ebenso wie in London führen die Wiederaufbauarbeiten nach großen Bränden in Edinburgh nach 1674 zu einer Liberalisierung der Zunftordnung und damit zu einer raschen Wandlung der Loge von „einer geschlossenen Berufsorganisation" zu „einer Vereinigung von Mitgliedern" mit dem zunehmenden „Charakter eines Unterstützungsvereines". Unter diesem Gesichtspunkt erhöhte sich die Bereitschaft zur Aufnahme von Nichtmaurern, anfangs noch zurückhaltend, später in immer rascherem Tempo.

Die Bezeichnung *lodge* läßt sich in England und in Schottland nachweisen, wobei die drei damit verbundenen Begriffsinhalte verschiedene Entwicklungsstadien charakterisieren mögen: „Zuerst die Werkstätte der bei einem Bauwerk beschäftigten Masons, dann die Gesamtheit dieser Masons und schließlich eine territoriale Zunftorganisation der Masons."[33] Seit der zweiten Hälfte des 13. Jahrhunderts scheinen die Logen als Werkstätten auf; seit der Mitte des 14. Jahrhunderts findet man Belege für die Verwendung des Begriffes als Personalzusammenschluß, und schließlich wird *lodge* als territoriale Zunftorganisationseinheit in Schottland seit dem 16. Jahrhundert registriert, während sie in England in dieser Form zu Beginn des 18. Jahrhunderts auftritt.

Der Beitritt von Nichtmaurern muß auf unterschiedliche Motive dieser Leute zurückgeführt werden[34]; einerseits mögen berufliche Interessen und ökonomische Überlegungen wie auch Sozialprestige eine nicht unerhebliche Rolle gespielt haben, während andererseits die Neugier, die Suche nach alten Mysterien, nach den sagenhaften Weisheiten der Druiden, das steigende Architekturinteresse die Triebfeder gewesen sein mögen. Schließlich war es aber auch die Suche nach Geselligkeit, die in England zu Beginn des 18. Jahrhunderts nahezu jedem Pub einen Klub bescherte. „Wahrscheinlich haben auch operative oder ‚angenommene' Masons solche Klubs gebildet, mit Gebräuchen, welche ihrem masonischen Charakter entsprachen, und wo sie die Möglichkeit fanden, Geselligkeit zu pflegen, auch Wohltätigkeit zu üben, sich auf ihre Art zu erfrischen und nebenbei – ungestört von Frauen – der Leidenschaft des Rauchens und Trinkens zu frönen. Die Logen, welche ihre ursprünglichen Gewerbefunktionen eingebüßt hatten, bestanden als solche gesellige Vereinigungen weiter und aus Verfügungen der Großloge wissen wir, daß der Hauptinhalt der Betätigungen mancher Logen bis weit ins 18. Jahrhundert hinein Rauchen und Trinken gewesen ist." Von besonderem Interesse in der Abstammungstheoriediskussion sind die Rosenkreuzer, die in einem eigenartigen Nahverhältnis zur Freimaurerei zu finden sind, wobei eine wechselseitige Befruchtung angenommen werden kann.

Lennhoff und Posner[35] verweisen eher amüsiert auf die begeisterten, aber völlig unkritischen Historiographen der Rosenkreuzer, die ihre Abstammungstheorien bis in die Urzeit getrieben und aus Paracelsus, „aus dessen pansophischen Lehren von seinen Jüngern rosenkreuzerische Ideen entwickelt wurden", ein organisiertes Mitglied dieses Bundes gemacht haben. De facto belegbar ist die erste Erwähnung, die 1614 publizierte literarische Fiktion des Pastors Johann Valentin Andreae: „Allgemein und General Reformation der Ganzen weiten Welt. Beneben der Fama Fraternitatis Dess Löblichen Ordens des Rosencreutzes an alle Gelehrten und Häupter Europas geschrieben." Der zweite Teil *Fama Fraternitatis oder Bruderschaft des Hochlöblichen Ordens des R.C.* berichtet von jenem Christian Rosenkreutz, der auf einer Fahrt ins Heilige Land gegen Ende des 14. Jahrhunderts in die Geheimnisse der arabischen Welt eingeweiht worden sei. Aus diesem Erlebnis heraus bemühte er sich – heimgekehrt – zusammen mit drei Ordensbrüdern und vier Gehilfen um die Rückführung der Kirche zum Urchristentum. Eingelegt in allerlei Symbolik entwickelte Andreae daraus noch die Geschichte des lange unbekannten Grabes des Ordensgründers, dieser „geheimen Brüderschaft mit reformatorischen Tendenzen, deren ‚Siegel, Losung und Charakter' das Wortsymbol R.C., d.h. Rose und Kreuz war".

Diese literarische Fiktion Andreaes, der in seiner *Vita des Christian Rosenkreutz* ein „Idealbild des wahren Pansophen" entwickelt hatte, fiel auf fruchtbaren Boden; der geplante internationale Bund blieb an sich Wunschdenken seine Ideale – „frei von allem Parteigeist und aller Streitsucht, die christliche Liebe unter dem Bande der Liebe die edlen Menschen" umschlingend – behielten ihre Anziehungskraft.

Diese humanitären Bestrebungen werden von unterschiedlichsten Autoren mit den wissenschaftlich orientierten Akademiebestrebungen früherer Aufklärer in Beziehung gesetzt, wie etwa Francis Bacon, bzw. den Gründungsbestrebungen um eine umfassende humanitäre Gesellschaft gebildeter Menschen, wie sie etwa in der *Utopie Via lucis* von Jan Comenius während seines London-Aufenthaltes 1641 entworfen wurde. Damit aber wird auch deutlich, wie die klassische Freimaurerei des beginnenden 18. Jahrhunderts umlaufende Formenkreise aufnehmen konnte. So machte 1931 ein tschechischer Historiker[36] derartige Rezeptionen deutlich, indem er den Alten Pflichten von 1723 korrespondierende Stellen aus den Arbeiten von Comenius, der ja auch der Böhmischen Brüdergemeinde vorstand, gegenüberstellte und damit den Nachweis erbringen konnte, daß die Verfasser der Alten Pflichten diese Arbeiten von Comenius „zumindest gut gekannt haben". Die Bestrebungen der hier skizzierten Persönlichkeiten – Andreae Bacon und Comenius – lassen sich neben den häufig strapazierten, meist sehr komplizierten persönlichen Querverbindungen unter dem von ihnen aufgerissenen „Erwartungshorizont der Neuzeit", dem „Utopismus", subsumieren. Der Utopismus trägt dann in der Aufklärung europaweit zu jener seltsamen Symbiose von rationalistischer Aufklärungsarbeit und freimaurerischem Geheimnis bei, die radikalisiert politisch aktiv wird oder aber absinkt zu einem mediokren, verstiegenen Sektierertum, dessen Ausdruck u. a. die Alchimie ist.[37]

1646 gründete Elias Ashmole, der im gleichen Jahr als Nichtoperativer zum Freimaurer gemacht wurde, zusammen mit Naturwissenschaftlern das *Haus Salamonis* „das das Sanctuarium sein sollte für ihr inbrünstiges Suchen nach den tiefsten Mysterien der Natur und dem Geheimnis des menschlichen Glücks". Gleichsam als Untermieter fand dieser Freundeskreis mit seinem Haus Salamonis Unterschlupf in der Mason's Hall in London. Das Freimaurerlexikon kommentiert diesen Vorgang als das Zuziehen des Weisheitsbundes zum Werkbund, „hinter dessen sicherem Schirm man ungestört arbeiten konnte".[38]

Auf Ashmoles Doppelmitgliedschaft bei einem sich als Rosenkreuzer deklarierenden Kreis und bei den Freimaurern beruht im wesentlichen die Theorie einer gemeinsamen Wurzel; über weiterführende Theorien äußert sich besonders Bokor[39] äußerst scharf, indem er jeden Zusammenhang zwischen Rosenkreuzern und Freimaurerei leugnet und „anderslautende Hypothesen, die sich fast alle auf den zweifachen Titel des Elias Ashmole stützen", als „Hirngespinste" abtut. Gleichsam in der Gegenbewegung werden alle Bruchstücke gesammelt, die die Abstammungstheorie stützen sollen.[40] So taucht auch regelmäßig das Gedicht Henry Adamsons, eines gebildeten Schotten des 17. Jahrhunderts auf, in dem es heißt: „Denn wir, die Brüder vom Rosenkreuz, wir haben das Meisterwort und das zweite Gesicht."

Abgesehen von der vordergründigen Symbolik – das wahre Meisterwort –, die naturgemäß sofort an die Freimaurer denken läßt, übersieht man dabei und bei ähnlichen Funden, daß die Symbolwelt der Freimaurerei eben in diesem Zeitraum der zweiten Hälfte des 17. und des beginnenden 18. Jahrhunderts entstanden und nicht losgelöst und isoliert auf geheimnisvolle Art und Weise überliefert worden ist. In diesem Zusammenhang findet sich auch der Hinweis, daß in der Titelblattgestaltung des *Pansophiae Prodromus* des Comenius von 1644 Zirkel, Winkelmaß und Buch – die drei großen Lichter der Freimaurerei – verwendet wurden.

In einer den Freimaurern ähnlichen Geisteshaltung entstanden schließlich im 18. Jahrhundert Zusammenschlüsse, die sich im Orden der Gold- und Rosenkreuzer verbanden. Unter Berufung auf den namensgleichen Vorläufer begannen sie in ihr Erscheinungsbild maurerische Symbolik einzubinden. Sie erfreuten sich als „christliche Sekte mit alchimistischen Tendenzen" einer zunehmenden Beliebtheit im deutschen Sprachraum und in den Ländern der Habsburger.[41] Auch hier gab es, bei aller Gegensätzlichkeit, wiederum Persönlichkeiten, die sowohl in maurerischen Kreisen wie auch in jenen der Rosenkreuzer verkehrten, wie etwa Franz Stephan von Lothringen, der Mann Maria Theresias, „ein leidenschaftlicher Alchimist", der sich „in sämtliche Rosenkreuzergrade einführen ließ, mit dem alleinigen Ziel, das Geheimnis der Transmutation zu entdecken".[42]

Biedermann hat in wohltuender Klarheit derartige Abstammungsdiskussionen zurechtgerückt: „Die Berufung auf ehrwürdige Traditionen ... ist jedenfalls eine Eigentümlichkeit, die vielen ‚diskreten' Gruppen zugeschrieben werden muß ... Was bedeutsam ist, muß notwendigerweise auch alt sein und mit Erfahrungen aus einem großen Zeitalter der Kulturen zusammenhängen ... Wenn nun ... vor allem Details herangezogen werden, die gut in den Rahmen der vorgefaßten Meinung passen, ... dann lassen sich ohne Schwierigkeiten alle nur vorstellbaren Indizienketten knüpfen."[43] Aus dieser Erkenntnis und aus einer genauen Übersicht über die vorhandene Literatur zieht er den Schluß, daß die Bauhütten des Mittelalters und der Neuzeit als „der echte Mutterboden des spekulativen Freimaurertums" dastehen, während andere Theorien nur insoweit von Interesse sind, als sie innerhalb des freimaurerischen Selbstverständnisses an der Ausformung des Rituals etc. ein Eigenleben entwickeln konnten, wie dies etwa auf die Templertradition zutrifft, die im 18. Jahrhundert für die Gedankenwelt der strikten Observanz oder in der Ausformung jener des 30. Grades des Schottischen Ritus, des Ritter Kadosch, maßgebend wurde. Die im Ritual des Ritter Kadosch dargestellte Rache am Tod des Großmeisters Jacques de Molay, das Symbol des Dolches, der zwei Totenschädel für Clemens V. und Philipp den Schönen werden noch heute von kirchlichen Kreisen als Aufruf zum Kampf gegen die Kirche interpretiert.[44] In Verbindung mit dem diesem Grad zugeordneten Baphomet entsteht dann die Geschichte der im ewigen Kampf mit dem Guten liegenden Freimaurerei, während eine Erklärung, die durchaus im Sinne Biedermanns ist, hervorhebt[45]: „Die Symbolik des Grades ... weist in eine Zeit, in welcher in der Tat gewisse magisch-mythische Geheimrituale noch zum Fundus der Freimaurer gehörten ..." Und weiter: „Im angelsächsischen Bereich tritt im Kadoschgrad stärker das religiös-gnostische Element in den Vordergrund, während die klassische romanische Freimaurerei im 18. und noch im 19. Jahrhundert, bedingt durch die historischen Gegebenheiten monarchischer Diktatur und Unterdrückung, vor allem in Spanien und in Italien Thron und Altar den entschlossenen Kampf ansagte. Dort wurden die Symbole des Dolches wie auch die zwei Schädel Clemens' V. und Philipps des Schönen als Aufforderung zur Vergeltung für die den Templern angetanen Ungerechtigkeiten durch die Monarchie und die Kirche verstanden." Derartiges ist natürlich längst überholt. Die „Schwierigkeit von traditionsgebundenen Ritualsystemen liegt offenbar darin, daß auch nicht mehr aktuelle Symbole mitgeführt werden müssen. Es ist dann bloß möglich, sie neu zu deuten und ihre Aussage den Problemen der Gegenwart so gut als möglich anzupassen."

Eugen Lennhoff betont, daß man den Übergang von den Steinmetzbruderschaften zur spekulativen Maurerei zeitlich nicht exakt fixieren kann, da die Vorgänge vor der und während der Gründung der Großloge von England 1717 nur vage belegbar sind; die Ereignisse des Jahres 1717 aber beenden, wenn auch vorerst nur zögernd, dieses gleichsam prähistorische Stadium, und ab 1723 überliefern die erhaltenen Sitzungsprotokolle ein klares Bild.[46]

In der Phase der zunehmenden Unterwanderung der alten Logen durch Nichtmaurer und in einem Zustand allgemeiner Auflösungstendenzen beschlossen vier, möglicherweise fünf Londoner Logen bei einer Versammlung im Wirtshaus *Goose and Gridiron* am 24. Juni 1717 die Gründung einer Großloge, deren erster Großmeister Gentleman Anthony Sayer war, ein weitgehend unbekannter Mann, dessen Name in späteren Jahren nur noch einmal in der Geschichte der Großloge verzeichnet wurde, nämlich als ein Empfänger einer finanziellen Unterstützung. Aber selbst dieser Gründungsakt und der Anspruch, die erste Großloge im modernen Sinn gebildet zu haben, ist mehr historische Theorie als quellenmäßig fundierbare Aussage. Übereinkunft – wohl unter dem Eindruck der dominan-

John Theophilus Desaguliers (1683–1744) wurde 1719 zum Großmeister der Großloge gewählt. Die „Constitutions“ wurden von ihm wesentlich beeinflußt; ebenso dürfte er jener Großmeister gewesen sein, der eine rasche Einbindung der Großloge in die Gesellschaft bewußt betrieben hat.

ten Rolle der englischen Großloge in den späteren Jahren – hat dieses Datum fixiert, Gründungsprotokoll allerdings ist keines überliefert, was nicht verwunderlich erscheint, wenn man wie Bokor[47] anführt – die anfängliche Bedeutungslosigkeit dieses Zusammenschlusses verdeutlicht: „Die Anzahl der Maurer war gering, die einzelnen Logen zählten – mit einer Ausnahme – kaum mehr als zwanzig Mitglieder. Ihre Einkünfte waren zweifellos mager, denn der Großmeister war nur ein ‚Gentleman', ein kleiner unbekannter Bürger, der auf Adel und das reiche Bürgertum kaum sehr anziehend wirkte."

William Stukeley, Arzt und Mitglied der *Royal Society*, behauptete, „es habe damals so wenige Freimaurer gegeben, daß man manchmal Mühe hatte, die für eine Sitzung notwendige beschlußfähige Anzahl zusammenzubringen".

Diese Quellenarmut aber ist es auch, die eine breite Theorie- und Ritualdiskussion ermöglicht, wobei diese durchaus auch im Dienste gleichsam tagespolitischer Auseinandersetzungen innerhalb der absolut nicht einheitlichen Freimaurerei stehen kann. „England wurde besonders schwer von der Krise betroffen. Und damit auch die englische Freimaurerei. Sie spaltete sich in eine katholische, aristokratische und der Dynastie der Stuarts anhangende und in eine protestantische, bürgerliche und Wilhelm von Oranien begünstigende Richtung ... 1717 schlossen sich in London vier protestantische Logen zu einer Großloge zusammen. Diese Großloge von London wuchs sich später aus zu einer Großloge von England. ... Vielleicht ist es aber nicht völlig korrekt zugegangen. Denn ein gewisser Pfarrer James Anderson schuf das ‚Konstitutionenbuch', nachdem er das Archiv vernichtet hatte! Seine Nachfolger gingen dann aber so geschickt vor, daß heute ... alle englischen Logen die Autorität der Großloge von England anerkennen. Diese Großloge hat sich sogar die Oberherrschaft über sämtliche Logen der Welt angemaßt. Sie behauptet die Regel zu vertreten, also unfehlbar zu sein ... Dem universellen Geiste möchten die Briten den imperialistischen entgegensetzen."[48]

Mit der Wahl John Theophilus Desaguliers' zum dritten Großmeister am 24. Juni 1719 trat die entscheidende Ände-

Anthony Sa(w)yer (um 1672–1742) wurde 1717 zum ersten Groß-meister dieser Londoner Großloge gewählt.

rung ein; zum einen gewann er eine große Anzahl bedeutender, einflußreicher Männer für die Freimaurerei, zum anderen leitete er jene Diskussion ein, die zum Konstitutionenbuch von 1723 führen sollte. Der rasche gesellschaftliche Aufstieg dokumentiert sich in der Reihe der Großmeister: Auf Desaguliers folgte nochmals George Payne, der bereits vor ihm Großmeister gewesen war und der in seiner ersten Amtsperiode (1718/19) zur Sammlung alter Dokumente maurerischen Ursprungs aufgerufen hatte; doch bereits am 24. Juni 1721 wählte die Großloge John Herzog von Montagnu zum Großmeister, zwei Jahre später Philipp Herzog Wharton. Der gesellschaftliche Aufstieg war von einer massiven Ausdehnung der Großloge begleitet; 1721 waren es 16, 1725 zählte man 52, 1732 schon 109 Logen. Desaguliers' intensive gesellschaftliche Bemühungen hatten Erfolg – der Prinz von Wales erhielt durch ihn 1737 das Licht, bei der Einführung Franz Stephans von Lothringen in den Bund 1731 in Haag vertrat er die Großloge. Im Sinne dieser Bemühungen um eine Etablierung der Freimaurerei kam es auch über Vermittlung des Grafen Albrecht Wolfgang von Schaumburg-Lippe 1738 zur Aufnahme Friedrichs von Preußen, des späteren Friedrichs II. Desaguliers, 1683 in La Rochelle geboren, Sohn eines hugenottischen Geistlichen, emigrierte nach der Aufhebung des Ediktes von Nantes nach England, wo er in Oxford studierte. Als protestantischer Geistlicher tätig, beschäftigte er sich intensiv mit den Naturwissenschaften, war mit Newton befreundet und Mitglied der *Royal Society*. Seine Publikationen weisen ihn als „Pionier der Elektrizität" aus.[49] 1744 starb er als hochverdienter Freimaurer, der durch die Zusammenarbeit mit James Anderson, einem protestantischen Geistlichen und Verfasser der Konstitutionen von 1723, zu den geistigen Vätern der modernen Freimaurerei gezählt werden muß. Darüber hinaus ermöglichte seine Tätigkeit die Integration des Bundes in führende gesellschaftliche Schichten.

Freimaurerei und Aufklärung

„Zwei gesellschaftliche Formationen haben" – so Reinhart Koselleck – „das Zeitalter der Aufklärung entscheidend geprägt: die ‚République des lettres' und die Logen der Freimaurerei. Aufklärung und Geheimnis treten von Beginn auf als ein geschichtliches Zwillingspaar."[50] Die Basis dieser Formationen bildet die neue Elite, deren Zusammensetzung als Reaktion auf den fürstlichen Absolutismus zu erklären ist. Diese Elite kündigt sich im 17. Jahrhundert in einer Fülle von utopischen, aus der Kritik am augenblicklichen Zustand entstandener Werke an. Ausgehend von Frankreich gelangt Koselleck zu folgender Klassifikation, die regional differenziert für ganz Westeuropa Bedeutung hat: „Ein Teil der neuen Schicht besaß eine alte politische Tradition, die aber vom absolutistischen Staat durch den Abbau der Ständevertretungen abgekappt schien: es ist dies der ehedem frontierende Adel, der nach dem Tode des Sonnenkönigs wieder auflebte und seine Eigenständigkeit mit neuem Selbstbewußtsein pflegte." Die zweite, „völlig entgegengesetzte, aber mächtige Gruppe der neuen Gesellschaft ... bestand aus Kaufleuten, Bankiers, Steuerpächtern und Geschäftsleuten. Es waren arbeitende und spekulierende Bürger, die zu Reichtum und sozialem Ansehen gelangten, ... aber in der staatlichen Politik ... keine Rolle spielten." Dem Adel und dem bürgerlichen Kapital folgte als weitere Gruppe, „die in ausgesprochener Weise Objekte und Opfer einer absolutistischen Politik war: es sind die vierhunderttausend Emigranten, die nach der Aufhebung des Ediktes von Nantes 1685 Frankreich verlassen mußten". Jenes Fünftel von ihnen, das nach England emigrierte, wurde „zu glühenden Verteidigern der parlamentarischen Verfassung". „Sie gründeten im Rain-Bow-Coffee-House, einem Freimaurerlokal in London, eine Informationszentrale, von wo aus sie englischen Geist, englische Philoso-

Franz Stephan von Lothringen (1708–1765) wurde 1731 in Holland in Anwesenheit Desaguliers Freimaurer. Der spätere Gemahl Maria Theresias und Kaiser des Heiligen Römischen Reiches erhielt im selben Jahr während seines Englandaufenthaltes schließlich auch noch den Meistergrad von der Norwicher „Maid's Head Lodge".

phie und vor allem die englische Verfassung über den geistigen Umschlagplatz Holland im absolutistischen Europa propagierten." Engstens mit dieser Gruppe verbunden waren die Philosophen der Aufklärung, die den richtunggebenden Einfluß auf den Charakter der bürgerlichen Elite ausübten und „in ihrer sozialen Existenz bar aller politischer Funktion" waren. „Hinzu kam die wachsende Schicht der bürgerlichen Beamten und Richter."

Norbert Schindler[51] betont aber, daß hier differenziert vorgegangen werden muß, denn in England ging die Freimaurerei aus einem bereits etablierten bürgerlichen Kulturkreis hervor, während in Frankreich „sich die Standesgegensätze ... in das Logenwesen hinein verlängerten" und in Deutschland die Freimaurerei „einen Schmelztiegel von Adel und aufsteigendem Bürgertum" brachte. Unter besonderer Berücksichtigung Deutschlands kommt er zum Schluß, daß die komplexe sozialintegrative Aufgabe der Logen darin bestand, „zum einen den Funktionsverlust der adelständischen Eliten zu kompensieren und soziokulturell zu verarbeiten und zum anderen dem Prestige- und Anerkennungsbedürfnis der aufsteigenden bürgerlichen Schichten entgegenzukommen". In diesem Sinne interpretiert Schindler auch die zunehmende Ritualisierung des Logenlebens ab 1730 als Stabilisierung der weiterhin vorhandenen Standesschranken, die „notfalls vor den Peinlichkeiten allzu naher Kontaktaufnahme" sozial unterschiedlicher Freimaurer bewahrte. Trotz dieser Einschränkungen muß die Konzentration dieser neuen Elite ab dem dritten Jahrzehnt des 18. Jahrhunderts in den Logen der Freimaurerei als Organisationsform der geistigen Opposition in den verschiedenen Schichten anerkannt werden, wobei die ständische Schranken überschreitende Organisationsform „die wesentliche moralische Stoßkraft im Kampf gegen den absolutistischen Staat"[52] darstellt. Mit einer gewissen Zurückhaltung kann man – Fischer folgend – generalisierend von diesem Zeitpunkt an von einer „moralischen Internationale" sprechen.

Außerhalb staatlicher und kirchlicher Bindung stehend schufen sich die Maurer einen privaten, diskreten Freiraum,

Charles de Montesquieu (1689–1755) gehörte zu den ersten Mitgliedern der 1735 an der Rue de Bussy unter Mitwirkung von Desaguliers gestifteten Loge.

der „ganz bewußt mit einem Geheimnis umgrenzt und zum Mysterium erhoben" wurde, ohne daß dieses Arkanum an sich vorerst als Kampfinstrument gegen die staatliche Obrigkeit interpretiert worden wäre; erst die Umsetzung der internen Regeln des Zusammenschlusses in der politischen Auseinandersetzung mit dem absolutistischen Staat aktiviert dieses zum damaligen Zeitraum „revolutionäre" Lebensgefühl und macht es politisch wirksam. In dieser Situation begann die differenzierte Interpretation des Geheimnisses, dessen Inhalt in den unterschiedlichen Freimaurersystemen von „rationalen Plänen des sozialen Zusammenlebens bis hinüber zu romantisierenden und mystisierenden Phantasmen" reichte. „Je nach Schwerpunkt unterschieden sich die Richtungen, die – um einige der wichtigen zu nennen – von der moralisch-humanitären Vereinigung der englischen, der blauen Maurerei und der deutschen Illuminaten über die ritterlichen Orden etwa der Tempelherren bis zu dem protestantisch-schwedischen System reichten und weiter zu den sektiererischen Bünden der Rosenkreuzer oder Philaleten, die den Menschen durch okkulte Wissenschaften zu erleuchten und erlösen hofften." In seiner sozialen Funktion aber war das Geheimnis in allen Gruppen gleich. Daraus schließt Koselleck, daß die „Funktionen des Maurergeheimnisses ... im Rahmen des absolutistischen Staates weit wichtiger als ihr wirklicher oder vermeintlicher Inhalt" wären.[53] Seine Funktionsanalyse hebt folgende Punkte deutlich hervor:

- Die Mitglieder einer Loge ebneten innerhalb ihrer Tätigkeit die ständischen Unterschiede ein und begaben sich damit außerhalb des bestehenden Sozialgefüges.
- Diese soziale Gleichheit war „eine Gleichheit außerhalb des Staates", und diese „Freiheit vom bestehenden Staat war ... das eigentliche Politicum der bürgerlichen Logen".
- „An die Stelle des Schutzes durch den Staat tritt der Schutz vor dem Staat" bzw. vor den herrschenden Mächten. Die Abschirmung durch das Geheimnis, die feierliche Verpflichtung des Aufzunehmenden in einem Eid, die strenge Arkan-

disziplin waren gleichsam interne freimaurerische Schutzvorrichtungen.

- „Diese schützende Funktion nun, die das Geheimnis für die Maurer gehabt hat, fand ihr geistiges Korrelat in der Trennung von Moral und Politik." So heißt es in den Alten Pflichten von 1723: „A Mason is oblig'd by his Tenure, to obey the moral Law." (Ein Maurer ist durch seinen Beruf verpflichtet, dem moralischen Gesetz zu gehorchen.)[54] Des weiteren wird festgehalten, daß sie nur zu der Religion verpflichtet sind, in der „all Men agree" (in der alle Menschen übereinstimmen), und daß ihre sonstige Überzeugung keine Rolle spielt. Mit diesem Einleitungsparagraphen zu den Alten Pflichten legte man – so Koselleck – eine „doppelte Frontstellung fest: die Front gegen die bestehenden Staaten und die Front gegen die herrschenden Kirchen".
- Das Geheimnis war „die Grenzscheide zwischen Moral und Politik; es schützt und umgrenzt den sozialen Raum, in dem sich die Moral verwirklichen sollte".

Die Mobilisierung der Gegner

Die angesprochene doppelte Frontstellung mußte mit dem raschen Ansteigen des freimaurerischen Ansehens, ihrem Einbruch in die gesellschaftlich aktivsten Gruppen virulent werden, wenn auch die Freimaurerei durchaus bereit war, wie in England nicht nur eine Stütze der herrschenden Gesellschaft, sondern auch ein Instrument deren Politik zu werden.

So wurden die Freimaurer erstmals 1735 in Holland und Friesland verboten[55]; 1736 wurde im calvinischen Genf die von den Engländern gestiftete Loge vorerst als „eine Hochschule des Unglaubens" für gebürtige Genfer verboten, bis sie schließlich 1744 wegen der Gefährdung des Staates durch das „Geheimnis" endgültig geschlossen wurde. Dieser Gegensatz zwischen Calvinisten und Freimaurerei in den Niederlanden bestand im 19. Jahrhundert weiter; so schreibt Faubel: „Der Calvinismus lehnt die freimaurerischen Lehren grundsätzlich ab. Viel von dem, was in unserer Grundsatzerklärung enthalten ist, wird von den Calvinisten verworfen, weil nach ihrer Auffassung der ‚bessere Mensch' nur durch die Allmacht Gottes geschaffen werden kann, durch Gott, zu Gott. Unsere Auffassung von der stufenweisen geistigen Entwicklung des Menschen widerspricht der calvinistischen Überzeugung, daß erneuernde und bessernde Eigenschaften im Menschen nicht vorhanden sind."

Ebenfalls unter Berufung auf das staatsgefährdende Geheimnis ging 1737 die Polizei gegen eine Pariser Loge vor, während man in Mannheim den Staatsdienern den Eintritt generell untersagte und in der Toskana die Inquisition gegen die Maurer in Gang gesetzt wurde. Im Jahr darauf löste der Senat die Hamburger Loge auf, und das protestantische Schweden verhängte über die Freimaurer die Todesstrafe. Polizeimäßiges Sicherheitsdenken veranlaßte 1743 auch die Hohe Pforte, die

Tätigkeit einer Diplomatenloge auf ihrem Territorium zu untersagen.

In diesem Klima entstand schließlich die päpstliche Bulle *„In eminenti"* vom 28. April 1738, in der erstmals ein striktes Verbot seitens der katholischen Kirche ausgesprochen wurde. Es ist dabei rechtlich irrelevant, ob nun die Bulle auf Wunsch des Papstes, Clemens XII., mit dessen vollem Wissen und in Absprache mit ihm redigiert worden ist oder nicht; es ist zwar für die Entstehungsgeschichte von großem Interesse zu sehen, wie hier eine Gruppe von Kardinälen – Neri Corsini, Pietro Ottoboni, Antonio-Felice Zondadari und Giovanni Battista Spinola II. – und der oberste Inquisitor der Toskana, Ambrosio Ambrogi, die Arbeit für einen hilflosen Greis erledigt haben, aber für die rechtliche Konsequenz ist dies bedeutungslos, selbst wenn man Charles von Bokor[56] folgt: „Der altersschwache Blinde, der kaum noch lichte Momente hatte und bereits ein Kind des Todes war, der Greis ... wußte sicherlich nichts über die Hintergründe, die zur Verurteilung der Freimaurerei führten. Er nahm an den Diskussionen der Kongregation keinen Anteil und wurde über die in seinem Namen veröffentlichte Bulle wahrscheinlich gar nicht informiert."

„In eminenti"

„Clemens, Bischof, Knecht der Knechte Gottes, allen Christgläubigen Gruß und apostolischen Segen! Da die göttliche Vorsehung, Unserer Unwürdigkeit ungeachtet, Uns auf den erhabenen Wächterstuhl gesetzt hat, damit Wir für die Uns Anvertrauten die schuldige Hirtenfürsorge beobachten, so richten Wir, soviel Uns der Beistand von Oben unterstützt, Unsere eifrigste Sorge darauf hin, daß den Irrtümern und Lastern der Einbruch versperrt wird, die Unberührtheit der rechtgläubigen Religion möglichst erhalten wird und in diesen äußerst schwierigen Zeitläuften von der ganzen katholischen Welt die Gefahren der Verwirrung ferngehalten werden."

„§ 1. – Schon durch das öffentliche Gerücht ist Uns bekannt

geworden, daß gewisse Gesellschaften, Vereine, Zusammenschlüsse, Verbindungen, Versammlungen und Konventikel unter dem Namen Liberi Muratori oder Francs Massons, oder je nach Verschiedenheit der Sprache unter einer anderen Benennung, sich weit und breit ausdehnen und von Tag zu Tag erstarken, in welchen Menschen aller Religionen und Sekten, die mit einer gewissen Art von natürlicher Rechtschaffenheit zufrieden sind, sich durch ein enges und geheimnisvolles Bündnis nach festgelegten Gesetzen und Statuten miteinander verbinden und sowohl durch einen auf die Heilige Schrift abgelegten Eid als auch durch Androhung schwerer Strafen zu einem unverbrüchlichen Stillschweigen über das, was sie gleichfalls im geheimen wirken, verpflichtet werden. Da es aber die Natur des Verbrechens mit sich bringt, daß es sich selbst verrät und einen Lärm macht, der es entlarvt, so haben die vorgenannten Gesellschaften und Konventikel den Gemütern der Gläubigen einen so starken Argwohn eingeflößt, daß es für Kluge und Fromme ganz dasselbe ist, ob man sich einer solchen Gesellschaft einschreibt oder das Brandmal der Bosheit und Verderbtheit auf sich nimmt; denn wenn sie nichts Böses täten, so würden sie nicht so sehr das Licht hassen. Dieses Gerücht hat sich so weit verbreitet, daß in den meisten Gegenden die erwähnten Gesellschaften von den weltlichen Obrigkeiten als für die Sicherheit des Staates gefährlich geächtet und schon längst ausgewiesen sind.

§2. – Da Wir so die schweren Schäden erwägen, welche so oft durch solche Gesellschaften oder Konventikel nicht nur der Ruhe des Staates, sondern auch dem Heile der Seelen zugefügt werden, und daß diese Schäden weder mit bürgerlichen noch mit geistlichen Satzungen zusammen bestehen können, da Wir ferner durch das göttliche Wort angewiesen werden, als ein getreuer Knecht und kluger Vorsteher des Hauses des Herrn Tag und Nacht zu wachen, damit nicht diese Art Menschen wie Diebe das Haus untergraben oder gleich den Füchsen den Weinberg zu zerstören trachten, damit sie also nicht die Herzen der Einfältigen verderben und die Unschuldigen im Finstern mit Pfeilen treffen, so haben Wir, um den so breiten Weg

Papst Clemens XII. (1652–1740) verurteilte in der Bulle „In eminenti" 1738 die Freimaurerei und verbot die Zugehörigkeit von Katholiken zur Freimaurerei.

zu versperren, der auf diese Weise dem Eindringen der Bosheiten geöffnet werden könnte, und auch aus anderen Uns bekannten, gerechten und vernünftigen Gründen, für gut befunden und beschlossen, besagte Gesellschaften, Vereine, Zusammenschlüsse, Verbindungen, Versammlungen und Konventikel unter dem Namen Liberi Muratori oder Francs Massons – oder unter irgendeiner anderen Benennung – auf den Rat einiger Unserer ehrwürdigen Brüder und der Heiligen Römischen Kirche Kardinäle wie auch auf eigenen Entschluß und auf Grund sicheren Wissens und reiflicher Überlegung kraft apostolischer Machtfülle zu verurteilen und zu verbieten, so wie Wir sie den durch diese Unsere immerwährend geltende Verordnung verurteilen und verbieten ...

§4. – Darum gebieten Wir allen und jedem Christgläubigen, was auch ihr Stand, ihr Rang, ihr Herkommen, ihre Ordnung, ihre Würde und ihr Vorrang sei, sowohl Laien wie Welt- und Ordensgeistlichen, einschließlich derer, die besonders genannt sein sollen, ausdrücklich und kraft des heiligen Gehorsams, daß keiner unter irgendwelchem Vorwand oder Anschein sich erkühne oder unterstehe, in vorgenannte Gesellschaft der Liberi Muratori oder Francs Massons, oder wie sie sonst genannt werden mögen, einzutreten oder für sie zu werben, sie zu unterstützen, zu fördern, noch sie in seinem Hause und seiner Wohnung oder sonstwo aufzunehmen oder zu verbergen, sich bei ihnen einschreiben oder ihnen zugesellen zu lassen oder zugegen zu sein, noch ihnen eine Gelegenheit oder leichte Möglichkeit zu verschaffen, daß sie irgendwo versammelt werden, ihnen zur Hand zu gehen oder sonst Rat, Hilfe oder Gunst, öffentlich oder heimlich, mittel- oder unmittelbar, selbst oder durch andere auf irgendeine Weise zu leisten; ebensowenig andere zu ermahnen, zu verleiten, aufzufordern oder zu überreden, sich dergleichen Gesellschaft einzuschreiben, zuzählen zu lassen oder an ihnen teilzunehmen oder ihnen, auf welche Weise es sei, zu helfen oder sie zu begünstigen; Wir gebieten vielmehr, daß sie sich gänzlich solchen Gesellschaften, Vereinen, Zusammenschlüssen, Versammlungen oder Konventikeln zu enthalten haben, unter Strafe der Exkommunikation, der alle Zuwiderhandelnden, wie sie eben kenntlich gemacht wurden, durch die Tat selbst ohne weitere Erklärung verfallen und von der niemand, außer von Uns oder dem jeweiligen Römischen Papst, es sei denn im Falle des Todes, die Wohltat der Lossprechung zu erhalten vermag.

Wir wollen überdies und befehlen, daß Bischöfe und höhere Prälaten und andere örtliche Ordinarien sowie die überall abgeordneten Inquisitoren der häretischen Verderbtheit gegen die Übertreter – wes Standes, Würde, Ranges, Hoheit und Vorrechten sie sein mögen – Verfahren und Untersuchungen anstellen und sie – als der Häresie heftig verdächtig – mit verdienten Strafen belegen und züchtigen. Denn Wir geben und verleihen ihnen und jedem von ihnen die Gewalt, gegen diese Übertreter vorzugehen und Untersuchungen anzustellen und sie mit verdienten Strafen zu züchtigen, auch, im Falle es nötig ist, zum Beistand des weltlichen Armes Zuflucht zu nehmen.

Es darf keinem gestattet werden, durch einen ruchlosen Frevel diese Bulle Unserer Kundgebung, Verurteilung und Untersagung, Unseres Verbotes und Unserer Verdammung zu verletzen oder zu übertreten; wenn jemand sich erkühnt, gegen sie zu verstoßen, so hat er den Zorn Gottes des Allmächtigen und der seligen Apostel Petrus und Paulus zu gewärtigen.

Gegeben zu Rom, in Santa Maggiore, im Jahre nach der Menschwerdung Jesu Christi 1788, am 4. der Kalenden des Mai, im achten Jahre Unseres Pontifikates."[57]

Die Punkte der kirchlichen Verurteilung

Faßt man die einzelnen Beschuldigungen zusammen, ergeben sich folgende Schwerpunkte:

- Die Freimaurerei stelle eine Vereinigung von Menschen „aller Religionen und Sekten, die mit einer gewissen Art von natürlicher Rechtschaffenheit zufrieden sind", dar.
- Ihr Zusammenleben werde durch „ein enges und geheimnisvolles Bündnis nach festgelegten Gesetzen und Statuten" geregelt und vor der Öffentlichkeit geheimgehalten, wozu sie

sowohl „durch einen auf die Heilige Schrift abgelegten Eid als auch durch die Androhung schwerer Strafen" verpflichtet seien.

- Derartige Zusammenschlüsse verursachen „schwere Schäden" an „der Ruhe des Staates", weshalb „die erwähnten Gesellschaften von den weltlichen Obrigkeiten als für die Sicherheit des Staates gefährlich geächtet" worden sind.
- Diese „schweren Schäden" würden auch dem Seelenheil zugefügt.
- Und „auch aus anderen Uns bekannten, gerechten und vernünftigen Gründen" verbiete man
- allen Christen, „sowohl Laien wie Welt- und Ordensgeistlichen", derartigen Gesellschaften in irgendeiner Form beizutreten, diese zu unterstützen oder diesen Möglichkeiten zur Zusammenkunft zu bieten, „unter der Strafe der Exkommunikation", von der nur der Papst loszusprechen vermöge.

Als Beweis einer für Staat und Kirche gleichsam gültigen Unrechtsvermutung wird grundsätzlich die durch Eid und Strafandrohung statuierte Verschwiegenheitspflicht der Freimaurer festgehalten, denn „wenn sie nichts Böses täten, so würden sie nicht so sehr das Licht hassen". Als zusätzlichen religiösen Aspekt der Verurteilung führt die Bulle die Vereinigung von Menschen „aller Religionen und Sekten, die mit einer gewissen Rechtschaffenheit zufrieden sind", an. Damit wird deutlich, daß man von römischer Seite zumindest die Alten Pflichten von 1728 genau gekannt hat.[58] Dort heißt es im ersten Abschnitt, daß der Maurer zu der Religion verpflichtet sei, in der alle Menschen übereinstimmen, und daß er „durch seinen Beruf" verpflichtet sei, „dem moralischen Gesetz zu gehorchen". Auffallend und schwer deutbar ist der – so Mellor[59] – kleine, dunkle Satz von den anderen „bekannten, gerechten und vernünftigen Gründen", der unmittelbar vor der Verurteilung und Strafandrohung steht.

Die Bedeutung des Geheimnisses und der damit verbundenen Verschwiegenheitspflichten spiegelt sich im Eid, den der

Suchende bei seiner Aufnahme abzulegen hat und der zeitbedingt barocke Wucht besessen hat.

„Ich schwöre und gelobe hiemit feierlich, in Gegenwart des Allmächtigen Gottes und dieser sehr ehrwürdigen Versammlung, daß ich die Geheimnisse und die Geheimhaltung der Maurer oder der Maurerei, die mir enthüllt werden sollen, wahren und verbergen und niemals enthüllen werde, außer einem wahren, rechten Bruder, nach gehöriger Prüfung, oder in einer gerechten, ehrwürdigen Loge von wohlversammelten Brüdern.

Ich verspreche und gelobe überdies, daß ich sie nicht schreiben, drucken, zeichnen, schnitzen oder gravieren oder in Holz oder Stein schreiben, drucken usw. lassen werde, so daß ein sichtbares Zeichen oder Eindruck eines Buchstaben erschiene, durch den das Geheimnis unberechtigt in Erfahrung gebracht werden könnte.

Alles das unter keiner geringeren Strafe, als daß mir der Hals abgeschnitten, meine Zunge aus dem Mund entfernt, mein Herz unter meiner linken Brust ausgerissen werde, um im Sand des Meeres vergraben zu werden, in der Entfernung eines Kabeltaues vom Ufer, wo die Gezeiten zweimal in 24 Stunden kommen und gehen, mein Leib zu Asche verbrannt und meine Asche auf der Erdoberfläche verstreut werde, so daß von mir unter Maurern keine Erfahrung mehr bleibt. – So wahr mir Gott helfe."

Der erste Absatz dieses bereits 1730 in der klassischen Schrift von Prichard publizierten Eides umschreibt die absolute Geheimhaltung des sogenannten „maurerischen Geheimnisses" innerhalb der Arkandisziplin, während der zweite Abschnitt lediglich die Ausdehnung der Verschwiegenheitspflicht auf die damals bekannten Publikationsmöglichkeiten und Techniken zum Ausdruck bringt. Der dritte Abschnitt ist der symbolischen Strafandrohung im Falle des Eidbruches gewidmet; die Anrufung Gottes schließt den Eid ab.

Eugen Lennhoff und Oskar Posner machen darauf aufmerksam, daß die Einführung des Eides auf Hals, Herz und Eingeweide in den englischen Logen erst gegen Ende des 17. Jahr-

Johann Gottlieb Fichte (1762–1814) war Mitglied der Loge „Günther zum Sterbenden Löwen“ (s. S. 63).

hunderts erfolgt ist[60], wobei die gradspezifischen Zeichen, die auch heute noch im Lehrlings-, Gesellen- und Meisterzeichen wiederholt werden, gleichsam die Teile der Strafandrohung verdeutlichen. Neben einer ausdrücklichen Bestrafung jenes Bereiches, der den Eid bricht (Kopf, Verstand; Zunge für das Sprechen), kommt es zu der Friedloslegung des Herzens (als Sitz des Geheimnisses) und des restlichen Körpers, von dem im Sinne einer „damnatio memoriae" nichts, ja nicht einmal eine Begräbnisstätte übrigbleiben soll.

Die Bilderwelt findet auch in den Bereichen des Rituals ihren Niederschlag, die um das freimaurerische Geheimnis angesiedelt sind. Nach Prichard gibt die Antwort auf die Frage „Welches sind die Geheimnisse eines Maurers?" folgende Wechselrede im Lehrlingsgrad:

„Zeichen, Merkmale und verschiedene Worte.
- Wo verwahrt Ihr die Geheimnisse?
- Unter meiner linken Brust.
- Habt Ihr einen Schlüssel zu den Geheimnissen?
- Ja.
- Wo verwahrt Ihr ihn?
- In einer knöchernen Büchse, die nur durch elfenbeinerne Schlüssel kann geöffnet und verschlossen werden.
- Hängt er oder liegt er?
- Er hängt.
- Woran hängt er?
- An einem Taue, neun Zoll lang oder einen Spann.
- Von welchem Metall ist er?
- Er ist von keinem Metall, sondern eine Zunge von gutem Gerücht, so gut hinter seines Bruders Rücken als vor seinem Angesicht."[61]

Aus den Fragen und Antworten werden die „ein wenig peinlichen Metaphern" klar, die knöcherne Büchse ist der Schädel, die elfenbeinernen Schlüssel sind die Kiefer.[62] Das zu schützende freimaurerische Geheimnis, dessen Verrat der Eid unter Strafe stellt, umfaßt die der Arkandisziplin unterliegenden Bereiche; beginnend bei gradspezifischen Worten, Zeichen und Griffen, über die Symbole, das Innere der Logen sowohl in materieller als auch in geistiger Hinsicht, sowie die Mitgliedschaften, da das öffentliche Bekenntnis an sich dem einzelnen anheim gestellt ist.

Michel Dierickx SJ verweist auf den Propheten Jeremias (34,18–20), bei dem als Strafandrohung für den Bruch eines Versprechens folgendes zu finden ist: „Ich mache die Männer, die meinen Bund übertraten und die Worte meines Bundes, den sie vor mir schlossen, nicht hielten, gleich dem Kalbe, das sie entzweischnitten und zwischen dessen Stücken sie hindurchschritten, ... und alle ..., die zwischen den Teilen hindurchschritten, diese gebe ich in die Gewalt ihrer Feinde ... und ihre Leichen sollen den Vögeln des Himmels und den Tieren des Feldes zum Fraße dienen."[63] Neben diesem Hinweis auf die Sprachwelt des Alten Testamentes findet man bei Dierickx noch den Hinweis auf die 1451 erlassene Strafandrohung für Verräter von Geheimnissen des königlichen Rates von England, denen bei Ebbe die Kehle durchgeschnitten, die Zunge herausgerissen und der gefesselte Leichnam dem Meer übergeben werden soll. Die britische Kriminalgeschichte kennt überdies den Fall von sechs Seeräubern, die 1557 am Strand von Wapping bei Ebbe aufgehängt und von der Flut dreimal überspült wurden. Damit wird deutlich signalisiert, daß bei der Beurteilung des Eides sowohl englische Gerichtsbarkeit als auch biblische Wortgewalt eine Rolle gespielt haben.

Unter einem Eid ist „die Beteuerung der Zuverlässigkeit einer Aussage durch" die „Anrufung Gottes als Zeugen und als Richter" (vgl. 1 Sm 20,13; Dt 6,13; 10,10; Js 48,1; 19,18; Jr 12,16) zu verstehen; der vorliegende Eid bezieht sich auf das Richteramt für den Fall, daß das „Versprechen" nicht eingehalten wird; so wird aus der obigen Formel ein promissorischer Eid mit der damit verbundenen Selbstverfluchungsformel (vgl. 1 Sm 20,13; Jr 42,18; 29,22; Js 65,15; Sach 8,13). Da dieser Eid in der Regel unter Berührung der Heiligen Schrift, die zusammen mit Winkel und Zirkel die drei großen Lichter der Johannismaurerei bildet, abgelegt wird, treten die Merkmale eines körperlichen Eides hinzu.[64] Obwohl der hier zu behandelnde Eid nachweislich eine Schöpfung des Überganges vom 17. zum

18. Jahrhundert ist, muß, da die freimaurerische Selbstdarstellung historisierende Rückgriffe zur Ausgestaltung der Symbolwelt als legitimes, häufig auch minder reflektierendes Mittel nutzt, auf die Geschichte des Eides im allgemeinen eingegangen werden. Dabei spielen Wörter hebräischen Ursprunges und die sattsam bekannte Zahlensymbolik bis heute – so z.B. in den Paß- und Losungsworten der einzelnen Grade der Johannismaurerei – eine große Rolle, wenn auch langsam eine gewisse kritische Selbstironie in diesem Konnex Platz zu greifen scheint.

Losgelöst von der alttestamentarischen Tradition des Eides muß aber hervorgehoben werden, daß das hebräische Wort für schwören exakt „sich besiebenen" bedeutet und darauf hinweist, „daß ursprünglich bei dem Schwurritus sieben Dinge eine wichtige Rolle gespielt haben" (vgl. Gn 21,30).[65] Unter Berücksichtigung der freimaurerischen Gedankenwelt und der darin häufig auftretenden Denkstrukturen ließe sich daraus der Hinweis auf den endgültigen Charakter der Eidesleistung bereits bei der Lichtgebung beweisen. Die den einzelnen Graden zugeordneten Zahlen sind drei für den Lehrling, fünf für den Gesellen und sieben für den Meister. In einem weiteren Schritt läßt sich dann die Verbindlichkeit dieses ersten Eides auf alle drei Grade, insbesondere auf die höchste Vollendungsstufe eines maurerischen irdischen Lebens feststellen.[66]

Die freimaurerische Tradition sieht die Bruderkette in einer geistesgeschichtlichen Entwicklungslinie mit nahezu allen esoterischen Sekten, die einen Initiationsritus besitzen. Daraus resultiert etwa die Unzahl der Überlegungen, wer der Stammvater der Maurerei sei. Charakteristisch für derartige Zusammenschlüsse ist aber der Eid, der bei gnostischen oder jüdischen Sekten vor der Einweihung abzulegen war.[67]

In diesem Zusammenhang weist W. Speyer[68] auf die Anrufung von Himmel, Erde, Wasser und Luft hin, wobei festzuhalten ist, daß diese Elemente auch in der Selbstverfluchung im freimaurerischen Schwur wiederum auftauchen und im Ritual der Lichtgebung, also des ersten Grades der Johannismaurerei, von wesentlicher Aussage die Reisen des Suchenden begleiten.[69]

Derartige Überlegungen sind aber nur von bedingt historischer Bedeutung, da der vom Lichtsuchenden verlangte Eid in dieser Form erst im frühen 18. Jahrhundert auftritt. Seine Einbettung in frühere Traditionen entspringt, wie dies oben ausgeführt worden ist, lediglich der ahistorischen Denkweise verschiedener maurerischer Interpreten. An sich verweist die Literatur auf den generellen Rückgang des promissorischen Eides seit dem 16. Jahrhundert im Bereich der Rechtsgeschäfte, wobei diese Entwicklung bis zum 18. Jahrhundert in Europa abgeschlossen ist. Ein derartiger Vorgang bleibt aber in der Regel auch nicht ohne Wirkung auf den privaten Bereich, in dem sich ja die Freimaurerei in einer Reaktion auf den absoluten Staat so rasch entfalten konnte. Zwar breitete sich die englische Eidesformel, die wohl schon zur Entstehungszeit altertümlich und mißverständlich gewirkt hat, auch im romanischen Raum rasch aus und wurde dort in die jeweilige Landessprache übersetzt, dennoch formierte sich sehr rasch Widerstand in Logen gegen die Form und den Inhalt des Eides, der bezeichnenderweise in den Niederlanden zur ersten grundlegenden Änderung führte.

Hier mögen täuferische Traditionen in der Ablehnung promissorischer Eide wegen der Einschränkung der Gewissensentscheidung in künftigen, nicht vorhersehbaren Situationen bzw. die ausdrückliche Fixierung der generellen Eidesverweigerung durch die Mennoniten lebendig gewesen sein. Den eigentlichen Anstoß gaben calvinistische Maurer und deren massive Bedenken über die Ablegung des Eides auf die Bibel in den Logen, so daß 1761 die Großloge der Niederlande die Eidesleistung auf die Bibel für ihren Jurisdiktionsbereich grundsätzlich untersagte.[70] Andererseits traten innerhalb der Aufklärung philosophisch orientierte Ablehnungen des Eides auf, wobei Immanuel Kant etwa dem Staat das Recht zum Zwang zur Eidesleistung ebenso absprach, wie dies auch seitens des deutschen Freimaurers Johann Gottlieb Fichte geschah.

Die freimaurerische Kritik richtete sich aber nicht nur gegen die Durchführung in der traditionellen Form der Handauflegung auf die Bibel[71] – interessant wäre zu wissen, ob Klerikern unter den Lichtsuchenden die Handauflegung auf das eigene Herz gestattet war oder nicht –, sondern wandte sich auch gegen inhaltliche Aussagen des Eides, da er an sich nur zur Verschwiegenheit verpflichtet. Diese absolute Verschwiegenheitspflicht erregte unter anderem auch das Mißtrauen der Kirche und der staatlichen Autorität. So lassen sich bereits in Ritualen des späten 18. Jahrhunderts neue Eidesformeln finden, die unter Anrufung Gottes, dem auch die Bestrafung im Falle eines Eidbruches ausdrücklich überlassen wird, eine gleichsam positive Erklärung zum Treueverhältnis gegenüber Gott, der Religion, der staatlichen Autorität, der Loge und deren einzelnen Mitgliedern kennen.[72] Erst nachgeordnet findet sich dann auch noch die Verschwiegenheitspflicht interne Logenangelegenheiten betreffend.

Damit ist jener Weg beschritten, der in heutigen Tagen zum Fallenlassen des Eides, zum Einsatz eines Gelöbnisses und zur Beseitigung der so unbarmherzig wirkenden Strafandrohung geführt hat.[75]

Zusammenfassend kann der von Prichard überlieferte Eid als klassischer
- promissorischer Eid charakterisiert werden, der in einer
- alttestamentarischen Formentradition stehend
- tradierte außergewöhnliche Strafen des englischen Rechtskreises einbezieht,
- um so im Sinne freimaurerischer Selbstdarstellung das „sagenhafte" Alter des Bundes zu dokumentieren.

Trotz der religiösen Bedenken, die Rom formulierte, fanden sich nicht nur Laien, sondern auch die in der Bulle ausdrücklich genannten „Welt- und Ordensgeistlichen" in den Logen zusammen, wobei die ersten päpstlichen Verbote keinerlei Wirkung in weiten Teilen Europas zeitigten. „Die Loge *‚Zu den drei Disteln'* in Mainz bestand hauptsächlich aus Geistlichen. Unter den Gründern der Loge *‚Friedrich zu den drei Balken'* in Münster waren mehrere Kanoniker und bischöfliche Beamte. Die Loge *‚Karl zu den drei Rädern'* in Erfurt wurde im Jahre 1783 unter Mitwirkung des späteren berühmten Fürst-Primas

Dalberg gestiftet. Die Wiener Loge *‚Zur Beständigkeit'* zählte fünf Geistliche und die *‚Zur gekrönten Hoffnung'* 13 Geistliche."[74] Kurt Baresch[75] zählt drei Kardinäle, 15 Erzbischöfe, 14 Bischöfe, 18 Äbte, Domherren und Pfarrer als besondere Repräsentanten auf. In Klöstern, deren Äbte einer Loge angehörten – wie etwa in Melk –, findet man häufig den Hinweis, daß die betreffenden nicht nur in ihrem geistlichen Kleid und mit ihren Insignien, sondern auch mit den maurerischen Kleinoden versehen ins Grab gelegt worden seien. Für Frankreich nimmt Dierickx an, daß vor der Revolution in nahezu allen Logen Priester Mitglieder gewesen sind, wovon 27 als Meister vom Stuhl agierten; zwei Logen seien überhaupt reine geistliche Berufszirkel gewesen. So weist im Herbst 1981 die für Selig- und Heiligsprechungsverfahren zuständige Kongregation im Zusammenhang mit einer in der Öffentlichkeit diskutierten angeblichen Logenzugehörigkeit eines seliggesprochenen französischen Geistlichen, der 1794 wegen seines Festhaltens am Glauben ermordet wurde, darauf hin, daß die Logen vor der Revolution „nicht jenen Charakter besaßen, den die Freimaurerei seit Anfang des 19. Jahrhunderts hatte".[76]

Der Hinweis der Bulle auf das Verbot der Freimaurerei in verschiedenen Staaten, die unterschiedlicher religiöser Ausrichtung waren, muß als Versuch gewertet werden, die eigene Intention als ein Verhalten innerhalb der allgemein üblichen Normen darzustellen. Gleichzeitig verlieh man damit den eigenen Verdachtsmomenten ein größeres Gewicht. Dennoch muß angenommen werden, daß neben den religiösen Gründen politische Überlegungen im Spiel gewesen sind, die Alec Mellor im kleinen, dunklen Satz von den „bekannten, gerechten und vernünftigen Gründen" vermutet. Er interpretiert ihn aus der politischen Situation des angelsächsischen Raumes heraus: „Der Papst fürchtete den hannoverschen Einfluß auf die Logen, konnte das aber in einer Enzyklika nicht sagen."[77] Michel Dierickx wendet sich gegen diese Hauptthese Mellors, die an sich von der modernen Freimaurerliteratur rezipiert worden ist, da diese „für eine Bulle höchst ungewöhnliche Formel z.B. auch bedeuten kann, daß dem Papst die Mitgliedschaft vieler bedeutender Katholiken und sogar Priester in den Logen bekannt war und er dem ein Ende setzen wollte, ohne darüber zuviel Worte zu verlieren".[78] Von beiden Autoren, die sowohl von freimaurerischer als auch von katholischer Seite respektiert werden, werden Gründe angenommen, die der Papst aus politischen oder aus taktischen Gründen nicht direkt zu nennen bereit gewesen sei. Für derartige Schlüsse liegen lediglich in unterschiedlicher Dichte belegte Thesen der einzelnen Autoren vor; reduziert man die Gedankengänge auf den reinen Text, so kann man die Aussage des Papstes auch als Generalklausel interpretieren. Der an der Spitze von *„In eminenti"* angeführte religiöse Indifferentismus wird in der Schlußpassage der Bulle fortgeführt und im Verdacht der Ketzerei verdichtet.

Die Bestimmungen der Alten Pflichten von 1723 besagen, daß der Maurer dem Sittengesetz zu gehorchen hat und zu der Religion verpflichtet ist, „in der alle Menschen übereinstimmen"; dieser Minimalkonsens, der bewußt jede konfessionelle Bindung zur Privatsache erklärt, die die Loge nicht zu tangieren hat, mußte natürlich den Widerspruch der Kirche erwecken. Unterstrichen wird diese Haltung durch die Einleitung der Bulle, in der der Papst seine Funktion als „Wächterstuhl" umschreibt, damit „den Irrtümern und Lastern der Einbruch versperrt wird, die Unberührtheit der rechtgläubigen Religion möglichst erhalten wird und in diesen äußerst schwierigen Zeitläuften von der ganzen katholischen Welt die Gefahren der Verwirrung ferngehalten werden".[79] „Wer" – so folgert Dierickx – „die Mentalität des 18. Jahrhunderts mit seiner Begeisterung für die Aufklärung und mit seinen zahlreichen Anhängern des Deismus, der einen persönlichen Gott ablehnt, kennt, der kann über die Stellungnahme des Papstes nicht übermäßig erstaunt sein."[80]

Ähnlich breit wie die angeführte „Generalklausel" ist auch die päpstliche Strafandrohung; grundsätzlich unterliegt jede Person, die in irgendeinem Verhältnis zur Freimaurerei steht – sei es als Mitglied, sei es als Hilfspersonal im weitesten Sinn – der Exkommunikation.

Gleichsam im krassen Gegensatz zu diesem umfassenden Anspruch der Bulle *„In eminenti“* stand ihre Wirkung; die Bulle wurde nahezu ignoriert, sieht man von ganz wenigen Landstrichen ab, die ein besonderes Nahverhältnis zu Rom aufwiesen. Der bald nach dem Erscheinen der Bulle „In eminenti" erfolgte Tod Clemens' XII., der seit Jahren schwer leidend gewesen war, dürfte ein übriges getan haben, so daß sich sein Nachfolger, Benedikt XIV., genötigt sah, in seiner Antifreimaurerbulle von 1751 festzuhalten: „Wir haben erfahren, daß manche sich nicht gescheut haben, öffentlich auszusprechen und zu behaupten, daß die besagte, von Unserem Vorgänger ausgesprochene Exkommunikation keine Wirkung mehr habe, weil die damals eingesetzte Konstitution nicht von Uns bestätigt worden sei, als ob die Substanz der von Unserem Vorgänger gegebenen Apostolischen Konstitutionen der ausdrücklichen Bestätigung durch den ihm nachfolgenden Papst bedürfte."[81]

Fest steht, daß die Bulle in vielen Staaten „nicht nur nicht ‚rezipiert'" wurde, sondern „völlig unbekannt" blieb.[82] „Nicht nur die Regierungen hatten sich geweigert, sie zur Kenntnis der Öffentlichkeit zu bringen, sondern nicht einmal die Zeitungen gaben ihr diese Publizität." Kardinal Fleurys Stellungnahme gegenüber dem französischen Botschafter in Rom mag dafür einen Teilaspekt erklären: „Die Bulle, die der Papst gegen die Freimaurerei erlassen hat, wird möglicherweise nicht ausreichen, um diese Bruderschaft aufzulösen, wenn keine andere Strafe als die Exkommunikation zu befürchten ist. Der römische Hof verhängt diese Strafe so oft, daß sie heute niemanden mehr von irgendetwas abhält."[83]

Das Edikt des Kardinals Firrao von 1739

In dieser Situation erließ Joseph Kardinal Firrao am 14. Januar 1739 gleichsam eine verschärfende Durchführungsbestimmung zu der Bulle *„In eminenti“* für den Kirchenstaat[84]: „Joseph Kardinal Firrao, Kardinal-Priester der Titelkirche St. Thomas in Parione und des Heiligen Kollegiums zu Rom; dessen eingedenk, daß unser allerhöchster Oberhirte, Seine Heiligkeit Papst Clemens XII. in seiner Bulle vom 28. April vergangenen Jahres, beginnend mit ‚*In eminenti*', bei Strafe der Exkommunikation, welche ihm selbst vorbehalten ist, gewisse Verbände, Gesellschaften und Vereinigungen, genauer Konventikel genannt, welche Francs Massons heißen und unter dem Deckmantel von Laiengesellschaften Menschen aller Sekten und Religionen aufnehmen, sie durch strenges Geheimnis verpflichten und durch einen Eid auf die Bibel alles, was in den besagten Versammlungen gesprochen oder getan wird, besiegeln, verboten hat; und da solche Gesellschaften, Versammlungen und Konventikel nicht nur der Ketzerei verdächtigt, sondern auch für die öffentliche Ruhe und die Sicherheit des Kirchenstaates gefährlich sind, denn wenn sie nichts täten, was der Rechtsgläubigkeit, dem Staat und der öffentlichen Ruhe Abbruch tut, so würden sie die Mitglieder nicht durch strenges Geheimnis verpflichten, wie die obengenannte Bulle richtig bemerkt; und es der Wille Seiner Heiligkeit ..., daß solche Gesellschaften, Vereinigungen und Konventikel vollständig abgeschafft und aufgelöst werden und daß diejenigen, welche den Tadel nicht fürchten, zumindest durch zeitliche Strafe abgehalten werden. Deshalb ergeht durch dieses Edikt der ausdrückliche Befehl Seiner Heiligkeit, allen Personen jeder Klasse, jeden Standes und Ranges, Priestern, Weltlichen oder Ordensgeistlichen jeder Gemeinschaft, jeder Stellung und Würde, gewöhnlichen oder außergewöhnlich bevorzugten, einschließlich der vier Legationen von Bologna, Ferrara, der Romagna und der Stadt und des Herzogtums Benevent, hiemit zu verbieten, daß irgendjemand sich den besagten Gesellschaften oder Vereinigungen der Francs Massons anschließt, ihnen beitritt oder mit ihnen Verbindung aufnimmt, wo immer, in welcher Eigenschaft oder unter welchem Deckmantel es auch sei, oder auch an diesen Versammlungen oder Zusammenkünften teilzunehmen, widrigenfalls sie mit dem Tode und der Konfiszierung ihrer Güter unter allen Umständen und ohne Hoffnung auf Gnade bestraft werden.

Es ist gleicherweise wie oben allen Personen verboten, zu versuchen oder andere zu verführen, es zu tun, sich solchen Gesellschaften, Versammlungen oder Vereinigungen anzuschließen, sie zu beraten, ihnen zu helfen oder die besagten Versammlungen oder Vereinigungen in solcher Absicht zu fördern, ebenfalls bei obengenannter Strafe; und diejenigen, welche ein Haus oder eine andere Stätte zur Abhaltung solcher Versammlungen oder Konventikel sei es unter dem Vorwand der Miete, der Bezahlung oder durch welchen Vertrag auch immer besorgen oder zur Verfügung stellen, werden hiemit zusätzlich zu den obengenannten Strafen dazu verurteilt, daß ihr Haus oder ihre Häuser oder andere Stätten, an denen solche Versammlungen oder Konventikel abgehalten werden, vollständig zerstört und dem Erdboden gleichgemacht werden; und es ist der Wille Seiner Heiligkeit, daß jede menschliche Wahrscheinlichkeit, jeder Verdacht und jede Vermutung ausreichend sein können und müssen, um die obengenannten Strafen der Zerstörung zu gewärtigen, ohne Anerkennung irgendeiner wie immer gearteten Entschuldigung, denn es ist anzunehmen, daß die Besitzer solcher Häuser oder Stätten unterrichtet waren und Bescheid wußten.

Und da es der ausdrückliche Wille unseres Oberhirten ist, daß solche Versammlungen, Gesellschaften und Konventikel nicht länger bestehen sollen und als gefährlich und der Ketzerei und der Rebellion verdächtig endgültig aufgelöst werden, gibt Seine Heiligkeit hiemit strengen Befehl, daß alle obengenannten Personen, die in Zukunft von der Abhaltung solcher Versammlungen, Zusammenkünfte oder Konventikel Kenntnis erlangen oder aufgefordert werden, ihnen beizutreten, oder in irgendeiner Weise Helfershelfer oder Mitwisser sind, diese Seiner Eminenz oder dem obersten Richter des ordentlichen Stadtgerichtes oder dem eines anderen Ortes, an dem gegen dieses Edikt verstoßen wird, zu melden, widrigenfalls sie zusätzlich zu den jeweils verhängten schweren Leibesstrafen, die Galeere nicht ausgenommen, zu einer Geldbuße von 1000 Goldkronen verurteilt werden; dabei wird dem Anzeigenden oder Informanten versprochen und zugesichert, daß sein Name unverbrüchlich geheimgehalten und seine Sicherheit garantiert wird, und daß er überdies Begnadigung und Immunität erwarten kann, trotz der Strafen, die er verdienen könnte oder müßte.

Und damit sich niemand mit dem Vorwand entschuldigen kann, er sei an das Geheimnis, an das heilige Gelöbnis oder durch eine andere, noch strengere Fessel gebunden, ergeht hiemit auf Befehl seiner Heiligkeit an alle die Mitteilung daß solche Verpflichtungen wie das Geheimnis oder irgendein Gelöbnis verbrecherischer Art, die bereits bei Strafe der Exkommunikation verboten sind, in keiner Weise verpflichten oder binden, daß sie null und nichtig und ungültig sind.

Es ist unser Wille, daß das vorliegende Edikt, wenn es an den üblichen Plätzen angeschlagen ist, für Rom und seinen Distrikt verpflichtend und bindend ist, wie auch nach Ablauf von 21 Tagen für den ganzen Kirchenstaat, inbegriffen die Städte Bologna, Ferrara und Benevent, so als ob sie einzeln davon in Kenntnis gesetzt worden wären."

Auffallend an diesem Edikt sind die Verschärfung der Strafe und die Erweiterung des Personenkreises, der unter diese Strafandrohung fällt; nun sind nicht nur die Freimaurer selbst und ihre Helfer – z.B. Wirte, die ihr Lokal zur Abhaltung einer Loge zur Verfügung stellen – bedroht, sondern auch jene, die durch Zufall etc. von Freimaurern wissen und diese nicht zur Anzeige bringen. Letztere werden massiv zur Denunziation aufgerufen, wobei man ihnen absolute Diskretion zusagt. Das Strafausmaß geht über die kirchliche Exkommunikation hinaus und sieht nun die Todesstrafe, die Konfiszierung der Güter und die Zerstörung von Versammlungslokalen, Geldstrafen und Galeere vor. Ausdrücklich heißt es dabei, es sei „der Wille Seiner Heiligkeit, daß jede menschliche Wahrscheinlichkeit, jeder Verdacht und jede Vermutung" ausreiche, „um die obgenannte Strafen der Zerstörung zu gewärtigen". Einen Schwerpunkt legt man wiederum auf den freimaurerischen Eid und die damit verbundene Verschwiegenheitspflicht; durch die grundsätzliche Feststellung des verbrecherischen Charakters des freimaurerischen Geheimnisses verliert natürlich jeder Eid und jede Form der Verschwiegenheitspflicht seine Gültigkeit.

Die Bulle „Providas Romanorum Pontificum"

Am 18. Mai 1751 unterzeichnete Benedikt XIV. die Bulle *„Providas Romanorum Pontificum"*, die zweite Verurteilung der Freimaurerei. Mit der zehn Tage später publizierten Bulle wandte sich ein Papst an die Öffentlichkeit, dem nicht Regierungsunfähigkeit, nicht mangelndes Durchsetzungsvermögen und schon gar nicht fehlende juristische und theologische Kenntnisse zum Vorwurf gemacht werden konnten, wie das bei seinem Vorgänger bis in die Gegenwart herein geschieht.

Einleitend wandte sich Benedikt XIV. gegen Gerüchte, die die Wirksamkeit der Bulle *„In eminenti"* mit dem Tod Clemens' XII. für erloschen erklärten. Gleichsam um die Gültigkeit dieser ersten Verurteilung zu unterstreichen, wiederholte die Bulle *„Providas Romanorum Pontificum"* die Bulle *„In eminenti"* zur Gänze, ehe die eigene Argumentation Benedikts XIV. folgte.[85]

„Ferner ist unter den höchst wichtigen Gründen des Verbotes und der Verurteilung, die in der eben wiedergegebenen Verordnung ausgesprochen sind, der erste, daß in derartigen Gesellschaften und Zusammenschlüssen Menschen jeder Religion und jeder Sekte zusammenkommen, woraus deutlich genug wird, welch große Gefahr der Reinheit der katholischen Religion dadurch erwächst.

Der zweite ist das strikte und geheimnisvolle Band des Stillschweigens, wodurch dasjenige verborgen wird, was bei Zusammenkünften dieser Gattung vor sich geht, worauf daher zutreffend jener Ausspruch, den sich Cäcilius Natalis im Minucius Felix, wenn auch in einer ganz anderen Sache, benützt, angewendet werden kann: Redliche Taten erfreuen sich des Lichts; die Laster bleiben im Verborgenen.

Der dritte ist der Eid, durch den sie sich zu unverbrüchlicher Bewahrung des Geheimnisses verbinden, als könne sich jemand unter dem Vorwand eines Versprechens oder Eides davor schützen, alles bekennen zu müssen, worüber er von der rechtmäßigen Obrigkeit befragt wird, damit diese entscheiden kann, ob bei dergleichen geheimen Zusammenkünften etwas

Freimaurerischer Unterricht: Auf dem Tisch ist ein Logenplan ausgebreitet. Die Symbole sind deutlich zu erkennen.

vorgehe, das gegen die Verfassung und die Gesetze der Religion und des Staates ist.

Der vierte ist, daß derartige Gesellschaften nicht weniger staatlich als den kirchlichen Gesetzen entgegen sind, da nämlich nach dem bürgerlichen Recht alle geheim geschlossenen Gesellschaften und vertraulichen Zirkel verboten werden, wie zu ersehen im 47. Buch 22. Titel der Pandekten, und in dem berühmten Brief des Plinius, in seiner Sammlung der 97. des 10. Buches, in dem er sagt, in seinem Edikt seien auf Befehl des Kaisers die Häterien verboten worden, das heißt, daß keine geheimen Gesellschaften und Zusammenschlüsse ohne Genehmigung des Fürsten bestehen dürfen.

Der fünfte ist, daß schon in verschiedenen Gegenden die erwähnten Gesellschaften und Verbindungen durch Gesetze weltlicher Fürsten verurteilt und aufgehoben worden sind. Der letzte Grund liegt darin, daß diese Gesellschaften und Verbindungen bei vernünftigen und klugen Männern in üblem Rufe stehen und daß nach ihrem Urteil diejenigen, welche ihnen zugehören, sich das Brandmark der Bosheit und Untugend zuziehen ... Daher hat er (der Kaiser) auch allen Statthaltern seiner Gebiete und den Staatsräten ernstlich anbefohlen, sie (die Christen) samt und sonders anzuhalten, den Gesetzen der Kirche den schuldigen Gehorsam zu leisten, und hat auch schwerste Strafen gegen die angekündigt, die dieses vernachlässigen würden, wobei unter anderem beigefügt wurde: Jenen aber, die in diesen Dingen als nachlässig oder ungehorsam befunden würden, wird erklärt, daß sie in unserem Reich ihrer Ehrenstellungen verlustig gehen und daß es ihnen, sollten es auch unsere Söhne selbst sein, nicht weiter gestattet bleibe, in unserer kaiserlichen Burg zu wohnen, oder mit uns oder Leuten aus unserem Gefolge Gesellschaft oder Umgang zu haben, sondern daß sie vielmehr unter Beschwerlichkeit und Mangel ihre Strafe erleiden sollen.

Wir wollen ferner, daß diesem Schreiben, auch in gedruckter Form, wenn sie von der Hand eines Notars unterschrieben und mit dem Siegel einer in geistlicher Würde stehenden Person bekräftigt ist, derselbe Glaube erwiesen werde, welcher den Originalen gebührt, wenn sie selbst dargelegt und vorgezeigt wären.

Es soll also schlechterdings niemandem erlaubt sein, diese Urkunde Unserer Bestätigung, Erneuerung, Genehmigung, Vollmacht, Appells, Ersuchens, Befehls und Willensbekundung zu entkräften, noch sich derselben freventlich zu widersetzen. Wenn sich aber jemand dessen unterfangen sollte, dem wird angekündigt, daß er den Zorn des allmächtigen Gottes und der heiligen Apostel Petrus und Paulus auf sich laden werde.

Gegeben zu Rom bei S. Maria Maggiore, im Jahre der Menschwerdung des Herrn 1751 den 17. Mai, im elften Unseres Papsttums."

Aspekte dieser Verurteilung

Charles von Bokor[86] stellt folgende Frage: „Wenn die Bulle die erste Verurteilung wiederholt und der Papst sie bestätigt, ‚als ob sie zum ersten Mal in Unserem Namen' bekanntgegeben worden wäre, warum war es dann notwendig, sie durch acht weitere Paragraphen zu vervollständigen und peinlich genau die vier Gründe der Verurteilung aufzuzählen, ohne den fünften Grund zu erwähnen, der die größte Rolle spielte: ‚und aus anderen Uns bekannten gerechten und vernünftigen Gründen ...'?" Die Schwerpunkte der Verurteilung sind also im Wesentlichen gleich geblieben:

1. Der religiöse Indifferentismus gefährdet den wahren katholischen Glauben.
2. Das freimaurerische Geheimnis wird
3. weiterhin durch den Eid geschützt.
4. Derartige Zusammenschlüsse widersprechen den staatlichen und kirchlichen Gesetzen.

Der gegenüber der ersten Verurteilung fehlende fünfte Punkt, die bekannten und gerechten Gründe betreffend, wird von Mellor[87] im Sinne seiner Stuart-Theorie erklärt: „Das Jakobitentum war bei Culloden gestorben und lebte 1751 nur mehr als Symbol weiter." Bokor[88] will aber auch die Möglichkeit nicht ausschließen, daß es Benedikt, dem „ehemaligen Advokaten und ausgezeichneten Juristen", widerstrebte, „sich auf derartige Argumente zu berufen".

Bezeichnenderweise – und das unterstützt die These Bokors – beruft sich Benedikt bei den grundsätzlichen allgemeinen Bedenken gegen derartige Versammlungen auf ältere Rechtsquellen, argumentiert hier also gleichsam im rein juristischen Bereich, wobei er resümierend auf diese Art und Weise zu einer Generalklausel kommt.

Beide Bullen blieben im wesentlichen auf die päpstlichen Gebiete sowie auf Spanien, Portugal und Polen beschränkt, wobei auf der Iberischen Halbinsel die Inquisition massiv Aktionen setzte; Anklagen seitens der Inquisition vermischten aber bereits religiöse Vorwürfe (Ketzerei), moralische Angriffe und Mythenbildungen (Zauberei, Sodomie, amoralisches Verhalten).[89] Nicht uninteressant in diesem Zusammenhang ist es, daß derartige Anwürfe, die sich durch das gesamte 19. Jahrhundert und auch noch in der rechtsradikalen, antifreimaurerisch geprägten Propaganda des 20. Jahrhunderts finden, sich heute in betont traditionalistischen Kreisen der katholischen Kirche beobachten lassen, womit jene, die das Zweite Vatikanum mit seiner Öffnung nicht nachvollziehen, die antifreimaurerische Haltung mit ihren Auswüchsen tradieren. Für diese sind Kardinäle wie Julius Döpfner oder Franz König der Mitgliedschaft bei der Freimaurerei dringend verdächtig, das Konzil ohnehin ein Werk der „Punktebrüder" und schließlich der wahre Papst ein Gefangener dieser sinistren Verschwörer, während der echte in den dunklen Kerkern des Vatikans gefangengehalten wird.[90]

Der erneut 1751 an der Spitze angeführte religiöse Indifferentismus wird durch interne Vorgänge der Freimaurerei unterstrichen. Auch hier kam es über den erklärten Deismus der Alten Pflichten zu Auseinandersetzungen. So erschien 1722 – also ein Jahr nach dem Beschluß der Großloge von London, die Verfassung der Freimaurer durch den Pastor Anderson formulieren zu lassen – in London eine Ausgabe der Alten Konstitutionen, deren Formulierungen die Religion betreffend im krassen Gegensatz zu den schließlich 1723 genehmigten Alten Pflichten der Großloge stehen. So heißt es 1722 noch ausdrücklich im ersten Artikel: „Ich muß Euch ermahnen, Gott in seiner heiligen Kirche zu verehren. Ihr sollt Euch nicht auf Häresie, Schisma oder Irrlehren einlassen oder auf die Lehren ungläubiger Menschen."[91]

Ausgehend von dieser Position sammelte sich um die Yorker Loge eine Großloge von England, die sich als *„Antients"*, also als die wahren alten Maurer bezeichnete, während man die Großloge von 1717 als die *„Moderns"* abtat. In Summe warfen sie den *„Moderns"* vor, die echte maurerische Tradition aufgegeben zu haben, indem sie das Ritual etc. entchristianisiert hätten. Diese Trennung, an deren Beendigung man seit 1760 arbeitete, wurde schließlich 1813 beseitigt, und die nunmehrige *Vereinigte Großloge von England* legte ihre Konstitutionen 1815 vor. Hier heißt es nun, daß der Freimaurer verpflichtet sei, „dem Gesetz der Moral zu gehorchen, und wenn er die Kunst recht versteht, wird er niemals ein dummer Atheist oder Wüstling ohne Religion sein. Er muß von allen Menschen am besten verstehen, daß Gott nicht sieht, wie der Mensch sieht. Denn der Mensch sieht die äußere Erscheinung, Gott aber sieht das Herz. Ein Mann mag eine Religion oder eine Art der Verehrung haben wie sie auch sei, er wird deshalb nicht vom Orden ferngehalten, vorausgesetzt, daß er an den erhabenen Architekten des Himmels und der Erde glaubt und die geheimen Pflichten der Moral übt." Im Vergleich mit den Alten Pflichten von 1723 erkennt man – so Naudon –, daß der „Deismus von Andersons Naturreligion durch einen personenbezogenen Theismus ersetzt wurde". Bereits 1738 hatte die Großloge ihre Alten Pflichten von 1723 und dem darin enthaltenen „punktförmigen" Deismus, der „auf ein einziges Prinzip zurückgeführt ist", aufgelockert und in „eine warme und aufrichtige religiöse Frömmigkeit eingehüllt", was seitens französischer Autoren als ein „Rückzug" angesehen worden ist: „Die zweite Ausgabe … wäre eine Art Wiedergutmachung, eine Beschwichtigung des religiösen Gefühls."[92] Die Auseinandersetzungen zwischen den beiden englischen Großlogen führten innerhalb der englischen Maurerei zu einer vermehrten Orientierung an der Religion; dem kurzanhaltenden deistischen England – so Mellor – folgte ein England, „das zur Religion zurückgefunden hatte".

Im englischen Deismus des 17. Jahrhunderts standen zunächst „die Fragen der religiösen Toleranz und das Verhältnis von Kirche und Staat im Vordergrund".[93] Diese Problematik floß sichtlich in die Alten Pflichten von 1723 ein, und als die „deistische Sturmflut in England" um die Mitte des 18. Jahrhunderts verebbte, begann sich auch innerhalb der Freimaurerei Englands eine Änderung abzuzeichnen, die sie schließlich in den Gegensatz zur französischen Entwicklung stellte.

Bei der Rezeption des englischen Deismus in Frankreich „fand seine Erhebung zur weltgeschichtlichen Macht statt", da nur „die Ergebnisse, nicht die Gründe des englischen Deismus" rezipiert wurden; suchte der englische Deismus noch „das wahre Christentum zu restituieren", so ging es in Frankreich um die „Kritik der Religion überhaupt und um Aufklärung". Durch die traditionell enge Verbindung von Kirche und Staat in Frankreich bis hin zur Revolution entstand jenes Bewußtsein, das „die Religion" zur wichtigsten „Stütze des feudalen, absolutistischen Staates" machte und ihr die „Hauptschuld an Unfreiheit, Ungleichheit und Unbrüderlichkeit" zumaß. Charakteristischerweise verbreitete Voltaire nach seinem Englandaufenthalt (1726–1729) in Frankreich „die Gedanken zahlreicher englischer Deisten", während seine prominente Formulierung – „Für jeden fühlenden Menschen muß die christliche Sekte ein Abscheu sein. Wir verdammen den Atheismus, wir verabscheuen den Aberglauben, wir lieben Gott und das Menschengeschlecht. Das ist unser Glaubensbekenntnis!" – den oben angesprochenen Übergang charakterisiert. Trotz aller materialistischen Tendenzen in Voltaires Denken registriert Gestrich aber „den Glauben an einen Baumeister der Welt in sich". Charakteristisch für die zeitgenössische Denkweise vom großen Baumeister aller Welten ist die Feststellung

Stephen Hales, des englischen Naturforschers: „Das rechte Verhältnis der Teile, ihre zahllosen Schönheiten, ihre großartige Symmetrie, der gegenseitige Gleichklang dieser Zusammenstellung von so vielen verschiedenen Säften und festen Teilen, werden immer die Möglichkeiten neuer Entdeckungen bieten und werden ununterbrochen Beweise für die Weisheit des göttlichen Baumeisters liefern, der sie geschaffen hat."[94] Der angesprochene Übergang zum religionskritischen Materialismus und dem modernen Freidenkertum erhält in der Dechristianisation der französischen Revolution seine eigentliche Ausprägung, wobei charakteristischerweise Abbé Augustin Barruel diese als das Werk der Freimaurer ansieht, während sie von A. Aualard rund hundert Jahre später als eine „nationale Verteidigung" interpretiert wird „sowohl gegen eine innere als auch äußere Verunsicherung ..., da doch die Religion schlechthin als ‚l'âme de la coalition contre patrie'" betrachtet wurde.[95] Erst in der Umsetzung und Fortführung der Voltaireschen Ansätze durch die Enzyklopädisten wurde jene Basis geschaffen, auf der de Lammettrie und d'Holbach den Übergang vom Deismus zum Atheismus und Materialismus, von der deistischen Religionskritik zum religionskritischen Materialismus vollzogen und in der das „charakteristische moderne französische Freidenkertum" wurzelt.

Ähnlich wie in Frankreich vor der Revolution verband sich in Italien die Kritik an der Kirche als theologischer Institution mit der Kirche als staatlichem Machtträger und führte im 19. Jahrhundert zu der charakteristischen Union zwischen Freidenkertum und nationaler Staatswerdung.

Diese Entwicklung spiegelt sich in der Entwicklung der jeweiligen nationalen Freimaurergeschichte, da die Freimaurer letztlich schon aufgrund ihrer personellen Zusammensetzung trotz des Anspruches auf eine Weltbruderkette nationale, politische und kulturelle Eigenarten bewußt und unbewußt bis in die Gegenwart rezipieren. Dies gilt für die Haltung der amerikanischen Freimaurer gegenüber den Negern ebenso wie für betont nationale Gruppierungen deutscher Provenienz der beginnenden dreißiger Jahre unseres Jahrhunderts oder Freimaurer in der Frühphase des italienischen Faschismus in Mussolinis[96] Umgebung. In extremen Fällen – so nach dem Ende des Ersten Weltkrieges – fiel der nationale Bannstrahl auf die „feindlichen" Brüder.[97]

Eng verbunden mit dem aus der Sicht der Kirche religiösen Indifferentismus ist die Idee der Toleranz, die sich nicht nur auf religiöse Belange, sondern auch auf politische Fragen bezog. Grundsätzlich formulierten die Alten Pflichten von 1723 die Stellung des Maurers als die eines friedliebenden Bürgers des Staates. „Er darf sich nie in einen Aufstand oder eine Verschwörung gegen den Frieden oder das Wohl seiner Nation verwickeln lassen und sich auch nicht pflichtwidrig gegenüber nachgeordneten Behörden verhalten" (Alte Pflichten II). Diese Bestimmung muß zunächst im Hinblick auf die englische Situation gesehen werden, die Etablierung der dortigen staatlichen Macht, seiner frühen parlamentarischen Absicherung und der damit sich saturiert zeigenden Bevölkerungsschicht, deren bürgerliches Organisationsbestreben eben auch die Gründung der Großloge ermöglichte. Historisches Wissen um Konfliktsituationen dürfte den weiteren Absatz des zweiten Abschnittes der Alten Pflichten beeinflußt haben. „Sollte nun ein Bruder zum Rebellen gegen die Staatsgewalt werden, so darf man ihn in seiner aufrührerischen Haltung nicht bestärken ... Obwohl die Bruderschaft in Treue zum Gesetz seine Empörung ablehnen soll und muß ..., kann sie ihn, wenn er keines anderen Verbrechens überführt ist, nicht aus der Loge ausschließen; seine Bindung an sie bleibt unauflöslich." Und an anderer Stelle heißt es schließlich, daß „keine Streitgespräche über Religion, Nation und Politik in die Loge getragen" werden dürfen (Alte Pflichten IV). „Als Maurer gehören wir nur der allgemeinen Religion an, von der schon die Rede war. Unter uns findet man alle Völker, Zungen, Stämme und Sprachen; wir wenden uns entschieden gegen alle politischen Auseinandersetzungen, die noch niemals zum Wohl der Loge beigetragen haben und es auch niemals tun werden. Diese Pflicht wurde schon immer streng eingeschärft und befolgt, besonders aber seit der Reformation in Britannien oder seit dem Abfall und der Trennung unserer Nation von der Gemeinschaft mit Rom."

Bereits in seinem ersten Brief über Toleranz hatte John Locke[98] 1685/86 einleitend formuliert: „Ich erachte die Toleranz für das wichtigste und charakteristische Kennzeichen der wahren Kirche." Darüber hinaus formulierte er weiters die Bedeutung der Toleranz für den Staat, der dadurch sowohl im Inneren als auch in den zwischenstaatlichen Beziehungen Frieden herstellen könnte. In der Fortführung des kirchlichen und staatlichen Themas vermerkte Locke die Zuständigkeit der Kirche für das religiöse Wohlergehen, wobei er Minimalcharakteristika für das Wesen einer Religionsgemeinschaft aufstellt, während er dem Staat die Wahrnehmung der bürgerlichen Interessen zuspricht und gleichzeitig jeden Versuch des Staates, sich religiöser Gebräuche zu bedienen, verurteilt. Damit betonte er die Trennung von Kirche und Staat, eine Forderung, die die Kirchen primär gegen sie gerichtet ansahen bzw. sehen.

Dierickx[99] weist in seiner Betrachtung auf den Vorwurf, „daß die sogenannten Gesellschaften und Zusammenkünfte bei ... tugendhaften Menschen Verdacht erregen, ... und nach deren Urteil das Merkmal der Verderbtheit und Untugend tragen", hin und belegt derartige Anschuldigungen mit freimaurerischer Kritik an Auswüchsen in schlecht geführten Logen: „Daher so viele unwissende Logen, so viele Werkplätze, die eher eine Schule des liederlichen Lebens als der Weisheit waren ... Welche Ansicht kann man sich bilden, wenn man sieht, wie die Freimaurer ihren Werkplatz verlassen, abgestumpft durch die Macht des Pulvers (Wein), das sie in Übermaß verbraucht hatten? Sie beginnen dann sonstige Ausschweifungen ..." Häufig findet man auch Belegstellen für suspekte moralische Standpunkte bei freimaurerischen Würdenträgern; man spricht dabei von Würdenträgern, die „bestens geeignet" wären, „die Bacchusjünger zu befehligen und jemanden in die Freuden der Liebe einzuführen". Schindler[100] betont unter Hinweis auf die Darstellung eines betrunkenen Freimaurers durch Hogarth, daß derartiges natürlich auch auf dem Kontinent zu finden

William Hogarth (1697–1764), selbst Freimaurer, karikiert in diesem Bild den Heimweg eines „schwer gezeichneten“ Freimaurers.

war, um so mehr als „Jemandem ein Ehre an thun, ... so viel als ihn voll saufen" hieß. Bokor[101] spricht sich aber dagegen aus, einen verallgemeinernden Schluß über den Charakter der gesamten Freimaurerei zu ziehen, und fügt sarkastisch hinzu, „daß zahlreiche vom moralischen Standpunkt aus suspekte Würdenträger Kirchenfürsten waren, die als solche viel eher zu einem moralischen Lebenswandel verpflichtet gewesen wären als ein weltlicher Grandseigneur". Überdies muß darauf hingewiesen werden, daß sich mit einer zunehmenden Popularisierung unterschiedlichste Gruppen maurerisches Gepräge zu geben wußten und deren System nachahmten, sei es nun der Mopsorden[102], der im übrigen die Katholizität seiner Mitglieder betonte, sei es jene sagenhafte *Feigenbruderschaft*, von der Abafi[103] berichtet, die sich um die Jahrhundertmitte in Wien konstituierte und deren Mitglieder, „Männer und Frauen", die die Gütergemeinschaften „auch auf ihre eigene Person ausdehnten" und die sich „wöchentlich einige Male, um ihren Lüsten zu fröhnen", versammelten. Die *Schwestern von der schwarzen Feige* hielten mit den *Brüdern vom schwarzen Hut*, die einen harten, phallusartigen Logenpaß vorweisen mußten, ihre Zusammenkünfte in Währing oder Nußdorf bzw. in Wien selbst ab, ehe sie 1751 von der Polizei ausgehoben und der Keuschheitskommission übergeben wurden, die allerdings wegen der gesellschaftlichen Stellung einiger Teilnehmer eher zurückhaltend agierte.

Aufklärung versus Vorromantik

Kosellecks Feststellung, daß die *République de lettres* und die Logen der Freimaurerei das Zeitalter der Aufklärung geprägt haben, wobei „Aufklärung und Geheimnis ... als ein geschichtliches Zwillingspaar" auftreten, hat seinen Vorläufer in der Äußerung Carl Friedrich Bahrdts[104] aus dem Jahre 1789, wonach „Aufklärung und geheime Gesellschaften ... die beiden merkwürdigen Steckenpferde" seien, „auf welchen sich Thorheit und Weisheit" der „Zeitgenossen tummeln". Unter

Josef Balsamo (1743–1795) war unter dem Namen Alexander Graf Cagliostro einer der erfolgreichsten Hochstapler des 18. Jahrhunderts und gründete u. a. Logen, die nach dem von ihm erfundenen Ägyptischen Ritus arbeiteten und auch Frauen offen standen. 1789 von der Inquisition gestellt, rettete er seinen Kopf mit der „Aufdeckung“ einer freimaurerischen „Weltverschwörung“.

Berufung auf derartige zeitgenössische Zitate und auf den Hinweis des Freiherrn von Knigge, das dazumal „in allen Ständen nur wenige Menschen" anzutreffen waren, „die nicht wenigstens eine zeitlang Mitglied einer solchen geheimen Verbrüderung gewesen wären", kommt Rogalla von Bieberstein[105] zu der Definition des Begriffes „geheim", der nicht mit dem Geheimnis im modernen Sinn assoziiert werden dürfe, sondern im Sinne des 18. Jahrhunderts als „komplementär zu dem spezifisch absolutistischen Begriffe" der „Öffentlichkeit" gesehen werden muß, „welche vom absolutistischen Staat zur Gänze reklamiert wurde". In einem derartigen Sinnzusammenhang müßte daher das Attribut geheim im Zusammenhang mit den staatlich lizenzierten Freimaurerlogen des 18. Jahrhunderts mit den Termini „privat, intim, exklusiv und esoterisch" im heutigen Sprachgebrauch übertragen werden.

Wenn aber eine derartige „private" Gesellschaft aufgrund ihrer von der Aufklärung getragenen Grundideen religiöse Toleranz und soziale Gleichheit, wenn auch in einem für heutige Begriffe beschränkten Umfang, praktiziert, so richtet sie sich indirekt gegen die herrschende Struktur, was auch von „sensiblen Gegenaufklärern und Konterrevolutionären schon früh"[106] erkannt wurde. Ein deutscher Exjesuit sieht in den Freimaurern eine „Bruderschaft, die unter Personen von verschiedenen Ständen eingegangen wird" und somit als ein potentielles revolutionäres Moment „kein Verhältnis zu der hierarchischen Ordnung" besitzt, „welche Gott zur guten Leitung der Welt eingesetzt hat". Daraus folgert dieser Mann 1791, geprägt von den Vorgängen in Frankreich, eine direkte Hinwendung zum „Umsturz des weltlichen und geistlichen Systems".

Diese Aussagen stehen im krassen Gegensatz zu dem Charakter der Freimaurerlogen des 18. Jahrhunderts, die in ihrer überwiegenden Mehrzahl „einen nichtpolitischen Charakter trugen", jedoch „rein strukturmäßig gesehen" über eine politische Dimension verfügten. „Zudem begünstigten die aufklärerischen Ideale speziell auch der regulären (Johannis-)Freimaurerei ohne Zweifel politisch-gesellschaftliche Interessen und

Engagements in einem ganz allgemeinen Sinn." Die Verschwörungstheorien, die ab der Französischen Revolution massiv Platz griffen, verwechseln diese Vorgänge mit dem Faktum, daß das „organisatorische Gerüst speziell des Freimaurerordens als Vorbild und nicht selten – teilweise in Kombination damit – als Deckmantel für solche politischen Bestrebungen, die der Freimaurerei an sich gänzlich fremd und zugleich unter den Bedingungen eines absolutistischen Staates illegal waren", dienten. Als Vorbild boten sich die Logen „weiter deshalb an, weil man ihr ‚unnützes Possen- und Zeremonienspiel' – so der Kurfürst Max Franz von Köln im Jahre 1786 – weithin für harmlos ansah".

Damit stand der Weg offen, die Freimaurerei als Tarnung zu gebrauchen, gleichsam eine *masonry in a masonry* zu bilden bzw. sich der Maurerei als „Pflanzschule" zu bedienen. An der Spitze der Liste von Organisationen und Gesellschaften, die die Freimaurerei als Tarninstitut nutzen, ist der Illuminatenorden zu nennen; in dieser Tradition stehen aber – wie Rogalla von Bieberstein deutlich macht – der preußische *Tugendbund,* die *Nationale Freimaurerei* Polens, Frankreichs *Les Amis de la Verité* und *Charbonnerie,* die italienische *Carboneria* und schließlich die russischen *Dekabristen.* Diese organisatorische Verwandtschaft, zu der im einen oder anderen Fall unterschiedlich starke personelle Querverbindungen traten, führten schon früh zu der Annahme, daß hinter allen Revolutionen die rege Hand der maurerischen Brüder zu finden wäre.

Neben Gruppierungen, die sich der Freimaurerei als Tarninstrument bedienten, müssen jene Formen gesehen werden, die hinter dem freimaurerischen Geheimnis den Stein der Weisen suchten, jenen Formen, die sich eingesponnen in alchimistische Träumereien der freimaurerischen Formenwelt direkt zu bedienen suchten oder aber deren Organisationsform teilweise auch in betrügerischer Absicht nachahmten. Das damit sich ändernde Bild faßt George Rude mit dem Hinweis auf den speziellen Charakter „pseudoreligiöser Sekten" im weitesten Sinne zusammen.[107] Diese diffuse Gruppierung reicht von betrügerischen Abenteurern im Stile eines Josef Balsamo, der als Alexander Graf Cagliostro 1775 einen ägyptischen Ritus stiftete, wobei er, Adoptionslogen gründend, auch Frauen einführte, bis hin zum Gründer der der Templertradition huldigenden Strikten Observanz Karl Gotthelf Reichsfreiherrn von Hund, der den unheilvollen, Verwirrung stiftenden Begriff des unbekannten Oberen einbrachte. Hierher gehört auch das Gold- und Rosenkreuzertum des 18. Jahrhunderts, das weder mit dem Rosenkreuzertum des 17. Jahrhunderts, noch mit jenem, welches auch in unseren Tagen unter diesem Namen figuriert, zu verwechseln ist.

Dieses Rosenkreuzertum, das die Freimaurerei als Vorstufe betrachtete und zeitweise sowohl in den habsburgischen Landen als auch in Preußen mächtige Zentralen entwickelte, war sowohl von alchimistischen Bestrebungen führender Mitglieder und von einem religiös motivierten, massiv ausgetragenen Kampf gegen den Illuminatenorden gekennzeichnet. Ulrich Im Hof[108] charakterisiert diese Strömungen treffend, indem er sie gleichzeitig zeitlich einordnet: „Nach dem philosophischen Kahlschlag der ‚seichtaufgeklärten' rationalistischen Epoche zeichnet sich ja in den sechziger und siebziger Jahren eine vorromantische Bewegung ab, gekennzeichnet auch durch eine Hinwendung zu wissenschaftlicher und parawissenschaftlicher Beschäftigung mit Okkultismus, Alchimie und Magie." Aus dieser Entwicklung in Verbindung mit einer Weiterentwicklung der Riten und des Zeremoniells machten sich aber in den vierziger Jahren die unterschiedlichen Observanzen bemerkbar.

Am Beispiel des Ordens der Gold- und Rosenkreuzer und des Illuminatenbundes soll dies verdeutlicht werden, wobei bei aller Unterschiedlichkeit doch auf die Gemeinsamkeiten besonders hingewiesen sei.

Horst Möller[109] streicht folgende Aspekte in seiner Charakteristik der Gold- und Rosenkreuzer besonders hervor:

„1. der Orden trug zum Niedergang der durch eine enge Verbindung mit der Aufklärung charakterisierten Freimaurerei bei.

2. Die Gold- und Rosenkreuzer waren Symptom und Medium einer zunehmenden Verbreitung von Mystizismus, Wunderglauben, Geheimniskrämerei, kurz des Irrationalismus im Zeitalter der Aufklärung.

3. Innerhalb einer kurzen Zeitspanne, in den achtziger und neunziger Jahren des 18. Jahrhunderts, errang der Orden – bzw. einige seiner führenden Vertreter – außerordentlichen politischen Einfluß. Dies gilt vor allem für Preußen, in geringerem Maße aber auch für Bayern. Diese Machtstellung nutzten die politisch aktiven Rosenkreuzer im Sinne einer politisch-religiösen Reaktion gegen die Aufklärung. Doch beweist dies m.E. noch nicht, daß der Orden Teil des zu dieser Zeit entstehenden politischen Konservativismus gewesen ist, wenn er ihn auch zweifellos begünstigt hat.

4. Die unter anderem durch die rosenkreuzerischen Bestrebungen politisch virulent gewordene Krise der Aufklärung in Deutschland wirkte entscheidend auf das Zeit- und Geschichtsbewußtsein führender Aufklärer ein. In einer spezifischen Weise beeinflußte die Rosenkreuzer-Bewegung die Bildung eines politischen Bewußtseins in Deutschland, wobei sie m.E. nicht verwechselt werden darf mit den späteren konservativen Antworten auf die Revolution aus dem Lager der Aufklärung."

Bei aller Großzügigkeit gegenüber der Abstammungstheorienbildung dieses Bereiches muß ausdrücklich festgehalten werden, daß es keinen exakten Nachweis über irgendeinen Zusammenhang zwischen den alten Rosenkreuzern und jenen der zweiten Hälfte des 18. Jahrhunderts gibt, sieht man davon ab, daß man nach 1757 durchaus Gedanken aus den Schriften der alten Rosenkreuzer für sich rezipierte und im Zusammenhang mit den aus Frankreich in den deutschen Sprachraum langsam eindringenden Hochgradideen zu einem neuen Lehrgebäude zusammenfaßte. Es kann aber dennoch nicht, wie dies Fischer[110] – wenn auch einschränkend – tut, von einer „Auferstehung" der „ursprünglichen Rosenkreuzer" gesprochen werden. Möller[111] unterstreicht in diesem Konnex die Aufnahme der unhaltbaren Templer-Abstammungstheorie durch die Rosenkreuzer und die seit dem 1777 erlassenen zweiten Hauptplan begonnene systematische Rekrutierung des Rosenkreuzernachwuchses aus den Johannisgraden der Freimaurerei als einer „Pflanzschule zu höheren Wissenschaften"; damit suchten die Rosenkreuzer sich zu den eigentlichen Herren der traditionellen Freimaurer aufzuwerfen, wobei die Ziele des Ordens mit 1. Weisheit, Kunst und Tugend zu erlangen, 2. Gott zu gefallen und 3. dem Nächsten zu dienen umschrieben wurden.[112] Eingebettet in pansophische Bestrebungen wurde von der Erkenntnis der Natur auf die Erkenntnis Gottes geschlossen, wurde die „Erforschung der Natur und des Schöpfungsweges" zum „Gottesdienst".[113] Aufkeimende Kritik der Mitglieder über allzu nachlässige Handhabung naturwissenschaftlicher Erkenntnis in diesem System wurden mit dem Hinweis auf die bedingungslose Gehorsamspflicht dem Oberen gegenüber abgeschmettert, wobei die Gehorsamspflicht mit der verstärkten Betonung des gradspezifischen Arkanums korrespondiert. Dem theologischen Rationalismus – so Möller – setze man gezielt gleichsam eine sektenhafte Verinnerlichung entgegen, abgesichert durch einen „elitären Gesamtanspruch des Ordens" und seines „Steines der Weisen". Gleichsam als Revokation auf eine alle Lebensbereiche umfassende Veränderung entwickelte das Rosenkreuzertum ein charakteristisches defensivreaktionäres Ideologieverständnis, das über das Religiöse hinausgreifend politisch wirksam zu werden trachtete, wobei das Religiöse das Politische bestimmte. „Der Kampf gegen die Aufklärung, der den eigentlichen Inhalt rosenkreuzerischer Politik ausmachte, war ein Kampf gegen die der Aufklärung unterstellte Irreligiosität, ihren Deismus und vermeintlichen Naturalismus." Zur Durchsetzung derartiger Mittel traten die Rosenkreuzer den Weg durch die Institutionen an, um so an politische Schaltstellen zu gelangen, gegen ihre Widersacher, in Bayern etwa den Illuminatenorden, massiv vorzugehen oder als Beeinflusser Friedrich Wilhelms von Preußen religiöse Kontrollfunktionen, wenn auch nur kurzfristig, auszufüllen. „Dieser Versuch, mit Hilfe des Ordens Politik zu machen, ihn in gewisser Weise als politisch-religiösen Interessenverband zur

Johann Wolfgang von Goethe (1749–1832) erhielt in der Weimarer Loge „Amalia“ 1730 das Licht, wurde 1781 zum Gesellen befördert und 1782 zum Meister erhoben.

Erlangung der Macht im Staate einzusetzen, ging über die traditionellen Versuche der Mehrzahl der Aufklärer, durch öffentliches Raisonnement zum Ziele zu kommen, hinaus, indem es sich jedoch ursprünglich aufgeklärter Organisationsformen wie der Freimaurerei bediente. Insofern war der politisierte Rosenkreuzer-Orden ein antiaufklärerisches Pendant zum aufgeklärten Illuminaten-Orden."

1776 gründete der Ingolstädter Philosophie- und Kirchenrechtsprofessor Adam Weishaupt jenen Illuminatenorden, der zuerst eher als unbedeutender Studentenorden anzusehen war. Ab 1779 gelang diesem Orden der Durchbruch, wobei sich das Rekrutierungsgebiet zunächst auf Bayern und auf eine etablierte und gebildete Schicht bürgerlicher und adeliger Hofbeamter, Offiziere, Lehrer und Weltkleriker beschränkte. Mit dem Eintritt Adolf Freiherrn von Knigges 1780 verbreitete sich die Basis über den süddeutschen und österreichischen Raum hinaus auch auf das Rheinland und auf norddeutsche Zentren.[114] Auch in diesem Zusammenschluß fanden sich streng auf die Grade beschränkt Ordensdisziplinen, umgeben von einer Arkandisziplin, die nach außen hin „als Abgrenzungsinstrument" gegen unerwünschte „Fremdeinwirkung" schützen sollte, um den Mitgliedern „Furcht und Angst" bei ihrem Einsatz „für die Ideale der Aufklärung" zu nehmen. Die Binnenverschwiegenheit entsprach der Ordensdisziplin und der „Identitätssicherung" des Ordenssystemes. Schindler[115] mißt gerade dieser internen Disziplin besonders große Bedeutung bei, die er auch in „eine differenzierte Einschätzung der historischen Bedeutung des Illuminatenordens" einbringt: „Zunächst die Ebene organisierter Selbstbildung, sodann die sich abzeichnenden Umrisse einer ‚kollektiven' Wissenschafts- und Bildungsorganisation und schließlich das Problem der Außenwirkung des Ordens und ihrer nichtintendierten oder doch zumindest in einem intentionalen Handlungsbegriff nicht adäquat beschreibbaren Folgen."

Ausgehend vom Geschichtsdenken Weishaupts muß das Ordensziel als die „tugend- und bildungsorganisatorisch ausgelegte Gegensteuerung gegen die bestehende amoralische De-

Angelo Soliman (1726–1796) war einer der Wegbegleiter Ignaz von Borns bei der Reform der „Wahren Eintracht".

pravierung der Menschheit" formuliert werden, die über eine Selbsterziehung der Ordensmitglieder zu einer, von den Ordensoberen geschaffenen „aufklärerischen Bildungs- und Wissenschaftsorganisation" führen müßte, die aber dem einzelnen verborgen bleiben sollte. Neben der umfassenden Schulung des einzelnen Mitgliedes, das zu Selbständigkeit erzogen werden sollte, sah schließlich der Entwurf eines Priestergrades den „Plan der illuminatischen Wissenschaftsorganisation, der Physik, Mathematik, Medizin, Politik, schöne Künste und Geheimwissenschaften umfaßte", vor, deren Ergebnisse, im Ordensarchiv gespeichert, der Menschheit nutzbar gemacht werden sollten.

Derartige Gedankengänge führten eine Reihe bedeutender Persönlichkeiten den Illuminaten zu: Herzog Ferdinand von Braunschweig, Herzog Ernst von Gotha, Karl August von Sachsen-Weimar, Johann Wolfgang Goethe, Johann Gottfried Herder, Josef von Sonnenfels, Ignaz von Born, dessen Ansätze zu einer Wiener Akademie der Wissenschaften im Bereich seiner Loge *Zur wahren Eintracht* charakteristischer Ausdruck für diese Art von Wissenschaftsorganisation waren.[116] „Weishaupt ging" in engster Kooperation mit Knigge „daran, die Verwirklichung seiner Idee eines indirekten Sittenregiments nicht nur durch die Unterwanderung des bestehenden Logenwesens, sondern auch durch eine systematische personelle Rekrutierungs- und Protektionspolitik in Adel, Geistlichkeit und Beamtenschaft, im Schulwesen und am Hofe voranzutreiben; ja er machte es sich, seiner evolutionistischen Geschichtsauffassung entsprechend, zum Prinzip, nicht von außen her auf die Gesellschaft, sondern aus deren etablierten Institutionen heraus für ihre Verbesserung zu wirken. Im Unterschied zum freimaurerischen Logenwesen, dessen latente politische Funktion allenfalls darin bestand, Sammelbecken der aufstrebenden bürgerlichen Kräfte und Übungsfeld neuer Interaktionsformen zu sein, begnügten sich Weishaupts Illuminaten also nicht mit der Errichtung eines sozialen Freiraumes, sondern suchten die bestehenden Verhältnisse und Organisationen bewußt für ihre eigenen Zwecke auszunützen und langfristig in ihrem Sinne zu verändern. Sowohl der innere Aufbau als auch die faktische Rekrutierungspolitik des Ordens waren auf dieses Ziel hin zugeschnitten."[117]

Knapp zehn Jahre nach der Gründung stellte der Orden angesichts der realen Verfolgung, hinter der u. a. die Rosenkreuzer standen, die den Illuminaten sogar Giftmorde im Zuge ihrer Weltherrschaftspläne nachsagten, und des Auseinanderbrechens seiner Mitglieder 1785 seine Tätigkeit ein, während die Verfolgung seiner Mitglieder noch anhielt. Augustin Barruel wurde schließlich zum Schöpfer der Drahtzieherformel für die Französische Revolution, die in der Kette „Enzyklopädisten-Freimaurer-Illuminaten-Jakobiner"[118] bestand.

Faßt man die Bestrebungen der Rosenkreuzer und der Illuminaten zusammen, so erkennt man, daß beide Gruppierungen bei aller Verschiedenheit ihrer Inhalte und bei aller Gegnerschaft dennoch auffallende Gemeinsamkeiten aufweisen. Hineingestellt in die Spätphase der Aufklärung rekrutieren beide Bruderschaften ihre Mitglieder bevorzugt aus den Reihen der Freimaurerei, die zunehmend Aufnahmebereitschaft für neue Systeme – teilweise auch obskurster Natur wie sie sich in den Aktivitäten eines Cagliostros manifestierten – erkennen ließ. Einer strikten Arkandisziplin im Binnen- und Außenverhältnis unterworfen, verschrieben sich die Mitglieder im jeweiligen Bund der spezifischen Erziehungsaufgabe, die bei den Illuminaten in der bildungspolitischen Beförderung der Aufklärung angesiedelt war. Beide Strömungen leisteten ihren Anteil an der Schaffung eines politischen Bewußtseins in der Frühphase des Zeitalters der Französischen Revolution. Somit müssen beide Gruppierungen auch als Vorläufer der politischen Parteienbildung angesehen werden, wobei in beiden Fällen die Freimaurerei im klassischen Typus als Vorläufer anzusprechen ist. In diesem Konnex hat Rogalla von Bieberstein[119] idealtypische Grundformationen aufgestellt:

„1. Der in sich ruhende, nach außen abgeschlossene Vereinstypus, der keine direkten, über seinen Binnenraum hinausweisend gesellschaftlichen Zielsetzungen hat. Solche geselligen und/oder esoterischen Beschäftigungen nachgehende Vereine

Ignaz von Born (1742–1791) war als Naturforscher und Freimaurer die Seele der Wiener Loge „Zur Wahren Eintracht", die als eine Akademie der Wissenschaften bezeichnet werden kann.

konnten gleichwohl – wie die Mehrzahl der Freimaurerlogen – aufgrund einer aufklärerisch-kosmopolitischen Ideologie sowie aufgrund ihrer sozialen Struktur, welche erstmals das gehobene Bürgertum in einen intimen Kontakt mit dem Adel brachte, politisch-soziale Implikationen haben.

2. Diesem Assoziationstypus steht gegenüber derjenige Typus, der eindeutig als ein mit aufklärerisch-pädagogischen und staatspolitischen Zielsetzungen verbundener Willens- und Zweckverband anzusprechen ist und der sich wie jede politische Partei definitionsgemäß als Kampfverband versteht und demzufolge straff organisiert ist."

Demnach muß der radikalaufklärerische Illuminatenorden als ein Zweckverband im Kampf gegen die „Feinde der Vernunft und der Menschheit", als „mächtige Parthey gegen die Jesuiten" und „feste Anstalt gegen die Rosenkreuzer" angesehen werden. Letztere wiederum sind als ebensolcher Zweckverband im Kampf gegen die Aufklärer und die Illuminaten zu werten.

Derartige Entwicklungen führten ebenso von den ursprünglichen Intentionen der Freimaurerei weg, wie das zunehmende Wuchern obskurer Hochgradsysteme, die etwa die ritterliche Tradition, die Fortführung der angeblichen Templertradition in den Vordergrund zu stellen begannen. Die Übertragung des in Frankreich ausgebildeten modernen Tempelritterordens mit seinen antirationalistischen Tendenzen nach Deutschland und die Verbreitung dieses Ideengutes durch den sächsischen Baron Karl Gotthelf von Hund in seiner *Strikten Observanz* hatte eine Spaltung der Freimaurerei mit sich gebracht, die in Deutschland durch den Konvent von Wilhelmsbad 1782 langsam bereinigt werden konnte, wobei auch der verhängnisvolle Begriff des Unbekannten Oberen, des Geheimen Oberen, aus dem maurerischen Sprachschatz beseitigt wurde.[120] Dieser geheime Obere der *Strikten Observanz* diente alsbald auch diversen Hochstaplern als Legitimation für ihre Bestrebungen, indem sie sich selbst als eben dieser, bzw. als dessen Gesandter ausgaben. Der durch nichts bewiesene geheimnisvolle Obere wurde daneben rasch ein fixer Bestandteil antimaurerischer Argumentation.[121]

Physikalische Arbeiten

der

einträchtigen Freunde in Wien.

Aufgesammelt

von

Ignaz Edlen von Born,

k. k. wirklicher Hofrath, der kaiserl. Akademie der Naturforscher; der Akademien der Wissenschaften zu St. Petersburg, London, Upsal, Stockholm, Göttingen, Toulouse und mehrerer gelehrten Gesellschaften Mitglied.

Des ersten Jahrganges erstes Quartal.

W I E N,

gedruckt und verlegt bey Christian Friederich Wappler.

1 7 8 3.

In den „Physikalischen Arbeiten" verband Ignaz von Born seine wissenschaftliche Tätigkeit mit seinen freimaurerischen Aktivitäten.

George Washington (1732–1799) erhielt 1752 das Licht in der Fredericksburg Lodge Nr. 1 und blieb auch während seiner Präsidentenzeit äußerst aktiv im freimaurerischen Leben.

Die „säkularisierten" Angriffe

Verschwörungsthesen finden in „Zeiten grundlegender ideologischer und politisch-ökonomischer Verunsicherung" den nötigen Boden für ihre Verbreitung, wobei es gleichgültig ist, ob der Verschwörungstheoretiker seine Ideen in ehrlicher Besorgnis oder als zynisches Mittel politischer Propaganda vorbringt; Leslie Bodi weist wiederum auf die „Atmosphäre wachsender Unzufriedenheit", hervorgerufen durch politische Probleme, hin, in der es „zu einer allgemeinen politischen und ideologischen Polarisierung" kam.[122] Nahezu gleich alt wie die Freimaurerei ist die Beschuldigung, sie betreibe den Umsturz. So bezichtigte man sie vorerst der umfassenden Konspiration gegen die Religion, des Kampfes gegen die katholische Kirche im Auftrage einer protestantisch-freimaurerischen Verschwörung. Schon frühzeitig wurde der Schritt hin zum Antisemitismus vollzogen. 1778 konnte man den Dominikaner Greinemann[123] aus Aachen predigen hören, daß die „Juden, die den Heiland kreuzigten, ... Freimaurer, Pilatus und Herodes die Vorsteher einer Loge" gewesen wären. In diesem Konnex versteht es sich von selbst, daß Judas, ehe er Jesus verriet, noch rasch das Licht in der Loge empfing. In diesem Dunstkreis sind auch neben dem dämonisierten Juden Elemente „des Satansglaubens" und „auch solche des Hexenglaubens" in das Handwerkszeug des antifreimaurerischen Verschwörungstheoretikers eingegangen.[124]

Wesentlich präziser sind die Überlegungen führender Freimaurergegner, die in den Logen die Inkarnation aufklärerischen Ideengutes erblickten und dann daraus Schlüsse zogen. Hier heißt es dann: „Eine Bruderschaft, die unter Personen von verschiedenen Ständen eingegangen wird, hat kein Verhältnis zu der Verschiedenheit der hierarchischen Ordnung, welche Gott zur guten Leitung der Welt eingesetzt hat, daraus folgt unnachläßlich der Umsturz des geistlichen und weltlichen Systems."[125]

Für die Vertreter der Symbiose „Thron und Altar" bildete der Gleichheitsgrundsatz der Logen und der Gleichheitsgrundsatz

Adolf Freiherr von Knigge (1752–1796) war einer der rührigsten Freimaurer und Illuminaten, als deren schlagkräftiger Propagandist und Reformator er angesehen werden muß.

politischer Prägung einen Verstoß gegen das göttliche Recht: „Der Gott, der die Menschen für die bürgerliche Gesellschaft geschaffen hat, hat ihnen die vorgeblichen Rechte der Gleichheit und Freiheit, die Grundlagen der Unordnung und der Anarchie, nicht beigelegt ... Der Gott, der uns die Herrschaft und die Aufrechterhaltung der Gesetze nur in der Subordination der Staatsbürger unter die Obrigkeiten und Regenten, wahrnehmen lässet und zeiget, hat nicht jeden einzelnen Staatsbürger zum Regenten und zur Obrigkeit gemacht."[126]

Die gerade von den Logen betriebenen Ideen der modernen Naturwissenschaften[127] lösten im gespannten Verhältnis der katholischen Kirche diesem Bereich gegenüber bereits 1752 den Verdacht aus, die modernen Akademien, die ja keiner kirchlichen Kontrolle unterstanden, seien „verkappte Freimaurerlogen".[128] In konsequenter Verfolgung dieser fortschrittsfeindlichen Ideen mußten jene Personalketten im Verlaufe der Französischen Revolution entstehen, die von Abbe Barruel als „Sophisten des Unglaubens" (Philosophen), als „Sophisten des Aufruhrs" (bürgerlich-konstitutionalistische Revolutionäre) und als „Sophisten der Anarchie" (Jakobiner) angesprochen und schließlich direkt als Philosophen, Freimaurer, Physiokraten, Juden, Jakobiner und Republikaner gekennzeichnet wurden. Dieser Personenkreis schmiedete „schon lange vor der Revolution" den „Ruin der Kirche, den Ruin des Thrones und endlich den Ruin der ganzen bürgerlichen Gesellschaft".[129] Gleichsam als Experiment derartiger Handlungsweisen sah man die *Declaration of Independence* von 1776 an, wobei der erwiesene hohe Anteil freimaurerischer Teilnehmer an diesem Unternehmen die Verschwörungstheoretiker in ihren Ansichten bestärkte, während europäische Freimaurer diesem Faktum eine ebenso überdimensionierte Bedeutung beimaßen, wie etwa in späteren Zeiten der Teilnahme einzelner Freimaurer an den Geschehnissen der Französischen Revolution. So taucht bei des deutschen Freimaurers Gotthold Ephraim Lessing[130] Freimaurergesprächen *Ernst und Falk* jene Freimaurerfigur auf, die die fixe Idee hat, „daß der Kongreß eine Loge ist; daß da endlich die Freimaurer ihr Reich mit gewaffneter Hand gründen".[131]

Ausgehend von der Feststellung, daß die Verschwörungsthese auf einem „antiaufklärerisch-antirevolutionären, integralchristlichen Weltbild" fußt, kommt Rogalla von Bieberstein[132] zu dem Schluß, daß die Verschwörungstheorie in ihren Ursprüngen „als aggressiver Ausdruck jener politischen Theologie, welche durch die Gleichung Demokratie = Atheismus gekennzeichnet ist", zu verstehen ist.

Derartige Überlegungen wurden gleichsam ins Populäre transponiert, indem man auf konkrete politische Ereignisse einging und allgemein bekannte Vorgänge aus dem freimaurerischen Leben mit diesen in Verbindung brachte. Giuseppe Balsamo alias Alexander Graf Cagliostro wurde Ende 1789 von der Inquisition verhaftet und strengen Verhören unterzogen, in denen der Gründer der ägyptischen Maurerei alles zu gestehen bereit war. Unter Berufung auf diesen Vorgang wurden Berichte lanciert, die die Behauptung aufstellten, daß dieser Hochstapler der Geheime Obere der Illuminaten, die im übrigen den Geist der Revolution gegen das alte Regime weltweit vorangetrieben hätten, wäre und er Wissen über die Organisation des Sturmes auf die Bastille durch die französischen Freimaurer gehabt hätte. Derartige Theoreme fanden sich ab 1790 nicht nur in der Publizistik, sondern auch in diplomatischen und politischen Schriftstücken, wobei – folgt man den Belegstellen Rogallas von Bieberstein – derartige Überlegungen zuerst außerhalb Frankreichs auftraten, ehe sie Bestand der französischen Verschwörungstheoretiker wurden.[133]

Wegen der ungeheuren gesellschaftlichen Verbreitung von freimaurerischen Zusammenschlüssen, Logen unterschiedlichster Herkunft etc. waren naturgemäß bei allen politischen Vorgängen dieser Zeit Männer involviert, denen ein Nahverhältnis zu derartigen Bünden nachgesagt werden konnte, bzw. waren Logen und die Vielzahl der bürgerlichen Sozietäten ein idealer Boden für die Verbreitung bürgerlich-demokratischer Ideen, was seitens der mitteleuropäischen Jakobiner genutzt wurde.[134] Derartige Nahverhältnisse weisen aber auch viele der frühen Verschwörungstheoretiker auf. Eine derartige breite Streuung auf unterschiedlichsten sozialen Ebenen mußte auch zu einem

Wolfgang Amadeus Mozart (1756–1791) erhielt 1784 das Licht in der Wiener Loge „Zur Wohltätigkeit". In der antifreimaurerischen Agitation wird auch heute noch die völlig absurde Behauptung aufgestellt Mozart wäre von den Freimaurern ermordet worden.

Absinken ursprünglich freimaurerischer Spezifika in das allgemeine Bewußtsein mit sich bringen.

Bekanntermaßen haben freimaurerisch orientierte Studentenorden nachwirkend das studentische Vereinswesen bzw. Verbindungswesen bis heute beeinflußt. Neben der Übernahme des Prinzips lebenslanger Brüderlichkeit findet man noch heute im deutschsprachigen studentischen Brauchtum eine Fülle von Hinweisen auf freimaurerische Anregungen. Trinksitten der Tafelloge, also des geselligen Beisammenseins der Freimaurer, treten heute im Korporationsbereich als Salamander auf, ebenso ist das streng geregelte Zutrinken des Trinkkomment hier einzuordnen.[135] Der Landesvater, eine studentische Zeremonie mit einem Bekenntnis zum Vaterland bzw. zum Herrscher und eine damit verbundene ritualisierte Form der Bildung der Bruderkette, kann wohl auch nur aus dieser Tradition heraus verstanden werden. Das Eröffnen von Versammlungen mit drei Schlägen – gleichgültig ob sie mit einem Hammer auf einem Schlagbrett, mit studentischen Schlägern auf dem Tisch oder mit der Hand auf einer Glocke bzw. auf dem Rednerpult ausgeführt werden – kann wohl auch dieser Tradition zugeordnet werden. Derartige Äußerlichkeiten aber führten dazu, daß überscharfe Beobachter die Sitzordnungen der Logen mit den Sitzordnungen revolutionärer Versammlungen zu vergleichen begannen und hier weitere Indizien für die freimaurerische Verschwörung zu erkennen glaubten.

In Verbindung mit den Schlagworten der Französischen bzw. Amerikanischen Revolution, die ja als Ausdruck einer aufgeklärten Ideenwelt zu verstehen und als solche auch in der Freimaurerei zu finden sind, glauben derartige Beobachter endgültig letzte Beweise gefunden zu haben. Dabei wird grundsätzlich die breite Streuung innerhalb der Mitglieder freimaurerischer Zusammenschlüsse sowohl in ihrer ständischen Zugehörigkeit als auch in ihrer politischen Überzeugung ignoriert. Die kirchliche Ablehnung der Freimaurerei schuf hier jenen breiten Nährboden, auf dem bis zum Ende des 18. Jahrhunderts die Theorie von der jüdisch-freimaurerischen Weltverschwörung gegen die alte Ordnung sich ausbilden konnte. Eingebettet in

„Zeiten grundlegender ideologischer und politisch-ökonomischer Verunsicherung" entsteht ein Rezeptionsrahmen für derartige Verschwörungstheorien, der seine obskure Realität bis in die Gegenwart herein beibehalten hat, wobei die Weiterentwicklung der Freimaurerei ebenso ignoriert wird wie das derartigen Theorien widersprechende Faktenmaterial. Im Zweifelsfall zieht man sich auf Hochgrade, auf unbekannte Leitungsgremien zurück.

Das 19. Jahrhundert – die Antiklerikalen und die Antimodernisten

Michel Dierickx hat das Verhältnis zwischen katholischer Kirche und Freimaurerei im 19. und 20. Jahrhundert interpretierend scharf umrissen; die „Päpste haben in ihren Enzykliken und Erklärungen zumeist auf Zustände in Frankreich, Italien und auch Belgien reagiert".[136] Er spricht damit die Wechselwirkung zwischen den laizistischen Führungseliten dieser Regionen und den katholischen Reaktionen an, gleichzeitig aber klingt damit auch die große Spaltung der Freimaurerei im 19. Jahrhundert an.

Der den Liberalismus begleitende Antiklerikalismus und der wiederum in Verbindung mit diesem Phänomen stehende Nationalismus des 19. Jahrhunderts, der in der Staatswerdung Italiens in direkten Gegensatz zu den Interessen des Kirchenstaates kommen mußte, formten die Maurerei ebenso wie die kontrahierende Kirche. Engstens mit diesen Bestrebungen verbunden waren die *Carbonari*, die als klassischer revolutionärer, terroristischer Geheimbund angesprochen werden müssen, wobei jedoch deutlich festzustellen ist, daß trotz einer häufigen personellen Identität die Freimaurerei ein völlig anderes Organisationsforum darstellt. Die Gleichsetzung beider Organisationsformen wirkt sowohl in der Verurteilung als auch in der „Glorifizierung ... bis in die Gegenwart fort".[137] Zweck der *Carbonari* war es, „die bestehenden legitimen Regierungen", deren Restauration durch den Wiener Kongreß möglich geworden war, „einschließlich der des Papstes als weltlichen Herrschers, durch liberale Regierungen zu ersetzen: Daraus ergibt sich ein Antiklerikalismus, aus dem folgerichtig der Antikatholizismus hervorgehen mußte."[138] In diesem Klima häuften sich die päpstlichen Erklärungen; zwischen 1821 und 1884 waren es nicht weniger als acht Stellungnahmen, die ausdrücklich gegen die Freimaurerei bzw. gegen die mit der Freimaurerei fälschlich gleichgesetzten *Carbonaris* gerichtet waren.[139] Letztere schlugen dort, wo es zu direkten Interventionen der Kirche kam, massiv zurück. Als Kardinal Rivarola in Ravenna über fünfhundert *Carbonari* festnehmen und fünf hinrichten ließ, wurde er selbst von den *Carbonari* ermordet. „Die Wirren von 1830/31 vergrößerten noch die Zahl der gesamtitalienischen Patrioten, da nach der neuen österreichischen Intervention deutlich wurde, daß die konstitutionellen und liberalen Bestrebungen nur durch eine gemeinsame Frontbildung aller Italiener verwirklicht werden konnte ... Zwischen 1830 und 1840 wurde das Streben nach dem Zusammenschluß ganz Italiens jedoch vor allem von Männern vertreten, die der Kirche feindlich gegenüberstanden, entweder weil sie im Papst, dem weltlichen, Österreich hörigen Herrscher, das Haupthindernis für die Verwirklichung der Vereinigung oder weil sie unter dem Einfluß der Freimaurerei die Freiheit für unvereinbar mit der Religion hielten."[140]

Diese Tendenz läßt sich auch im französischen und belgisch-niederländischen Raum nachweisen. In Frankreich, wo sich nach dem Entstehen der Londoner Großloge zwei Arten von Freimaurerei bildeten – die schottischen Logen, „orthodox als Freimaurer und betont katholisch", und die „modernen englischen Logen"[141], die in der Londoner Großlogenmatrikel eingetragen waren –, glichen sich beide Systeme relativ rasch aneinander an und ermöglichten einen raschen Aufschwung der Freimaurerei, die von Beginn an eine ungeheure Anziehung für die Vertreter der Aufklärung zeigte. Die starke gesellschaftliche Integration des Logenlebens führte in Frankreich auch zur Bildung reiner Damenlogen; später entstanden gemischtgeschlechtliche Logen, in denen Brüder und Schwestern gemeinsam zur Arbeit schritten (Adoptionslogen). Unterschiedliche Strömungen führten schon im 18. Jahrhundert zu einer Spaltung der französischen Logen, die aber, da die Logen während der Revolution verlöschten, nach ihrer Rekonstruktion 1799 vorerst beseitigt werden konnte. Daneben bildete sich in Frankreich jenes Hochgradsystem aus, das, sich auf die Templerüberlieferung berufend, auch auf Europas Freimaurer überzugreifen in der Lage war.

Ludwig von Kossuth (1802–1894) wurde 1852 in seinem amerikanischen Exil in die Freimaurerei aufgenommen; so wie er schloß sich eine ganze Reihe von emigrierten Revolutionären der Jahre 1848/49 im Exil der Freimaurerei an.

Mit der Schaffung des *Grand Orient de France* 1799 und der kurzfristigen Eingliederung des Alten und Angenommenen Schottischen Ritus in diesen nationalen Dachverband begann die rasche Verschränkung freimaurerischer Tätigkeit mit der jeweiligen Obrigkeit. Dieser Entwicklung stand auch die 1805 erfolgte Trennung des *Suprême Conseil*, des Rates des Schottischen Ritus vom *Grand Orient* nicht im Wege, wobei man aber noch durchaus in der selben Richtung sich bemühte, nämlich „die Politik aus den Logen fernzuhalten".[142] Unabhängig davon dürften der als Folge der päpstlichen Freimaurereiverbote einsetzende langsame Rückzug der Katholiken aus den Logen und das Überhandnehmen der *Voltaizianer* unter den Brüdern von unten her eine Politisierung des Logenlebens bewirkt haben. Überdies setzte auch die Obrigkeit, so etwa Napoleon III., deutliche Akzente, die der politischen Nutzbarmachung des Logenlebens in ihrem Interesse galten.

1849 führte man in den Logen des *Grand Orient de France* die Bestimmungen über die Verpflichtung zu dem Glauben an einen Baumeister aller Welten und an die Unsterblichkeit der Seele ein. Diese dogmatisierte Bindung in der Verfassung des *Grand Orient* steht merkwürdigerweise am Beginn jenes Zeitraumes, der durch eine zunehmende Politisierung des Logenlebens gekennzeichnet ist; es „kann kein Zweifel daran bestehen, daß der europäische Liberalismus, besonders in den romanischen Ländern, seit 1848 immer stärker antiklerikal und antikirchlich polemisch tätig wurde und daß viele Freimaurer aktiven Anteil daran hatten".[143] Franz Borkenau stellt etwa auf Spanien bezogen fest, daß der dortige Liberalismus „einfach ein Synonym für Antiklerikalismus"[144] war, wobei diese Kräfte „unter dem Einfluß der Freimaurer" und des Ateneo, einer freien Universität, zu einer kämpferischen, parteipolitischen Kraft wurden.[145] In diesem Bereich wurden die Logen „zu aktiven Mittelpunkten des laizistischen Ideals, das, ausgehend vom wissenschaftlichen Fortschritt, nun nicht mehr bloß die Gesellschaft vom klerikalen Joch lösen, sondern auch den menschlichen Geist von den Fesseln des Dogmas und dem Wahn des Übernatürlichen befreien wollte".[146] Die „neue liberale Generation" neigte „seit 1860 mehr und mehr dem militanten Antiklerikalismus" zu, „da sie von der gegenseitigen Unvereinbarkeit nicht nur zwischen der Kirche und den modernen Freiheiten, sondern auch zwischen Wissenschaft und Glauben überzeugt war."[147] In dieser Situation publizierte Pius IX. Ende 1864 zusammen mit der Enzyklika *Quanta cura* den achtzig Sätze umfassenden *Syllabus errorum*; „ausdrucksstark abgefaßt, wirkten" die Thesen „wie ein rotes Tuch auf einen Stier".[148]

Dierickx macht deutlich, wie sehr die vorgetragenen Thesen auch Katholiken bestürzen und „noch in unseren Tagen einen sehr unglücklichen Eindruck" hinterlassen. Für die antiklerikalen Strömungen waren die Äußerungen des Papstes letztlich nur eine Bestätigung für die Annahme, daß die Kirche als Führungsmacht jeglichen Anspruch verloren hätte. Die Kampfsituation eskalierte 1869, als gleichzeitig mit dem Beginn des Ersten Vatikanischen Konzils italienische Freimaurer in Neapel ein „Gegenkonzil" abhielten, dessen Durchführung zwar eher dilettantisch und improvisiert in Abwesenheit ausländischer Vertreter im Sande verlief, jedoch einigermaßen die Stimmung wiederzugeben vermag.

Korrespondierend mit diesen Ereignissen zeichnete sich in Belgien die künftige Entwicklung des romanischen Logenlebens deutlich ab. Der 1833 errichtete Großorient von Belgien, dem vorerst durchaus auch Katholiken in Führungspositionen angehörten, begann sehr rasch, sich durch verschiedene Aktivitäten seiner Logen und einzelner Mitglieder an liberalen Bestrebungen, etwa dem Aufbau der freien Universität in Mecheln bzw. in Löwen zu beteiligen. Mit den verstärkten päpstlichen Erklärungen gegen die Freimaurerei und nach dem Hirtenbrief der belgischen Bischöfe gegen dieses Institut 1838 setzte der rasche Rückzug der Katholiken zumindest aus den Führungspositionen ein, in denen sie von Vertretern der Liberalen abgelöst wurden. Mit der Wahl des Stifters der Universität Brüssel, Théodore Verhaegen, zum Großmeister 1854 wurde der alte freimaurerische Grundsatz über das Verbot der religiösen und politischen Diskussion in den Logen fallenge-

Giuseppe Garibaldi (1807–1882) wurde 1844 während seines südamerikanischen Exils in die Freimaurerei aufgenommen und wirkte nach seiner Rückkehr auch als Großmeister auf Lebenszeit in der italienischen Freimaurerei.

lassen, was zwar zu einer Spaltung der Freimaurerei in Belgien führte, andererseits aber den Großorient weiter radikalisierte, so daß am 1. März 1856 die Pflicht postuliert wurde, das politische Wirken einzelner Brüder zu beaufsichtigen. „Von diesem Zeitpunkt an sind die Logen im allgemeinen eher liberale Vereinigungen als freimaurerische Werkstätten, und der Großosten selber ist eher ein politisches Führungsgremium als eine reguläre freimaurerische Institution."[150] Damit kam es auch zum offenen Bruch mit der regulären Freimaurerei, der 1871 mit der Abschaffung der Anrufung des „Großen Baumeisters des Weltalls" eine weitere deutliche Akzentsetzung erhielt, nachdem dies bereits seit 1856 praktiziert worden war.[151]

In diesem Bereich setzte der französische Großorient 1877 den nächsten entscheidenden Schritt, als er die Anrufung des Großen Baumeisters seinen Mitgliedern freistellte und das neue Verständnis in der Verfassung des Großorients fixierte: „Die Freimaurerei, eine vor allem philanthropische, philosophische und fortschrittliche Institution, hat zu ihrem Zweck das Suchen nach Wahrheit, das Studium allgemeiner Moralität, der Kunst und Wissenschaften und die Ausübung der Wohltätigkeit. Sie hat zu Grundsätzen die unbedingte Gewissensfreiheit und die menschliche Solidarität, sie schließt niemanden um seines Glaubens willen aus, sie hat als Wahlspruch: Freiheit, Gleichheit, Brüderlichkeit." Damit stand Atheisten die Teilnahme in aller Klarheit offen. Im Gegensatz dazu betonte die Vereinigte Großloge von England 1879, nachdem bereits 1875 die Mehrheit der Obersten Räte des Schottischen Ritus in Lausanne das „schöpferische Prinzip" unterstrichen hatte, ihren Standpunkt: „Die Freimaurerei verkündet schon von ihrem Ursprung an die Existenz Gottes, des Großen Baumeisters des Weltalls, und die Unsterblichkeit der Seele."[152]

Die politischen Ereignisse, die Vernichtung des Kirchenstaates, die hohe Beteiligung italienischer Freimaurer an der Errichtung und Leitung der Dritten Republik in Frankreich, belgischer Freimaurer an der liberalen Politik ihres Landes, die im Schulkrieg zwischen 1879 und 1884 unter anderem auch zum Abbruch der diplomatischen Beziehungen zum Heiligen Stuhl

Pius IX. (1792–1878) wandte sich u. a. gegen „die letzten Spuren des naturalistischen Deismus der Aufklärung“.

Papst Leo XIII. (1810–1903) wandte sich in seiner Verurteilung der Freimaurerei nicht zuletzt gegen den ihr innewohnenden Naturalismus.

führte, verschärften die antifreimaurerischen Strömungen innerhalb der katholischen Kirche und ihrer Anhänger. Diese Entwicklung gipfelte vorerst in der Enzyklika *Humanum genus* von Leo XIII. vom 20. April 1884 und in den breit angelegten katholischen Antifreimaureraktivitäten, deren traurigen Höhepunkt der Taxil-Schwindel bildete. Andererseits verstärkte die hohe freimaurerische Beteiligung an politischen Aktivitäten auch das Mißtrauen nicht genuin katholischer Kreise und ließ in diesem Bereich jene antifreimaurerische Position entstehen, auf die dann im 20. Jahrhundert radikale politische Gruppierungen vor allem betont nationalistischer Tendenz zurückzugreifen vermochten.

Um die vehemente Ablehnung der Freimaurerei in *Humanum genus* zu erklären, muß das Klima zwischen italienischer Freimaurerei und katholischer Kirche dieser Jahre vorgeführt, muß die „Atmosphäre unerbittlichen Kampfes" illustriert werden.[153] Mellor zitiert in diesem Konnex jene Aufforderung des italienischen Großmeisters Lemmi, der „den Meißel an den letzten Zufluchtsort des Aberglaubens angelegt" sah und in der politischen Funktion des Hochgradmaurers Francesco Crispi die Garantie dafür erblickte, „daß der Vatikan unter unserem belebenden Hammer stürzen wird. ... Der Großorient ruft den Geist der Menschheit auf, damit alle Freimaurer mit allen Kräften daran arbeiten, die Steine des Vatikans zu zerstreuen, um daraus den Tempel der befreiten Nation aufzubauen." 1881 forderten römische Antiklerikale während der nächtlichen Überführung des Leichnams Pius' IX. die Versenkung des „Aases" im Tiber.[154] Im Jahre darauf erschien jenes Gedicht Giosué Carduccis, das den Satan als „rächende Kraft der Vernunft" im Kampf gegen „Mitren und Kronen" feierte. Diese Kampfstimmung faßte der französische Maurer Peyrat in seinem *Le cléricalisme, voilá l' enemi!* zusammen.[155] Oskar Köhler[156] interpretiert diese Ereignisse sowohl in ihrer kirchlichen als auch in ihrer gleichsam freimaurerischen Konsequenz: „Auch wenn man kritisch ist gegen alle Behauptungen von ‚Weltverschwörungen' und man den Großmeister der italienischen Freimaurer, Andriano Lemmi, mit seinem pathologi-

Der Papst als Freimaurer – ein spezielles Thema der Verschwörungstheoretiker wird hier an Pius IX. durchgespielt.

schen Kirchenhaß nicht als repräsentativ für alle Logen betrachtet und insgesamt die romanischen Organisationen von den anderen unterscheidet, so bleibt doch festzuhalten, daß man es hier mit der damaligen intellektuellen Führung in einem rücksichtslosen Kampf gegen die katholische Kirche zu tun hat, wie immer auch die menschheitlichen Ideale dieser Bewegung einzuschätzen sind. Dies und auch die Erfolge der Freimaurer innerhalb des Katholizismus selbst, insbesondere in Lateinamerika, können anderseits nicht daran hindern, zu bedenken, was die Intensität des katholischen Kampfes gegen die Freimaurerei bedeutet für die Festigung des Gruppenbewußtseins im Angesicht des Feindbildes."

Die Bulle „Humanum genus"

In dieser Atmosphäre verfaßte Leo XIII. *Humanum genus*, „die wichtigste aller jemals gegen die Freimaurerei ergangenen Urteile" nach Alec Mellor[157], zumindest aber die am häufigsten kommentierte Verurteilung.[158]

„Seit sich das Menschengeschlecht durch die Mißgunst des Dämons auf das erbarmungswürdigste von Gott getrennt hat, ... hat es sich in zwei feindliche Lager aufgeteilt, die nicht aufhören zu kämpfen, das eine für die Wahrheit und die Tugend, das andere für alles, was das Gegenteil der Wahrheit ist. Das eine ist das Reich Gottes auf Erden, nämlich die wahre Kirche Jesu Christi ... das zweite ist das Reich des Satans ... Zu unserer Zeit scheinen sich die Übeltäter in einer gewaltigen Anstrengung verbündet zu haben, auf Betreiben und mit Hilfe einer an zahlreichen Orten verbreiteten und stark organisierten Gesellschaft, der Gesellschaft der Freimaurer.

In ihrer stets wachsamen Sorge um das Heil des christlichen Volkes haben Unsere Vorgänger sehr rasch diesen Hauptfeind erkannt ..."

Es folgt eine partielle Auflistung der Verurteilungen, wobei die Freimaurerei „öffentlich als eine verbrecherische Vereinigung" angeprangert wird.

Trotzdem: „Innerhalb von eineinhalb Jahrhunderten hat die Sekte der Freimaurer eine unglaubliche Ausweitung erfahren ... Aus dieser raschen und schrecklichen Verbreitung sind eben für die Kirche, die Souveränität der Fürsten und das öffentliche Wohl die Übel hervorgegangen, die Unsere Vorgänger seit langem voraussahen.

Bei jeder sich bietenden Gelegenheit haben Wir die hauptsächlichen doktrinären Thesen erörtert, auf die die unheilvollen Ansichten der maurerischen Sekte den größten Einfluß ausgeübt zu haben scheinen. So haben Wir Uns in Unserer Enzyklika *Quo apostolici muneris* bemüht, die ungeheuerlichen Systeme der Sozialisten und der Kommunisten zu bekämpfen.

Heute haben Wir, dem Beispiel Unserer Vorgänger folgend, beschlossen, Unsere Aufmerksamkeit direkt auf die maurerische Gesellschaft, auf die Gesamtheit ihrer Lehre, auf ihre Pläne, ihre Empfindungen und ihre traditionellen Handlungen zu richten, um ihre Macht zum Bösen auf das deutlichste hervorzuheben und das Fortschreiten der Ansteckung dieser Geißel zu beenden. Es gibt auf der Welt eine gewisse Anzahl von Sekten, die, obwohl sie sich voneinander durch den Namen, die Riten, die Form, den Ursprung unterscheiden, dennoch untereinander ähnlich und einig sind durch die gleichen Ziele und die gleichen wesentlichen Grundsätze. In der Tat sind sie identisch mit der Freimaurerei, die für alle anderen wie ein zentraler Punkt ist, aus dem sie hervorgehen und in dem sie münden. Und obwohl sie gegenwärtig ... Versammlungen im vollen Licht und vor den Augen aller abhalten, obwohl sie ihre Journale veröffentlichen, kann man erkennen, daß sie, wenn man den Dingen auf den Grund geht, zur Familie der Geheimgesellschaften gehören und deren Sitten beibehalten. Es gibt bei ihnen in der Tat so etwas wie Mysterien, deren Enthüllung ihre Verfassung strengstens verbietet ... Meistens müssen diejenigen, welche die Initiation begehren, versprechen, und noch mehr, sie müssen feierlich schwören, niemandem, zu keiner Zeit und auf keine Weise die Namen der Mitglieder, ihre Erkennungszeichen und die Lehren der Gesellschaft zu entdecken. Unter dem Schein der Lüge und indem sie aus der Verheimlichung eine ständige Verhaltensregel machen, scheuen die Freimaurer keine Anstrengung, um sich zu verbergen und um keine anderen Zeugen als ihre Komplizen zu haben, wie einst die Manichäer.

Wenn man ihnen glaubt, so ist es ihr einziges Ziel, das Schicksal der Menge zu verbessern und die Vorteile der bürgerlichen Gesellschaft einer größeren Zahl von Menschen zukommen zu lassen. Doch vorausgesetzt, daß das ihre ernsten Absichten wären, so sind sie doch weit davon entfernt, erschöpfend über alle ihre Ziele Auskunft zu geben. In der Tat müssen diejenigen, die sich ihnen anschließen, versprechen, blind und ohne Diskussion den Anordnungen der Oberen zu gehorchen; immer in Bereitschaft zu sein, bei der geringsten Bemerkung und beim leisesten Zeichen, die gegebenen Befehle auszuführen, im Bewußtsein, daß sie im gegenteiligen Fall die härteste Behandlung und sogar den Tod zu gewärtigen haben. Tatsächlich wird die Todesstrafe häufig verhängt, wenn jemand eines Vergehens überführt wird, sei es, daß er die geheime Lehre verraten hat, sei es, daß er sich den Befehlen der Oberen widersetzte; und das geschieht mit einer solchen Gewandtheit, daß sich der Vollstrecker dieser Todesurteile meistens der Gerichtsbarkeit, die eingesetzt ist, über die Verbrechen zu wachen und sie zu rächen, entziehen kann.

Andere Beweise von großer Klarheit fügen sich zu den vorhergehenden und machen noch deutlicher, wie sehr diese Gesellschaft durch ihre Grundverfassung gegen die gute Sitte verstößt … Ein guter Baum kann keine schlechten Früchte tragen und ein schlechter keine guten. Nun sind die Früchte, die die maurerische Sekte hervorbringt, schädlich und bitter wie Galle. Das geht in der Tat aus dem hervor, was Wir oben dargelegt haben, und dieser Schluß ermöglicht es Uns, das letzte Wort über ihre Pläne zu sprechen. Die Freimaurer erstreben – und alle ihre Anstrengungen zielen in diese Richtung – eine vollständige Zerstörung jeder religiösen und gesellschaftlichen Ordnung, die aus den christlichen Institutionen hervorgegangen ist, und wollen sie durch eine neue, nach ihren Vorstellungen gestaltete ersetzen, deren Grundprinzipien und Gesetze dem Naturalismus entlehnt sind. Nun ist es der erste Grundsatz des Naturalismus, daß in allen Dingen die Natur oder die menschliche Vernunft die Herrin und Gebieterin sein muß ... Für sie gibt es außerhalb dessen, was die menschliche Vernunft begreifen kann, kein religiöses Dogma, keine Wahrheit und keinen Herrn, dessen Wort man im Namen seines offiziellen Lehrauftrages Glauben schenken muß. Da nun aber der wesentliche und besondere Auftrag der katholischen Kirche darin besteht, die von Gott geoffenbarten Lehren ebenso wie die Autorität, die eingesetzt wurde, um diese zu verbreiten – wobei ihr der Beistand des Himmels zur Rettung der Menschen gewährt wird –, in ihrer Gesamtheit anzunehmen und in unbestechlicher Reinheit zu bewahren, so gelten der katholischen Kirche der erbittertste Kampf und die heftigsten Angriffe der Gegner.

So ... ist es ihr Plan, die Herrschaft und die Autorität der Kirche innerhalb der bürgerlichen Gesellschaft zu zerstören; daher auch die Schlußfolgerung, die die Freimaurer so eifrig unter das Volk bringen und für die sie nicht aufhören zu kämpfen, daß nämlich die Kirche absolut vom Staat zu trennen sei. Infolgedessen schließen sie aus den Gesetzen wie aus der öffentlichen Verwaltung den höchst heilsamen Einfluß der katholischen Religion aus, und sie gelangen zwangsläufig zu der Forderung, den gesamten Staat außerhalb der Institutionen und der Gebote der Kirche zu errichten. Doch es genügt ihnen nicht, die Kirche, diese so weise und sichere Führerin, von jeder Teilnahme an der Leitung der menschlichen Angelegenheiten auszuschließen; sie müssen sie überdies als Feindin behandeln und mit Gewalt gegen sie vorgehen ... Weder die Rechte noch die Vorrangstellung, die ihr die Vorsehung verliehen hat, nichts entgeht ihren Angriffen. Man schränkt ihre Handlungsfreiheit beinahe zur Gänze ein, und das geschieht durch Gesetze, die scheinbar keinen Zwang ausüben, die aber in Wirklichkeit eigens geschaffen wurden, um diese Freiheit in Fesseln zu legen ... Die geistlichen Gemeinschaften werden verboten und aufgelöst ... Nachdem der Papst unter Vorspiege-

Die Teufelsbeschwörung – Antifreimaurerei im 19. Jahrhundert.

lung falscher Tatsachen seiner weltlichen Macht beraubt worden war, die eine notwendige Sicherung seiner Freiheit und seiner Rechte darstellt, haben sie ihn in eine Lage gebracht, die zugleich widerrechtlich und unerträglich ist … Um die Existenz eines solchen Plans außer Zweifel zu stellen, genügt es, an Stelle von anderen Beweisen, sich auf die Zeugenaussage derjenigen zu berufen, die der Sekte angehört haben …

Wenn sie außerdem Anhänger, die aus den verschiedensten Religionen zu ihnen kommen, als Mitglieder aufnehmen, so gelingt es ihnen um so sicherer, den Irrlehren unserer Zeit Gehör zu verschaffen … und alle religiösen Formen für gleichberechtigt zu erklären. Nun genügt allein dieser Grundsatz bereits, um alle Religionen, und besonders die katholische Religion, zu vernichten, denn da sie die einzig wahre ist, kann sie nicht dulden, daß die anderen Religionen ihr gleichgestellt werden, weil ihr damit die schlimmste Schmach und das ärgste Unrecht widerfahren würde. Die Naturalisten gehen noch weiter. Dreist den Weg des Irrtums einschlagend … und wie von der Vernunftlehre bis zu den äußersten Folgen ihrer Prinzipien getrieben, … wahren sie nicht einmal mehr die Unantastbarkeit und Gewißheit jener Wahrheiten, die dem bloßen Lichte der natürlichen Vernunft zugänglich sind, wie es sicherlich die Existenz Gottes, die Geistigkeit und die Unsterblichkeit der Seele sind. Auf diesen neuen Weg des Irrtums mitgerissen, hat auch die Freimaurerei diese Klippen nicht vermieden. In der Tat, obwohl sich die Sekte in ihrer Gesamtheit genommen zum Glauben an Gott bekennt, bestätigen Zeugenaussagen ihrer eigenen Mitglieder, daß dieser Glaube nicht für jeden einzelnen von ihnen Gegenstand unumstößlicher Zustimmung und unerschütterlicher Gewißheit ist … Tatsächlich läßt die Sekte den Eingeweihten völlige Freiheit, sich in diesem oder in jenem Sinne zu entscheiden, ob sie nun die Existenz Gottes bejahen oder verneinen; und diejenigen, welche dieses Dogma entschieden ablehnen, werden ebenso eingeweiht, wie diejenigen, die es zwar in einer gewissen Weise anerkennen, es aber entstellen …

Wenn nun aber diese nötige Grundlage zerstört oder auch nur erschüttert ist, so ist es selbstverständlich, daß die übrigen

Prinzipien der natürlichen Ordnung in der menschlichen Vernunft ins Wanken geraten und daß sie nicht mehr weiß, woran sie sich zu halten hat, wenn es sich um Fragen handelt, wie die Schaffung der Welt durch einen freien, höchsten Willensakt des Schöpfers; die Lenkung. durch die göttliche Vorsehung; das Weiterleben der Seele und die Wirklichkeit eines künftigen, unsterblichen Lebens, das nach dem jetzigen kommen wird …

… Die Freimaurer glauben nicht an die Offenbarung Gottes; sie leugnen, daß der Vater des Menschengeschlechts gesündigt hat, und daß infolgedessen die Kräfte des freien Willens in gewisser Weise ‚geschwächt sind oder zum Bösen neigen' …

Bezüglich der häuslichen Gemeinschaft behauptet die Lehre der Naturalisten zusammenfassend folgendes: Die Ehe ist nur eine Art von Vertrag; sie kann also rechtmäßig nach dem Willen der Vertragschließenden aufgelöst werden … Bei der Erziehung der Kinder darf man ihnen in religiösen Fragen nichts vorschreiben … Sobald diese das nötige Alter erreicht haben, ist es jedem von ihnen freigestellt, die ihm zusagende Religion zu wählen. Nun unterstützen die Freimaurer dieses Prinzip nicht nur voll und ganz, sondern sie tun alles in ihrer Macht Stehende, um es moralisch und institutionell zu festigen. In vielen Ländern, auch in katholischen, ist bereits eingeführt, daß es außer der Zivilehe keine legitime Vereinigung gibt. Anderswo gestattet das Gesetz die Scheidung, die andere Völker sich anschicken, so schnell wie möglich in ihre Gesetzgebung aufzunehmen. Alle diese Maßnahmen beschleunigen die baldige Verwirklichung des Planes, das Wesen der Ehe zu ändern und daraus eine unstete, vorübergehende Vereinigung zu machen, die, geboren aus einer Laune des Augenblicks, aufgelöst werden kann, wenn die Laune sich ändert.

Die Sekte vereinigt alle ihre Kräfte und alle ihre Anstrengungen, um sich der Erziehung der Jugend zu bemächtigen … in der Erziehung und Unterweisung der Kinder wollen sie die Diener der Kirche nicht dulden, weder als Aufseher noch als Lehrer. Es gelang ihnen bereits in mehreren Ländern, die Erziehung der Jugend ausschließlich Laien zu übertragen …

Am Höhepunkt der Auseinandersetzung zwischen Kirche und Freimaurerei ließ Leo Taxil in seinen „Aufklärungsbüchern" auch den Teufel persönlich am Logenleben teilnehmen.

Dazu kommen die Dogmen der politischen Wissenschaft. Die Thesen der Naturalisten auf diesem Gebiet sind folgende: die Menschen sind gleichberechtigt, alle sind in allen Punkten gleich veranlagt. Da alle von Natur aus frei sind, hat keiner von ihnen das Recht, einem seiner Mitmenschen Befehle zu erteilen, und es hieße den Menschen Gewalt anzutun, wenn man sie irgendeiner Autorität unterstellen wollte, außer wenn diese Autorität aus ihnen selbst hervorgeht. Alle Macht geht vom Volke aus: diejenigen, welche die Herrschaft ausüben, sind die Machthaber nur durch Auftrag oder mit Einwilligung des Volkes, so daß, wenn sich der öffentliche Wille ändert, die Führer des Staates ihrer Autorität entkleidet werden, auch gegen ihren Willen. Die Quelle aller Rechte und aller staatlichen Funktionen liegt entweder bei der Menge oder bei der Macht, die den Staat regiert, aber erst, wenn er nach den neuen Prinzipien eingerichtet worden ist. Außerdem muß der Staat atheistisch sein. Er findet in der Tat keinen Grund, die eine religiöse Form der anderen vorzuziehen; also müssen sie alle die gleichen Rechte erhalten.

Daß diese Lehren von den Freimaurern vertreten werden, daß das für sie das Prinzip ist, nach dem sie die Gesellschaft errichten wollen, ist fast allzu augenscheinlich, als daß es bewiesen werden müßte ... Sie ebnen so zahlreichen anderen und dreisteren Sektierern den Weg, die sich anschicken, aus diesen falschen Prinzipien noch abscheulichere Schlüsse zu ziehen, nämlich die gleiche Teilung und die Gemeinschaft der Güter zwischen allen Bürgern, nachdem jede Unterscheidung des Ranges und des Vermögens abgeschafft ist.

Die Tatsachen, die Wir anführten, werfen ein ausreichendes Licht auf die geheime Verfassung der Freimaurer und zeigen klar, auf welchem Weg sie ihr Ziel anstreben. Ihre hauptsächlichen Dogmen stehen in einem so vollständigen und so offensichtlichen Widerspruch zur Vernunft, daß man sich nichts Entarteteres vorstellen kann ...

... die Gemeinschaft des Menschengeschlechtes, für die die Natur uns geschaffen hat, wurde von Gott, dem Schöpfer der Natur, begründet ...

Daraus geht hervor, daß ... es nach dem Willen Gottes ist, daß die Menschen geboren werden, um sich zusammenzuschließen und um in Gemeinschaft zu leben; die Autorität ist die nötige Bindung, um die staatliche Gemeinschaft aufrechtzuerhalten, so daß, wenn diese Bindung zerstört wird, sie sich zwangsläufig sofort auflöst. Der Schöpfer der Autorität ist also dasselbe Wesen, welches auch die Gemeinschaft geschaffen hat. In wessen Händen auch immer die Macht liegt, er ist ein Diener Gottes. Infolgedessen ... muß man der rechtmäßigen Obrigkeit, die gerechte Dinge befiehlt, gehorchen wie der Autorität Gottes selbst, der alles lenkt; und nichts ist wahrheitswidriger als zu behaupten, daß es vom Willen des Volkes abhänge, den Gehorsam zu verweigern, wann immer es ihm beliebt.

Wenn man erwägt, daß alle Menschen von derselben Abkunft und derselben Natur sind und daß sie alle dasselbe Endziel erreichen müssen, und wenn man die Aufgaben und die Rechte betrachtet, die sich aus dieser Ursprungs- und Schicksalsgemeinschaft herleiten, so ist es ebenso nicht zweifelhaft, daß sie alle gleich sind ... Durch die schädlichen Irrtümer, die Wir angeführt haben, drohen den Staaten die schrecklichsten Gefahren. In der Tat, schafft die Gottesfurcht und die Achtung vor den göttlichen Gesetzen ab; laßt zu, daß man die Autorität der Fürsten verleumdet; laßt zu, daß die Seuche der Revolutionen um sich greift und unterstützt sie; laßt den Leidenschaften des Volkes die Zügel schießen; reißt jede Schranke nieder, außer der der Strafen; und ihr werdet durch die Macht der Dinge zu einem allgemeinen Umsturz und zur Vernichtung aller Institutionen gelangen: Das ist auch tatsächlich das ausdrückliche und erwiesene Ziel, das viele kommunistische und sozialistische Vereinigungen mit aller Macht verfolgen; und die Sekte der Freimaurer hat nicht das Recht zu behaupten, sie habe mit ihren Angriffen nichts zu tun, denn sie begünstigt ihre Pläne und stimmt auf der Ebene der Prinzipien voll und ganz mit ihnen überein ...

Die Fürsten? Die Freimaurer haben sich unter der Maske der Freundschaft in ihre Gunst eingeschlichen, um sie zu Verbündeten und mächtigen Gehilfen zu machen, mit deren Hilfe sie die Katholiken um so sicherer unterdrücken können ...

Übrigens halten sie sich immer bereit, die Grundlagen der Herrschaft zu erschüttern, die Fürsten zu verfolgen, anzuklagen und sogar zu verjagen, sooft diese die Macht anders zu gebrauchen scheinen, als es die Sekte fordert ... Die Völker? ... Sie führen immer die Worte ‚Freiheit' und ‚Gemeinwohl' im Munde. Wenn man ihnen glaubt, ist es die Kirche, sind es die Herrscher, die immer verhindern wollten, daß die Masse aus einer ungerechten Knechtschaft geführt und vom Elend befreit wird. Sie haben das Volk durch diese trügerische Sprache verführt, und indem sie in ihm die Gier nach Veränderungen weckten, haben sie es zum Angriff auf die kirchliche und staatliche Obrigkeit verleitet. Allerdings bleiben die tatsächlichen Vorteile, die man erhofft, immer weit unter dem, was man sich vorstellt oder wünscht. Das Volk ist keineswegs glücklicher geworden, sondern sieht sich, bedrückt durch eine wachsende Unterjochung und ein immer trostloseres Elend, der Tröstungen beraubt, die es einst so leicht und so reichlich im Glauben und in der Ausübung der christlichen Religion finden konnte.

Was die Kirche betrifft ..., immer eine Freundin des Friedens, so ist sie es, die die Eintracht wahrt, indem sie alle Menschen in der Zärtlichkeit ihrer mütterlichen Liebe umfängt. Einzig darauf bedacht, das Wohl der Sterblichen zu sichern, wird sie nicht müde, daran zu erinnern, daß man die Gerechtigkeit stets durch die Milde mäßigen muß ..., daß das Recht jedes einzelnen unverletzlich ist; daß es eine Verpflichtung ist, für die Aufrechterhaltung der Ordnung und der allgemeinen Ruhe zu wirken und die Leiden der Unglücklichen, so weit es möglich ist, durch öffentliche oder private Wohltätigkeit zu lindern ... Wäre das alles besser bekannt, so würden Fürsten und Völker politische Klugheit beweisen und den Forderungen des allgemeinen Heils gemäß handeln, indem sie sich der Kirche anschließen, um den Angriffen der Freimaurer Widerstand zu leisten, anstatt sich den Freimaurern anzuschließen, um die Kirche zu bekämpfen ..."

Aspekte der Verurteilung

Bitter faßt Charles von Bokor den Tenor der Enzyklika zusammen, in dem er sein Nichtverstehenkönnen artikuliert, „wie der Apostel der Nächstenliebe so sehr hassen kann, daß er nicht einmal die historischen Gegebenheiten berücksichtigt und völlig haltlose Argumente anführt, nur um die Verurteilung eines Ordens zu begründen, der an beinahe allem, was man ihm vorwirft, unschuldig ist. Ein einziger Vorwurf trifft zu, allerdings wird er in der Bulle nicht angeführt: daß die Freimaurerei die liberalen Forderungen, den Fortschritt der Wissenschaft und den Kampf gegen Vorurteile jeder Art unterstützt hat, Vorurteile, die die Entstehung einer neuen Welt verhinderten". In einem kämpferischen Ton sucht er die Antwort für dieses Vorgehen: „Sie (die Päpste, der Verf.) verurteilten die Freimaurerei vor allem, weil sie aus politischen Gründen einen Sündenbock brauchten und weil der ungefährlichste Gegner die Freimaurerei war. Man hat sie verurteilt, um ein Exempel zu statuieren, und um dieses Ziel zu erreichen, war jedes Mittel recht. Immerhin respektierten die vorhergehenden Bullen noch gewisse Grenzen. Die Bulle *Humanum genus* setzt sich über jede Grenze hinweg. Mangels eindeutiger und stichhaltiger Anklagepunkte, die eine neuerliche Verurteilung rechtfertigen würden, erfindet der Papst selbst Beschuldigungen, um seine These zu untermauern. Die erste und die letzte Verurteilung der Freimaurerei von seiten des Heiligen Stuhls waren die härtesten."

Leos XIII. Enzyklika wurde durch die Schriften des Jesuiten G.M. Pachtler[159] und des Bischofs von Grenoble, Armand-Joseph Fava[160], des sogenannten Freimaurerhammers und Verfassers eines 1883 erschienenen Werkes, in dem den Freimaurern Satanskult, Hostienschändung und ähnliches vorgeworfen wurde, sowie die des Klassikers der Antifreimaurerliteratur, Augustin Barruel, ebenso beeinflußt wie durch „antifreimaurerische Propagandaschriften niedrigsten Niveaus".[161] Mit heftigen Worten charakterisiert Herbert Vorgrimler den Stil der Enzyklika; diese „unterscheidet nicht zwischen den verschiedenen Richtungen der Freimaurerei ... Mit gutem Grund kann

Die von Freimaurergegnern immer wieder angestellten Vermutungen über die enge Verbindung der Freimaurerei mit dem Teufel fließt in diese ironische Darstellung eines brüderlichen Zutrinkens ein.

Antisemitische Angriffe und Antifreimaurerei paarten sich seit dem 19. Jahrhundert und werden heute noch vorgetragen, nicht zuletzt etwa von Marcel Lefebvre.

sich die ‚reguläre' Freimaurerei in dieser Enzyklika überhaupt nicht wiedererkennen ... Schließlich ist schlicht und einfach festzustellen, daß die Sprache dieser Enzyklika mit ihrem reichen Bestand an Schimpfwörtern eines Christen und eines Papstes schlechterdings unwürdig ist. Es gibt keine Entschuldigung dafür, auch nicht den Hinweis auf den Stil der Zeit ... Wenn man, durchaus mit Recht, darauf hinweist, auch Freimaurer hätten Schimpfworte und höhnische Karikaturen verwendet, auch solche, die den Papst betrafen ..., so ist dies aus christlicher Sicht kein Rechtfertigungsgrund. Die Ausrede, die anderen seien auch nicht besser, kann nicht vor den Maßstäben bestehen, die Jesus gesetzt hat". Damit drückt der katholische Theologe und Nachfolger Karl Rahners auf dessen Lehrstuhl ahistorisch argumentierend das Erstaunen aus, das der Text der Enzyklika hundert Jahre nach der Publikation noch auszulösen vermag.

Dabei bewegte sich inhaltlich die Enzyklika Leos XIII. durchaus im bisher gewohnten Rahmen kirchlicher Erklärungen zu diesem Themenkomplex, auf die man sich ja auch in *Humanum genus* berief. Einleitend hält das Dokument die sinistre Verschwörung gegen die Kirche fest, die als Welt des Guten von der Welt des Satans bekämpft wird. Im weiteren wird die Freimaurerei als Zerstörerin göttlicher Ordnung, als Trägerin des Rationalismus, des Naturalismus, des Antiklerikalismus, der Trennungsbewegung von Kirche und Staat, als Zerstörerin des Kirchenstaates, als Verbreiterin von Indifferentismus und Toleranz, als Vorkämpferin für die Ehescheidung und Kämpferin gegen die gottgewollten Herrscher, als Wegbereiterin der Demokratien und der Gütergemeinschaft angeprangert. Der Aufruf zum Kampf gegen alle diese Erscheinungen, die im Sinne einer Verschwörungstheorie auf die Freimaurerei als *impuram hanc luem* schlicht reduziert wird, schließt die Enzyklika ab. Alec Mellor[162] interpretiert diesen im zweiten Teil der Enzyklika angeführten „Sündenkataster" der Freimaurerei im Gegensatz zu Vorgrimler historisch arbeitend: „Der Teil des Rundschreibens, der die Lehre zum Gegenstand hat, ist völlig klar. Leo XIII. definiert das Programm der italienischen Logen mit einer Objektivität, die diese im Geheimen wohl nicht abstreiten konnten, mit folgenden Worten: ‚... von Grund aus alle von den christlichen Institutionen hervorgebrachte religiöse und staatliche Ordnung zu stürzen und eine neue, nach ihrem Geiste geschaffene zu errichten, deren Grundlagen und Satzungen direkt vom Naturalismus abgeleitet sind.' Diesem für das übernatürliche Denken tödlichen Naturalismus sind die wesentlichen Ausführungen der Enzyklika gewidmet.

(...) Soweit *Humanum genus* den Naturalismus verurteilt, gehört es zu den großen, nicht zeitgebundenen Grundsatzentscheidungen der Kirche. Hingegen ist ein anderer Teil des Rundschreibens geschichtsbedingt und muß unter diesem Gesichtspunkt gelesen werden." Diese zeitbedingten Aussagen hat die katholische Kirche, wie Bokor auflistet, im Zuge des Zweiten Vatikanums zurückgenommen.[163] Die Freimaurer ihrerseits beginnen sich gegen jene Tendenzen, die das Ritual des Ritter Kadosch – das für die Templer parteiergreifend symbolisch gegen deren Vernichter, Clemens V. und Philipp den Schönen, zu Felde zieht aktualisierend auf die Kirche des 19. Jahrhunderts bezogen wissen wollte, zu wenden.[164]

Die lagerüberschreitende Antifreimaurerei

Die ganze Irrationalität der Auseinandersetzung wurde schließlich im Zuge des Taxil-Schwindels offenbar. Während einerseits gerade innerhalb der katholischen Hierarchie Deutschlands – wie Oskar Köhler[165] festhält – eine gewisse Zurückhaltung im „Kampf" gegen die Freimaurer herrschte, was wohl auch mit einer genaueren Kenntnis der deutschen freimaurerischen Verhältnisse zusammenhing eine starke christliche Tradition prägte hier ebenso das Bild wie die enge Verbindung zu den etablierten staatlichen Kräften, etwa zum deutschen Kaiserhaus –, engagierten sich die katholischen Laien in zunehmendem Ausmaß. Deren Artikulationsforen – Katholikentag, katholische Presse und Antifreimaurerkongreß – wurden so zum idealen Resonanzboden für den unter dem Namen Leo Taxil auftretenden Gabriel Jogand-Pagès, der 1885 mit seinen Enthüllungen über Teufelskult und Teufelserscheinungen, Zauberei und Orgien in den Logen schlagartig internationales Aufsehen erregte. Als ehemaliger Freimaurer spielte er den reuigen Sünder, der nun sein ganzes Wissen in den Dienst der Kirche stellte. Leo XIII. empfing ihn in einer Privataudienz und übermittelte auch der mysteriösen Miterarbeiterin Taxils, einer angeblichen ehemaligen Teufelsbraut, Miß Vaughan, seinen Segen. Trotz steigender Skepsis der deutschen Hierarchie, die offen ihre Bedenken über eine Übertragung der Beurteilung der romanischen Freimaurerei auf deutsche Verhältnisse aussprach, hatte Taxil am Internationalen Antifreimaurerkongreß in Trient 1896 durchaus noch Furore machen können; dies trotz der zunehmenden innerkirchlichen Bedenken, die auf der anderen Seite von dem Bemühen unterlaufen wurden, die Aussage Taxils möglichst lange zu nützen. So betonte eine in Trient errichtete Untersuchungskommission „noch am 22. Jänner 1897, die Existenz der Miß Vaughan sei weder bewiesen noch widerlegt".[166] In dieser Atmosphäre, in der – so Rogalla von Bieberstein – die „Enthüllungen" Taxils von der katholischen Publizistik fast durchgängig kritiklos breitgewalzt worden waren", platzte nun die erste echte Enthüllung Taxils; am 17. April 1897 gab er in einem großinszenierten Auftritt bekannt, daß alle seine bisherigen „Enthüllungen" über die Freimaurerei von ihm einzig zu dem Zwecke erfunden worden wären, „die abergläubischen Spitzen der katholischen Hierarchie hinters Licht zu führen".

Wenn man die theologisch bedingte Argumentationspalette zurückstellt, tritt das sozialpolitische Motiv der kirchlichen und kirchlich beeinflußten Laienkritik deutlich hervor; die Freimaurer werden für all das verantwortlich gemacht, was aus der Sicht der Kritiker den negativen neuen Zeitgeist ausmacht. Dieses Spektrum wurde später zu einem „integralen Bestandteil der faschistischen Verschwörungsthese", wobei sich im Vorfeld dieser Argumentationskette auch im katholischen Bereich sehr rasch Antifreimaurerei, Kapitalismuskritik und offener Antisemitismus paarten.[167] Oskar Köhler definiert dieses Zusammenspiel: „Ein subkutaner Antisemitismus in der Geschichte des Christentums aktualisierte sich an der Kirchenfeindschaft liberal jüdischer Schriftsteller und verband sich mit einem allgemeinen sozialen Ressentiment gegenüber der jüdischen Finanz- und Wirtschaftswelt."[168] Diese Entwicklung findet man – unterschiedlich ausgeprägt bzw. gelagert – sowohl in Frankreich als auch in Österreich und in Deutschland. Charakteristisch für diese Entwicklung war die Publikation des Monsignore Anselme Tilloy, der 1897 in seinem Buch *Le péril judéo-maçonnique* die jüdisch-freimaurerische Weltverschwörung und deren Aktivitäten im Zusammenhang mit der Französischen Revolution bis hin zu der Beherrschung des französischen Kapitals durch diese Gruppe beschwor.

Die Bedeutung derartiger Verschwörungstheoreme im Hinblick auf die politische Entwicklung der ersten Hälfte des 20. Jahrhunderts faßt Rogalla von Bieberstein[169] prägnant zusammen, indem er festhält, daß die tradierten antifreimaurerischen und antisemitischen Verschwörungstheoreme zusammen mit den propagierten nationalistischen Tendenzen „sowohl politisch-soziologisch als auch ideologisch zu einem Wegbereiter des modernen, totalitären Rechtsradikalismus bzw. Faschismus" wurden. Dabei bedienten sich auch in diesen Argumentationsketten die Antifreimaurer immer wieder konkret belegbarer Fakten, in denen politische Aktivitäten freimaurerischer Gruppierungen zum Ausdruck kamen, wozu es im romanischen Raum unterschiedlichste Beispiele gab; neben dem bewußten politischen Agieren in Frankreich, Belgien und Italien gab es um die Jahrhundertwende auch offene Eingriffe zugunsten politischer Parteien in den Niederlanden[170], wobei sich die Freimaurer in der Regel als Schrittmacher echter liberaler Politik verstanden.

In der Folge des Internationalen Antifreimaurerkongresses von Trient 1896 hielten österreichische Antimaurer in Wien Ende März, Anfang April 1897 einen für katholische Insider gedachten Kongreß ab, bei dem in zwölf Vorträgen die historischen und aktuellen Aspekte der Freimaurerei unter besonde-

Der Teufel hinter der Maske des Biedermannes. Die antifreimaurerische Agitation am Beispiel von Christian Kreuz' „Weltbetrug durch Zeichen, Wort und Griff an der Werkmaurerei".

rer Berücksichtigung der habsburgischen Herrschaftsgebiete abgehandelt wurden. Obwohl innerhalb der Doppelmonarchie die Freimaurerei ohnehin nur in Ungarn offiziell bestehen konnte, während die österreichische Reichshälfte der Freimaurer sich der Grenzlogenarbeit bedienen mußte und in Wien lediglich in karitativen Vereinen offizielle Tätigkeit entfalten konnte, wandten sich Vertreter des Adels und der katholischen Publizistik in zum Teil gewissenhaft recherchierten Artikeln historischen Inhalts, zum Teil auch in äußerst polemischen Worten gegen einen „Feind" innerhalb der Monarchie, dessen Existenz eher periphere gesellschaftliche Bedeutung zukam. „Die Freimaurerei ist ohne Zweifel ein Haupthindernis einer gedeihlichen und friedlichen Entwicklung, eine wahre Plage fast aller katholischen Staaten der Gegenwart. Möge Gott ... die alte, an Großthaten ebenso reiche als durch Prüfungen aller Art oft schwer heimgesuchte Monarchie des erhabenen Herrscherhauses Habsburg vor den Gefahren des freimaurerischen Geheimbundes gnädig bewahren – heute und immerdar!"[171]

Abschließend muß festgehalten werden, daß mit Ausklingen des Kulturkampfes auch eine relative Beruhigung in der Auseinandersetzung zwischen katholischer Kirche und Freimaurerei eintrat, daß aber bis zum Ende des Pontifikats Leos XIII. durchaus in den romanischen Ländern Vorgänge zu verzeichnen waren, die große Beunruhigung unter den gläubigen Katholiken auslösen mußten und sie, da in diese Aktionen immer wieder die Freimaurerei der betreffenden Länder gegen die Kirche Stellung bezog, in ihrer Haltung gegenüber diesen Bünden bestärkte.

Dabei ist zu beachten, daß etwa in Frankreich mit dem bewußten Eintreten der Katholiken in die republikanische Tagespolitik ab 1895 die Auseinandersetzungen sich verschärften. Folgt man der Darstellung Michel Dierickxs[172], so erhält man ein Bild dieser Auseinandersetzung, das generalisiert die Auseinandersetzung um die Trennung von Kirche und Staat spiegelt, dabei muß aber deutlich betont werden, daß die Auseinandersetzung dieser Art weder mit dem Zustand im Deutschen

Papst Benedikt XV. (1851–1922). Unter seinem Pontifikat wurde der Codex Iuris Canonici in Kraft gesetzt.

Reich oder in Österreich-Ungarn, noch im skandinavisch-angelsächsischen Raum zu vergleichen ist. Dennoch hat auch in diesen Ländern, vor allem aber im Herrschaftsbereich der Habsburger und Hohenzollern, diese Art von antifreimaurerischer Auseinandersetzung mit den Boden für die später einsetzende Agitation von Leuten wie Adolf Hitler und Erich Ludendorff geebnet.

Der enge Konnex zwischen Kulturkampf und kirchlicher Haltung gegenüber den Freimaurern, der sich unter anderem in den zahlreichen Verurteilungen durch die Kirche spiegelt, wird durch das Nachlassen päpstlicher Erklärungen gegen die Bruderschaft mit dem Ausklingen des Kulturkampfes ebenfalls signalisiert. Nach der 1958 in *La Civiltà cattolica* publizierten Zusammenstellung der päpstlichen Verurteilungen etc. wandte sich Pius X. bis zu seinem Tode 1914 noch des öfteren gegen die Freimaurer, während sein Nachfolger Benedikt XV., sieht man von den einschlägigen Canones des Codex Iuris Canonici 1917 ab, sich nur einmal eher indirekt dazu äußerte. Diese Tradition setzten seine Nachfolger fort. Unabhängig von den päpstlichen Äußerungen standen und stehen die bis in die heutigen Tage vorgebrachten antifreimaurerischen Äußerungen katholischer Gruppierungen, wobei hier eine Traditionspflege eigener Art betrieben wird. Gerade jene katholischen Kreise, die immer wieder das antifreimaurerische Thema anschneiden, sind häufig anfällig für den Antisemitismus.

Die Versachlichung der Beziehungen – Der Codex Iuris Canonici

Der Codex 1917 bestrafte im Canon 2335 jene Katholiken, die sich den Freimaurern oder „anderen Vereinigungen" anschlossen, die sich gegen die Kirche oder die legitime staatliche Obrigkeit richteten, mit der Exkommunikation. Darüber hinaus sah der Canon 2336 weitere Strafmaßnahmen für Priester und Ordensangehörige vor, die gegen den vorangehenden Canon verstießen. Gleichsam korrespondierend damit stand der Canon 542, der Freimaurern den Eintritt in Ordensgemeinschaften untersagte bzw. religiösen Vereinigungen ein generelles Mitgliedsverbot Freimaurern gegenüber auferlegte (Canon 693). Da die Freimaurermitgliedschaft automatisch die Exkommunikation nach sich zog, waren weitere Bestimmungen im Bereich des Eherechtes (Canon 1065), in der Verweigerung des kirchlichen Begräbnisses (Canon 1242) und im Ausübungsverbot des Patronatsrechtes (Canon 1453) an sich nur logische ausdrücklich genannte Detailregelungen. In diesem Sinne ist auch der Canon 1399 zu verstehen, der vorsah, daß für den Fall eines irrtümlich erfolgten kirchlichen Begräbnisses eines Freimaurers dessen Leichnam wieder ausgegraben werden mußte und an ungeweihter Stelle beizusetzen war. Zwar bestand noch zusätzlich für Katholiken ein generelles Informationsverbot die Freimaurerei betreffend und ein Verbot an der Mitwirkung zur Verbreitung freimaurerischen Schriftgutes durch diese (Canon 1399), doch wurde insgesamt auf die in früheren Verurteilungen immer wieder auftauchende Verpflichtung der Laienwelt zur Anzeige von Freimaurern verzichtet.

Bereits in den ersten Kommentaren zum Codex 1917 wurde auf einzelne vage Formulierungen hingewiesen, wobei besonders die Formulierung des Canon 2335 *aliae eiusdem generis associationes* und die unterschiedliche staatliche Handhabung gegenüber der Freimaurerei im Mittelpunkt der Überlegung standen. So vermerkte 1924 Johann B. Haring ausdrücklich, daß auch die früheren Äußerungen in dieser Hinsicht eher eine „Verschiedenheit der Auffassung" zulassen; damit stünde aber ein Spielraum zur Verfügung, die regionale „Mannigfaltigkeit und Unfaßbarkeit dieser Geheimbünde" in den legistischen Griff zu bekommen. In diesem Konnex deutete Haring auch vorsichtig regionale Unterschiede an, indem er auf die Nichtuntersagung der Bildung des Vereines *Großloge Wien* am 23. Dezember 1918 durch die Republik Österreich hinwies, jenen Erlaß also, der nach der strikten Untersagung der Monarchie auf österreichischem Boden wieder eine reguläre Logenarbeit ermöglichte, während die ungarische Regierung – hier ebenfalls im Gegensatz zu der vorangegangenen habsburgischen Ära stehend – im September 1920 die Freimaurerei auf ihrem Territorium untersagte. Die Gleichsetzung der Freimaurerei mit staatsgefährdenden Geheimbünden stellte eine Diskriminierung der regulären Freimaurerei dar, die letztlich nur aus der historischen Entwicklung des 19. Jahrhunderts heraus – wie sie oben geschildert worden ist – zu verstehen war.

Diese Gleichsetzung, die undifferenzierte Betrachtung der Freimaurerei und die von selbst eintretende, dem Papst einfach vorbehaltene Exkommunikation bildeten im wesentlichen die Gravamina, die in bezug auf den Codex von 1917 seitens der Freimaurer auch in den Gesprächen nach dem Zweiten Vatikanum vorgebracht wurden. Andererseits scheint die Rücknahme des Anzeigeverbotes, wenn davon auch Kleriker und Angehörige von Religiosenverbänden bzw. nach einer weiteren Auslegung aus dem Jahre 1916 auch die „geheimen Häupter" ausgenommen waren, eher positiv angemerkt worden zu sein. Insgesamt führte die Neuregelung durch den Codex 1917 und die damit einhergehende Zurückhaltung in den offiziellen päpstlichen Äußerungen gegenüber den Freimaurern zu einer Versachlichung des Problems, obgleich immer noch eine Gleichsetzung der Freimaurerei mit *associationibus, machinatur contra Ecclesiam* erfolgte, während im politischen Klima der zwanziger Jahre nun die Freimaurerhatz ausbrach. Dies muß deutlich ausgesprochen werden, da unabhängig von der kirchlichen Autorität, wenn auch zeitweise mit der wohlwollenden Duldung regionaler Hierarchen im katholischen Bereich, jene Freimaurerhatz in den zwanziger und dreißiger Jahren, getragen von eifernden Klerikern und Laien, weiterging, die diese nur allzuoft in die Nähe etwa nationalsozialistischer Agitation brachte. Dummdreiste Ausläufer dieses Phänomens findet man auch nach 1945.

Die säkularisierte Antifreimaurerei

Bereits im 18. Jahrhundert kristallisierten sich die Grundelemente der freimaurerischen Verschwörungsthese als Feinde von Thron und Altar, als Beseitiger der gerechten gesellschaftlichen Ordnung, als Feinde der jeweils richtigen Religion – in der Ablehnung der Freimaurerei befindet sich zu diesem Zeitpunkt die katholische Kirche in der Gesellschaft von Calvinisten und protestantischen Staatskirchen, aber auch in der des Islams – und als konspirativer Treff des Judentums; aus der Verschmelzung dieser Komponenten entstand nach 1789 die These von der Revolutionstätigkeit der Freimaurer schlechthin bzw. von deren Drahtzieherfunktion in der französischen Revolution. „Eine Bruderschaft, die unter Personen von verschiedenen Ständen eingegangen wird, hat kein Verhältnis zu der Verschiedenheit der hierarchischen Ordnung, welche Gott zur guten Leitung der Welt eingesetzt hat, und daraus folgt unnachläßlich der Umsturz des geistlichen und weltlichen Systems."[173] Rogalla von Bieberstein faßt diesen Abschnitt in einer bemerkenswerten These zusammen, die festhält, „daß das Grundmuster der antifreimaurerischen Verschwörungsthese bereits vor der französischen Revolution und nicht erst als Reaktion auf diese Revolution entwickelt worden ist. Die Tatsache, daß dies vornehmlich in Deutschland geschah, kann als Beleg dafür genommen werden, daß die Verschwörungsthese nicht durch ein distanziertes und unparteiisches Erkenntnisstreben charakterisiert ist; vielmehr handelt es sich bei ihr um ein wertorientiertes, politisch-ideologisches Kampfinstrument". Seit dem ausklingenden 18. Jahrhundert verstärkten sich die antisemitischen Tendenzen in den gegen die Freimaurerei gerichteten Publikationen; bereits 1816 warnte eine deutsche Publikation[174] vor einer Weltrevolution der Freimaurer, da diesen durch die Beteiligung der Juden genügend Bestechungskapital zur Verfügung stünde: Nationalismus, Antiliberalismus, Antikapitalismus und Antisemitismus kulminierten in der Verschwörungsthese der Reaktion des 19. Jahrhunderts, wobei die Reaktion als Sammelplatz der Negationen neuen Strömungen gegenüber definierbar ist. Je nach ideologischer Ausrichtung der einzelnen reaktionären Gruppierungen traten und treten einzelne Phänomene verstärkt in den Vordergrund; damit wurde der „Terminus Freimaurer ... zu einer antimodernistischen Diffamierungschiffre für nahezu alle unerwünschten Entwicklungen".[175] Charakteristisch dafür war die Einbeziehung antisozialistischer Agitation in das Thesenfeld der Verschwörungstheoretiker, die in der Sozialistischen Internationale ebenfalls ein Kind der freimaurerischen Weltverschwörer sahen. In dieser Tradition stehend vereinigten die nationalsozialistischen Theoretiker schließlich das gesamte Angebot dieser Palette, wobei naturgemäß der religiöse Aspekt wegfiel. Der Antiklerikalismus des Nationalsozialismus führte letztlich dazu, neben den internationalen Gruppen der Juden und Freimaurer die katholische Kirche oder einzelne ihrer Institutionen – so z. B. den Jesuitenorden – als weitere Variante in dieses Theorem einzufügen, wobei Erich Ludendorff und seine propere Frau Mathilde den Kampf gegen Freimaurer und Jesuiten gleichrangig zu führen suchten. Letztere setzte auch nach 1945 ihre Tätigkeit fort.

Gleichsam am Beginn dieser forcierten Aktivierung des Verschwörungstheorems stand der Ausbruch des Ersten Weltkriegs, der als Werk der Freimaurer gegen das Deutsche Reich und Österreich-Ungarn, das „Bollwerk des monarchischen Gedankens und den Hort ... gläubigen Christentums", dargestellt wurde.[176] In der Folge behaupteten immer wieder verschiedene Autoren, daß etwa die Ermordung des österreichischen Thronfolgers Franz Ferdinand ein Werk der serbischen Freimaurer im Dienste der Weltfreimaurerei gewesen wäre.[177] Sieht man von jenen politisch orientierten Publikationen ab, die die Verschwörungsthese als bewußt eingesetztes Instrumentarium nutzen, kann man feststellen, daß vielfach wiederum die traditionelle Verwechslung zwischen politischem Geheimbund mit der Freimaurerei, Mitgliedschaften einzelner Personen und der

Gustav Stresemann (1878–1929) wurde 1923 Mitglied der Berliner Loge „Friedrich der Große"; wegen seiner Versöhnungspolitik heftig von nationalistischen Kreisen angegriffen, galt er diesen als ein Symbol für die Unvereinbarkeit von „Deutschtum" und Freimaurerei.

Glaube an eine weltumfassende einheitliche Freimaurerei die Basis für teilweise abenteuerliche Konstruktionen abgeben. Innerhalb der unterschiedlichen Gruppierungen, die sich der These bedienten, herrscht ein auffallender Gleichklang in den Basisanschuldigungen. So griff der katholische Freimaurerforscher und Jesuit Gruber[178] die Behauptung von der Revolutionsverantwortung der Freimaurer seit 1776 erneut auf und fixierte die Losung Freiheit, Gleichheit, Brüderlichkeit als freimaurerisches Programm; die Auseinandersetzung des Weltkriegs polarisierte auch er in einer Kontroverse zwischen monarchischem und demokratischem Prinzip. Ein Repräsentant des deutschen Staates formulierte dies als den Gegensatz zwischen jüdisch-demokratisch und deutsch-aristokratisch.[179]

Rogalla von Bieberstein[180] zeigt die Fülle der in diesem Konnex vor und nach dem Zusammenbruch der Mittelmächte entstandenen Literatur auf, die äußerst rasch mit der Dolchstoßlegende zu verschmelzen beginnt und in diesem Zusammenhang die Beschuldigung erhebt, daß die deutschen Freimaurer, die nach 1918 innerhalb der internationalen Kontakte der Freimaurer weitergehend isoliert waren[181], Verrat geübt hätten. Die große Tradition der Militärlogen innerhalb der preußischen Armee mußte dazu herhalten, um den Beweis der verbotenen Kooperation mit den Feindesmächten zu liefern. Friedrich Hasselbachers Werk[182] sei in diesem Zusammenhang genannt; neben seiner ausführlichen Darstellung des Volksverrates der Feldlogen im Weltkrieg hat er in der Buchreihe *Entlarvte Freimaurerei* einen umfassenden Katalog derartiger Verschwörungsängste zusammengestellt: Band 1: „Das enthüllte Geheimnis der Freimaurerei in Deutschland", Band 2: „Vom Freimaurer-Mord in Sarajevo – über den Freimaurer-Verrat im Weltkrieg – zum Freimaurer-Frieden von Versailles", Band 3: „Auf den Pfaden der internationalen Freimaurerei – das geschichtliche Wirken der überstaatlichen Mächte" und Band 4: „Der große Generalstabsplan der jüdisch-freimaurerischen Weltverschwörer".

In dieser Tradition stehend bemühte sich Erich Ludendorff um die „Vernichtung der Freimaurerei durch Enthüllung ihrer

Erich Ludendorff (1865–1937) fügte seiner Dolchstoßlegende die charakteristische deutschnationale antifreimaurerische Agitation bei.

Die Eintragung General Erich Ludendorffs in das Gästebuch der Münchner Loge „Empor“ am 2. Mai 1923. „Das Vaterland fordert von der nationalen Deutschen Freimaurerei harte Charaktere zu bilden und Tatmenschen zu erziehen.“

Geheimnisse". Er verwies wiederum auf das „jüdischfreimaurerische Schlagwort" von der Freiheit, Gleichheit und Brüderlichkeit. Die Unterwanderung des Deutschtums erfolgte – so Ludendorff – durch die „Abrichtung zum künstlichen Juden" durch die Freimaurer. Der pathologische Freimaurerhaß des alternden Generals, der sich früher durchaus positiv zur deutschen Freimaurerei geäußert hatte[183], und dessen Frau provozierten eine Flut von weiteren Schriften, darunter auch gezielte Aufklärungsarbeiten deutscher Freimaurer.[184] Betrachtet man die Schriften Alfred Rosenbergs, so kommt man zu dem Ergebnis, daß dieser und neben ihm etliche seiner geistigen Brüder nahezu die gesamte europäische antifreimaurerische Literatur rezipiert und sie in die nationalsozialistische Agitation eingebracht haben.[185] Helmut Neuberger[186] konstatiert eine „schwer definierbare Mischung aus Unbehagen, Vorurteil und Nachahmungstrieb" als Basis der antimaurerischen Haltung der NSDAP und der „gesamten extremen Rechten". „Ihre antimaurerischen Denkanstöße bezog die NSDAP nie aus sich selbst", sondern sie „übernahm" die „Argumente vollständig aus dem Repertoire traditioneller Logengänger. ... Deren zumindest streckenweise weltanschaulich begründete Argumente wurden ergänzt durch Irrationalismen dubiosen Ursprungs ... etwa den phantastischen ‚Zionistischen Protokollen'." Derartige Auseinandersetzungen mit der Freimaurerei blieben aber nicht auf die Weimarer Republik und das nachfolgende Dritte Reich beschränkt; man findet heftigste Agitationen gegen die Freimaurer in der Schweiz ebenso wie in der französischen Dritten Republik, die dann im Verbot der Freimaurerei Frankreichs in Vichy-Frankreich mündeten. Ein ähnliches Vorgehen, jedoch wesentlich früher, stellten die Maßnahmen des Horthy-Regimes in Ungarn ab 1920 dar, in Italien jene Mussolinis, in nahezu allen präfaschistischen und faschistischen Staaten der Zwischenkriegszeit; Generalisierungen sind hier aber nicht möglich, da etwa im „christlichen Ständestaat" Österreich zwischen 1934 und 1938 die Freimaurer arbeiten konnten und keinem Verbot unterlagen. Bei aller kritischen wechselseitigen Distanz gegenüber einem betont katholisch auftretenden Regierungs-

Neben Ludendorff zählte Fritz Hasselbacher zu den eifrigsten Freimaurerentlarvern seiner Zeit, was, sieht man die Auflagen seiner Bücher, durchaus ein gutes Geschäft gewesen sein dürfte.

oberhaupt war die Großloge von Österreich auch 1938 durchaus sofort bereit, die von Kurt von Schuschnigg in der Abwehr des nationalsozialistischen Anschlusses geplante Volksabstimmung finanziell zu unterstützen.[187]

Totalitarismus und Freimaurerei

Sowohl in Rußland als auch im Zwischenspiel Bela Kuns in Ungarn 1919 wurden die Logen unmittelbar nach der Machtübernahme der Kommunisten ausgeschaltet; 1922 wurde auf dem vierten Kongreß der Kommunistischen Internationale die Freimaurerei als politische Organisation der Bourgeoisie gebrandmarkt. Erst der Zusammenbruch der kommunistischen Herrschaft in Osteuropa ermöglichte den Neubeginn der Freimaurerei in den ehemaligen Satellitenstaaten der Sowjetunion.[188]

Andererseits ging – wie schon erwähnt – das Regime Horthys im Mai 1920 mit einem Verbot und einer Güterbeschlagnahmung gegen die ungarischen Freimaurer vor, ein Vorgang, der wenige Jahre später in Italien wiederholt wurde.

Es fanden sich unter den italienischen Freimaurern durchaus Persönlichkeiten, die an der frühen faschistischen Bewegung teilhatten und nach dem Marsch auf Rom am 22. Oktober 1922 im Lager Mussolinis standen: einzelne Freimaurer entschieden sich auch nach dem 13. Februar 1923, als seitens des Faschistischen Großen Rates festgestellt wurde, daß die Freimaurerei als Ganzes im Widerspruch zum Faschismus stünde[189], gegen die Freimaurerei und für ihren Verbleib innerhalb der faschistischen Bewegung. In dieser sich deutlich abzeichnenden Konfliktsituation bemerkt man jenes charakteristische Bemühen um einen Modus vivendi, das sich auch für das nationalsozialistische Deutschland zwischen 1933 und 1935 nachweisen läßt.[190] Die deutliche Abgrenzung aber der antifaschistischen Freimaurer und eine grundsätzliche Ablehnung der totalitären Machthaber den Bünden gegenüber führten zu einer schrittweisen Auflösung der Freimaurerei und schließlich ab 1925 zu deren Verfolgung, wobei man sich im Kampf gegen den *Grande Oriente* auch der Methode des Schauprozesses bediente.[191] Interessanterweise argumentierte Benito Mussolini durchaus traditionell. Die Freimaurer des angelsächsischen Raumes oder die des deutschsprachigen wären achtbare wohltätige Institutionen, während jene Italiens hochpolitische Geheimbünde wären, die – vaterlandsfeindlich gesinnt – vom *Grand Orient de France* abhängig wären. Auch in Italien bediente man sich der These von der jüdisch-freimaurerischen, bolschewistischen, plutokratischen Weltverschwörung.[192] Daneben versuchte die um einen Ausgleich bestrebte *Grande Loggia*, die patriotische Grundhaltung ihrer Organisation hervorzuheben; durch eine weitere Spaltung dieser Gruppe entstand jener *Ordre National Italien de Culture et de Bienfaisance St. Jean d'Ecosse*, der als einziger die faschistische Ära „einigermaßen unbehelligt" überdauern konnte.[193]

Die Namensgebung dieser Abspaltung, die erst sehr spät den Weg in die nach 1945 langsam sich einigende italienische Maurerei zurückfand, erinnert an die Strategien deutscher Großlogen, im langsam sich etablierenden Nationalsozialismus zu überleben. Bereits während der Weimarer Republik waren in den regulären Großlogen, die ca. 60 Prozent der deutschen Brüder vereinigten, deutlich starke nationale Tendenzen zu bemerken.[194] Die Große National-Mutterloge *Zu den drei Weltkugeln* nannte sich nach 1933 *Nationaler christlicher Orden, die Große Loge von Preußen* wurde zum *Deutschchristlichen Orden Zur Freundschaft*, die *Große Landesloge der Freimaurer von Deutschland* wandelte sich zum *Deutschchristlichen Orden*, die *Große Landesloge von Sachsen* nannte sich nun *Deutschchristlicher Orden von Sachsen*, die *Großloge Deutsche Bruderkette* entdeckte ebenfalls ihren neuen Charakter im *Christlichen Orden deutscher Dom*, während sich die Bayreuther Großloge *Zur Sonne* zu einer biederen *Gesellschaft zur Pflege deutscher Kultur* veränderte.[195] All diesen Versuchen war eines gemeinsam – ihre Betonung der patriotischen Zugehörigkeit, ihres (arisch)christlichen Charakters und

Die Tradition der Militär- und Feldlogen läßt sich bis ins 18. Jahrhundert in allen europäischen Armeen nachweisen; gerade innerhalb des preußischen Militärs war diese Tradition sehr lebendig. Für Hasselbacher waren diese Zusammenschlüsse der Beweis für die Unterminierung der deutschen Armee während des Ersten Weltkrieges, ein Vorwurf, der durch nichts belegt werden kann.

ihrer absoluten Loyalität dem Staate gegenüber. Dies verhinderte jedoch nicht, daß sie wie die übrigen Logenbünde bis 1935 aufgelöst und ihre Besitzstände beschlagnahmt wurden.

Gleichsam in vorauseilendem Gehorsam dürfte es auch in der stark stagnierenden freimaurerischen Tätigkeit des österreichischen Ständestaates Tendenzen gegeben haben, die etwa unter Betonung des „Christlichen" antisemitischen Tendenzen frönten, denn nur so ist die Freimaurerszene in dem Roman *Der Ritt auf dem Tiger* des Freimaurers Fritz Habeck verständlich[196]: „So zog also Martin nach einigen Monaten seinen Frack an, ließ sich mit verbundenen Augen im Kreis führen und sah schließlich das Licht im Osten. Er beugte sich vor den drei Säulen der Weisheit, der Stärke und der Schönheit, er war bereit, sich selbst zu erkennen, zu beherrschen und zu veredeln, und durfte Goethe, Mozart, Lessing, Wieland und Herder, aber auch Friedrich den Großen, Blücher, Scharnhorst, Marschall Ney und Benito Juarez seine vollendeten Brüder nennen. Die Feier war eindrucksvoll, und die dabei verwendeten Worte stießen ihn nicht ab, sondern gefielen ihm.

Vor dem anschließenden Abendessen trat im Speisesaal einer seiner neuen Brüder auf ihn zu ... Sie ... saßen nach der Auflösung der Gesellschaft noch ein wenig in einem winzigen Kaffeehaus. ... ‚Hat es dir gefallen heute?' ‚Heute ja. Werden ja sehen, wie es weitergeht.' ‚Im großen und ganzen kannst du mit deiner Loge zufrieden sein. Die *Herder* hat Tradition und ein paar sehr gute Leute. Ich bin bei der *Unitas*. Zumindest vorläufig noch.'

‚Vorläufig? Wie meinst du das?'

‚Entweder decke ich überhaupt, oder ich gehe zur Blücher.'

‚Warum?' ...

‚So eine Rezeption ist ja immer eine sehr feierliche Angelegenheit – man hat eine Menge zu schauen und zu verarbeiten. Aber hast du dir nicht doch ein wenig die Leute angesehen?'

‚Das schon – aber –'

‚Ist dir nichts aufgefallen?' ... Die Söhne Davids? In der *Herder* sind ungefähr neunzig Prozent Juden. In der *Unitas* sind es nur fünfundsiebzig, aber auch das ist mir noch zuviel. Die

Gebhard Leberecht von Blücher (1742–1819) wurde 1783 Freimaurer und ist ein Repräsentant des preußischen Militärs innerhalb der Logen.

Für deutschnationale Verschwörungstheoretiker muß es ein quälender Gedanke gewesen sein, daß „deutsche Heroen“ wie Iffland und Fichte Freimaurer gewesen waren.

Blücher nimmt keine Juden.' Martin riß die Augen auf. ,Eine Loge nimmt keine Juden? Das ist ja geradezu widersinnig! Wozu hat Lessing dann die berühmte Geschichte von den drei Ringen erzählt, wozu redet man darüber, daß es keine Unterschiede der Religion oder der Rasse.'

,Das hat gar nichts damit zu tun', unterbrach ihn Felix. ,Ich bin einverstanden mit den drei Ringen, aber es sind eben drei, nicht einer. Ich will den Leuten nicht ans Leben, nicht an den Geldsack, ich bin bereit, sie als Freimaurer anzuerkennen – ich mag bloß nicht jede Woche mit ihnen zusammensitzen. Wir passen nicht zusammen, und kein Ethiker der Welt kann mir vorschreiben, daß mir jemand sympathisch sein muß, der mir nicht sympathisch ist. … Sie haben ihre Beziehungen, sie haben durch die Presse die öffentliche Meinung, sie halten zusammen wie Pech und Schwefel, sie drängen sich auf jeden einflußreichen Posten –' ,Und warum lassen die andern das zu? Wahrscheinlich sind sie erstens dümmer und zweitens weniger tüchtig.'

,Was nützt dir die Tüchtigkeit, wenn du einer fest zusammengeschlossenen Gruppe gegenüberstehst?'

,Auch der C.V. und die Burschenschaften sind solche Gruppen.' ,Richtig. Und bist du wirklich für sie? Lehnst du sie nicht ab?' ,Das wohl, aber –'

,Kein Aber. Gruppenbildung ist immer gefährlich, besonders wenn die betreffende Gruppe danach strebt, in einem Gemeinwesen die Herrschaft an sich zu reißen.'

,Davon kann doch keine Rede sein.'

,Sprechen wir in einem Jahr weiter.'

Sie trennten sich."

Derartige Ausfälle einzelner und deren teilweises Überlaufen zu den Nationalsozialisten darf aber nicht überbewertet werden, da in der Summe letztlich nur sehr wenige diesen Schritt setzten. Charakteristisch für den Weiterbestand freimaurerischer Tätigkeit im Dritten Reich ist wohl der Jahresbericht des Sicherheitsdienstes der SS für 1938, wo auf der einen Seite von jenen Bemühungen der NSDAP berichtet wird, teilweise ehemalige Freimaurer für die Partei zu gewinnen, ein

Gerhard Johann David von Scharnhorst (1755–1813), seit 1799 Freimaurer, hielt auch innerhalb dieses Zirkels Kontakt mit Blücher.

Bemühen, über dessen Sinnhaftigkeit anscheinend aber Zweifel bestanden haben, während man auf der anderen Seite nicht korrigierend die Aussage amerikanischer Freimaurer zitiert, daß in Österreich im Zuge des Anschlusses „nahezu die gesamte Freimaurerschaft der 1100 Brüder verhaftet oder eingekerkert oder unter Bewachung gestellt oder des Landes verwiesen" worden sei.[197] Eine 23 Mitglieder umfassende Liste der Loge *Paracelsus* in Klagenfurt vor 1938 weist einen Emigranten, drei aktive Widerstandskämpfer, mehrere von den Nationalsozialisten aus dem Amt entfernte oder unter Gestapo-Aufsicht gestellte Maurer und ein von den Nationalsozialisten ermordetes Mitglied auf. Drei oder vier Brüder dieses Bundes schlossen sich 1938 den neuen Machthabern an, doch wird einschränkend vermerkt, daß „nicht einmal in diesen Fällen bekannt" wäre, „unter welchem Druck dies geschah".[198] Eine Wiederaufnahme erfolgte nach 1945 nicht. Dabei ist zu vermerken, daß die Loge sich selbst 1934 auflöste und nur zwölf Mitglieder im Bunde verblieben, während die übrigen um ehrenvolle Deckung ansuchten. Für den freimaurerischen Geist der im Bunde Verbliebenen spricht auch das Faktum, daß man bereits 1944 Pläne für die Zukunft schmiedete und man am 17. Juni dieses Jahres in einer geheimen Zusammenkunft die Loge „rituell" wiederbegründete; die Ereignisse des 20. Juli 1944 veranlaßten allerdings einzelne dieser Mitglieder, in den Untergrund zu gehen. Andererseits findet sich unter den Mitgliedern auch der Kärntner Heimatdichter Josef Friedrich Perkonig, der 1932 in die Loge *Paracelsus* aufgenommen wurde; als Repräsentant der „katholischen Literatur" des Ständestaates fand er sich gemeinsam mit stil- und artverwandten Kollegen 1938 im „Bekenntnisbuch österreichischer Dichter" und begrüßte darin zusammen mit Leuten wie Karl Heinrich Waggerl, Franz Nabl und Max Mell den Anschluß und Hitler.[199] 1942 allerdings protestierte er in einem Brief an den Gauleiter gegen die Behandlung der Kärntner Slowenen[200] und nahm nach dem Wiedererstehen der Freimaurerei in Kärnten äußerst regen Anteil an Auf- und Ausbau, obwohl er nationalsozialistischer Funktionär gewesen war.

Den Pragmatismus der Nationalsozialisten im Umgang mit der angeblichen freimaurerischen Verschwörung gegen das Deutsche Reich sieht man am Beispiel Hjalmar Schachts (1877–1970), der als deklarierter Freimaurer Hitlers Minister und Reichsbankpräsident war. Auf diesem Bild sieht man ihn bei einer Begegnung mit Franklin Delano Roosevelt (1832–1945), der in der nationalsozialistischen Agitation zum Paradefreimaurer im Kampf gegen Deutschland stilisiert wurde.

Was die nationalsozialistische Verfolgung über die Aufhebung bzw. über die erzwungenen Selbstauflösungsbeschlüsse hinaus noch bedeutete, mag an wenigen Beispielen gezeigt werden. Einem Teilüberblick – erhoben wurden die Fakten an sechs Prozent der rund 80 000 deutschen Freimaurer vor 1933 – zufolge wurden zwischen 1933 und 1945 62 deutsche Freimaurer ermordet – unter diesen Wilhelm Leuschner als profilierter Teilnehmer der Freiheitskämpfer vom 20. Juli 1944 –[201], 238 aus Deutschland vertrieben, 53 in Konzentra-

Deutscher Logenteppich mit freimaurerischen Symbolen, ca. 1760/70.

tionslagern inhaftiert und 377 aus ihren Ämtern und Berufen verwiesen; von diesen 4800 für die Statistik ausgewerteten Brüdern nahmen 44 am aktiven Widerstand gegen das Regime teil.[202] Daneben wurden in der Regel die Besitztümer der Logen – Logenhäuser, Einrichtungsgegenstände, Barvermögen etc. – beschlagnahmt, offiziell veräußert oder schlicht von privaten Plünderern gestohlen. Teile der Logenbibliotheken und Einrichtungsgegenstände wurden nationalsozialistischen Logenmuseen zugeführt oder für die Errichtung derartiger Institutionen gelagert.[203] So wurden von 151 deutschen Logen die materiellen Verluste mit insgesamt zweihundert Millionen DM beziffert.[204]

Naturgemäß waren die Verbote und Verfolgungen, denen die Freimaurer ausgesetzt waren, von unterschiedlicher Härte und Konsequenz. Das Verbot in Ungarn ermöglichte durchaus den rudimentären Fortbestand, wobei man sich in Umkehrung der Situation der Jahre vor 1918 nun ungarischerseits des Grenzlogenbetriebes auf österreichischem Boden bediente. Die Verbote, die die Freimaurerei in den Balkanstaaten betrafen, waren ebenso wie in den anderen Diktaturen rein emotionell bedingt, wobei man vereinzelt auch auf religiöse Argumente zurückgriff. Derartiges gilt auch für die Iberische Halbinsel, wo Primo de Rivera erste Maßnahmen ergriff, die dann unter General Franco nach dem kurzen republikanischen Zwischenspiel zum totalen Verbot führten, während in Portugal Salazar 1935 ein generelles Verbot erließ.[205] Für das übrige Europa kann festgehalten werden, daß die Ausdehung der nationalsozialistischen Herrschaft ab 1938 in den besetzten Ländern[206] – beginnend mit Österreich – zu einem Verbot der Freimaurerei führte, dem dann, in der Folge der Ausdehnung des sowjetischen Machtbereiches durch den Zweiten Weltkrieg nach einem kurzem maurerischen Zwischenspiel – wie z. B. in Ungarn – das Verbot der Freimaurerei im kommunistischen Staatswesen folgte. Damit erwies sich die absolute Richtigkeit der freimaurerischen Aussagen über die letztlich gleiche Grundhaltung von Nationalsozialismus und Kommunismus in der Frage der Verfolgung der Freimaurer, die vor Ausbruch des Zweiten Weltkrieges

Diese bei Palser in London 1809 publizierte Serie beruht auf Vorlagen, die in die Enthüllungsliteratur des 18. Jahrhunderts zurückreichen.

1 The Master
2 Senior Warden
3 Junior Warden
4 Candidate
A Meeting of Free Masons for the Admission of Masters.
Ceremony of placing the Candidate on the Tablet designed on the floor of the Lodge

A Meeting of Free Masons for the Admission of Masters.
The Candidate being laid on the Device painted on the floor of the Lodge, covered with a bloody Cloth, the Officers during an Address from the Master present their drawn Swords to different parts of the Candidates body
Candidates waiting to undergo the same Ceremony

1 The Master
2 Senior Warden
3 Junior Warden
A Meeting of Free Masons for the Admission of Masters
The Master, in raising the Candidate gives the Grip, Embrace, &c. and declares him duly Elected a Master Mason.
4 Candidate
5 Orator
6 Treasurer
7 Secretary

seitens der Organe des Dritten Reiches mit einem gewissen Ingrimm vermerkt wurden.[207]

Dieses Phänomen charakterisiert Helmut Neuberger[208], der, ausgehend vom 19. Jahrhundert, die Freimaurerverfolgungen des 20. Jahrhunderts unter einem gesamteuropäischen Gesichtspunkt sieht. Die Verfolgungen bezogen „aus der für dieses Jahrhundert typischen Tendenz zur politischen Radikalisierung, die seit der russischen Oktoberrevolution die politische Landschaft Europas veränderte", ihren „Nährstoff". „Diese Bewegung erfaßte in erster Linie wirtschaftlich und politisch schwache Staaten oder solche ohne gefestigte nationalstaatliche und demokratische Tradition. Beide Faktoren trafen ganz besonders auf die Republik von Weimar zu, galten mit gewissen Einschränkungen aber auch für Italien, Polen und die Türkei. Es spricht für die Richtigkeit dieser These, daß auch stabile Demokratien wie England, Frankreich und die Schweiz bis zu einem gewissen Grade von jener gesamteuropäischen Tendenz zu Radikalismus und Totalitarismus ergriffen wurden. Die britische *Blackshirts-Bewegung* Sir Oswald Mosleys bietet hierfür ein ebenso anschauliches Beispiel wie die Zeugnisse antisemitischer und antimaurerischer Publizistik französischer und schweizerischer Herkunft." Allerdings muß darauf geachtet werden, daß der Schock des Zusammenbruchs in Deutschland ein besonders anfälliges Klima für die Irrationalismen antifreimaurerischer Verschwörungstheoretiker geschaffen hat. Dieses Klima ermöglichte Ludendorff, Rosenberg und den anderen nationalen Antifreimaurertheoretikern eine Resonanz, die die Gewaltmaßnahmen im öffentlichen Bewußtsein vorbereiteten. Dennoch muß mit Neuberger festgehalten werden, daß die „Ursachen für die Unterdrückung der Freimaurerei in Europa ... weniger im Vernichtungswahn des Nationalsozialismus ... als im Gegensatz von Freimaurerei und Totalitarismus schlechthin" zu suchen sind. „Als Hort der zum Prinzip erhobenen Gedankenfreiheit und Toleranz bildet die Freimaurerei ein geistiges Kraftzentrum, das durch politische Bewegungen kaum zu kontrollieren, geschweige denn gleichzuschalten ist. Damit aber kollidiert sie automatisch mit dem

„Die Freymäurer". Porzellangruppe von Kaendler, Meißen 1743.

Totalitätsanspruch einer wie auch immer gearteten radikalen Bewegung. Sowohl Mussolini und Franco als auch Salazar, Kemal Atatürk und das polnische Militärregime" oder das kommunistische Rußland „trugen diesem Umstand mit Verboten Rechnung. Auch im Falle Adolf Hitlers ist zu vermuten, daß er sich in seiner antimaurerischen Haltung ausschließlich vom Totalitätsanspruch der nationalsozialistischen Bewegung leiten ließ."

Deutlich wurde diese Haltung, als Hjalmar Schacht, Wirtschaftsminister und Reichsbankpräsident im Dritten Reich, bei Adolf Hitler im Frühjahr 1935 zugunsten seiner Großloge, jener von Preußen, zu intervenieren suchte. Schachts Logenzugehörigkeit wurde, obwohl er etwa dem freimaurerischen Bluntschliausschuß für den Völkerbund angehörte, im übrigen von den Nationalsozialisten ignoriert, was als „Beweis für die untergeordnete Bedeutung, welche die Parteiführung dem Märchen einer internationalen Freimaurerverschwörung beimaß"[209], genommen werden kann. Bei einer Intervention Schachts zugunsten seiner Brüder machte Hitler deutlich, daß er „im Interesse des Totalitätsanspruches der Bewegung auf einer Auflösung" bestehen müsse, wenn auch gerade der Großen Loge von Preußen nichts vorzuwerfen wäre.[210]

Allerdings wirkte sich das spezielle deutsche Klima in der Artikulation der Verschwörungsthese aus. „Auf diese Weise wurden die antimaurerischen Tendenzen in Deutschland stärker als anderswo ideologisiert, mystifiziert und mit phantasievollen Legenden umwoben. ... Namentlich die enge ideologische Verbindung zwischen Judentum und Freimaurerei war spezifisch für Völkische Bewegung und Nationalsozialismus und wurde in dieser Form von keinem der rechtsdiktatorischen Regime übernommen, die gleichermaßen gegen die Freimaurerei vorgingen. Doch auch auf diesem Gebiet erwies sich der deutsche Rechtsradikalismus als unfähig zu eigenständiger schöpferischer Leistung, stützte er sich doch in seiner Hauptthese, der Fiktion einer jüdisch-freimaurerischen Weltverschwörung, auf ausländische, überwiegend französische Quellen."[211] Als Belege für die internationale Verschwörung zog die nationale Propaganda Institutionen wie den Völkerbund, in extremen Fällen sogar das Rote Kreuz, die Pan-Europabewegung oder pazifistische Vereinigungen heran, da diese gegen den Wiederaufstieg des Deutschen Reiches arbeiten würden.[212]

Typisch für derartige Kombinationen ist die Legendenbildung etwa um Gustav Stresemanns Antrittsrede im Völkerbund und die Verwendung der Formel vom Baumeister als göttliche und schützende Instanz.[213]

Die neue Gesprächsbasis zwischen Kirche und Freimaurerei

1938 vermerkte der Sicherheitsdienst der SS[214] die Bestrebungen holländischer Freimaurer, mit der katholischen Hierarchie wegen gemeinsamer Aktionen gegen den Nationalsozialismus ins Gespräch zu kommen; im Frühjahr 1939 wurden diese Beobachtungen konkretisiert und ausgedehnt.[215] „Besonders die französischen und schweizerischen Logenkreise halten ein Zusammengehen der Freimaurer mit dem politischen Katholizismus des Vatikans für unbedingt geboten." Die Sammlung aller antinationalsozialistischen Kräfte wäre gerade von diesen Gruppen schon des längeren auch auf politischer Ebene gefordert und forciert worden. In diesem Sinne interpretierte man nun auch den Nachruf auf Pius XI., der in einer Freimaurerzeitschrift publiziert worden war. „Die Freimaurerei und die katholische Kirche haben sich oft und leidenschaftlich bekämpft. War das wohl immer nötig und nützlich? Unter dem Pontifikat Pius' XI. ist ein starkes Abklingen des Geistes der Kulturkampfzeit eingetreten. Und darum senken wir heute in Ehrfurcht den Degen am Sarge des Papstes, dessen vornehmste Tugend seine große Menschenliebe war." In diesem Konnex deutete der Sicherheitsbericht die Kontakte zwischen katholischer Kirche und Freimaurerei seit 1928 als Folge der Aachener Kontakte, wobei bereits 1928 seitens einer katholischen Zeitschrift „eine Annäherung wegen des gemeinsamen Feindes" betont worden war.[216]

In Aachen trafen 1928 unter Betonung der privaten Basis der Gespräche der Freimaurerspezialist der katholischen Kirche, Hermann Gruber SJ, die österreichischen Freimaurer Eugen Lennhoff und Kurt Reichl sowie der New Yorker Freimaurer Ossian Lang zusammen.[217] Gruber, der zu den besten katholischen Kennern der Freimaurerei gezählt wurde, war seit dem Taxil-Schwindel sichtlich um eine Hebung des Niveaus in den Auseinandersetzungen mit der Freimaurerei bemüht. Ihm ging es schließlich auch bei der Zusammenkunft in Aachen um die Ausschaltung „unsachlicher, verleumderischer und persönlich

Kaiser Friedrich III. (1831–1888) setzte sich massiv für eine Einigung der deutschen Freimaurer ein, doch blieb ihm in diesem Bereich, ähnlich wie in seinen Vorstellungen über eine wissenschaftliche Freimaurergeschichtsschreibung als Basis für eine vernünftige Öffentlichkeitsarbeit, der durchschlagende Erfolg versagt.

verletzender oder auch läppischer Kampfmittel", wobei er aber von der grundsätzlichen Notwendigkeit einer Auseinandersetzung überzeugt war, da Kirche und Freimaurerei „in diametralem Widerstreit" stünden. Vorangegangen war ein 1926 von Gruber publizierter Artikel, in dem er die Freimaurerei als „antisupranaturalistische, praktisch adogmatische und antidogmatische" Vereinigung umschrieb, die durch ein naturalistisch-humanitäres Fundamentalprinzip und einer deistischen Grundidee geprägt würde. Damit ließ Gruber den traditionellen Vorwurf des Atheismus fallen, der gegenüber der regulären Freimaurerei, wie ihn die Großloge von England als traditionelle Gralshüterin vertritt, unmöglich erhoben werden kann; dies geht auch deutlich aus den 1929 formulierten *Basic Principles* der *Grand Lodge of England* hervor und markiert gleichzeitig den fundamentalen Gegensatz zur „irregulären" Freimaurerei, vertreten etwa durch den Großorient Frankreichs.[218]

Gleichsam unter diesen Voraussetzungen – die ja bereits vor der 1929 erfolgten Formulierung praktiziert worden waren – und unter Loslösung von politischen Diskussionen führte Gruber ein fruchtbares Gespräch, in das seitens der Freimaurer der Wiener Journalist Kurt Reichl eingetreten war.[219]

Dieser, Mitglied der Loge *Zukunft*, war zunächst einer der profiliertesten Vertreter der vorsichtig beginnenden freimaurerisch-katholischen Dialoge, ehe er 1933 angesichts der sich wandelnden politischen Situation in Österreich sich als überzeugter Katholik deklarierte und seine Vergangenheit als Maurer des 33. Grades hinter sich ließ, um als betont katholischer Freimaurerspezialist vorerst im Ständestaat zu dienen. Seine für die österreichische Freimaurerei atypische Karriere schloß er nach weiterer Veränderung der Zeitläufte beim Sicherheitsdienst der SS ab.

Aus den Namen der weiteren Gesprächspartner Grubers – mit Lang und Lennhoff waren prominente Freimaurergeschichtsschreiber vertreten – läßt sich erkennen, welche Bedeutung man auch seitens der Maurer diesen Gesprächen beimaß. Aus der Sicht Ludendorffs aber war das Zusammentreffen Grubers mit Vertretern der Freimaurerei ein Beweis mehr für seine These von der freimaurerisch-jesuitischen Konspiration gegen Deutschland.[220] Die Vernichtung des Deutschen Reiches durch die Jesuiten in „inniger Zusammenarbeit … mit dem jüdischen Volk, den Großlogen und freimaurerischen ‚Arbeiter'-Internationalen" zu beweisen, war ja ein wesentlicher Antrieb der Ludendorffschen Verschwörungstheorie und fand ihren Niederschlag auch in den nationalsozialistischen Maßnahmen gegenüber Freimaurern und Jesuiten.[221]

Zu einem derartigen Gedankenaustausch im Stile der Aachener Begegnungen kam es auch in Frankreich zwischen dem Hochgradmaurer Albert Lantoine und dem Jesuiten und Freimaurerfachmann Joseph Berteloot, wobei sich deren Kontakte von 1934 bis 1950 erstreckten.[222]

Derartige Begegnungen machen deutlich, daß bereits in der Zwischenkriegszeit im krassen Gegensatz zu den umgehenden Verschwörungstheoretikern unterschiedlichster Provenienz eine Diskussionsbasis gefunden werden konnte.

Unmittelbar aus dem gemeinsamen Erleben der nationalsozialistischen Terrorherrschaft heraus kam es ganz im Klima des antinationalsozialistischen Grundkonsenses zu einer ersten persönlichen Begegnung zwischen Bernhard Scheichelbauer, dem prominenten zweiten Nachkriegsgroßmeister Österreichs (1948–1959), und Prälat Jakob Fried.[223] Beide unterhielten über die ganze Zeit der nationalsozialistischen Herrschaft Kontakt und arbeiteten immer wieder eng zusammen. Unter ausdrücklichem Hinweis auf diese Phase des Widerstands erwähnt Bernhard Scheichelbauer auch die erste Zusammenkunft mit Kardinal Innitzer und die vorangehende Mittlerrolle Frieds im August 1948. Am Montag, dem 10. August 1948, führten Innitzer und der kurz vorher zum Großmeister der Großloge von Österreich gewählte Scheichelbauer jenes Gespräch in Bad Hofgastein, dessen Inhalt durch die Publikation des Gedächtnisprotokolls Scheichelbauers bekannt ist.[224]

„Großmeister: ‚Es führen mich zweierlei Dinge zu Eurer Eminenz: Einmal die vernunftgemäße Überlegung und zum zweiten die Verantwortung, die ich in meinem Amte zu tragen

Drei Säulen
Der Suchende (Torso) steht an den Stufen des Tempels und sieht die drei kleinen Lichter der Freimaurerei, die drei Säulen, die den Tempel tragen. Er steht am Beginn der Reisen.

Wanderer unter Sternen
Der Geselle – im Gegensatz zum Suchenden hat er das Torsohafte überwunden – geht auf das Zentrum des Tempels unter dem Flammenden Stern zu. Er strebt die Meisterschaft an, die durch profane Verlockungen noch gefährdet ist (Tiergottheiten).

Lerne Weisheit
Die drei großen Lichter der Freimaurerei (Heiliges Buch, Zirkel, Winkelmaß) und die drei kleinen Lichter werden vom Totenkopf überragt; gleichsam im Inneren des Tempels angelangt, überwindet der Meister in der Erhebung die Angst vor dem Tod, um sein Leben von nun an bewußt zu gestalten.

habe. Die Überlegung sagt mir, daß es nach den Erfahrungen der verflossenen Jahre und in der gegenwärtigen geistig-seelischen Situation des europäischen Menschen ein Unding ist, wenn Bewegungen, die auf hoher ethischer Grundlage stehen, ihre Kräfte in Auseinandersetzungen unter sich verzetteln, statt sie gegen den gemeinsamen Feind zu wenden. Meine Verantwortlichkeit fühle ich auch dadurch belastet, daß mir Brüder, die gute Katholiken sind, zu verstehen geben, sie wären unverhältnismäßig hart dadurch getroffen, daß ihnen wegen ihrer Zugehörigkeit die Sakramente verweigert würden. Ich erlaube mir daher, Eure Eminenz zu fragen, ob sich nicht eine Formel finden ließe, die zu einer Entgiftung der Atmosphäre führen könnte.'

Kardinal: ‚Ich danke Ihnen, daß Sie zu mir gekommen sind. Die angeschnittenen Fragen interessieren mich sehr. Es wird aber nicht so einfach sein, zu einer Formel zu kommen. Ich kann nur für die österreichische Kirchenprovinz sprechen. Die Haltung der Kirche gegenüber der Freimaurerei wird aber von Rom aus bestimmt, und man müßte erst dort vorfühlen, inwieweit Rom zu einer Änderung des Standpunktes bereit ist. Ich begrüße aber aufrichtig Ihre Anregung, denn auch ich bin der Meinung, daß alle ethischen Kräfte zusammenwirken sollen. Die Schwierigkeit ist halt, daß die Freimaurerei ein Geheimbund ist.'"

In der Folge beantwortete Scheichelbauer verschiedene Fragen des Kardinals über das Wesen der Freimaurerei und deren Verhältnis zur Umwelt.

„Kardinal: ‚Die Kirche wird nur ihre Rechte verteidigen, etwas mit Gewalt aufzwingen wird sie nicht mehr. Sie hat sich überhaupt von jeder Parteipolitik zurückgezogen. Deswegen ärgere ich mich immer über gewisse Bestrebungen der ÖVP, die darauf hinauslaufen, die zu rein religiösen Belehrungszwecken geschaffene Pfarrjugend parteimäßig einzuspannen. Haben Sie übrigens eine konkrete Beschwerde über ein Vorgehen der Kirche gegen die Freimaurerei?'

Großmeister: ‚Im allgemeinen derzeit nicht. Ich habe auch den Eindruck, daß unsere Sache beim hohen Klerus eher Ver-

Richard Graf Coudenhove-Calergi (1894–1972) wurde 1922 in Wien Freimaurer.

ständnis findet, als bei den dii minores und gewissen katholischen Laienkreisen, z.B. beim CV.' – Einwurf des Kardinals: ‚Genießt auch nicht meine ganze Liebe.' – ‚Beklagenswert ist natürlich die Behandlung der Katholiken hinsichtlich der kirchlichen Heilsmittel.'

Kardinal: ‚Es kann schon vorkommen, daß einmal einer in einer alten Scharteke eine Schauergeschichte über die Freimaurerei liest und sie dann verwertet. Wegen der Sakramente liegt die Sache so, daß Rom entscheiden muß. Ich möchte also antworten: lassen wir es vorläufig bei dem Ruhezustand zwischen Kirche und Freimaurerei. Warten wir einen günstigen Augenblick ab, in dem man mit Rom sprechen kann. Es scheinen die Freimaurer nicht überall die gleichen Methoden zu befolgen. In Italien sind sie halt sehr aggressiv, und das wirkt sich unmittelbar auf den Vatikan aus. Ich bin aber unbedingt Ihrer Meinung, daß uns der Humanismus, das Menschliche, zusammenführen müßte.'" Abschließend unterstreicht der Kardinal seinen Standpunkt: „Also geben Sie sich vorläufig mit dem herrschenden Ruhezustand zufrieden. Vielleicht finden wir einmal eine Formel, die sich als ‚akirchlich', aber nicht ‚antikirchlich' bezeichnet."

Dieser vom Kardinal angesprochene „Ruhezustand zwischen Kirche und Freimaurerei" wurde zu Beginn der fünfziger Jahre durchbrochen, als sich zwei katholische Freimaurer mit Wissen des Großmeisters um eine Klärung der kirchlichen Haltung bemühten, wobei sie über Vermittlung von Carl Holböck in Kontakt zur Nuntiatur traten, aber auch Innitzer und sein Generalvikar, Jakob Weinbacher, eingeschaltet wurden. Seitens der Nuntiatur führte Bruno Haim die Gespräche, deren Ergebnis, eine von den beiden Freimaurern unterzeichnete Eingabe, an den Heiligen Stuhl vom damaligen Nuntius Dellepiane weitergeleitet werden sollte. Eine direkte Antwort erfolgte nicht, wohl aber – in der Darstellung von Kuéss und Scheichelbauer entsteht der Eindruck einer klassischen Parallelaktion – wurde das 1952 publizierte Buch Scheichelbauers über die Johannisfreimaurerei am 17. Januar 1953 vom Heiligen Offizium auf den Index gesetzt.[225] Die Kontakte in Österreich rissen aber dennoch nicht ab und dürften über den formellen Austausch von Grußadressen zu festlichen Anlässen hinausgegangen sein. Nur so sind die Worte des deutschen Freimaurers Theodor Vogel zu verstehen, der in seinen Erinnerungen an Scheichelbauer die gemeinsamen „Spaziergänge in Schönbrunn mit dem Kirchenfürsten ... in den späten vierziger, den langen fünfziger Jahren" erwähnt.[226]

Das II. Vatikanum

In der Aufbruchstimmung der frühen sechziger Jahre mehrten sich die Kontakte zwischen Vertretern der katholischen Kirche und Freimaurern unterschiedlichster Herkunft. Esposito[227] erwähnt in diesem Konnex die Begegnung zwischen den Parisern Michel Riquet SJ und dem katholischen Juristen Alec Mellor mit dem *Grand Orient*, wobei der Jesuit über eine ausdrückliche Erlaubnis der Hierarchie verfügte, während Alec Mellor 1961 sein Buch über die Freimaurerei mit dem Titel *Unsere getrennten Brüder* versah und mit bischöflichem Imprimatur versehen publizierte. Dies gilt auch in ähnlicher Weise für die Kontakte zwischen dem amerikanischen Hochschulseelsorger John A. O'Brien, der seit 1961 im Kontakt zu Freimaurern des schottischen Ritus stand; aus diesen Treffen heraus begannen 1963 offizielle Gespräche auf Bischofsebene. In Holland kam es zu ähnlichen Begegnungen. In diesem Kontext muß auch die Erklärung der Vereinigten Großlogen von Deutschland vom 29. September 1962 gesehen werden, „Streitgesprächen über Religion und Politik" in den Logen keinen Raum zu geben, da mit der ausdrücklichen Wiederholung des orthodoxen freimaurerischen Standpunktes im Sinne der alten Pflichten ein Signal gesetzt wurde.[228]

Mit den Äußerungen zu Humanität, Toleranz, Gewissens- und Religionsfreiheit, zur Trennung von Kirche und Staat schuf die katholische Kirche mit dem deklarierten Bekenntnis zu einer Zusammenarbeit mit allen Gruppierungen, ob Andersgläubigen oder Atheisten, im Dienste der Menschheit eine

Die Gespräche mit den Vertretern der österreichischen, deutschen und schweizerischen Freimaurern führte Franz Kardinal König im Auftrag der römischen Kurie.

Basis für Gespräche auch mit den Freimaurern.[229] Die Freimaurer selbst – bzw. einzelne Gruppierungen – wandten sich direkt an den Papst bzw. an das Konzil. So richtete der *Grand Orient* von Haiti am 26. Mai 1962 einen „bewegenden" Brief[230] an den Papst, der seitens freimaurerischer Kreise aber auch als „Bittschrift"[231] kritisiert wurde, in dem er die Hoffnung aussprach, daß die Exkommunikation durch das Konzil fallen könnte; gleichzeitig unterstrich der Brief das positive Verhältnis der Freimaurer dieser Region zum katholischen Glauben. 1965 wandte sich auch der österreichische Großmeister, Carl Helmke, mit einer „Bittschrift" an den Erzbischof von Wien, Franz Kardinal König. Ebenso wie beim oben erwähnten Brief kritisierten verschiedene Maurer diese Vorgangsweise, da sie die Ansicht vertraten, daß der Brief „eine unverständliche, unrichtige Form der Annäherung an die Kirche" darstellte. „Weil es ausschließlich Sache der katholischen Kirche jener Institution, dessen Hauptgebot die Nächstenliebe ist – gewesen wäre, ihre Fehleinschätzungen, ihre Fehlhaltungen, ja die fast 250 Jahre währende Bekämpfung und Diffamierung der Freimaurer von sich aus aufzugeben."[232] Das freimaurerische Selbstverständnis basiert auf den in den Alten Pflichten festgelegten Grundsätzen, die in ihrer idealen Interpretation Brüderlichkeit, Humanität und Toleranz vollziehen und ein grundsätzliches Bekenntnis zu einem religiösen Weltverständnis beinhalten. Diese Position nahm etwa auch der philippinische Großmeister 1964 in einer maurerischen Publikation ein, betonte aber gleichzeitig die Notwendigkeit des „ersten Schritts" durch die Brüder.[233] Außerdem steht diese „Gesprächshaltung" innerhalb der maurerischen historischen Tradition, die seit der ersten Verurteilung der Bruderschaft durch die päpstliche Bulle *In eminenti* 1738 die von der Kirche erhobenen Vorwürfe konsequent zurückweist und sie stets mit den Grundsätzen der Alten Pflichten kontrastiert.

In diesem Sinne war aber lediglich der mexikanische Bischof Sergio Mendez Arceo beim Konzil aktiv, indem er mehrmals als einziger Konzilsvater eine Änderung der kirchlichen Haltung gegenüber den Freimaurern offen aussprach;

der Bischof von Cuernavaca tat dies erstmals im Dezember 1962, wobei er die Verpflichtung der Kirche betonte, „den Weg" zu „suchen" und gleichzeitig an den guten Willen beider Betroffener appellierte. Er wiederholte seinen Standpunkt im November 1963 während der Debatte über die Ökumene und 1964. Im gleichen Zeitraum wies ein katholischer Freimaurerexperte in einem Brief an Papst Paul VI. auf die notwendige differenzierte Beurteilung der Freimaurerei hin und vertrat dabei die Meinung, daß man der *United Grand Lodge of England*, den *Vereinigten Großlogen von Deutschland* und der *Grande Loge Nationale Française* gleichsam eine kirchliche Akzeptanz zusprechen könnte, da sie unmöglich unter den Bestimmungen des Canon 2335 des Codex von 1917 zu subsumieren wären. Für die praktische Durchführung einer derartig differenzierten Anerkennungsdiskussion schlug er die Befassung der Ortsordinarien, der Diözesanbischöfe mit diesem Fragenkreis vor, die für ihren Bereich zu entscheiden hätten, ob die jeweils regionale Freimaurerei kirchlich bedenklich oder unbedenklich wäre.

Gleichsam auf dieser Ebene agierte die skandinavische Bischofskonferenz im Oktober 1966, die für ihren Bereich die Mitgliedschaft von Katholiken in Logen für unbedenklich erklärte.[234] In der Folge erhielten Katholiken auch in anderen Ländern – z.B. Alec Mellor in Frankreich, aber auch in Deutschland – die Zustimmung für einen Beitritt in Logen, die der traditionellen Freimaurerei im Sinne der Großloge von England zuzuordnen waren. Gleichzeitig verstärkten sich die offiziösen Kontakte und Gesprächsrunden zwischen katholischer Kirche und Freimaurerei, wobei es sowohl in Italien und Frankreich, als auch in der Schweiz, Österreich und Deutschland zu derartigen Diskussionsrunden kam.

Die inoffizielle Kontaktaufnahme zwischen Kardinal König und dem Vertreter der österreichischen Freimaurer, Kurt Baresch, erfolgte am 23. März 1968 und wurde durch den Rundbrief des Präfekten der Kongregation für die Glaubenslehre, Franjo Kardinal Šeper, vom 26. Februar 1968 ausgelöst, in dem die Vorsitzenden der Bischofskonferenzen aufgefordert wurden, „mit Hilfe der wissenschaftlichen Kommission der Bischofskonferenz sowie anderer Fachmänner" zu Fragen der Freimaurerei Stellung zu beziehen.[235] Dieser erste Kontakt führte zu einer Fortsetzung der Gespräche, die im Dezember 1968 zu einer Arbeitssitzung in Innsbruck mit Vertretern der österreichischen, deutschen und schweizerischen Freimaurerei gediehen, wobei als Vertrauensmann von Kardinal König Prälat Johannes B. d. Toth teilnahm. Damit verließ man die regionale Begrenzung und richtete durch die Fixierung weiterer Gesprächsrunden in Deutschland und in der Schweiz eine inoffizielle Dialogkommission zwischen der Freimaurerei und der katholischen Kirche ein. Dieser Dialog, der durch die Erweiterung des Kreises kirchlicher Fachleute intensiviert wurde, fand mit Genehmigung von Kardinal Šeper statt, nachdem Kardinal König sich als Vorsitzender des Sekretariates für die Nichtglaubenden für die Führung derartiger Gespräche an sich als inkompetent erklärt hatte. Diese Klarstellung dürfte auch den Bedenken der Freimaurer entgegengekommen sein, die als Vertreter der regulären Maurerei im Sinne der Alten Pflichten weder „stupid Atheist(s)" noch „irreligious Libertine(s)" sein konnten und sich daher einer automatischen Zuordnung in den Geschäftsbereich des dritten Sekretariates aus grundsätzlichen Überlegungen heraus widersetzen mußten.

Ohne hier auf die Details dieser Gesprächsrunden einzugehen, die kirchlicherseits um die Professoren Herbert Vorgrimler, Josef Wodka und Engelbert Schwarzbauer erweitert wurden, fällt es auf, daß von Beginn an der deutsche Vertreter Theodor Vogel und mit diesem herzlich verbunden Johannes de Toth, der zwar wie Kardinal Innitzer Hofgastein, nicht jedoch dessen Rat zur Ruhe liebte, Vereinbarungen zu forcieren suchten.

Derartige Gespräche sind auch für Italien dokumentiert, wobei der *Grand Oriente d'Italia* die gleiche Position wie die deutschsprachigen Freimaurer gegenüber den Vertretern des Sekretariates für die Nichtglaubenden vertritt:

1. „Wir haben niemals irgendwelche Beschlüsse gegenüber der Kirche in Rom oder gegenüber unseren Brüdern, die Katho-

liken sind oder sein wollen, gefaßt, und daher brauchen wir keinerlei Initiative zu ergreifen." An anderer Stelle hält der italienische Großmeister fest:

2. „Um genau zu sein, habe ich keinen Dialog gesucht, doch habe ich mich gefreut, die neue Haltung (...) zur Kenntnis nehmen zu können."

Diese nach wie vor unter großer Diskretion geführten Gespräche, die in einem zunehmenden Ausmaß nun von der Diskussion über die Regelung der Freimaurerfrage im neuen, zu erarbeitenden Kirchenrecht begleitet wurden, erhielten zu Beginn der siebziger Jahre auch die diskrete Sanktion der *United Grande Lodge of England*, was wohl eine wichtige Voraussetzung für die im Juli 1970 abgeschlossene Lichtenauer-Erklärung darstellt. Kirchlicherseits dürfte die überraschend wohlwollende Aufnahme der Fragen im Rundbrief Kardinal Šepers vom Februar 1968 den Weg zu dieser Erklärung geebnet haben, da lediglich aus dem von Franco regierten Spanien eine massive Absage der Bischofskonferenz über jede Form der Änderung kam. Baresch faßt die Ergebnisse zusammen:

„1. Den Dialog klug, vorsichtig zu führen und zu fördern,

2. auf eine teilweise oder totale Abschaffung der Exkommunizierung im neuen Codex hinzuarbeiten,

3. entsprechende Anweisungen – mit einem Mindestmaß an Einheitlichkeit – an die Episkopatskonferenzen durch das Heilige Offizium, jetzt Glaubenskongregation, zu geben,

4. bezüglich der Gefahr des angenommenen freimaurerischen Deismus und Indifferentismus und der besonders in Frankreich und Italien immer wieder auftretenden, oft massiven freimaurerischen Reaktionen auf die ‚klerikalen Intoleranzen' Vorsicht walten zu lassen,

5. diese Frage unter Umständen an die Bischofskonferenzen zu delegieren.

In der Kurie war man im Hinblick auf die Freimaurerei zwischenzeitlich schon sehr weit gekommen. Überwiegend hatten die Kardinäle und Bischöfe zur Freimaurerei eine andere, eine neue, objektivere und positivere Einstellung erarbeitet und gefunden."

Am 4. und 5. Juli 1970 traf die gemischte Kommission zu einer umfassenden Beratung auf Schloß Lichtenau in Oberösterreich zusammen, wobei seitens der katholischen Kirche de Toth, Schwarzbauer und Vorgrimler ständig anwesend waren, während die deutschen Freimaurer durch Vogel, Rolf Appel, Ernst Walter und Karl Hoede, die Schweizer durch Alfred Rösli und Franco Fumagalli, die Österreichs durch Baresch, den Innsbrucker Universitätsprofessor Ferdinand Cap und den Hausherrn Rüdiger Vonwiller vertreten waren. Nach umfangreicher Diskussion gelang es der Kommission, ein von allen Teilnehmern akzeptiertes Papier zu erarbeiten, das am Sonntag, dem 5. Juli, dem erst an diesem Tage angereisten Kardinal König präsentiert werden konnte, wobei aber größte Vertraulichkeit vereinbart wurde und der Kardinal bei der Entgegennahme ausdrücklich dazu riet, vorläufig alles zu unterlassen, was eine unangemessene „Publizität", ein „Vielerlei der Initiativen", ein Abweichen von „einem Kanal" mit sich bringen könnte; er „empfehle langsame kleine Schritte". Zu diesen langsamen kleinen Schritten zählte der Kardinal sichtlich die exakte Absprache mit Kardinal Šeper, die Einsetzung einer Historikerkommission zur Klärung der gemeinsamen Geschichte, die Schaffung eines korrekten Klimas innerhalb der kirchlichen Hierarchie und eine in die Diskussion um das neue Kirchenrecht organisch eingebaute Beseitigung der alten Freimaurercanones aus dem kirchlichen Gesetzbuch.

Gleichsam als Basis des freimaurerischen Selbstverständnisses, aber auch als Grundlage für das weitere Vorgehen interpretierte der Kardinal den Text der Lichtenauer Erklärung zum Dialog zwischen der katholischen Kirche und der Freimaurerei. „In Ehrfurcht vor dem Großen Baumeister des Universums erklären wir: Die Freimaurer haben keine gemeinsame Gottesvorstellung. Denn die Freimaurerei ist keine Religion und lehrt keine Religion. Freimaurerei verlangt dogmenlos eine ethische Lebenshaltung und erzieht dazu durch Symbole und Rituale. Die Freimaurer arbeiten brüderlich gebunden in ihren selbständigen Bauhütten (Logen) unter souveränen Großlogen im

Glauben an die Bruderkette, die die Erde umspannt. Die Freimaurer huldigen dem Grundsatz der Gewissens-, Glaubens- und Geistesfreiheit und verwerfen jeden Zwang, der diese Freiheit bedroht. Sie achten jedes aufrichtige Bekenntnis und jede ehrliche Überzeugung. Sie verwerfen jegliche Diskriminierung Andersdenkender. Die Gesetze der Großlogen der Welt untersagen den Logen die Einmischung in politische und konfessionelle Streitfragen.

I. Im 12. und 13. Jahrhundert stehen die Prediger der Kirche vor der fatalen Notwendigkeit, sich mit den verschiedenen Sekten und religiösen Bewegungen kämpferisch auseinanderzusetzen. Die Rechtgläubigkeit gewinnt entscheidende Bedeutung. Bald aber kommt es zu der mißlichen Entwicklung, daß nicht selten innerkirchliche Reformgruppen mit außerkirchlichen in einen Topf geworfen und darin verbrannt werden. Das konfessionelle Zeitalter bestärkt dann den alten Hang neu, sehr verschiedenartige Gruppen von Menschen mit einem Schimpfnamen aburteilbar zu machen. Diese Praxis wird bis ins frühe 20. Jahrhundert beibehalten. Sie trifft auch die Mitglieder des Freimaurerbundes, wie früher die Juden getroffen worden sind und wie – leichtfertig, aber folgerichtig – die Parallele mit dem Wort von der Freimaurerei als der Synagoge des Satans gezogen werden kann. Damit hat – ohne es zu wollen – auch die römisch-katholische Kirche dem Nationalsozialismus und dem Faschismus Parolen für die Freimaurerverfolgung geliefert. Seit der Zeit ist im deutschsprachigen Raum Antifreimaurerei eine böse Gewohnheit jener Intellektuellen geworden, die versuchen, Schicksalsschläge für ein Land als Schuld der Freimaurer hinzustellen, um sich selbst davon freisprechen zu können. So wird eine Psychose erzeugt, die etwa der antiklerikalen oder der antisemitischen entspricht.

II. Wir bekennen, daß auch auf seiten der Freimaurer Fehler gemacht worden sind. Die Schuld einzelner oder von Gruppen darf aber nicht der Gesamtheit angelastet werden. Darum erwarten wir, daß die Vorurteile vergangener Jahrhunderte und deren teils schreckliche Auswirkungen nur noch der Historie angehören.

III. Konventionalität und Vorurteil gehen Hand in Hand, und keine Konventionalität ist hartnäckiger als die religiöse. Die Folge davon ist, daß die Kluft zwischen dem konventionellen Christentum und der unheimlich schnell sich wandelnden menschlichen Gesellschaft, damit auch der Freimaurer, unmerklich, aber stetig tiefer und bedenklicher wird. Das deutlich erkannt zu haben, ist eines der großen Verdienste des II. Vatikanischen Konzils, bedauerlicherweise ohne daß aus dieser Erkenntnis Folgerungen bezüglich der Freimaurerei gezogen worden sind.

IV. Der heutige Mensch erfährt seine Situation als Zerrissenheit, als Selbstzerstörung und Sinnlosigkeit. Aus dieser Erfahrung erhebt sich die Frage nach einer Wirklichkeit, in der die Selbstentfremdung seiner Existenz überwunden wird, also nach einer Wirklichkeit der Toleranz, der Versöhnung und der neuen Hoffnung. Die Krise, in der sich die menschliche Gesellschaft heute befindet, trägt einen radikalen Charakter: sie erfaßt alles. Die Menschheit, die aus dieser Krise hervorgehen wird, wird darum eine neue und andere Menschheit sein, die an der Gottesfrage nicht vorbeigehen kann. Das gilt ebenso für die Freimaurerei, auch wenn sie keine Religion ist. Dennoch fordert sie das sittliche Verantwortungsbewußtsein, das sie von ihren Mitgliedern verlangt, in Ehrfurcht vor dem Großen Baumeister des Universums.

V. Was die großen Religionen immer mehr miteinander verbindet, ist die zunehmende, weltweite Bedrohung ihrer Existenz durch Verneinung der Menschenwürde und der Menschenrechte und durch pseudoreligiöse Ideologien. Die Begegnungen des Papstes Paul VI. mit den Oberhäuptern anderer Religionen sind dafür Beweis. Auch die Freimaurerei steht in dieser Kirche und weiß sich darum allen Kräften verbunden, die aus Überzeugung kämpfen gegen Vorurteile, Zwang, Unterdrückung und Programme, die Wahrheit vortäuschen.

VI. Wir wissen um die alten Gegensätze, die lange genug zur Verurteilung der Freimaurer geführt haben. Es hat keinen Sinn, diese Gegensätze am Leben zu erhalten. Daher haben wir die Aufnahme eines Dialogs aufrichtig begrüßt, der bei allen bestehenden Unterschieden die Kräfte der Übereinstimmung lebendig gemacht hat. Wir haben das Ja zum Menschen als Basis des Dialogs wohl verstanden.

VII. In dem Dokument über den Dialog mit den Nichtglaubenden heißt es: ‚Die Verschiedenheit in sich geschlossener Systeme ist dann kein Hindernis für den Dialog, wenn in einem bestimmten System Wahrheiten und Werte entdeckt werden; das aber sei auch bei der größten Meinungsverschiedenheit möglich. Auch dann, wenn die Partner einen verschiedenen Begriff der Wahrheit haben und in den Prinzipien der Vernunft nicht übereinstimmen, könne man versuchen, zu einer Übereinkunft zu gelangen.' Wieviel mehr als bei den Nichtglaubenden ist aber Ursache zu einem Gespräch und Hoffnung auf ein gutes Ende bei denen, die sich im Jahre 1723 die noch heute gültige, zeitlose Grundlage der Alten Pflichten gegeben haben: ‚Der Maurer ist als Maurer verpflichtet, dem Sittengesetz zu gehorchen, und wenn er die Kunst recht versteht, wird er weder ein engstirniger Gottesleugner noch ein bindungsloser Freigeist sein. In alten Zeiten waren die Maurer in jedem Land zwar verpflichtet, der Religion anzugehören, die in ihrem Lande oder Volke galt; heute jedoch hält man es für ratsamer, sie nur zu der Religion zu verpflichten, in der alle Menschen übereinstimmen, und jedem seine Überzeugung selbst zu überlassen. Sie sollen also gute und redliche Männer sein, von Ehre und Anstand, ohne Rücksicht auf ihr Bekenntnis oder darauf, welche Überzeugungen sie sonst vertreten mögen. So wird die Freimaurerei zu einer Stätte der Einigung und zu einem Mittel, wahre Freundschaft unter Menschen zu stiften, die einander sonst ständig fremd geblieben wären.'

VIII. Es ist für die von der katholischen Kirche ‚getrennten Brüder' – die Freimaurer – daher unbegreiflich, daß die Gesetze der Kirche sie verurteilen, während die Gesetze der Großlogen jedem Katholiken gestatten, Mitglied einer Freimaurerloge zu werden, ohne daß seinem Glauben und seinem Bekenntnis ein Schaden oder ein Schimpf geschieht und geschehen darf.

IX. Wir sind der Auffassung, daß die päpstlichen Bullen, die sich mit der Freimaurerei befassen, nur noch eine geschichtliche Bedeutung haben und nicht mehr in unserer Zeit stehen. Wir meinen dies auch von den Verurteilungen des Kirchenrechtes, weil sie sich nach dem Vorhergesagten gegenüber der Freimaurerei einfach nicht rechtfertigen lassen von einer Kirche, die nach Gottes Gebot lehrt, den Bruder zu lieben. Lichtenau, den 5. Juli 1970."

Ende November 1970 konnte Kardinal König seinen Gesprächspartnern die positive Aufnahme der Lichtenauer Erklärung durch die Mitglieder der Glaubenskongregation mitteilen. Dabei betonte König ausdrücklich die noch offene Frage, wie die Korrektur der bisherigen Haltung der Kirche gegenüber der Freimaurerei durchgeführt werden soll, wobei innerhalb der Kongregation eine Mehrheit für einen eigenen, selbständig gesetzten Akt in welcher Form auch immer eintrat, während eine kleine Gruppe als Modus die Fertigstellung des Gesetzbuches abwarten wollte. Die eigentliche Initiative lag nun bei Kardinal Šeper, dem Vorsitzenden der Kongregation, da ihm auch jene Mitglieder, die für einen eigenen Akt eintraten, die Form der Durchführung desselben ausdrücklich überlassen hatten. Baresch betont, daß er seitens des Wiener Erzbischofes am Karsamstag 1971 in diesem Sinne erneut informiert wurde, wobei man „sich damals in Rom bewußt war, daß nunmehr von der zentralen Kirchenführung die Initiative ausgehen müsse, Papst Paul VI. und Kardinal Šeper nur noch nicht schlüssig waren, in welcher Weise die damals schon feststehende Korrektur der kirchlichen Haltung" erfolgen könnte. Trotz verschiedener Veröffentlichungen, die eine Änderung des Verhältnisses ankündigten, scheint in dieser Phase der Entschluß gefaßt worden zu sein, die Korrektur im Rahmen der Neukodifikation durchzuführen, da dies einen aufsehenerregenden Einzelakt überflüssig machte.

In diesem Sinne informierte Kardinal König unter Bezugnahme auf Gespräche innerhalb der Glaubenskongregation im November 1971 und im Hinblick auf die Neugestaltung des Codex seine Gesprächspartner. Unangenehm berührt von zu-

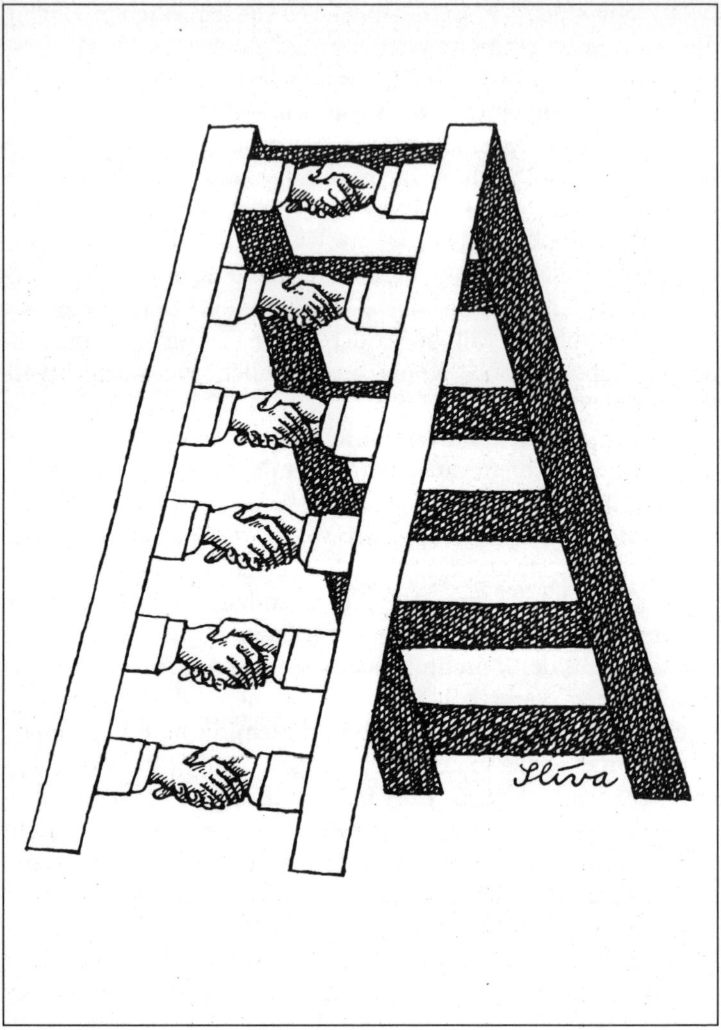

Die Bruderkette.

Das Halszeichen.

nehmenden Indiskretionen, die Baresch den deutschen Freimaurern anlastet, und sichtlich auch indigniert über regionale Kontakte in der Bundesrepublik wiederholte der Wiener Kardinal stets den Wegfall des alten Canon 2335 und die damit automatisch verbundene Exkommunikation der Freimaurer im neuen Codex, wobei er stets die neuen Entwürfe, soweit sie für die freimaurerischen Dialogpartner von Interesse waren, an diese weiterreichte. Diese Haltung behielt Kardinal König bei, als im April 1980 der stets von Baresch und seinen Schweizer Freunden, aber auch vom Wiener Kardinal ablehnend beurteilte regionale Dialog der Vertreter der Vereinigten Großlogen von Deutschland mit der deutschen Bischofskonferenz in dramatischer Form durch die eine „Doppelmitgliedschaft" verneinende Erklärung seitens der kirchlichen Gesprächspartner platzte. Die Haltung Kardinal Königs beruhte auch auf einem Erlaß der Glaubenskongregation vom Juli 1974, in der auf die grundsätzliche Gültigkeit der Freimaurerbestimmungen des Codex von 1917 verwiesen wurde, jedoch in dem Ausmaß eingeschränkt, daß insbesondere der Hauptcanon 2335 „sich nur auf diejenigen Katholiken bezieht, die Vereinigungen beitreten, die wirklich etwas gegen die Kirche ins Werk setzen". Damit wurde deutlich, daß man römischerseits regionale Differenzierungen als gegeben betrachtete und eine differenziertere Behandlung für zulässig erachtete. Derartige Differenzierungen scheinen schließlich auch im Bereich der Bundesrepublik Deutschland getroffen worden zu sein, wobei gerade Theodor Vogels Nachfolger innerhalb der deutschen Freimaurerdelegation in den Gesprächen mit der deutschen Bischofskonferenz zwischen 1972 und 1980, Ludwig Peter Freiherr von Pölnitz, anläßlich seines Begräbnisses im Februar 1982 öffentlich Zeugnis ablegte; mit Erlaubnis der Obrigkeit fand die kirchliche Einsegnung des langjährigen Meisters der Forschungsloge *Quatuor Coronati* statt, wobei sowohl in der Kirche als auch am Grab seine Brüder in maurerischer Kleidung und mit ihren Formen Abschied nahmen.

Charakteristisch für die deutschen Gesprächsrunden war die permanente Auseinandersetzung um theologische Inhalte;

um die kirchliche Anerkennung gewähren zu können, bestanden die Vertreter der deutschen Bischofskonferenz gleichsam auf einer eingehenden Abprüfung des Katechismus. Wie Bischof Stimpfle[236] noch 1986 in der Deutschen Tagespost betonte, verlief diese besondere Art von Katechisation nicht zur Zufriedenheit der kirchlichen Gesprächsteilnehmer. Seitens der deutschen Freimaurer hat man sich dieser Art von Prüfung unverständlicherweise nicht entzogen; denn die Freimaurerei betont zu recht, daß sie keine Religion und kein Religionsersatz ist. So können hier jeweils nur die Antworten für den einzelnen Gesprächspartner, niemals aber für die gesamte Freimaurerei gemacht werden. Typisch für diesen von Stimpfle geprägten Stil ist es, daß sattsam bekannte Theoreme – die Ähnlichkeiten des Mithraskultes als Initiationsritus mit freimaurerischen Initiationen, die Templertheorie und die damit verbundene Auseinandersetzung im Ritual des Ritter Kadosch – erneut herhalten müssen.

Alec Mellor[237] hat in einer umfassenden Analyse diesen Grad und seine Geschichte anhand von zeitlich und räumlich gestreuten Ritualen verdeutlicht. Die Templertradition aufnehmend, forderte eines der ältesten Rituale dieses Grades den Kandidaten auf, dem „ersten ökumenischen Konzil schlüssige Beweise für die Verleumdungen vorzulegen, die durch Bestechung der Zeugen gegen den Templerorden vorgebracht wurden, und diesen in seine Rechte wiedereinsetzen zu lassen".

In einem englischen Ritual des 19. Jahrhunderts wurde der künftige Ritter des 30. Grades, nachdem er das Vaterunser gesprochen hatte und das Miserere auf einer Orgel gespielt worden war, aufgefordert, im Sinne der christlichen Kreuzfahrer das Unrecht an den Templern zu erforschen. Gleichsam in logischer Fortführung dieses Gedankenganges erhielt der 30. Grad schließlich jene Aufforderung, an den Schuldigen – Papst und König, Tiara und Krone – Rache zu nehmen. Verbunden mit der Kirchenkampfsituation des 19. Jahrhunderts führte dies zu radikalisierten Auslegungen auf beiden Seiten. Es wird angenommen, daß „gegen Ende des zweiten Kaiserreiches ... dieser

Grad in Frankreich den Höhepunkt seiner ‚Vergeltungsform' erreicht" habe. Mellor führt Indizien dafür an, daß es in zunehmendem Ausmaß hier zu einer Änderung des Rituals, zu einer deutlichen Artikulation des Sinngehaltes kommt, wobei Krone und Tiara zunehmend als Symbol für falsch ausgeübte weltliche oder geistliche Macht wird. Zweifellos zählt dieses Ritual zu den sonderbarsten Erscheinungen der Hochgradmaurerei, und es hat bereits sehr früh Tendenzen innerhalb der Maurerei gegeben, gegen diesen Grad vorzugehen, Tendenzen die auch heute artikuliert werden bzw. die bereits zu einer Änderung des Rituals geführt haben.[238] Es geht aber keineswegs an, die gesamte Freimaurerei – wie dies Stimpfle tut – am Ritter Kadosch, an der P2 und anderen Extremerscheinungen innerhalb und außerhalb der Freimaurerei zu messen. Es muß nicht nur eine regionale, es muß auch eine graduelle Differenzierung geben. Und die Argumente gegen die Vereinbarkeit von einer Zugehörigkeit eines Katholiken zur Maurerei werden nicht besser, wenn man sich zur Bestätigung der eigenen Ansichten auf einen Manfred Adler oder einen Stephen Knight beruft.[239]

Mit der Publikation des neuen Codex am 25. Januar 1983 schien die Arbeit der Dialoggruppe mit dem Wiener Kardinal zu einem von beiden Seiten erwarteten positiven Abschluß gekommen zu sein. Daneben verursachte das Fehlen der ausdrücklichen Nennung der Freimaurer im neuen Codex ein allgemeines Blätterrauschen, wobei die Bandbreite von seriöser Berichterstattung, begeisterter Aufnahme, emotionsloser Kommentare bis hin zu einem neuen Aufblühen alter Verschwörungstheorien reichte. Gerade letztere, von der volkskundlichen Forschung als ein Refugium von Teufelsglaube und Exorzismus entdeckt, sahen sich in ihrer – von „Dämonen-Bekenntnissen" belegten – Theorie bestätigt, „die Freimaurer" hätten „sich des Vatikans bemächtigt". In einem derartigen Bekenntnis wird die Haltung Papst Pauls VI. mit der charakteristischen Doppelgängermanier – der echte Papst sei eingekerkert, ein Schauspieler mime ihn im Auftrag der unbekannten Oberen – erklärt. Derartige Auslassungen verdienen an sich nicht beachtet zu werden; wenn aber ein spezielles Geisteskind dieser Richtung – Manfred Adler –, das wegen seiner antisemitischen Ausfälle aus dem Schuldienst entfernt wurde als Opfer freimaurerischer Intoleranz in die wissenschaftliche Diskussion eingebracht wird, gehört dies richtiggestellt.[240]

Die „Declaratio de associationibus massonicis"

Mit dem Inkrafttreten des Codex Iuris Canonici 1983 publizierte am 26. November 1983 die Glaubenskongregation die *Declaratio de associationibus massonicis*[241], in der ausdrücklich festgehalten wird, daß die Kirche ihre Haltung nicht geändert hat. „Das negative Urteil der Kirche über die freimaurerischen Vereinigungen bleibt also unverändert, weil ihre Prinzipien immer als unvereinbar mit der Kirche betrachtet wurden und deshalb ein Beitritt zu ihnen verboten bleibt. Die Gläubigen, die freimaurerischen Vereinigungen angehören, befinden sich also im Stand der schweren Sünde und können nicht die heilige Kommunion empfangen."[242]

Um den Charakter der Declaratio Ratzingers bestimmen zu können, muß präzise die kirchenrechtliche Situation geklärt werden. Im CIC 1983 ist die Exkommunikation des Canon 2335 des CIC 1917 nicht mehr enthalten und damit – gemäß can. 6 § 1 nn. 1 und 3 des CIC 1983 – abgeschafft. Dies bedeutet, daß ein Katholik, der in eine freimaurerische Vereinigung aufgenommen wird, nicht mehr strafrechtlich von seiner Kirche verfolgt wird. Die Declaratio Ratzingers stellt ein moralisches Gebot auf, dessen Übertretung als Sünde bezeichnet wird. Im Sinne des Canon 916 des CIC 1983 zieht eine schwere Sünde ein Verbot des Kommunionempfanges nach sich. Warum allerdings der Beitritt zu einer Loge eine schwere Sünde darstelle, wird von Ratzinger nicht einmal ansatzweise erklärt. Wenn man diese Erklärung würdigen will, wird man also feststellen müssen, daß eine Definierung der Mitgliedschaft bei den Freimaurern als peccatum grave methodischtheologisch unzulässig und deswegen wie auch wegen mangelnder Subsumtion nicht zutreffend ist.

Fälschlicherweise wurde die Declaratio als Interpretation der Canones 1364 und 1374 CIC 1983 angesehen, in denen jene, die vom Glauben abfallen, einer Irrlehre folgen oder sich einer getrennten Kirche zuwenden, der Exkommunikation bzw., wenn sie sich einer gegen die Kirche arbeitenden Gesellschaft zuwenden, dem Interdikt verfallen. Da weder die Freimaurer selbst, noch überraschend viele profilierte Angehörige der Kirche mit hoher fachlicher Kompetenz die „königliche Kunst" in diese Kriterien grundsätzlich einordnen konnten, mußte diese Declaratio der Glaubenskongregation vielschichtige Reaktionen auslösen, wobei diese auf unterschiedlicher Ebene verliefen.[243] Zum einen begrüßten traditionalistische Kreise innerhalb der Kirche diesen Schritt, andere katholische Publizisten bedauerten den Schritt, sahen in ihm ein retardierendes Element und einen Bruch mit dem nachkonziliaren Gesprächsklima. In freimaurerischen Kreisen fühlten sich jene bestätigt, die den Gesprächen mit kirchlichen Vertretern immer mit einer gewissen Skepsis gegenüberstanden; hier meldeten sich auch freimaurerische Verschwörungstheoretiker zu Wort.[244]

Zwei Spekulationen finden sich variantenreich wieder:

1. Die Declaratio unter der Federführung des Kardinal Ratzinger war eine „Ehrenrettung für die deutsche Bischofskonferenz", deren Erklärung von 1980 auf gleichsam „kaltem Wege" wieder in die Rechtsgrundlage der Kirche eingebracht worden wäre.

2. Die Declaratio sei als Rechtsmittel von einer inkompetenten Kongregation publiziert worden, sie habe daher keine Rechtswirksamkeit.

Die erste Spekulation beruht auf der häufig nach subjektiven Gesichtspunkten erfolgten Auswahl von Indizien und kann seriös nicht diskutiert werden, solange dazu nicht Akten etc. publiziert werden.[245] Die zweite Spekulation hat Wolfgang Waldstein in seiner Untersuchung über den rechtlichen Charakter der Declaratio verteidigt, wenngleich er auch teilweise nebenher die zuerst angeführten Überlegungen miteinzubeziehen sucht.[246] Grundsätzlich aber ist anzumerken, daß die Declaratio schon aus dem Grunde keine authentische Interpretation der Canones 1364 und 1374 des CIC 1983 sein kann, weil sie auf diese in keiner Weise Bezug nimmt.

Bereits Kardinal Innitzer hatte vor einer zu großen Erwartung bei den Ergebnissen etwaiger Gespräche zwischen Freimaurern und Kirche gewarnt und zur Politik der vorsichtigen kleinen Schritte geraten, als er vom Verweilen beim „herrschenden Ruhezustand" gesprochen und für die weitere Zukunft die Revision des kirchlichen Standpunktes von der „antikirchlichen" zur „akirchlichen" Maurerei in Aussicht gestellt hat. Durchaus in diesem Sinne hat Kardinal König die Gespräche in klar erkennbarer Abstimmung mit der Glaubenskongregation in Österreich geführt.

Die gegen den Willen der maurerischen Gesprächspartner und des Wiener Kardinals nach 1970 in Deutschland vorzeitig einsetzenden Gespräche aktualisieren die Problemstellung, ehe noch von Rom eine generalisierte Diskussion auf der Ebene der Bischofskonferenzen eingeleitet worden ist. Relativ bald – so zeigt es der von Baresch edierte Briefwechsel – scheint sich bei der Glaubenskongregation nach anfänglichen andersgearteten Überlegungen die Überzeugung durchgesetzt zu haben, daß erst, verbunden mit einer behutsamen Öffentlichkeitsarbeit und dem Fallen einer generellen, die Freimaurerei nennenden Klausel im neuen CIC, die Voraussetzungen für eine regional zu führende, die jeweils vorherrschende Richtung der „regulären oder irregulären" Freimaurerei voll berücksichtigende Diskussion geschaffen werden. Bezeichnenderweise hat sich ja auch nach dem November 1983 derartiges innerhalb der Kirche ereignet, denn nur so ist die Arbeit der Pastoralkommission der Bischofskonferenz der Vereinigten Staaten von Nordamerika zu verstehen, die 1985 auf die Unvereinbarkeit für Katholiken massiv hingewiesen hat, wobei besonders auf amerikanische Eigenheiten eingegangen wird.[247] Aus diesem Kreis rekrutieren sich jene, die an der Fiktion, die Declaratio Kardinal Ratzingers ergänze den CIC 1983, festhalten und diese auch propagieren.[248]

Die ablehnende Haltung der katholischen Kirche der Freimaurerei gegenüber konzentriert sich nunmehr auf die religiösen Argumente, wie sie beim Scheitern des Dialogs formuliert worden sind: Der *Subjektivismus* der *freimaurerischen Weltanschauung* „läßt sich mit dem Glauben an das geoffenbarte und vom Lehramt der Kirche authentisch ausgelegte Gotteswort nicht in Einklang bringen. Außerdem erzeugt er eine Grundhaltung, welche die Haltung des Katholiken zu Wort und Handlungen im sakramentalen und sakralen Geschehen der Kirche gefährdet".[249] Weiters „verneint" der *Wahrheitsbegriff* „die Möglichkeit objektiver Wahrheitserkenntnis", wobei die Relativierung der Wahrheit durch die Freimaurerei zur Ablehnung jeglicher Dogmen führt. Das *Religionsverhältnis* der Freimaurer, das im Sinne der Alten Pflichten eine Religion, „in der alle Menschen übereinstimmen", ist, „impliziert eine relativistische Religionsauffassung", die mit der Offenbarungstheologie des Christentums nicht in Einklang zu bringen ist. Aus diesem Zusammenhang heraus ist der Große Baumeister aller Welten *(Gottesbegriff)* kein personaler Gott, sondern eine „deistisch geprägte Konzeption", ein „neutrales ‚Es'. Ein derartiges „Es" läßt naturgemäß auch die Vorstellung einer Selbstoffenbarung Gottes nicht zu, so daß der *freimaurerische* Gottesbegriff und die christliche *Vorstellung* der *Offenbarung* nicht zur Deckung gebracht werden können. Einen ebensolchen Widerspruch ergibt die unterschiedliche Auffassung in der *Toleranzidee*, die auf freimaurerischer Seite, vom relativen Wahrheitsbegriff geprägt, auch gegenüber gegensätzlichsten Positionen vertreten würde. Man übersieht hier kirchlicherseits das Engagement der Freimaurer etwa gegenüber totalitären Staaten, wo man sehr wohl die Grenzen der Toleranz erkannt hat. In den *Ritualhandlungen* der Freimaurer erblickt die Kirche eine „Konkurrenz" zu den ihr eigenen sakramentalen Handlungen und damit die Gefahr einer Entfremdung für ihre Mitglieder auch in diesem Belang. Dieses Phänomen spricht die katholische Kirche direkt auch in der freimaurerischen Zielvorstellung der *Vervollkommnung des Menschen* an. „Was soll sakramentale Heilsvermittlung in Taufe, Buße und Eucharistie noch bewirken, wenn bereits durch die drei grundlegenden Grade die in den Ritualen angesagte Erleuchtung und Todesüberwindung erzielt wird?" In dem Punkt über die *Spiritualität* der Freimaurer wird seitens der Kirche der Vorwurf erhoben, daß die Maurerei „einen Totalitätsanspruch, der eine Zugehörigkeit auf Leben und Tod abfordert", kennt; verbunden mit der bezweckten Bewußtseins- und Charakterbildung steht aber die Freimaurerei in deutlichem Gegensatz zum Totalitätsanspruch der Kirche und ihrem Formungsauftrag.[250] Ausdrücklich wird kirchlicherseits verneint, daß es in diesen fundamentalen Dingen zu berücksichtigende *unterschiedliche Richtungen innerhalb der Freimaurerei* nicht gibt. Aus diesem Grund kann es zu keiner Feststellung kommen, daß die Zugehörigkeit zur *Freimaurerei* für einen Angehörigen der *katholischen Kirche* vereinbar ist.

Die Haltung der anderen Kirchen

Die Position der evangelischen Kirche Deutschlands wurde in Tutzing am 13. Oktober 1973 in einem Papier ähnlich der Lichtenauer Erklärung fixiert, wobei man – was von katholischer Seite öfters betont wird – im Bereich der Ritualfragen keine endgültige Stellungnahme abgibt, grundsätzlich aber die Vereinbarkeit einer Zugehörigkeit zu einer Loge mit dem Bekenntnis zur evangelischen Kirche festhält.[251]

„1. Das Freimaurertum versteht sich nicht als Religionsgemeinschaft, die mit den christlichen Konfessionen oder anderen Religionen in Konkurrenz treten will. Andererseits ist für das Freimaurertum die Andersonsche Konstitution von 1723 in Geltung, die in Abschnitt I besagt: ‚Der Maurer ist als Maurer verpflichtet, dem Sittengesetz zu gehorchen; und wenn er die Kunst recht versteht, wird er weder ein engstirniger Gottesleugner, noch ein bindungsloser Freigeist sein.'

2. Bei der Freimaurerei handelt es sich nach ihrem eigenen Verständnis um einen Bruderbund zur ethischen Vervollkommnung des Menschen. Diesem Ziel dienen auch die freimaurerischen Rituale und Symbole.

3. In ihrem Gottesverständnis und in ihrem ethischen Wollen steht die Freimaurerei in keinem ausschließenden Gegensatz zum Christentum. Sie bezeichnet in den abendländischen Logen die Bibel als das ‚erste große Licht'.

4. Weil die Freimaurer unterschiedlichen Religionen und Konfessionen angehören, gibt es keine die Freimaurer insgesamt bindende Interpretation des Gottesglaubens im biblischen Verständnis. Die Aussagen über Gott und Jesus Christus, über die Bedeutung der Bibel und über das Verständnis vom Menschen werden daher von den einzelnen Freimaurern unterschiedlich akzentuiert. Das sollten evangelische Christen und Kirchen im Gespräch mit der Freimaurerei berücksichtigen.

5. Es war für die kirchlichen Gesprächspartner nicht möglich, sich über das Ritual in seiner Bedeutung und in seiner Erlebnisqualität eine abschließende Meinung zu bilden. Dabei bewegte sie die Frage, ob das Ritualerlebnis und die Arbeit des Maurers nicht die Rechtfertigung aus Gnaden in ihrer Bedeutung für den evangelischen Christen mindern könnten.

Sie haben es den freimaurerischen Gesprächspartnern abgenommen, daß das Ritual nach seiner Intention und seiner Gewichtigkeit weder Ersatz für den Gottesdienst und das Sakrament ist, noch dem evangelischen Glauben entgegensteht.

6. Ein genereller Einwand gegen eine Mitgliedschaft evangelischer Christen in der Freimaurerei kann nach Meinung der evangelischen Gesprächsteilnehmer nicht erhoben werden. Die Entscheidung über die Mitgliedschaft in der Freimaurerei muß dem freien Ermessen des einzelnen überlassen werden.

7. Falls es in einzelnen evangelischen Landeskirchen Ordnungen geben sollte, die diesen Feststellungen entgegenstehen, sollten sie aufgehoben werden.

8. Bei auftretenden Schwierigkeiten sollten evangelische Kirche und Freimaurertum eine Möglichkeit haben, darüber Kontakt aufzunehmen.

9. Die evangelischen Teilnehmer baten die Freimaurer, in geeigneter Weise dazu beizutragen, daß ein höheres Maß von Information vermittelt wird, um Vorurteile abzubauen."

Besonders ausführlich hat Friedrich-Wilhelm Haack[252] in einer Publikation des Evangelischen Presseverbandes für Bayern ein klares Ja zur Vereinbarkeit von Christentum und Freimaurerei gesprochen, wobei er gleichsam die freimaurerische Offenheit benutzend betont, daß es am Christen selbst liege, die vorgegebene Symbolwelt der Freimaurerei mit christlichen Inhalten zu füllen. Andererseits waren es gerade auch protestantische Kirchengemeinden, die im 18. Jahrhundert ihre Bedenken gegenüber der Freimaurerei durch Verbote zum Ausdruck brachten. So gibt es auch heute noch – vor allem in den Vereinigten Staaten – Gemeinden calvinistischen und lutheranischen Ursprungs, die sich gegen Mitgliedschaften aussprechen und ihren Mitgliedern mit Sanktionen im Falle einer Logenzugehörigkeit drohen.[253] Ähnliche Beschlüsse weisen auch presbyterianische Gemeinden in Schottland und Irland auf bzw. legen etwa die niederländisch Reformierten ihren Angehörigen eine gewisse Zurückhaltung auf. 1984 häuften sich – im Zuge einer breitangelegten Freimaurerdebatte in Großbritannien – negative Stimmen, wobei auch seitens der Church of England und der Unitarischen Kirche gewisse Bedenken gegenüber der Bruderschaft erhoben wurden.[254] Entschieden und theologisch argumentierend hat auch die griechisch-orthodoxe Kirche die Unvereinbarkeit festgehalten. Zusammenfassend kann gesagt werden, daß derartige Erklärungen sich im wesentlichen ähnlicher theologischer Argumente wie die katholische Kirche bedienten.

Freimaurerei nach 1945 – Kritik und Tendenzen

Die gegen die Freimaurer erhobenen Vorwürfe – sieht man vom theologischen Aspekt, der ja im Prinzip den Vorwurf des Synkretismus formuliert, ab – kreisen auch nach 1945, ohne aber in die Radikalität der Zwischenkriegszeit auch nur annähernd zu verfallen, um das „Geheimnis", das weiterhin Nahrung für nahezu sagenbildenden Stoff abgibt[255] bzw. mit politischen, antiklerikalen und laizistischen Vorgängen in Verbindung gesetzt wird.[256]

Dabei ist zu beachten, daß es im deutschen Sprachraum nach 1945 „keine politisch organisierte Antifreimaurerbewegung größeren Ausmaßes" gibt, wohl aber, wie dies Kuéss und Scheichelbauer für Österreich festhalten, in allen Parteien „ein gewisses Mißtrauen".[257] Die dabei erhobenen Vorwürfe richten sich in der Regel gegen angebliche unzulässige Gruppenbildungen innerhalb einer Partei, ein Vorwurf, dem sich etwa der Cartellverband (CV) innerhalb der ÖVP ebenso ausgesetzt sieht, gegen eine angebliche Dominanz in der jeweils gegnerischen politischen Kraft und schließlich gegen angebliches parteischädigendes Verhalten durch die Zusammenarbeit von Brüdern über Parteigrenzen hinweg.

Diesem Vorwurf sah sich z.B. der ÖVP-Abgeordnete zum Nationalrat und VOEST-Betriebsrat Anton Wimmersberger ausgesetzt, als im Zuge des VOEST-Skandals um die undurchsichtigen Spekulationsgeschäfte einer Tochterfirma 1985 die relativ starke Häufung von Freimaurern in den Spitzen dieses verstaatlichten Unternehmens zur Sprache kam.[258] Ähnliche Vorwürfe der zu weit gehenden Brüderlichkeit wurden früher bereits im Zuge des AKH-Skandals – Adolf Winter und Siegfried Wilfling – wiederum etwa seitens SPÖ-interner Kritiker erhoben, wobei die Vorfälle dazu dienten, das generelle Mißbehagen über die Freimaurer in den eigenen Reihen zu artikulieren.[259] Der Vorwurf, private Zugehörigkeiten zur Karrierebeschleunigung, zur Geschäftemacherei und zu politischen Aktionen zu nutzen, wird in der Regel allen geschlossenen Gesellschaften zuteil, ob es die Freimaurer oder die Angehörigen akademischer Korporationsringe, ob es die unsinnigerweise als Vorfeldorganisation der Freimaurer verdächtigten Schlaraffen oder Service-Clubs wie Rotary, Lions etc. sind.

Der Vorwurf des Antiklerikalismus wird, sieht man von regelmäßig wiederkehrenden Hinweisen auf die Geschichte oder auf die romanischen Logen ab, in der Tagespresse kaum erhoben. Dies ist eher die Domäne von Leserbriefschreibern, die schon im Gespräch mit den Freimaurern eine unnotwendige bis gefährliche Aktivität sehen, oder obskurer Verlage und Autoren, die in dieser Grauzone anscheinend gute Geschäfte machen.

Auf Österreich bezogen fällt auf, daß sich die Freimaurerei, die vor 1938 im wesentlichen auf Wien beschränkt war, nach 1945 vor allem in jenen Bundesländern ausbreiten konnte, die eine antiklerikale Tradition besaßen.[260] Dies trifft neben Wien besonders auf Kärnten und Oberösterreich zu, wobei sich hier auch alte konfessionelle Gegensätze bemerkbar machen. Daher ist es auch nicht verwunderlich, daß etwa Angehörige des betont nationalen Lagers, teilweise sogar mit Mitgliedschaften in der NSDAP behaftet – Christoph Klauser oder Erwin Frühbauer, aber auch der „höhergradige HJ-Führer" (Eigendefinition) Leopold Wagner wären hier zu nennen – den Weg in die Bruderkette gefunden haben. Dazu vermerkte Peter M. Lingens, daß der Linzer Freimaurer und Angehörige der Dialogkommission mit der katholischen Kirche und Vizegroßmeister von Österreich Baresch ein ehemaliger SS-Mann ist, der erst „in diese Funktion gewählt" wurde, „nachdem gesichert war, daß er sich im Dritten Reich nichts zuschulden kommen hatte lassen".[261] Zur Situation in Kärnten vermerkt der gleiche Artikel: „So wie der Bund Sozialistischer Akademiker dort zum ‚BSS' umfunktioniert wurde, sammelt auch die Kärntner Freimaurerei eifrig Ehemalige ein. Mit ähnlichen Ambitionen wie die beiden Großparteien: den braunbefleckten ‚Suchenden' demokratisch-liberales Gedankengut einzuträufeln. Und jedenfalls

Logensiegel deutscher Logen.

mit Teilerfolgen: Die Anziehungskraft des mystischen männerbündischen Freimaurerrituals kann germanisches Reckenritual durchaus ersetzen. Immerhin ist die Kärntner Loge einer der wenigen Orte des südlichsten Bundeslandes, in denen man sich bemüht, das Slowenenproblem nicht völlig einseitig zu sehen." Der Vorwurf, daß es gerade ehemalige Angehörige der NSDAP sind, die in Kärnten neben ihrer Spitzenfunktion innerhalb der SPÖ auch die Logenzugehörigkeit besitzen, wurde erst in jüngster Vergangenheit in einem Austrittsschreiben aus der SPÖ eines ehemaligen sozialistischen Nationalratsabgeordneten unterstrichen.[262] Der in anderen Bundesländern auffallenden Häufung von CVern oder Angehörigen der Katholischen Hochschulgemeinde bzw. der Katholischen Aktion in den Führungsetagen steht in Kärnten eine durchgehende freimaurerische Identität gegenüber.[263]

Dabei ist zu vermerken, daß nicht nur in sozialistischen Kreisen, sondern auch teilweise im Bereich der ÖVP Kärntens Freimaurer vertreten sind. Bei der Interpretation derartiger Personalfragen muß aber darauf geachtet werden, daß nicht unzulässige Schlüsse gezogen werden. Nach Zeiten relativer Häufungen tritt der Bruderbund in politischen Etagen kaum auf. Leopold Wagner, Ernst Koref oder Helmut Zilk schieden aus. So wie sie Nichtmaurern folgten, machten sie auch für Nichtmaurer Platz. Daneben gab und gibt es die deklarierten Gegner, wie z.B. Felix Slavik, die grundsätzlich gegen Maurer in der Politik sind. Maurer, die wie Rudolf Streicher Spitzenpositionen erreichen, sind in der Regel in den Logen kaum aktiv.

Einen gewissen Wendepunkt im Verhältnis zwischen Freimaurerei und Politik dürfte es nach 1970 in Österreich, also nach dem Beginn der sozialistischen Alleinregierung bzw. der Ära der sozialistischen Bundeskanzler gegeben haben. Der verstorbene ÖVP-Stadtrat und höchst aktive Freimaurer Jörg Mauthe[264] vermerkt, bitter Abschied nehmend in seinem letzten Buch, das durchaus dem bewußten Sterben des Meisters entspricht, eine Hochblüte der Wiener Freimaurerei in den sechziger und frühen siebziger Jahren. Doch dann setzte ein Niedergang ein, „Neuaufnahmen geschahen zu eilig und zu unbedacht, allerhand Gelegenheitssucher und Geschäftemacher schlüpften durch die Ballotagen, auf Geist wurde weniger geachtet als auf Bekanntheitsgrade, und argerweise mischte sich auch Politisches ein. Die Parteizentrale in der Löwelstraße sah da eine Chance, ihr Vorfeld zu erweitern, und brachte es, wie ich bis heute überzeugt bin, dahin, daß ein ausgezeichneter Großmeister (Heinz Scheiderbauer, der Verf.), durch einen ihr genehmeren (Alexander Giese, der Verf.) ersetzt wurde (1975, der Verf.), was als eine sehr unschöne, ja schandbare Episode in die Historie der Bruderschaft eingehen wird; der Genehmere hat zwar sicher nicht die Erwartungen befriedigt, die man hinter dem Burgtheater möglicherweise in ihn gesetzt hatte, war aber auf der anderen Seite zu schwach, um weitere Niveauverluste abzuwehren, was Unfrieden und neue Spaltungen zur Folge hatte, denn viele gute Männer zogen sich nun zurück." In einem öffentlichen Abschiedsbrief präzisierte Mauthe[265] seine Vorwürfe an Alexander Giese, den er gleichzeitig bat, an dem Begräbnis, das auch maurerisches Ritual enthielt, nicht teilzunehmen. „Ich will damit Deine Würde in keiner Weise herabsetzen, kann mir und Dir aber nicht verhehlen, daß die Ereignisse, die zu Deiner Wahl und Einsetzung vor nunmehr zehn Jahren führten, mit dem Abschwung der österreichischen FM.: wenn schon nicht ursächlich, so doch auch nicht ohne Zusammenhang stehen. Du hättest jene Wahl, von der ich den Verdacht nie los werde, sie sei von der Löwelstraße gesteuert worden, nicht annehmen dürfen; Du hättest den Hader, der so viele Logen erschüttert, die Rezeption so vieler Mittelmäßiger nicht zulassen, und schon gar nicht hättest Du Dich, ganz gegen die Tradition, einer vierten Wahl stellen dürfen. Das alles und einiges andere, was Geheimnis bleiben soll, hat eine Entwicklung unterbrochen, die unsere Loge zu der vielleicht bedeutendsten Europas gemacht, die eine Versöhnung zwischen den getrennten Zweigen der Brüderschaft näher gerückt und den Tempel der Allgemeinen Menschenliebe um ein Stück weitergebracht hätte." Diese Kritik an der Mittelmäßigkeit wiederholte Mauthe auch in einem anderen, ebenso offenen Brief an seinen freimaurerischen Bruder und politischen Kontrahenten Helmut Zilk, dem er Mangel an „Utopien … und Visionen" vorwarf, um Wien „wieder zur strahlenden Metropole Mitteleuropas" zu machen, ohne die es „im Mittelmäßigen" versanden muß.

Diese miefige Spießbürgerlichkeit, die Mauthe sowohl direkt an der Person des Großmeisters und indirekt an der Person des Wiener Bürgermeisters gegen den aktuellen Zustand der österreichischen Freimaurerei vorbringt, könnte in einem engen Zusammenhang mit der bereits angedeuteten stärker werdenden Etablierung im politischen Machtbereich liegen. Unter den ca. 1500 österreichischen Maurern gab es 1976 einen Minister

(Fred Sinowatz), einen Staatssekretär (Eugen Veselsky), einen Landeshauptmann (Theodor Kery), zwei Nationalräte und einen Bundesrat; nach Aussagen des Profils gab es damals keine Bürgermeister und kaum führende Wirtschaftsmänner, Generaldirektoren etc.[266] Auffallend hoch war hingegen bereits damals der Anteil an Medienleuten und Kulturschaffenden, eine im übrigen traditionelle Erscheinung. 1983, beim Amtsantritt Fred Sinowatz' als Bundeskanzler, waren es bereits zwei Landeshauptleute, ein Landeshauptmannstellvertreter, ein Landesrat, drei Nationalratsabgeordnete und drei Wiener Stadträte, die der SPÖ angehörten, während seitens der ÖVP ein Nationalrat, ein Landtagsabgeordneter und ein Wiener Stadtrat registriert wurden.[267]

Vieles deutet darauf hin, daß in diesem Zeitraum zwar der Zustrom an Wirtschaftstreibenden etc. zunahm, daß aber von Mauthe angedeutet – die spekulative Maurerei zunehmend Sache spekulierender Maurer zu werden droht.[268]

Derartiges Mittelmaß steht aber im Gegensatz zu dem Elitenbewußtsein, das gerade von österreichischen Maurern in der Kontroverse über die völlig andere Handhabung der Öffentlichkeitsarbeit in der Bundesrepublik Deutschland angesprochen wird. So versteigt sich Kurt Baresch zu dem Satz: „Masse und Öffentlichkeit nivellieren immer nach unten."[269] Diese plumpe Formulierung, die von ihrem ideologischen Befinden her höchst bedenklich ist, kontrastiert mit der wesentlich intelligenteren Aussage Jörg Mauthes[270], den Baresch, ohne diesen beim Namen zu nennen, zitiert: „Nein. Wir sollten froh sein, daß es im globalen Informationskrawall noch letzte kleine Nischen der Stille und der Selbstbesinnung gibt. Und uns endlich darüber klar werden, daß es zu allen Zeiten die wichtigste und zu gewissen Zeiten die einzige Aufgabe einer Loge ist, im geschlossenen Zirkel das Licht der Menschlichkeit vor dem Erlöschen zu bewahren." Diese Argumentation steht am Ende einer sehr intensiven Selbstdefinition, die mit einer Kritik des Zeitalters der Massenkommunikation einhergeht: „Geduldig sei ... erklärt, daß eine Loge oder Großloge kein politischer Klub, keine Vereinigung von Tätern, ja nicht einmal eine Gesinnungsgemeinschaft ist, sondern ein Begegnungsort, an dem sich Brüder treffen, die aneinander das Verwandte im Menschlichen erkennen, einander aber gestatten, verschiedener Meinung zu sein.

Die Meister der Logen sollten sich, so meine ich, nicht um deutliche Antworten herumdrücken. Sie sollten, auch auf die Gefahr hin, engagementbegierige Brüder zu frustrieren oder im einzelnen Fall sogar zu verlieren, klipp und klar erklären, daß die Loge eine Organisationsform darstellt, die von vornherein nicht auf Zwecke der Öffentlichkeitsarbeit hin konstruiert, denn auch das denkbar ungeeignetste Instrument für eine solche ist.

Die Loge wirkt auf den einzelnen. Und Sache des einzelnen, nicht aber der Loge, ist es, auf die Öffentlichkeit zu wirken – nach eigenem Ermessen, eigenem Willen und Können und eigenem Risiko, das Unbedanktheit auch durch die eigene Loge einschließt. ... Und so sind denn auch die vielzitierten großen Leistungen der Freimaurerei Leistungen dieses oder jenes Freimaurers, nicht aber Leistungen der Logen. Deren – unersetzliche – Leistung besteht einzig darin, aus Suchenden Freimaurer zu machen. Es erhebt sich dennoch die Frage, ob die Loge eine nicht nur esoterische, sondern auch im allgemein Gesellschaftlichen wirkende Bedeutung besitze.

Diese Frage ist zu bejahen, und zwar mit dem genauen Gegenteil der Forderung nach Öffentlichkeit, nämlich mit der Feststellung, daß unsere Welt nichts so bitter nötig hat als Räume, aus denen die Öffentlichkeit ausgeschlossen ist. Das dichte, bisweilen schon erstickend dichte Netz der Masseninformation und der Massenkommunikation bringt durch seine Medien (die schon längst eine höchst eigengesetzliche Informationswut entwickelt haben) alles vor das Gesicht und das Gehör der Öffentlichkeit, was sich in Information umsetzen läßt – selbst das Intimste, das Unausgegorene, die Spekulation und das, was bis in die jüngste Zeit durch schwere Tabus abgesichert war.

Nur Begriffe wie Moral, Menschenliebe, Tugend, Gerechtigkeit, Brüderlichkeit und Schönheit werden noch nicht auf dem

Die Zugehörigkeit des nicht gerade überzeugend agierenden Bundeskanzlers und Parteiobmannes der SPÖ, Fred Sinowatz, zur Freimaurerei provozierte leisen Spott, der während der Waldheim-Affäre teilweise in sinistre Verschwörungstheorien umschlug.

Public-Relations-Markt verramscht – haben sich in den Underground zurückgezogen."

Dieser Text, der sichtlich im Zuge einer breiter angelegten Diskussion über ein zeitgerechtes Verständnis der Freimaurerei[271] entstanden ist, interpretiert die Zugehörigkeit als Möglichkeit der Selbstfindung in einer Gruppe; bei aller Betonung gruppendynamischer Elemente macht Mauthe[272] deutlich, daß es einzig und allein auf die Persönlichkeit des Maurers ankommt, die dann im Zusammenklang mit gleichgesinnten, ritualfähigen Partnern jene „zauberflötenhafte Heiterkeit" erzeuge, die durch „zwei Querulanten" sehr leicht „in häßliche Dissonanz" gebracht werden könne. Immer wieder spricht er dabei das große Vorbild der Bornschen Loge *„Zur wahren Eintracht"* an. Diese zog mit ihrer intellektuellen Ausstrahlung die Vertreter der Wiener Aufklärung ebenso an, wie sie die

Freimaurerei nahezu zu einem gesellschaftlichen Muß machte, was sinnfällig am Beispiel Joseph Haydns illustriert wird; dieser, in den Bund als Lehrling aufgenommen, verblieb in diesem Stadium, und bis heute sind keine weiteren Belege aufgefunden worden, die einen weiteren Aufenthalt Haydns in einer Loge während einer Arbeit belegen.[273] In dieser Situation des Zustroms zu einem „öffentlichen Geheimnis" müßte darauf geachtet werden, die Loge nicht zum Tummelplatz von, um ein Wort des Wiener Freimaurers Oskar Jursa in einen neuen Sinnzusammenhang zu stellen, „Rechts- und Linksreaktionären" zu machen. Dies nicht verhindert zu haben, wirft Mauthe in seiner Kritik der österreichischen Maurerei nach 1974/75 vor.

Der hier für Österreich vermerkte Trend scheint im Hinblick auf die personelle Situation in Deutschland auch eine gewisse Gültigkeit zu haben. Hier gibt es sichtlich Nachwuchsprobleme und eine drohende Überalterung, die in Verbindung mit den historischen Erfahrungen dazu führt, daß man eine massive Öffentlichkeitsarbeit betreibt, die mit den Keilaktivitäten studentischer Korporationen vergleichbar ist.[274] Die deutsche Freimaurerei hat der Freimaurer Kurt Tucholsky[275], der seine maurerische Heimat letztlich in Frankreich gefunden hatte, 1924 als „lendenlahme Vereinsmeierei", als einen „mangelhaften Kirchen- und Synagogen-Ersatz eines Sparkassenvereins", der unmöglich einen „Gegner der Klerikalen" darzustellen vermag, apostrophiert. Die aktuelle Situation charakterisiert Hans-Hermann Höhmann[276] pointiert am Beispiel Tucholskys mit den Worten: „Bei uns muß ein Bruder, der auch nur ein bißchen links ist, wenigstens tot sein, um gewürdigt zu werden ..." Diese Situation einer auffallend starken „Verbürgerlichung" bzw. „Etablierung" spricht auch aus den Aufzeichnungen des Einigers der deutschen Freimaurerei, Theodor Vogel[277], dessen Erinnerungen man nicht zufällig den ausdrücklichen Hinweis auf sein politisches Deutschlandbild entnehmen kann: „Als ... auf dem ... Großlogentag ... Bad Ems ... die Grüße und Telegramme zu unserer Feierstunde verlesen" werden, „darunter die des Bundespräsidenten, des Bundeskanzlers, der Kirchen, der Gewerkschaften", leisten die

Alten Freien und Angenommenen Maurer „unserer jungen res publica das Gelöbnis und Bekenntnis ...: dem Staat und seiner Verfassung zu dienen nach den Alten Pflichten unseres Bundes, Bürger aber zugleich des größeren Deutschland zu sein, dem ... unsere Liebe von Anfang bis zum Ende gilt ..." Damals vermittelt der Freimaurer und Bundesjustizminister Thomas Dehler „das erste Gespräch mit dem Bundeskanzler" Konrad Adenauer, „der unser Zeugnis und unsere Botschaft in Washington braucht". Und wenig später treffen die Großmeister und die „Brüder Freimaurer, die dem Bundestag und den Regierungsstellen in Bonn angehören" zusammen. „Unter ihnen ein paar Diplomaten, hohe Beamte und Vertreter aus allen Parteien des deutschen Bundestages, der SPD, der CDU, der FDP und auch der Bayernpartei." Vogel wird damit ungewollt zum Formulierer einer ausgeprägten etablierten Gesellschaft, deren politisches Spektrum – gemessen an den Mitgliedern des Bundestages vergleichbar ist mit jenem katholischen Studentenverband, aus dem Konrad Adenauer hervorging, dem KV – dieser zählte nach den Wahlen 1983 Bundestagsabgeordnete bis hin zu den Grünen zu den Seinen. Zweifellos darf die pathetische Ausdrucksweise Vogels, der den großen alten Mann der englischen Freimaurerei, Sir James Stubbs, „mit allen Zeichen eines ernsten Kompliments als den ‚Papst der Freimaurerei' bezeichnet"[278], nicht überbewertet werden. Dennoch sprechen auch ausführliche Grußartikel etwa von Bürgermeistern jener Orte, in denen Großlogentage stattfinden, im Mitteilungsorgan der deutschen Freimaurer eine deutliche Sprache über das gesellschaftliche Anerkennungsstreben der Logen. In diesem Zusammenhang muß auch das Possieren mit „berühmten Mitgliedern" nicht nur der Vergangenheit, sondern auch jenen der Gegenwart gewertet werden. In all diesen Zügen findet man Elemente, die deutlich den Übergang von der diskreten Gesellschaft zum Verein, dem „Applaus" gezollt wird, markieren.[279] Wohl mit Ausdruck eines gewissen Unbehagens über eine zunehmende Sattheit dürfte die seit 1985 anklingende Ritualdiskussion und damit bis zu einem gewissen Grad die Diskussion über das maurerische Brauchtum verbunden

Kurt Tucholsky (1890–1935) setzte sich bis zu seinem Tod immer wieder mit der Ideenwelt des Bundes auseinander.

sein. Charakteristisch dafür ist die Aufforderung eines Freimaurers, sich „die Lächerlichkeit unserer maurerischen Kostümierung bewußt" zu machen.[280] „Bunte Bänder, Orden, Schürzen und dazu noch der hohe Zylinderhut. ... Wenn wir überhaupt noch ernst genommen werden wollen, so wird es höchste Zeit, daß wir Abschied nehmen von diesem Jahrmarkt der Eitelkeiten. Der maurerische Geist – auf den wir uns besinnen sollen – sitzt im Kopf und nicht im Kostüm." Diese massiven Anwürfe werden heftig diskutiert, wobei man sowohl vom falschen Verständnis des kritisierenden Bruders spricht, aber auch an anderer Stelle vermerkt, daß sogar „die Altgroßbeamten … sich im Gruppenbild im ‚vollen Schmuck' wie ein Kegelclub" in öffentlich zugänglichen Publikationen präsentieren.[281] Wie sehr diese Mentalität um sich zu greifen beginnt, ersieht man auch aus einer Kolumne des Großmeisters der Großloge A.F.u.A.M. von Deutschland, der sichtlich die Leserbriefe und einige andere Vorfälle zum Anlaß nahm, massiv auf die Deckung, d.h. auf die Verschwiegenheitspflicht und auf die Diskretion gegenüber der Öffentlichkeit hinzuweisen[282]: „Ein im wesentlichen ähnliches Verhalten legen Brüder in der löblichen Absicht an den Tag, unserem Bund interessierte Männer zuzuführen, indem sie Namen bekannter Persönlichkeiten, die Mitglieder einer Loge sind, sozusagen als eine Art Referenz für die Seriosität und Bedeutung der Freimaurerei preisgeben.[283] … Auch auf gesellschaftlichem Parkett kommt es nicht selten zu manchmal grotesken Szenen. Da glauben Maurer, unter den Anwesenden einen Bruder erkannt zu haben, tauschen Griffe aus, umarmen sich dreimal und duzen sich plötzlich, obwohl sie noch wenige Minuten zuvor per Sie und in einiger Distanz miteinander verkehrten."

Neben diesen vordergründigen Beispielen für eine zunehmende Angleichung an sattsam bekannte Vereinseigenschaften findet man in politischen Äußerungen einen deutlichen Zug zur bekenntnishaften Etablierung in der gesellschaftlichen Mitte; der Amtsvorgänger von Bornschein, Otto Trawny[284], hält dazu fest: „Die Logen enthalten sich darum auch heute wie einst in vollem Umfang der Parteipolitik. Sie enthalten sich aber nicht der politischen Stellungnahme und des politischen Bekenntnisses in dem Sinne, daß sie z.B. das Grundgesetz der Bundesrepublik Deutschland bejahen. Im Gegensatz zu der Freimaurerei nach dem Ersten Weltkrieg stehen also die Freimaurer von heute auch erklärtermaßen zum Staate von heute.

... Richtig gesehen gehören also die Freimaurerbünde von heute zu den Stützen unseres Staates: Nicht in dem Sinne, daß sie ihn repräsentieren oder auf ihn Einfluß zu nehmen wünschen, wohl aber in dem Sinne, daß sie ihn nicht nur tolerieren, sondern ihn auch als ihren Staat betrachten." Die positive Identifikation mit dem Staat führt zu einer weitestgehenden Identifikation mit den staatstragenden Parteien, wobei Anmerkungen zu diesen meist großkoalitionär erfolgen, damit nicht der Eindruck der Parteinahme entstehen kann[285]: „Die Neidgesellschaft unserer Tage läßt keinen mehr ungeschoren hochkommen und oben bleiben. ... Erinnern wir uns an einen verdienstvollen Altbundeskanzler, dem man außer einem starken Alkoholkonsum auch nachsagte, er habe auf seinen Reisen Affären mit hübschen Stewardessen oder Begleitjournalistinnen gehabt. Das nahmen ihm sogar große Teile des eigenen Parteivolks sehr übel und es hätte wahrscheinlich keines entlarvten DDR-Spions in seinem Vorzimmer mehr bedurft um ihn zum Rücktritt zu bewegen. Ähnlich im Strickmuster liegen die Dinge beim derzeitigen Bundeskanzler. Trotz der Leistungen seiner Regierung versuchen die Medien, ihn als ‚Dummerle aus der Pfalz' abzustempeln als einen Elefanten im diplomatischen Porzellanladen, kurzum als einen unwürdigen und überdies unfähigen Repräsentanten der Bundesrepublik. Dann kommt noch einer, der die Staatsanwaltschaft gegen diesen Mann alarmiert, der daraufhin von Medien und politischen Rivalen wochenlang in den Schlagzeilen vorverurteilt wird. Daß das Amtliche schließlich wie das Hornberger Schießen endet und der Öffentlichkeit nur noch kleinformatig mitgeteilt wird, entspricht der Auffassung, daß nach einer Schlammschlacht allemal noch genügend Dreck hängenbleibt ...

Freimaurer kennen solche Machinationen besser als viele andere. Die Verleumdung dieses ethischen Bundes hat ja seit über einem Vierteljahrhundert oft abenteuerliche Ausmaße angenommen. ... Laßt uns aber darauf achten, daß sich niemand an irgendwelchen Verleumdungskampagnen beteiligt, die eine persönliche Demontage zum Ziel haben. Wir wollen nicht richten, sondern im Nächsten das Gute suchen."

Während in der Bundesrepublik ähnlich wie in Österreich und der Schweiz eine im Sinne der Regularität politische Zurückhaltung herrscht, weisen die Freimaurer des romanischen Sprachraumes – vor allem Frankreichs und Italiens – eine erstaunlich hohe Präsenz in der Öffentlichkeit auf, die durchaus auch mit deren politischen Stellungnahmen zusammenhängt. Diese unterschiedliche Haltung reicht weit ins 19. Jahrhundert zurück und wird unter anderem auch mit einem soziologischen Modell erklärt.

Die Vereinigung der beiden auf englischem Boden bestehenden Großlogensysteme 1813 unterstrich nicht nur die Formel vom Allmächtigen Baumeister in der Verpflichtung der Freimaurer auf jene Religion, „in der alle Menschen übereinstimmen"[286], sondern brachte ein deutliches Abrücken von der Auflklärung zu einer freimaurerischen „Neo-Gotik", wie dies Harscheidt formulierte.[287] Die zunehmende Etablierung seit den dreißiger Jahren des 18. Jahrhunderts – Aristokratie und Großbürgertum herrschen in den Logen vor, das Königshaus übt eine bis heute bestehende Patronanz aus – führt zu einer „Ehe" zwischen der „Strenge des Victorianischen Zeitalters" und den „Prinzipien der freimaurerischen Regularität" und mündet in einem „deutlich monarchisch-aristokratisch-konservativen Geist".

Eine ähnliche Entwicklung durchlief die deutsche Freimaurerei, in der sich nach den napoleonischen Wirren Adel, Großbürgertum und Mittelstand trafen. Die deutschnationalen Tendenzen nach 1815 verbunden mit liberalen Gedankengängen prägten dieses Logenleben in ähnlicher Weise wie etwa die burschenschaftliche Bewegung. Charakteristisch für diese Haltung ist die Teilnahme von 32 Freimaurern an der Paulskirche 1848/49, wobei das politische Spektrum von Robert Blum über Heinrich von Gagern bis hin zu Felix Fürst Lichnovsky reichte, und die mit dem Aufstieg Preußens verbundene zunehmende Dominanz der kleindeutschen Haltung. Die enge Verbindung der deutschen Freimaurerei zum Haus Hohenzollern dokumentierten die Mitgliedschaften Kaiser Wilhelms I. (1840) und Friedrichs III. (1853) und die Übernahme des Protektorates über die preußischen Logen, das bis 1918 ausgeübt wurde, und führte hier zu einer ähnlichen kritiklosen Akzeptanz des Staatswesens wie in England, die Harscheidt scharf kritisierend umreißt: „In den vielen Logenreden, die uns überliefert sind, wimmelt es zwar von Zitaten aus dem philanthropischen Gedankengut der Brüder Goethe und Lessing, Herder und Fichte; aber gemäß dem deutschen Idealismus, die wahre und ideale Welt hinter der realen Welt zu erblicken, wurde man metapolitisch und akzeptierte den Pseudo-Konstitutionalismus des Deutschen Reiches, das sich weltpolitisch zunehmend isolierte und sich schließlich mit dem Schlagwort der sogenannten Einkreisung konfrontiert sah."

In Frankreich fanden sich nach der Revolution in verstärktem Ausmaße Kleinbürger und Mittelstand in den Logen, während die Aristokratie dem politischen Allgemeinzustand des Landes entsprechend dem anderen Lager angehörte und eher zurückhaltend reagierte. In verstärktem Ausmaß konnte sich dadurch innerhalb der Logen liberales republikanisches, laizistisches und teilweise in der Folge radikal-sozialistisches Gedankengut etablieren. 1848 und danach verließen die französischen Freimaurer schließlich den traditionellen Weg und traten als Freimaurer in das politische Handeln ein, das in der hohen Beteiligung französischer Maurer an den Regierungen nach 1871 gipfelte und die „Konturen der *république maçonnique*" herbeiführte.[288] „Wenn man die englische Freimaurerei des 19. Jahrhunderts eine pragmatische, die deutsche eine metapolitische nennen will, so könnte man die französische Freimaurerei des 19. Jahrhunderts eine säkularisierte Freimaurerei nennen." In diesem Sinne ist die Konfrontation mit der englischen Großloge über das Symbol des Großen Baumeisters eine logische Konsequenz. Andererseits etablierte sich die Freimaurerei in Frankreich nahezu als offene politische Fraktion, die in den linken Parteien „ihre eigentliche Heimat" sahen; das Begriffpaar „fortschrittlich und antiklerikal" trifft hier sicherlich auch in jenem Ausmaß zu, wie dies der Vatikan im Februar 1985 im Zuge einer Unvereinbarkeitserklärung hervorgestrichen hat. Die im Gegensatz zum *Grand Orient* organi-

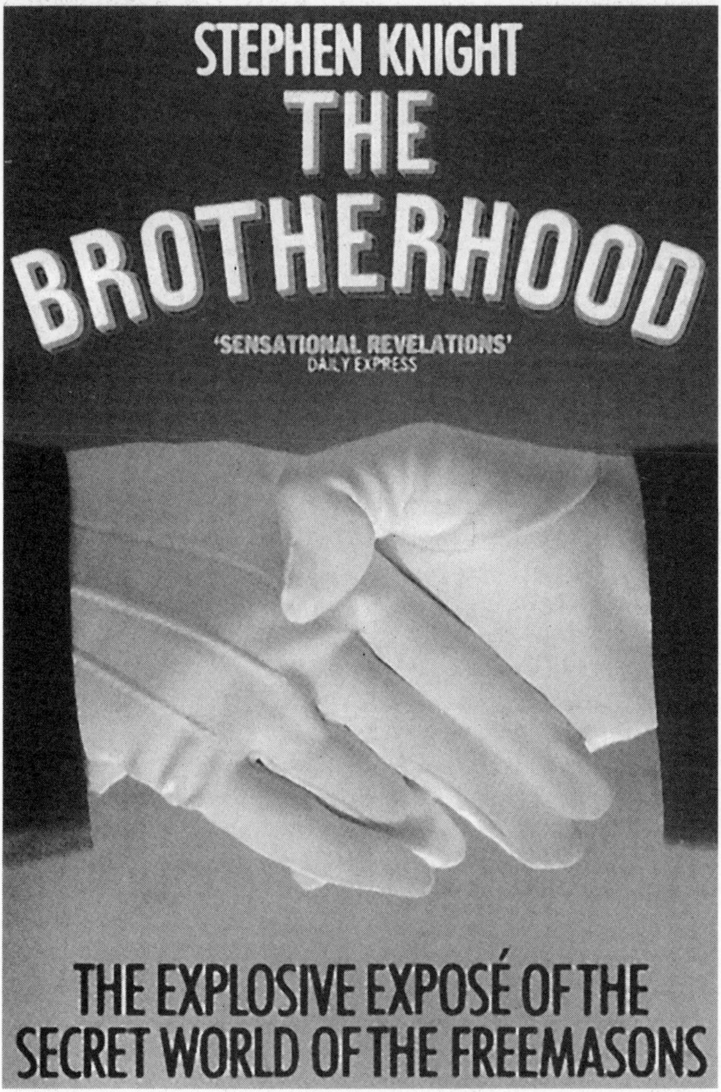

Für die Bereitschaft, auch in der heutigen Zeit Verschwörungstheorien bereitwillig zu akzeptieren, steht das Buch Stephen Knights.

sierten Logen der *Grande Loge Nationale* – unter ihnen eine große Zahl praktizierender Katholiken – wiederum gelten als Kontaktpunkt des bürgerlichen Lagers.[289]

Abgehoben von diesen drei Gruppen betrachtet Harscheidt die italienische Entwicklung, wobei er in ihr Elemente der französischen Haltung im starken politischen Engagement vor allem im 19. Jahrhundert, nationale Begeisterung ähnlich der deutschen Ausrichtung und im Festhalten am *Grande Architetto dell'universo* englische Traditionen wahrnimmt.

In diesem Spannungsfeld stehend, trat die italienische Freimaurerei nach der Phase der offenen Gesprächsführung mit der katholischen Kirche schlagartig im Frühjahr 1981 durch die Vorgänge um die „*P2*" ins internationale Rampenlicht; die Berichterstattung in den Medien „in aller Welt gab zu den abenteuerlichsten Spekulationen Anlaß" und veranlaßte mehrere Großlogen, in eigener Stellungnahme gegen den generalisierenden Angriff aufzutreten.[290] Ohne hier auf die Details dieses Skandals mit politischen und wirtschaftlichen Querverbindungen einzugehen, müssen im Hinblick auf die Verknüpfung dieser Fragen mit der italienischen Freimaurerei einige personelle und organisatorische Querverbindungen klargestellt werden.

1. Trotz der Einigung zwischen *Grande Oriente d'Italie* und *Grande Loggia d'Italia* im April 1960 auf der Basis der regulären Maurerei besteht in Italien ein weitgestreckter freimaurerischer Dunstkreis unterschiedlichster Provenienz, den Holtorf als einen uneinheitlichen Zustand euphemistisch umschreibt.[291] In einem ähnlichen Konnex notierte der *Giornale Di Sicilia* im März 1986 Äußerungen des Großmeisters Armando Corona vom *Grande Oriente*[292], der von einer „Unterwasserlandschaft" und anarchistischen Zuständen außerhalb jeglicher Kontrollmöglichkeiten sprach, die sich im Dunstkreis dieser nicht regulären Logen breitgemacht hätten. Er nannte sie „Treibminen, nicht anerkannt, Winkellogen".

2. Die eindeutige Zuordnung der Loge *Propaganda 2* ist äußerst schwierig, da sie durchaus als Gründung der sich mit großem Selbstbewußtsein organisierenden italienischen Frei-

maurerei des 19. Jahrhunderts angesehen werden muß. Giuseppe Mazzoni gründete als Großmeister in Rom die *Loggia Propaganda Massonica*, die den Zweck hatte, besonders hervorragende Mitglieder des Bundes in einer eigenen Bauhütte zu sammeln. Ihr gehörte eine Reihe bedeutender italienischer Politiker, Gelehrter und Dichter als Mitglieder an.[293] Der 1872 zum Großmeister gewählte und 1880 verstorbene Mazzoni schuf also eine Loge, die nur ausgewählten, qualifizierten Brüdern offenstand – vergleichbar den Forschungslogen, die zum Zwecke seriöser freimaurerischer Geschichtsforschung lediglich Brüder Meister aufnehmen –, um freimaurerisches Gedankengut gezielt zu verbreiten und politisch durchzusetzen. In dieser Tradition dürfte die 1887 gegründete[294], als Gegenspieler der römischen *Kurienkongregation Propaganda Fide*[295] deutlich antikirchlich ausgelegte *Propaganda 2* stehen, die nach italienischen, freimaurerischen Angaben sich zunehmend der Kontrolle der Großobödienz entziehend einen regulären Kreis von 80 Brüdern, einen Kreis von rund vierhundert Kandidaten und einen diffusen Kreis von Sympathisanten umfaßte. Diese Gruppenbildung innerhalb der Freimaurerei stieß bereits vor dem Skandal auf zunehmende Kritik der italienischen Brüder, die gegen diese „Gruppierung eigener Qualifikation" am Großlogentag im Dezember 1974 einstimmig einen Auflösungsbeschluß faßten, und sich ausdrücklich gegen eine Wiederbegründung für die Zukunft aussprachen.[296]

3. In der Folge wurde auch gegen den Großmeister der *Propaganda 2*, Licio Gelli, der im übrigen auch als Komtur dem Ritterorden vom Heiligen Grabe angehörte[297], ein maurerisches Disziplinarverfahren verhängt, das mit seinem Ausschluß endete. Die innerfreimaurerische Diskussion um die *P2* und deren Ausschaltung aus der regulären Freimaurerei Italiens waren seit 1977 bruchstückhaft auch der nichtfreimaurerischen Öffentlichkeit Italiens und des deutschen Sprachraumes bekannt.

4. Bereits damals wurden Gelli und sein Freundeskreis mit ganz konkreten kriminellen Taten in Verbindung gebracht, ohne daß man seitens der italienischen Freimaurerei, d.h. sei-

tens des *Grande Oriente* rasch die letzten Reste dieser Gruppierung beseitigte bzw. beseitigen konnte. Rückblickend kritisierte ein italienischer Maurer diese Vorgangsweise, indem er auf die mangelnde Durchführung des Aufhebungsbeschlusses von 1974 hinwies, wobei jedoch Bergemann richtig einschränkend vermerkt, daß die Macht der Obödienz über eine „Suspendierung der Großlogen-Anerkennung" nicht hinausreicht, ein Zusammenbleiben einer Gruppe also über das formelle Ende einer Loge hinaus letztlich nicht zu unterbinden vermag.[297]

5. Die breite Fülle von antifreimaurerischen Zeitungsartikeln im Zusammenhang mit der Berichterstattung über den Fall Gelli macht deutlich, daß alte freimaurerische Verschwörungstheorien über Italien hinaus raschest wiederum in Verbindung mit aktuellen politischen Bestrebungen gebracht werden konnten und daß sich nur relativ langsam die Erkenntnis durchzusetzen vermochte, daß kriminelle Handlungen persönliches Fehlverhalten und nicht zufällige Zugehörigkeiten zu bestimmten Vereinigungen voraussetzen. Wäre letzteres der Fall, so hätten die anderweitigen Mitgliedschaften Gellis und seines Kreises ähnliche Diskussionen über diese geschlossenen Gesellschaften auslösen müssen.[298]

6. Die Koalition der Reaktionäre, die „neue" Rechte sieht und wittert überall die Hand des „kosmopolitischen" Bruderbundes. Für sie führt eine direkte Linie von der Destruktion der P2 zur Krise auf dem Balkan. Feindbilder lassen sich, weil sie nie definiert werden, beliebig einsetzen.[299] Seit dem Ende der Nachkriegsordnung mit dem Wegfall der politischen Polarisierungen des kalten Krieges fehlen den Verschwörungstheoretikern zunehmend die liebgewordenen Feindbilder. An deren Stelle treten nun verstärkt scheinbar neue: die Freimaurer. In der Tradition der integralistischen Freimaurerkritik kirchlicher Fundamentalisten und in der Tradition der säkularisierten Antifreimaurerei etwa der Nazis stehend, begegnen sich Reaktionäre aller Schattierungen; zu diesen häufig populistischen Simplifikateuren gesellt sich ein schmieriger Journalismus, der im Gründeln in alten Feindbildern ein gutes Geschäft wittert.[300]

Teil II

Der Weg zur Meisterschaft

Die Alten Pflichten

Kaum eine geschlossene Gesellschaft unterliegt derartig vielen Deutungsversuchen wie die Freimaurerei, sowohl die von außen kommenden Interpretationen, wie auch die von innen unternommenen sind so vielschichtig – es gibt weder eine einheitliche Freimaurerei noch eine dogmatisierte Regelauslegung –, daß nur zu oft der Eindruck entsteht, völlig disparate Bereiche würden hier unter zufällig gleichen Begriffen abgehandelt.

Ausgangspunkt für die nun folgende Darstellung ist die *Johannismaurerei* und die Regularität im Sinne der *Vereinigten Großloge von England*, die als Mutterloge die dominante, historisch legitimierte Stellung einnimmt, eine Stellung, die von den außerhalb stehenden freimaurerischen Vereinigungen zuweilen auch als typischer überholter britischer Imperialismus polemisch angegriffen wird.

Unter dieser Voraussetzung muß zur Definition des Begriffes zunächst das Grundgesetz – die *Alten Pflichten* von 1723 – herangezogen werden, wobei dem „Allgemeinen Kapitel" besonderes Augenmerk gelten muß.

„I. Von Gott und der Religion

Der Maurer ist als Maurer verpflichtet, dem Sittengesetz zu gehorchen; und wenn er die Kunst recht versteht, wird er weder ein engstirniger Gottesleugner, noch ein bindungsloser Freigeist sein.

In alten Zeiten waren die Maurer in jedem Lande zwar verpflichtet, der Religion anzugehören, die in ihrem Lande oder Volke galt, heute jedoch hält man es für ratsamer, sie nur zu der Religion zu verpflichten, in der alle Menschen übereinstimmen, und jedem seine besonderen Überzeugungen selbst zu belassen. Sie sollen also gute und redliche Männer sein, von Ehre und Anstand, ohne Rücksicht auf ihr Bekenntnis oder darauf, welche Überzeugungen sie sonst vertreten mögen. So wird die Freimaurerei zu einer Stätte der Einigung und zu einem Mittel, wahre Freundschaft unter Menschen zu stiften, die einander sonst ständig fremd geblieben wären.

II. Von der obersten und den nachgeordneten staatlichen Behörden

Der Maurer ist ein friedliebender Bürger des Staates, wo er auch wohne oder arbeite. Er darf sich nie in einen Aufstand oder eine Verschwörung gegen den Frieden oder das Wohl seiner Nation verwickeln lassen und sich auch nicht pflichtwidrig gegenüber nachgeordneten Behörden verhalten. Denn da die Maurerei durch Kriege, Blutvergießen und Aufruhr schon immer Schaden erlitten hat, so hatten in alten Zeiten Könige und Fürsten die Bruderschaft stets wegen ihrer Friedensliebe und ihrer Treue zum Staat gefördert. Damit begegneten sie den Verleumdungen der Gegner und stellten sich schützend vor die Ehre der Bruderschaft, die sich gerade in Zeiten des Friedens besonders entfalten konnte.

Sollte nun ein Bruder zum Rebellen gegen die Staatsgewalt werden, so darf man ihn in seiner aufrührerischen Haltung nicht bestärken, wie sehr man ihn auch als einen unglücklichen Mann bemitleiden mag. Obwohl die Bruderschaft in Treue zum Gesetz seine Empörung ablehnen soll und muß und der bestehenden Regierung keinen Anlaß und Grund zu politischer Verdächtigung geben darf, kann sie ihn, wenn er keines anderen Verbrechens überführt ist, nicht aus der Loge ausschließen; seine Bindung an sie bleibt unauflöslich.

III. Von den Logen

Die Loge ist der Ort, wo die Maurer zusammenkommen und arbeiten. Daher nennt man dann jene Versammlung oder gehörig eingerichtete Gesellschaft von Maurern eine Loge. Jeder Bruder muß einer solchen angehören; er ist an ihre Satzung und die allgemeinen Anordnungen gebunden. Die Loge ist entweder eine ‚einzelne' oder eine ‚allgemeine'; man lernt sie am besten verstehen, wenn man sie besucht, aber auch durch die unten folgenden Anordnungen der Allgemeinen oder Großen Loge. In alten Zeiten durfte kein Meister oder Mitbruder fehlen – besonders dann nicht, wenn er aufgefordert war zu erscheinen –, ohne sich einem strengen Verweis auszusetzen, es sei denn, Meister und Aufseher hätten sich davon überzeugt, daß ein zwingender Grund ihn am Erscheinen verhindert hatte.

Die als Mitglieder einer Loge aufgenommenen Personen müssen gute und aufrichtige Männer sein, von freier Geburt, in reifem und gesetztem Alter, keine Leibeigenen, keine Frauen, keine sittenlosen und übel beleumdeten Menschen, sondern nur solche von gutem Ruf.

IV. Von Meistern, Aufsehern, Gesellen und Lehrlingen

Jedes Vorrecht unter Maurern gründet sich allein auf wahren Wert und persönliches Verdienst, damit die Bauherren gut bedient werden, die Brüder sich nicht schämen müssen und auf die Königliche Kunst kein Schatten falle.

Kein Meister oder Aufseher wird deshalb wegen seines Alters gewählt, sondern allein um seines Verdienstes willen. Es ist unmöglich, schriftlich diese Dinge näher darzulegen; jeder Bruder muß an seinem Platz achtgeben und sie in der Weise erlernen, die unserer Bruderschaft eigentümlich ist.

Bewerber mögen nur wissen Ein Meister soll einen Lehrling nur dann annehmen, wenn er ausreichende Beschäftigung für ihn hat, wenn er ein völlig gesunder junger Mann ist, keine Verstümmelung oder sonst ein körperliches Gebrechen an sich hat, die es ihm unmöglich machen, die Kunst zu erlernen, dem Bauherrn seines Meisters zu dienen, ein Bruder zu werden, nach gehöriger Zeit auch Geselle, sobald er die bestimmte Anzahl von Jahren gedient hat, wie es der Brauch des Landes vorschreibt. Auch soll er von ehrenhaften Eltern abstammen, so daß er schließlich, wenn auch sonst befähigt, zu der Ehre aufsteigen kann, Aufseher zu werden, dann Meister der Loge, Großaufseher und schließlich Großmeister aller Logen, je nach seinem Verdienst.

Nur der Bruder kann Aufseher werden, der zuvor Geselle war; und der nur Meister, der als Aufseher tätig, und Großaufseher nur, wer Meister einer Loge war. Großmeister kann nur werden, wer vor seiner Wahl Geselle war. Er muß auch von edler Abkunft oder ein vornehmer Mann von feiner Lebensart sein, ein hervorragender Gelehrter, ein bedeutender Baumeister oder sonst ein Künstler, aus gutem Hause, und nach der Meinung der Logen besonders große Verdienste aufweisen.

Um sein Amt besser, leichter und ehrenvoller ausüben zu können, steht dem Großmeister das Recht zu, sich selbst einen stellvertretenden Großmeister zu wählen, der Meister einer Einzelloge sein oder gewesen sein muß. Dieser ist berechtigt, so zu handeln, wie der Großmeister, sein Vorgesetzter, es sei denn, dieser sei selbst zugegen oder mache seine Autorität durch ein Schreiben geltend.

Diesen höchsten und nachgeordneten Leitern und Lenkern der alten Loge – je nach ihren Ämtern – sollen die Brüder, so wie es die alten Pflichten und Anordnungen wollen, in aller Ergebenheit, Achtung, Liebe und Bereitwilligkeit gehorchen.

V. Von der Leitung der Bruderschaft bei der Arbeit

Alle Maurer sollen an den Arbeitstagen rechtschaffen arbeiten, damit sie an den Feiertagen in Ehren leben können; die durch Landesgesetz angeordnete oder durch Herkommen festgelegte Arbeitszeit ist einzuhalten.

Der erfahrenste Geselle soll zum Meister oder Aufseher über das Werk für den Bauherrn gewählt oder ernannt werden. Wer unter ihm arbeitet, soll ihn Meister nennen. Die Werkleute sollen Schimpfreden vermeiden und sich untereinander nicht mit häßlichen Ausdrücken belegen, sondern einander Bruder oder Genosse nennen. Sie sollen sich innerhalb wie außerhalb der Loge höflich benehmen. Der Meister, der sich seines Könnens bewußt ist, soll das Werk für den Bauherrn so preiswert wie möglich übernehmen und dessen Gut so redlich verwalten, als wäre es sein eigenes. Auch soll er keinem Bruder oder Lehrling mehr Lohn zahlen, als er wirklich verdient hat. Meister und Maurer, die ihren Lohn zu Recht erhalten, sollen dem Bauherrn treu ergeben sein und ihr Werk redlich beenden, gleichgültig ob nach Aufmaß oder im Tagelohn. Auch sollen sie nicht nach Aufmaß abrechnen, wo Tagelohn die Regel ist.

Niemand soll einen Bruder um seinen Wohlstand beneiden, ihn verdrängen oder ihm seine Arbeit wegnehmen, wenn dieser fähig ist, sie zu vollenden. Denn keiner, der die Entwürfe und Zeichnungen eines anderen nicht gründlich kennt, ist imstande, die Arbeit zum Vorteil des Bauherrn gut zu Ende zu führen.

Wenn ein Geselle zum Werkaufseher unter dem Meister gewählt wird, so soll er gegenüber Meister und Genossen aufrichtig sein und, wenn der Meister abwesend ist, sorgfältig die Aufsicht über die Arbeit zum Vorteil des Bauherrn führen. Und seine Brüder sollen ihm gehorchen.

Alle Maurer auf dem Bau sollen ohne Murren und Meutern ihren Lohn willig empfangen und den Meister nicht im Stich lassen, ehe das Werk nicht vollendet ist.

Ein jüngerer Bruder soll in der Arbeit unterwiesen werden, damit er den Werkstoff nicht aus Unkenntnis beschädige und damit die brüderliche Liebe untereinander wachse und fortdauere.

Alle Werkzeuge, die bei der Arbeit benutzt werden, sollen von der Großloge genehmigt sein.

Kein Handlanger soll in der eigentlichen Arbeit der Maurerei beschäftigt werden, und kein freier Maurer soll ohne zwingenden Grund mit denen zusammenarbeiten, die nicht frei sind; sie sollen Handlanger und nicht angenommene Maurer auch nicht unterweisen, wie sie dies gegenüber einem Bruder oder Genossen tun sollen.

VI. Vom Betragen – nämlich

1. in geöffneter Loge

Ihr sollt keine privaten Beratungen und keine gesonderten Besprechungen abhalten, ohne daß es euch der Meister erlaubt. Auch sollt ihr nicht vorlaut und taktlos über etwas reden und

Neues
Constitutionen-Buch
Der
Alten Ehrwürdigen Brüderschafft
Der
Frey-Maurer,
Worin
Die Geschichte, Pflichten, Reguln ꝛc.
derselben,
Auf Befehl der Grossen Loge/
Aus ihren
Alten Urkunden, glaubwürdigen Traditionen
und Loge-Büchern,
Zum Gebrauch der Logen
verfasset worden,
Von
Jacob Anderson, D.D.
Aus dem Englischen übersetzt.

Zweyte vermehrte Auflage.

Franckfurt am Mayn,
In der Andreäischen Buchhandlung. 1743.

Titelblatt der zweiten Auflage des Constitutionenbuches in deutscher Übersetzung.

Anhang
zum
Constitutionen-Buch
der
Frey-Maurer,
worin
Eine Sammlung
verschiedener
zum Vortheil dieser Ehrwürdigen Gesellschafft
ans Licht gekommenen merckwürdigen
Schutz-Schrifften, Reden
und anderer
Vertheidigungen,
enthalten.

Franckfurt am Mayn,
In der Andreäischen Buchhandlung.
1743.

den Meister, die Aufseher oder einen Bruder, der mit dem Meister spricht, nicht unterbrechen.

Wenn sich die Loge mit ernsten und feierlichen Dingen befaßt, sollt ihr nicht Dummheiten machen und Scherz treiben und unter keinem irgendwie gearteten Vorwand eine unziemliche Sprache führen. Ihr sollt euch vielmehr ehrerbietig gegenüber Meister, Aufseher und Genossen benehmen und sie in Ehren halten.

Wird eine Klage laut, so soll sich der für schuldig befundene Bruder dem Urteil und der Entscheidung der Loge stellen, die der eigentliche und zuständige Richter in allen derartigen Streitigkeiten ist, wo sie anhängig gemacht werden müssen – es sei denn, ihr ruft die Großloge an.

Nur wenn die Arbeit für einen Bauherrn darunter leiden würde, darf ein Schiedsspruch gefällt werden. In dem, was die Maurerei betrifft, dürft ihr nie vor Gericht gehen, wenn es der Loge nicht unbedingt notwendig erscheint.

2. nach geschlossener Loge,
wenn die Brüder noch beisammen sind

Ihr könnt noch in harmloser Fröhlichkeit zusammenbleiben, einander bewirten, wie es eure Verhältnisse euch gestatten, sollt dabei aber jedes Übermaß vermeiden. Ihr sollt keinen Bruder dazu verleiten, mehr zu essen oder zu trinken, als er verträgt, ihn auch nicht daran hindern, zu gehen, wenn Verpflichtungen ihn rufen. Auch sollt ihr nichts tun oder sagen, das verletzen oder eine ungezwungene und freie Unterhaltung unmöglich machen könnte. Denn das würde sich nachteilig auf unsere Eintracht auswirken und den guten Zweck vereiteln, den wir verfolgen.

Deswegen dürfen keine persönlichen Sticheleien und Auseinandersetzungen und erst recht keine Streitgespräche über Religion, Nation oder Politik in die Loge getragen werden. Als Maurer gehören wir nur der allgemeinen Religion an, von der schon die Rede war. Unter uns findet man alle Völker, Zungen, Stämme und Sprachen; wir wenden uns entschieden gegen alle politischen Auseinandersetzungen, die noch niemals

Diese Einladungskarte weist eine reiche freimaurerische Symbolik, ausgehend vom zentralen Motiv der Loge (drei Pfeile im Dreieck, umschrieben mit dem Uroboros), auf.

zum Wohle der Loge beigetragen haben und es auch niemals tun werden. Diese Pflicht wurde schon immer streng eingeschärft und befolgt, besonders aber seit der Reformation in Britannien oder seit dem Abfall und der Trennung unserer Nationen von der Gemeinschaft mit Rom.

3. wenn Brüder ohne Profane zusammenkommen, aber nicht in der Loge

Ihr sollt einander höflich grüßen, so wie man es euch zeigen wird, sollt euch Bruder nennen, euch ungezwungen gegenseitig unterrichten, wenn es angebracht erscheint, aber darauf achten, daß man euch nicht zufällig beobachtet oder belauscht. Ihr sollt einander nicht lästig fallen oder es an jener Achtung fehlen lassen, die man jedem Bruder schuldet, auch wenn er kein Maurer wäre. Denn obwohl sich alle Maurer als Brüder auf gleicher Ebene bewegen, nimmt die Maurerei doch keinem Menschen das Ansehen, das er vorher besaß, erhöht es vielmehr, namentlich wenn er sich um die Bruderschaft besonders verdient gemacht hat; denn sie erweist dem die schuldige Achtung, der sie verdient, und verwirft schlechte Formen.

4. in Gegenwart von Profanen
Mit Worten und in eurem Auftreten sollt ihr vorsichtig sein, so daß auch der scharfsinnigste Fremde nicht ausfindig machen kann, was sich zur Weitergabe nicht eignet; manchmal müßt ihr auch einem Gespräch eine andere Richtung geben und es geschickt zum Besten der ehrwürdigen Bruderschaft führen.

5. daheim und in der Nachbarschaft
Ihr sollt so handeln, wie es sich für einen anständigen und klugen Menschen gehört. Vor allem sollt ihr eure Angehörigen, Bekannte und Nachbarn nichts von dem wissen lassen, was die Loge angeht, sondern – aus Gründen, die hier nicht erwähnt zu werden brauchen – euch verantwortlich fühlen für eure eigene Ehre und die der alten Bruderschaft. Ihr müßt auch auf eure Gesundheit Rücksicht nehmen, die Zusammenkünfte nicht zu lange ausdehnen oder nach Schluß der Loge noch zu lange von [zu] Hause wegbleiben, nicht unmäßig essen und trinken, damit ihr eure Angehörigen nicht vernachlässigt oder schädigt und euch selbst zur Arbeit unfähig macht.

6. gegenüber einem unbekannten Bruder
Ihr sollt ihn zurückhaltend in einer Weise prüfen, wie eure Vorsicht es angebracht erscheinen läßt, damit ihr nicht von einem unwissenden Betrüger zum Narren gehalten werdet. Mit Verachtung und beißendem Spott sollt ihr ihn abweisen, wobei ihr euch hüten müßt, irgend etwas von eurem Wissen preiszugeben. Erkennt ihr ihn aber als einen echten und rechtmäßigen

Bruder, so sollt ihr ihm mit entsprechender Achtung begegnen. Ist er in Not, so müßt ihr ihm helfen, wenn ihr es könnt, oder ihn dorthin weisen, wo ihm geholfen werden kann. Ihr müßt ihm einige Tage Arbeit geben oder sonst dorthin empfehlen, wo man ihn beschäftigen kann. Aber niemand verlangt, daß ihr mehr tut, als ihr könnt; nur sollt ihr einen armen Bruder, der ein guter und aufrechter Mann ist, jedem anderen armen Menschen, der in der gleichen Lage ist, vorziehen.

Zum Abschluß:
Alle diese Pflichten sollt ihr euch zu eigen machen und ebenso weitere, die euch noch auf andere Weise mitgeteilt werden; so pflegt ihr die brüderliche Liebe, die der Grundstein und der Schlußstein, das uns alle verbindende Band und der Ruhm unserer alten Bruderschaft ist, und vermeidet Zank und Streit, üble Nachrede und Verleumdung. Auch sollt ihr nicht dulden, daß andere Schlechtes über einen redlichen Bruder reden, sondern sollt ihn verteidigen und ihm helfen, soweit ihr es vor eurer Ehre und eurem Gewissen verantworten könnt, doch nicht mehr. Und wenn euch irgendein Bruder Unrecht tut, so sollt ihr euch an eure eigene oder an seine Loge wenden. Erst dann könnt ihr an die Vierteljahresversammlung der Großloge appellieren und endlich gegen deren Entscheidung die Jahresversammlung der Großloge anrufen, wie es der alte löbliche Brauch unserer Vorfahren in jeder Nation war. Führt nur dann einen Prozeß, wenn der Fall nicht anders entschieden werden kann. Geduldig sollt ihr dem ehrlichen und freundschaftlichen Rat des Meisters und eurer Genossen folgen, wenn sie es versuchen, euch von einem Rechtsstreit mit Profanen abzuhalten oder euch dringend darum bitten, schwebende Verfahren möglichst schnell abzuschließen, damit ihr euch mit um so größerem Eifer und Erfolg der Aufgabe der Maurerei widmen könnt. Liegen aber doch Brüder und Genossen vor Gericht im Streit, so sollen Meister und Brüder in aller Freundschaft ihre Vermittlung anbieten, die von den streitenden Brüdern dankbar angenommen werden sollte. Wenn das untunlich bleibt, dann sollen sie ihren Prozeß vor Gericht ohne Leidenschaft und Er-

bitterung führen und nichts sagen oder tun, das brüderlicher Liebe entgegensteht und es verhindert, daß gute Dienste erneut angeboten oder fortgesetzt werden:
damit alle den segensreichen Einfluß der Maurerei erkennen können, wie ihn alle wahren Maurer erkannt haben von Beginn der Welt und erkennen werden bis ans Ende der Zeit.

Amen – so soll es sein!"[1]

Selbstdefinitionen der Freimaurerei

In diesen Bestimmungen findet man den Minimalkonsens der Freimaurerei, ohne daß aber eine exakte Definition des Inhaltes getroffen wird. Eine derartige inhaltliche Definition gibt es nicht, „und es kann" – so Rolf Appel – „eine solche Begriffsbestimmung niemals geben, weil das Wesen der Freimaurerei sich jeder logischen Erfassung entzieht".[2] So definiert man von englischer Seite die Freimaurerei als ein „besonderes ethisches System, durch Allegorie eingehüllt und durch Symbole verdeutlicht. Die Freimaurerei lehrt Wohltätigkeit und Wohlwollen üben, die Reinheit schützen, die Bande des Blutes und der Freundschaft achten, die Grundregeln der Religion annehmen und ihre Gebote achten, dem Schwachen beistehen, den Blinden leiten, die Waisen beschützen, den Niedergetretenen erheben, die Regierung unterstützen, Sittlichkeit verbreiten und Wissen vermehren, die Menschen lieben, Gott fürchten, seine Gebote ausführen und auf Glückseligkeit hoffen".[3]

Diese knappe Definition aus dem englischen Katechismus des Lehrlingsgrades kann mit einer hymnischen deutschen Selbstdarstellung kontrastiert werden, die die rituelle Arbeit in den Vordergrund stellt. „Was die Menschheit an hohen Gedanken in ihren schöpferischen Zeitaltern hervorgebracht hat, was die nachfolgenden Perioden gelehrter Betrachtung zum intellektuellen Besitz gemacht haben, ... wird von den Freimaurern in ihrer Tempelarbeit gespielt wie gleichsam eine Orgel vom Organisten, und diese Orgel ist von einer kaum auszudenkenden Vollkommenheit. Ihre Manuale und Pedale tasten den geistigen Kosmos ab. Theoretisch ließe sich mit diesem Instrument der geistige Weltinhalt im Ritual der Freimaurer reproduzieren."[4]

Wesentlich präziser hingegen umschreibt die *Festliche Einleitung* des Lehrlingsrituals der deutschen *Großloge der Alten*

Freien und Angenommenen Maurer (A.F.u.A.M.) den Fragenkreis.

> *„Bruder Erster Aufseher, warum nennen wir uns Freimaurer?*
> Weil wir als freie Männer an dem großen Bau arbeiten.
> *An welchem Bau, mein Bruder?*
> Wir bauen den Tempel der Humanität.
> *Bruder Zweiter Aufseher, welche Bausteine brauchen wir dazu?*
> Die Steine, deren wir bedürfen, sind die Menschen.
> *Was ist notwendig, um sie fest miteinander zu verbinden?*
> Menschenliebe, Toleranz und Brüderlichkeit sind der Mörtel des Tempelbaus."

In der begleitenden Definition der Ritualkunde heißt es weiter: „Der Freimaurer erkennt im Weltenbau, in allem Lebendigen und im sittlichen Bewußtsein des Menschen das Wirken eines göttlichen Schöpfergeistes und verehrt ihn als den Großen Bau-

Hier werden freimaurerische Symbole zur Gestaltung einer Tischkarte eingesetzt.

meister der Welten. Der Tempel der Maurerei erstreckt sich von ‚Osten nach Westen, von Süden nach Norden, und vom Mittelpunkt der Erde bis zu den Sternen'. Er ist ein Symbol des Weltalls, ein Ort, an dem geistige Bestrebungen gepflegt werden, die auch über den Bereich des Irdisch-Materiellen hinausgehen. Selbst wenn der Mensch die Erde verläßt, um zu den Sternen zu reisen, bleibt er innerhalb der Loge, innerhalb des Zirkelschlages des Großen Baumeisters. Wenn wir uns zu gemeinsamer Arbeit im Tempel versammeln, sollen wir uns bewußt in die größere Gesetzmäßigkeit des Universums einordnen.

Seine irdische Entsprechung ist der Tempel der Humanität, dem wir als lebendige Bausteine und Werkzeuge dienen. Er ist das Symbol einer idealen Welt, der Religion geweiht, in der alle Menschen übereinstimmen, um die Menschheit einem besseren und glücklicheren Leben näherzubringen. Die Freimaurerei greift grundsätzlich nicht in die Angelegenheiten der Kirchen und Religionsgemeinschaften ein, sondern beläßt ihren Mitgliedern ausdrücklich die ihnen zur tröstlichen Überzeugung gewordenen Glaubenslehren und religiösen Vorstellungen. Der Maurer soll aber lernen, das Wahre und Gute auch in anderen Überlieferungen als der eigenen zu erkennen und ihnen seine Achtung nicht zu versagen.

Es gibt viele Wege, um menschliche Vervollkommnung zu erstreben und sich dem Göttlichen zu nähern. Es geht darum, daß jeder den ihm gemäßen findet, weil zu erwarten ist, daß er auf ihm die besten und raschesten Fortschritte machen wird. Es ist müßig, darüber zu streiten, ob eine Brücke aus Stahl einer aus Stein oder Holz erbauten vorzuziehen sei, solange jede von ihnen ihren Zweck erfüllt, den Wanderer an das andere Ufer zu bringen.

Der Tempel ist eine Stätte der Andacht, die die Menschen aufsuchen, um das Göttliche zu verehren und Erleuchtung und Frieden zu finden. Die großen gotischen Dome, die von dem Wirken der Meister künden, die vor unserer Zeit am Bau standen, vermitteln uns einen Eindruck von der Größe der seelischen Kraft, die es in Schönheit und Harmonie umzusetzen gilt, damit ein solches Bauwerk entstehen kann."[5]

Lichtgebung im Mopsorden für eine Dame.

Gleichsam diesen Text abstrahierend hält die „Verfassung der Großloge der Alten Freien und Angenommenen Maurer von Deutschland" unter den „freimaurerischen Grundsätzen" fest:

„ARTIKEL 2

1. In den Mitgliedslogen der Großloge arbeiten Freimaurer, die in bruderschaftlichen Formen und durch überkommene rituelle Handlungen menschliche Vervollkommnung erstreben. In Achtung vor der Würde jedes Menschen treten sie ein für die freie Entfaltung der Persönlichkeit und für Brüderlichkeit, Toleranz und Hilfsbereitschaft und Erziehung hierzu.

2. Glaubens-, Gewissens- und Denkfreiheit sind den Freimaurern höchstes Gut. Freie Meinungsäußerung im Rahmen der freimaurerischen Ordnung ist Voraussetzung freimaurerischer Arbeit.

ARTIKEL 3

1. Die Freimaurer sind durch ihr gemeinsames Streben nach humanitärer Geisteshaltung miteinander verbunden; sie bilden keine Glaubensgemeinschaft.

2. Sie sehen im Weltenbau, in allem Lebendigen und im sittlichen Bewußtsein des Menschen ein göttliches Wirken voll Weisheit, Stärke und Schönheit. Dieses alles verehren sie unter dem Sinnbild des Großen Baumeisters aller Welten.

ARTIKEL 4

1. Die Freimaurer nehmen in ihre Bruderschaft ohne Ansehen des religiösen Bekenntnisses, der Rasse, der Staatsangehörigkeit, der politischen Überzeugung und des Standes freie Männer von gutem Ruf als ordentliche Mitglieder auf, wenn sie sich verpflichten, für die Ziele der Freimaurer an sich selbst zu arbeiten und in den Gemeinschaften, in denen sie leben, zu wirken.

2. Mit seiner Aufnahme schließt der Freimaurer mit seinen Brüdern einen Bund fürs ganze Leben.

ARTIKEL 5

Die Großloge und ihre Mitgliedslogen nehmen in konfessionellen oder parteipolitischen Auseinandersetzungen nicht Stellung."[6]

Zusammenfassend charakterisiert der Schweizer Gottlieb Imhof in seiner Kleinen Werklehre die Freimaurerei als einen Männerbund, der die „Erziehung des einzelnen auf esoterischer Grundlage zu einer sittlich verantwortungsvollen Persönlichkeit und zu einem opferfähigen Glied der menschlichen Gesellschaft"[7] anstrebt. Als „Nebenziele" definiert er „die Pflege der Freundschaft und Geselligkeit", „die Ausübung der Wohltätigkeit" und „die Förderung des allgemeinen Wissens und profaner Bildungsbestrebungen". Als unverzichtbare Voraussetzung müssen, basierend auf den „Alten Pflichten", „das Streben nach Humanität und der Wille zur Toleranz"[8] bereits beim Suchenden, d.h. bei einem Aufnahmekandidaten, „erkennbar sein". Diese Koppelung umriß der Freimaurer und spätere deutsche Kaiser Friedrich III. 1886 mit den Worten: „Zwei Grundsätze bezeichnen vor allem unser Streben: Gewissensfreiheit und Duldung."[9]

Die *Großloge von England* vertritt die Ansicht, daß die sogenannten Landmarken gleichsam unverletzlich die reguläre Maurerei umschreiben. Die seit dem 19. Jahrhundert auftretenden Fassungen unterstreichen zumeist den Gegensatz zwischen der angelsächsischen Maurerei und dem Grand Orient, der naturgemäß die durch die Landmarken sich ergebenden Interpretationen ablehnt. Trotz der unterschiedlichen Ausformung bleiben die einzelnen Inhalte der Landmarken erhalten, wie sie deutlich aus den beiden folgenden Texten hervorgehen.

Die *Alten Landmarken* in einer weit verbreiteten Fassung umfassen 25 Punkte, denen eine traditionell gebilligte Authentizität zugesprochen wird:[10]

„1. Die Erkennungszeichen sind die echtesten und wichtigsten aller Landmarken. Nicht die geringste Änderung ist zulässig.

2. Die symbolische Maurerei unterteilt sich in drei Grade. Andere Grade als die des Lehrlings, Gesellen und des Meisters sind unzulässig.
3. Die Grundzüge des III. Grades, der Hirams-Legende, müssen erhalten bleiben.
4. Die Bruderschaft muß von einem von ihr erwählten Großmeister geführt werden. Der Großmeister bleibt auch dann im Amt, wenn keine Großloge mehr besteht.
5. Es ist das Vorrecht des Großmeisters, alle Sitzungen der Großloge zu leiten, sowie in jeder ihr unterstehenden Loge den Hammer zu führen.
6. Es ist das Vorrecht des Großmeisters, vorzeitig die Erlaubnis zu geben, Grade zu erteilen und somit alle übrigen Erfordernisse für eine Einweihung außer Kraft zu setzen.
7. Es ist das Vorrecht des Großmeisters, die Erlaubnis für die Gründung und Weiterführung von Logen zu geben.
8. Es ist das Vorrecht des Großmeisters, aufgrund eigenen Entscheids in einer hierfür eigens einberufenen Gelegenheitsloge mit sechs Meistern und ohne vorherige Prüfung Maurer zu weihen und dem für würdig Befundenen Grade zu verleihen. Hiernach wird die Loge aufgelöst und die Brüder entlassen.
9. Um sich den Arbeiten zu widmen, müssen sich die Maurer in Logen zusammenschließen.
10. Die in Logen zusammengeschlossenen Maurer müssen von einem Meister vom Stuhl und zwei Aufsehern geführt werden.
11. Die Arbeiten der Loge müssen ‚gedeckt' sein.
12. Jeder Bruder, selbst der Lehrling, hat das Recht zu eigener Vertretung in der Hauptversammlung der Bruderschaft.
13. Jeder Bruder hat das Recht der Berufung an die Großloge wegen Entscheidungen, die von seinen Brüdern getroffen werden, um Gerechtigkeit zu erhalten und Unterdrückungen vorzubeugen.
14. Jeder Bruder hat das Recht, auf Reisen in der ganzen Welt Logen zu besuchen und an ihren Arbeiten teilzunehmen.

15. Jeder unbekannte Bruder ist verpflichtet, seine Eigenschaft als Maurer durch Ausweis und Prüfung unter Beweis zu stellen. Ist er jedoch einem Bruder bekannt, so kann dieser die Verantwortung für ihn übernehmen. In diesem Fall kann von einer Prüfung Abstand genommen werden.
16. Keine Loge hat das Recht, sich in die Angelegenheiten einer anderen einzumischen, noch jenes, Grade an Brüder anderer Logen zu erteilen.
17. Die Bruderschaft unterteilt sich in Jurisdiktionen (Sprengel). Jeder Maurer ist den Gesetzen und Vorschriften des Sprengels unterworfen, in welchem er seinen Wohnsitz hat, selbst dann, wenn er vorübergehend keiner Loge angehört. Wer sich einer Loge nicht anschließt, begeht eine maurerische Unterlassungssünde.
18. Die Anwärter für die Aufnahme müssen Männer sein, ohne körperliche Mängel oder Verstümmelungen, frei von Geburt, großjährig und von gutem Leumund; Frauen, Krüppel und Sklaven können nicht beitreten.
19. Der Anwärter für die Aufnahme muß sich zum Glauben an den Urquell der Schöpfung bekennen, vom Bund mit A.B.a.W. bezeichnet.
20. Im Verein mit jenem Glauben wird der Glaube an ein künftiges Leben gefordert.
21. Auf dem Altar muß das Buch des Gesetzes liegen.
22. Alle Maurer sind innerhalb der Loge vollkommen gleich, ohne Ansehen irgendwelcher weltlicher Rechte oder Vorrechte, die die bürgerliche Gesellschaft verleiht. Die Freimaurerei schafft in ihren Versammlungen eine Ebene für alle Brüder.
23. Alle durch Einweihung erworbenen Kenntnisse, wie Brauchtum, Legenden, Überlieferungen und Erkennungszeichen, müssen geheimgehalten und dürfen nur Brüdern mitgeteilt werden.
24. Es ist die Pflicht, eine sinnvolle erdachte Wissenschaft auf den Bräuchen der Werkmaurerei und mit Hilfe von Symbolen aufzubauen.

Die Erklärung der betreffenden Arbeitsweisen und der darin gebrauchten Ausdrücke soll zum Zwecke der moralischen Belehrung geschehen.

25. Alle aufgeführten Landmarken sind unveränderlich. Nichts kann hinzugefügt noch etwas hinweggenommen werden. So, wie wir sie von unseren Vorfahren ererbten, sollen wir sie unseren Nachfahren hinterlassen."

Eine authentische Interpretationshilfe im Sinne der von der *Vereinigten Großloge von England* vertretenen Haltung ist durch die *Basic Principles* vom 4. September 1929 gegeben, die die Grundvoraussetzungen für die Anerkennung einer Großloge durch die englische fixiert:

„1. Die Rechtmäßigkeit des Ursprungs, das heißt, jede Großloge muß auf rechtmäßigem Wege von einer anerkannten Großloge oder von drei oder mehr gerechten und vollkommenen Logen errichtet worden sein.
2. Der Glaube an den Großen Baumeister aller Welten und an Seinen Geoffenbarten Willen muß die Voraussetzung der Mitgliedschaft sein.
3. Jeder Aufzunehmende muß sein Gelöbnis auf das geöffnete Buch des Heiligen Gesetzes oder im vollen Angesicht dessen ablegen. Hiermit ist die gewissensmäßige Bindung des Aufzunehmenden an die göttliche Offenbarung gemeint.
4. Nur Männer können Mitglieder einer Einzelloge und damit der Großloge sein. Die Großloge darf keine maurerische Verbindung mit den Gemischten Logen oder anderen Vereinigungen, die auch Frauen als Mitglieder zulassen, unterhalten.
5. Die Großloge muß die uneingeschränkte Jurisdiktion über die ihr unterstehenden Logen besitzen, das heißt, sie muß eine verantwortliche, unabhängige, selbstbestimmende Organisation sein, mit ausschließlicher und unbestrittener Autorität über die Bruderschaft und die symbolischen Grade (Lehrling, Geselle, Meister). Die Großloge darf in keiner Weise diese Autorität abtreten oder teilen mit

einem Obersten Rat oder einer anderen maurerischen Macht, die irgendeine Kontrolle oder Aufsicht über die drei Grade beansprucht.

6. Die drei Großen Lichter der Freimaurerei (das Buch des Heiligen Gesetzes, das Winkelmaß und der Zirkel) müssen stets aufliegen, wenn die Großloge oder die ihr unterstehenden Logen arbeiten; das rangmäßig höchste Licht ist das Buch des Heiligen Gesetzes.
7. Diskussionen über Religion und Politik müssen in der Loge streng verboten sein.
8. Die Grundsätze der ‚Alten Landmarken', Gebräuche und Gewohnheiten der Bruderschaft müssen genau beachtet werden."[11]

Diese *Basic Principles* wurden 1949 von englischer Seite verstärkt, indem in einem eigenen Papier – *Aims and Relationships of the Craft* – unter Punkt drei festgestellt wurde: „Die erste Bedingung, unserem Bund beizutreten und Mitglied zu sein, ist der Glaube an ein höheres Wesen. Diese Bedingung ist unerläßlich und erlaubt keinen Kompromiß."[12] Damit wurde der Gegensatz zum *Grand Orient* erneut markiert, da dieser aus seiner historischen Entwicklung heraus in einer derartigen theistischen Interpretation eine nichtmaurerische Einschränkung der Gewissensfreiheit erblickt.

Die autoritäre Position der *Vereinigten Großloge von England* erinnert an die Position Roms innerhalb der katholischen Kirche, ein Vergleich, der auch innerhalb der Freimaurerei positiv wertend gebraucht wird.[13]

Aus dieser Position heraus teilte die Vereinigte Großloge von England im Januar 1989 den von ihr anerkannten Großlogen die Neufassung der Basic Principles mit, deren wohl auffälligste Änderung, wie Jürgen Holtorf meint, die Neudefinition der Verbindlichkeit des Gottesbegriffes ist. Offensichtlich wurde damit der theistische Gottesbegriff durch eine deistische Gottesauffassung abgelöst.

„Freimaurerei wird unter vielen unabhängigen Großlogen nach Grundsätzen oder Regeln ausgeübt gleich denen, die durch die United Grand Lodge of England während ihrer geschichtlichen Entwicklung festgelegt wurden.

Regeln

Um als rechtmäßig durch die United Grand Lodge of England anerkannt zu werden, muß eine Großloge die folgenden Regeln beachten.

1. Sie muß gesetzmäßig durch eine rechtmäßige Großloge eingesetzt worden sein oder durch drei oder mehr selbständige (private) Logen, jede von ihnen mit dem Patent einer rechtmäßigen Großloge versehen.

2. Sie muß wahrhaftig unabhängig und autonom sein mit unbestrittener Vollmacht über die Handwerks-(oder Grund-) Freimaurerei (das sind die symbolischen Grade des Angenommenen Lehrlings, Gesellen und Meister-Maurers) innerhalb ihrer Zuständigkeit und in keiner Weise unterworfen sein unter oder die Herrschaft teilend mit irgendeiner anderen maurerischen Körperschaft.

3. Freimaurer innerhalb ihrer Zuständigkeit müssen Männer sein, und sie und ihre Logen dürfen keine maurerische Verbindung zu Logen haben, die Frauen als Mitglieder aufnehmen.

4. Freimaurer innerhalb ihrer Zuständigkeit müssen an ein höchstes Wesen glauben.

5. Alle Freimaurer innerhalb ihrer Zuständigkeit müssen ihre Verpflichtungen auf oder in vollem Anblick des Buches des heiligen Gesetzes (das ist die Bibel) oder das Buch, das von dem betreffenden Mann als heilig erachtet wird, ablegen.

6. Die drei großen Lichter der Freimaurerei (das sind das Buch des heiligen Gesetzes, das Winkelmaß und der Zirkel) müssen aufgelegt sein, wenn die Großloge oder ihre ihr unterstellten Logen geöffnet sind.

7. Die Diskussion über Religion und Politik innerhalb ihrer Logen muß verboten sein.

8. Sie muß die festgelegten Grundsätze und Lehrsätze (die „Alten Landmarken") und Gebräuche des Handwerks befolgen und darauf bestehen, daß sie innerhalb ihrer Logen befolgt werden.

Irreguläre oder nicht anerkannte Großlogen

Es gibt einige sich selbst so nennende maurerische Körperschaften, die diese Regeln nicht erfüllen, z. B. die nicht einen Glauben an ein höchstes Wesen verlangen oder ihren Mitgliedern als solche erlauben oder sie ermutigen, sich als solche an politischen Angelegenheiten zu beteiligen. Diese Körperschaften sind nicht durch die Großloge von England als maurerisch regulär anerkannt, und maurerischer Kontakt zu ihnen ist verboten."[14]

Der Weg des Suchenden

Freimaurerei läßt sich – folgt man der Anschauung der englischen Großloge und der mit ihr verbundenen regulären Maurerei – als eine „über die ganze Welt verbreitete Bewegung" definieren, deren Ziel es ist, die „in Logen organisierten" Männer „auf der Grundlage einer natürlichen Ethik zu wahrem Menschentum hinzuführen".[15] Dieses erzieherische Ziel wird im Zuge der Einführung des einzelnen im Wege der Initiation schrittweise angestrebt und soll durch das Zusammenspiel von rituellen Formen innerhalb der Tempelarbeit mit der schrittweisen Einführung in die spezifischen Regeln, Formen, Zeichen und Gebräuche den einzelnen zu den jeweils höheren Erkenntnisstufen im Sinne der drei Grade des Johannismaurers führen. Angestrebt wird dabei jener Freimaurer, der „auf dem Platz, an den das Leben ihn gestellt hat", versucht, „freimaurerische Erfahrungen zur Anwendung zu bringen. Die überbrachten rituellen Formen der Tempelarbeit bewahren einerseits vor unfruchtbarer Innerlichkeit und führen andererseits durch die Wiederholungen zur Denk- und Sprachzucht und schließlich zu einer gemeinsamen Verhaltensweise".[16] Damit wird deutlich jener gruppendynamische Prozeß angesprochen, der geschlossene Gesellschaften spezifisch formt und andererseits einen wesentlichen Ansatzpunkt für die von außen kommende Kritik bildet.

Die Ritualfähigkeit

Dieser gruppendynamische Prozeß, dem sich der einzelne bewußt oder – was wohl häufiger der Fall sein dürfte – unbewußt unterzieht, benötigt Zeit; dies steht aber des öfteren in einem vorläufigen Widerspruch zu dem erhöhten Erwartungszustand des Suchenden, der auf Grund des speziellen Rufes der Freimaurerei von ihr mehr erwartet als einen spezifisch von der Außenwelt charakteristisch abgegrenzten Verein bzw. Lebensbund. Diese Kluft spricht auch der Meister vom Stuhl in seiner Ansprache an den Suchenden während der Aufnahmebehandlung deutlich an: „Es ist nicht leicht, Freimaurer zu sein. Schon mancher, der es ohne innere Berufung versuchte, ward nichts als ein armer Spötter, ein Heuchler vor seinen Brüdern und ein Lügner vor sich selbst. ... Suchen Sie nicht ernstlich die Wahrheit und ringen Sie nicht mit der Kraft der Sehnsucht nach menschlicher Vollendung, so verlassen Sie diesen Ort ... Statt Freude würden Sie Traurigkeit, statt guter Freunde unerträgliche Mahner, statt Vollendung würden Sie die Qual eines schlechten Gewissens finden. ... Es ist nicht leicht, Freimaurer zu werden. Es zu sein, ist noch schwerer. Täuschen wir uns selbst, fehlt uns die echte innere Berufung, so strafen wir uns auch selbst. Wir werden nicht heimisch in der Gemeinschaft der Brüder und fühlen uns dieserhalb unsicher und unglücklich. So wie wir häufig im profanen Leben dem ‚Freimaurer ohne Schurz' begegnen, so gibt es auch in jeder Loge den Fremden mit Schurz, der innerlich ein Profaner geblieben ist. Wem dies widerfährt, der sollte ehrlich genug sein, sich still wieder zu entfernen, statt jahrelang ... die Harmonie der Gemeinschaft zu stören."[17]

Die Enttäuschung – Freimaurerische Selbstzeugnisse

Dieses Phänomen der Enttäuschung über die Kluft zwischen idealer Vorstellung und Realität wird sowohl in der freimaurerischen Literatur als auch in der antimaurerischen angezogen und interpretiert. E. Thieben reduziert das Problem beim Lehrling auf den noch nicht genügend vorbereiteten Menschen, der erst in die Gruppe hineinwachsen muß[18], während Pierre Mariel die Schwierigkeiten deutlicher anspricht: „Mein Eintritt war sicher durch unbewußte Motive mitbestimmt. Die Neu-

Lovis Corinth: *Die Logenbrüder (Tafelloge).*

gier war aber wohl noch der stärkere Antrieb. ... Meine Einweihung in den Grad des Lehrlings und damit in die ersten ‚Geheimnisse und Mysterien der Freimaurerei' machte mir einen tiefen, unauslöschlichen, aber auch zwiespältigen Eindruck. ... Auf diese Aufnahmezeremonie folgte ein Liebesmahl, ... an dem man gut aß und tüchtig trank. ... Am Schluß der Fresserei wurden noch Liedchen angestimmt ..., die einen eher schlüpfrigen Charakter hatten. Das erinnerte mich an ein Bankett ehemaliger Kriegsteilnehmer, an dem auch solch eine niedrige Gemütlichkeit herrschte."[19] In seinen Ausführungen stößt er sich deutlich an dem Gegensatz zwischen den hohen Erwartungen und der gängigen Vereinsmeierei, die auch Ernst Lothar in seinem Roman *Der Engel mit der Posaune* deutlich macht.

Im Zuge einer Diskussion über einen Vortrag und der damit verbundenen Anmerkungen bricht es aus einem Bruder, der auf die konkrete Situation Österreichs kurz vor dem Einmarsch Hitlers 1938 bezugnimmt, hervor: „‚Man behauptet von uns, wir sind ein Machtfaktor!' erklärte er gereizt. ‚Aber wenn man uns zuhört, würde man glauben, wir sind ein Kegelklub! Zum Kuckuck noch einmal, warum machen wir von unserer angeblichen Macht nicht endlich Gebrauch! Fünf Stunden Bahnfahrt von Wien gibt's längst keine Logen mehr, und das freie Wort führt ins Konzentrationslager. Wir aber sitzen hier und ‚arbeiten' ... kritisieren Ideen im Ton von Mittelschullehrern!' Nur von Logenmitgliedern wie dem Neuaufgenommenen, denen die Idee alles war und die Nutzanwendung nichts, könne die Freimaurerei den Sinn zurückempfangen, den sie einmal besaß und im Augenblick dringender benötigte denn je, fuhr Fritz erregter fort. ‚Wer wird uns helfen, meine Brüder!' rief er aus. ‚Das Parlament existiert nicht mehr! Die Regierung der Herren Schuschnigg, Starhemberg, Fey und wie sie alle heißen, ist ahnungslos dilettantisch, um nicht zu sagen, verbrecherisch ahnungslos! Wer wird uns Österreichern helfen, wenn wir uns nicht selbst helfen?' ... Dann wurde der Redner des Vortrages, der zur Diskussion stand, aufgefordert, das Schlußwort zu halten. Er erklärte, er hätte nichts zu sagen; das schien erwünscht. Spielte er lieber Bridge oder Tarock? Da er bedauerte, beides nicht zu können, ließen sich die Bridge- und Tarockspieler nicht länger stören. Fünf Minuten später waren die grünen Tische ... okkupiert; man hörte nur noch Spielansagen."[20]

Ein weiteres Problem im Bereich der Enttäuschung stellt die Gewöhnung an das Ritual dar, da sichtlich die Ritualfähigkeit im Zuge des gruppendynamischen Formungsprozesses und der persönlichen Rezeption des Dargebotenen erst allmählich steigt. Der bereits erwähnte Vortragende bei Lothar sieht sich kurz nach seiner Aufnahme mit diesem Problem konfrontiert, als er sich zu seiner Lehrlingsrede in die Loge begibt. Auf dem Wege dorthin „konnte er sich einer ihn unerwartet umfangenden Geheimnisatmosphäre nicht erwehren. ... An der im zweiten Stock gelegenen Tür klopfte er, wie der Vorbereitende Meister ihn gelehrt hatte, mit zwei kurzen Schlägen und einem langen, und ihm wurde aufgetan. Es war die erste regelmäßige ‚Arbeit', an der er teilnahm; daher bemerkte er mit einigem Befremden, daß die Logenbrüder sich dafür kostümierten. Sie banden Lederschürzchen um, die Lehrlinge weiße, die Gesellen mit blauem Rand eingefaßte, die Meister mit blauen Kreisen geschmückte. Auch legten sie Medaillen an, die ihnen an einem blauen Seidenband vom Halse baumelten. Für den Neuling sah es beinahe komisch aus, wie da die mehr oder minder beleibten Herren mit solcher Selbstverständlichkeit Schürzchen um den Bauch banden, und er hatte Mühe, ernst zu bleiben, da er sie zu zweit in den sogenannten ‚Tempel' treten sah, wobei sie sich, die Hand im rechten Winkel an der Kehle, zweier kurzer hüpfender und eines überlangen Schrittes bedienten. Orgel begleitete ihren Einzug. In dem rechteckigen, von einem Podium erhöhten Raum, wo die Anwesenden an den Längswänden saßen, die Meister in den rückwärtigen Reihen, die Gesellen auf den Stühlen vor ihnen, die Lehrlinge vorne, erkannte er Gesichter, die er bei der Aufnahmezeremonie übersehen haben mußte. Der Meister nächst dem Rednerpult war der Inhaber einer Apotheke auf dem Kärntnerring; neben ihm saß ein Optiker; auch der Papierwarenhändler von

„The Free Mason's Health": Notendruck eines „Kettenliedes" mit Kupferstichillustration, England 1722.

Nummer 10 befand sich unter den Meistern. ... Er erkannte einen hünenhaften Operntenor. Fritz, der ihn hergebracht und seinen instinktiven Widerstand überwunden hatte, winkte ihm patronisierend und zeigte ihm seinen Platz.

‚Ein Mann wie du, gehört gerade in diesem Moment in die Loge', hatte er ... behauptet. ‚Manches wird dir ebenso wie mir bestimmt gegen den Strich gehn. Trotzdem brauchen wir dich und du uns.' ... Es war wirklich nicht leicht, beim Anblick der tänzerisch eintretenden kostümierten Apotheker, Optiker und Papierhändler ernst zu bleiben. Doch Fritz behielt den neuen Lehrling unter den Augen und ermahnte ihn mit Blicken, sich sein Urteil gefälligst später zu bilden. Übrigens befand sich das historische Verzeichnis der Logenbrüder unmittelbar neben Hans: Bruder Nummer 7 war ‚Wolfgang Am. Mozart, Musiker von Salzburg'. ... In der Mitte, die Wand fast völlig bedeckend, befand sich das Porträt Kaiser Josephs II. Ein älterer, müde aussehender Herr auf dem Podium schlug mit einem schwarzen Hammer zweimal kurz und einmal lang auf einen schwarzen Amboß. Dann erhob er sich mit den Worten: ‚In Ordnung, meine Brüder!' Jeder stand vom Sitz auf und legte die rechte Hand in rechtem Winkel an die Kehle. ‚Durch die freie Wahl meiner Brüder im Osten stehend, eröffne ich diese Lehrlingsarbeit nach altem Gebrauch der Freimaurer', sagte der Meister der Loge. Sich zu einem Herrn wendend, der links vom Mitteleingang vor einem Pult stand: ‚Bruder Erster Aufseher! Wann beginnen die Freimaurer ihre Arbeit?' ‚Um Mittag!' ‚Welche Zeit haben wir nun?' ‚Nach freimaurerischem Zeitmaß hoch Mittag!' Der Meister der Loge wandte sich an den Herrn, der rechts vom Mitteleingang vor einem Pult stand: ‚Bruder Zweiter Aufseher! Arbeiten wir in Sicherheit?' Der Zweite Aufseher gab jemandem an der Tür, der einen langen Stab in der Hand hielt, ein Zeichen. Der Mann mit dem Stab öffnete, schaute hinaus, trat wieder ein, schloß die Tür und nickte schweigend. ‚Wir arbeiten in Sicherheit', antwortete der Zweite Aufseher dem Meister. ‚Da somit die rechte Zeit gekommen ist und wir von außen und innen gehörig gedeckt sind, bitte ich euch, meine Brüder Aufseher, mit mir die Loge zu erhellen!' Der

Meister stieg vom Podium herab, schritt auf den im Mittelgang aufragenden dreiarmigen Leuchter zu und entzündete eine Kerze. ‚Freiheit leite den Bau!' sagte er dabei. Die beiden Aufseher waren mit ihm vor dem Leuchter zusammengetroffen. Jeder eine Kerze entzündend, sprachen sie: ‚Weisheit führe ihn aus!' ‚Schönheit ziere ihn!' ‚Bleiben wir dieses Zweckes eingedenk!' Der Meister kehrte auf das Podium zurück und forderte den Lehrling … auf, seine Ansprache zu halten. Verwirrt trat Hans vor das Rednerpult. Den Meister der Loge mit dem Zeichen grüßend, das er gelehrt worden war, einer ausholenden, rechtwinkeligen Bewegung des rechten Armes, fühlte er die Verlegenheit, in die jede Art von Schaustellung ihn versetzte … Fast unhörbar sprach er die vorgeschriebene Anrede: ‚Bruder Meister! Meine geliebten Brüder!' Das Wort ‚geliebte' bereitete ihm Schwierigkeiten. Doch dann las er, was er diktiert hatte; sein Thema riß ihn schließlich fort. … Andere Dinge kamen zur Sprache. Für ein Blindenheim brauchte man 270 Schilling. Die Brüder Bunzl, Groag und Anton Singer waren ihren Monatsbeitrag schuldig. … Am nächsten Samstag fand ein Schwesternabend statt. Die Brüder Künstler wurden gebeten, sich wegen des musikalischen Programms mit dem Bruder Vorbereitenden Meister ins Einvernehmen zu setzen. Nach dem 15. dieses Monats fanden die Mittwochzusammenkünfte nicht mehr im Cafe Promenade, sondern im Cafe Siller statt. Am 17. sang Schwester Klein, die Gattin des geliebten Bruders Klein der Loge Lessing, in der Volksoper. Alle geliebten Brüder waren dringend aufgefordert, dem Auftreten der Schwester Klein beizuwohnen, ermäßigte Karten beim Bruder Zweiten Aufseher. Nachdem die Arbeit mit einer Sammlung für den ‚Sack der Witwe' und Orgelklängen geschlossen war, legten die Brüder ihre Logenabzeichen ab und versammelten sich im ersten Stock an der ‚Weißen Tafel'; hier speiste man Gulyas und Linzertorte und trank Lagerbier. Es wurde erzählt, daß Bruder Bittner und Schwester Mikulek neuerlich zusammen gesehen worden seien. Bruder Slezak habe einen großartigen Witz gemacht. Von Eisenaktien sei abzuraten; wenn man jetzt überhaupt ‚einstieg', dann Wasserkräfte."[21]

Die Enttäuschung – Antifreimaurerischer Agitationsbehelf

Mit diesem Unbehagen beschäftigt sich auch die antifreimaurerische Literatur, wobei sie sich bevorzugt auf Erlebnisberichte ehemaliger, im Streit ausgeschiedener Freimaurer bedient. So beschreibt Albert Ludwig Daiber in seinem kurz nach der Jahrhundertwende sehr verbreiteten Buch *Elf Jahre Freimaurerei!* seine Aufnahme gleichsam schon als Grundstein für seinen späteren Bruch mit der Freimaurerei: „Der Tag war herangekommen ... als ich mit meinem Paten ... dem Orte zustrebte, an dem ich ‚das Licht einer neuen Welt' erblicken sollte. ... ‚Haben Sie nur Vertrauen', meinte ein ... Herr ... und versicherte, daß wir lediglich einige symbolische Reisen zu unternehmen hätten."[22] Nach der Abgabe aller Metalle und Wertgegenstände, die er mit sich trug, wurden die „Augen mit einer blauseidenen Binde verschlossen ... und nun ging die Wanderung an. Rechts und links gestützt und gehalten, trabte ich, meiner Empfindung nach, bald in die Höhe, bald wieder auf Treppen hinunter in die Tiefe. Wie lang diese Irrfahrt dauerte, wußte ich nicht. Sie war für mich nichts weniger als behaglich, und ich fror innerlich und äußerlich. ‚Wenn ich klopfe, dann nehmen Sie die Binde ab', sagte einer meiner Begleiter ... Man ließ mich stehen, und bald darauf erklangen drei rhythmische Schläge, ungefähr so, als ob heftig an eine Tür gepocht würde. Ich entfernte die Binde. Ich war allein; aber wo war ich denn? Es war eine kleine, schwarz ausgeschlagene Kammer, in der ich mich befand, die ‚Kammer des stillen Nachdenkens', nur matt erhellt durch eine brennende Kerze, die auf einem kleinen, ebenfalls mit schwarzem Tuch überzogenen Tischchen in einer Ecke stand. Auf dem Tische war eine Sanduhr, eine Karaffe mit Wasser nebst Glas, Schreibzeug und eine Kartontafel mit Fragen, auf die der Neophyte antworten sollte. In einer anderen Ecke dieses merkwürdigen Raumes stand ein gut erhaltenes, menschliches Skelett, dessen einer Arm, wie zur Begrüßung, ausgestreckt war. ... ‚Diese Aufnahme kann ja noch recht ungemütlich werden, wenn es in der angefangenen Weise weitergeht. Dem Einfältigen mag man mit solchem Hokuspokus imponieren, mir nicht.' ... Bum! – Bum! – Bum! – dröhnte es plötzlich so laut und kräftig an die Kammertüre, daß ich auf meinem Stuhle erschreckt emporfuhr, und herein trat mein Pate in maurerischer Kleidung – das Schurzfell mit blauen Rosetten um die Lenden; auf der Brust baumelte allerlei Zierat. Unter normalen Verhältnissen würde ich über das sonderbare Aussehen des alten Mannes gelacht haben, kam mir doch dieser Schmuck und Flitter gar so einfältig und unwürdig vor. Aber ich befand mich selbst in einem schwachen Grade der Hypnose, einer gewissen Autosuggestion. Mein erstaunter Blick mußte aber doch dem ‚Meister' aufgefallen sein. ‚Sie werden noch hören, warum wir uns so bei unseren Arbeiten schmücken; es ist Sinn, ethische Idee, Symbolik in der kleinsten unserer Handlungen und Arbeiten, wie auch in unserer Kleidung, die nur der Ausdruck oder, wenn Sie wollen, die Anpassung an diese Symbolik ist.' Ich schwieg, weil ich das Gesagte nicht begriff. ‚Sie müssen diese Fragen hier beantworten', erklärte mir mein Pate. ‚Seien Sie hoffnungsfreudig und mutig! Ich gehe jetzt wieder, und Sie werden bald nachher den Bruder Präparator hier bei sich sehen.' Ich schrieb auf einen Bogen Papier, was mir in bezug auf die Fragen des ersten Grades (Lehrling) in den Sinn kam, und ich war kaum damit fertig, als unter demselben mir höchst unhöflich vorkommenden Gepolter an der Türe der Präparator bei mir erschien, der mir einige Fragen stellte und sich meinen bescheidenen Zettel geben ließ. Kurz darauf wurden mir ... wieder die Augen verbunden, und weiter ging die Reise. Meinem Gefühle und den Weisungen der beiden Führer nach stiegen wir konstant abwärts. ... Wieder wurde an die Türe gehauen, als gelte es, Scheintote ins Leben zurückzurufen. Dann rasselte die Türe auf wie das Tor einer mit Ketten befestigten Zugbrücke, und heraus trat, dem Schritte nach zu schließen, ein Mann, der in barschem, dumpfem Tone fragte: ‚Wer hat so geklopft?' ... ‚Es sind Lichtsuchende hier, die wünschen, in den Bund der Freimaurer aufgenommen zu werden', war die Antwort. Die Türe wurde wieder zugeworfen. ... Wieder dumpfe Hammerschläge, Stimmen von ferne, wieder Türgepolter und rasselndes Öffnen, Hin- und Herfragen und parlamentieren, dann endlich ging es vorwärts, hinein in das Allerheiligste, vorsichtig, Schritt für Schritt ... und ich stand allein, denn die Führenden ließen plötzlich meinen Arm los. Einen Moment der Ruhe, der Stille, dann tönte unvermittelt eine Stimme mit der Frage an mein Ohr: ‚Doktor Ludwig, was suchen Sie hier?' ‚Menschentum und Freundschaft', war meine nach kurzem Besinnen gegebene Antwort. ... Dann wurden wir wieder herumgeführt. Die folgenden Zeremonien, die nur auf die drei Elemente Erde, Feuer und Wasser Bezug hatten, mißfielen mir in ihrer von einer anderen Stimme gegebenen Erklärung nicht. Es war der erste Sinn in dem bisherigen Unsinn. Aber immer noch drückte mich die Binde vor den Augen, die tatsächlich zu schmerzen anfingen. Noch trennte sie mich von dem reinen, wahren Lichte; sie war, wie man mir erklärte, das Symbol des im Dunkel tappenden, profanen Menschen mit allen seinen Vorurteilen in der Außenwelt. Hoch gedacht vom Werte der eigenen Gesellschaft! Ob diese aber wirklich vorurteilsfrei sei, war ich begierig zu erfahren. ‚Bruder Ludwig' (so hieß ich jetzt bereits), ‚wenn Sie einen Feind in unseren Reihen erblicken, können Sie ihm vergeben?' Diese Zumutung fand ich stark. ‚Wenn er anständig ist, ja!' rief ich. Langsam wurde mir die Binde von den Augen gezogen; eine verborgene Musik setzte ein; ich sah mich von einer Kette von Männern umgeben die wie mein Pate gekleidet waren; aber bei dem plötzlichen Lichte der vielen hellen Gasflammen flimmerte es mir derart vor den schmerzenden Augen, daß ich sie zunächst schließen mußte. Jetzt war ich Mitglied der Loge. ... Mit stiller Freude begrüßte ich ... den Schluß der langen Feier, und die Aussicht auf ein baldiges warmes Essen ließ meine bereits sehr tief gesunkenen Lebensgeister wieder leise aufflackern. Wir zogen nun hinauf in den Bankettsaal zum ‚einfachen Brudermahle'. ... Es schien nur alles mehr auf ein großes, reiches Essen, als auf das angekündigte ‚einfache Brudermahl' zu deuten. ... Das Mahl begann. Die anfangs frostige Stimmung wurde bald animierter. Reden wurden gehalten,

Toaste ausgebracht; dazwischen gab es Klaviervorträge mit Instrumentalbegleitung. Auch mir wurde es wieder wohler und wärmer ums Herz, obwohl dasselbe einen neuen Stoß erhielt, als ein allgemeiner Kantus angestimmt wurde: ‚Wir, auf diesem Stern die Besten Brüder all in Ost und Westen, usw.' ‚Eine Anmaßung höchsten Grades', brummte ich zornig in mich hinein; ‚bis jetzt war ich der Meinung, daß die wahre Selbsterkenntnis zur Bescheidenheit führe, zur stillen, sittlichen Tat, nicht aber zu lauter Selbstbewunderung und zum Selbstlobe.'"

Der Lehrling – Die Lichtgebung

Verblüffend an den hier zitierten Szenen ist die Offenheit, mit der Logenarbeiten auch von aktiven Freimaurern – wie etwa Ernst Lothars Schilderung einer Arbeit im Lehrlingsgrad – in literarische Texte eingebracht werden.

Den Grundtenor dieser angeführten Zitate bildet die Enttäuschung des Lehrlings, der sowohl von der Symbolfülle, als auch von den menschlichen Unzulänglichkeiten verwirrt sich in einem Kreis findet, der ihm in der Regel bis zu seiner Aufnahme namentlich und persönlich nicht weiter bekannt ist.

Diese Form der Aufnahme, die mit der Lichtgebung an den Suchenden beginnt, der nach geraumer Zeit die Beförderung in den Gesellenstand folgt, ehe die Initiation mit der Erhebung zum Meister in aller Form beendet wird, ist von Beginn an als Eintritt in einen Lebensbund ausgerichtet, wobei der Suchende wohl über die Institution Freimaurerei informiert wird, nicht aber über die Art seiner Initiation und über die Masse der Mitglieder weder der Loge, noch der Großloge, der er sich anschließt.

„Das Erlebnis der Einweihung" soll so gestaltet werden, daß es für Aufgenommene „unverlierbar und unauslöschlich" wird. „Selbst wenn ein Bruder später die Loge verläßt, so wird die empfangene Weihe doch immer ein Teil seines Wesens bleiben", formuliert die Ritualkunde den Vorgang, und dieses Erlebnis ist letztlich das vom Profanen nicht nachvollziehbare „Geheimnis".[23]

Die Einweihung, die Rezeption eines Beitrittswilligen zerfällt zunächst in zwei Abschnitte: Aufnahmegesuch, Beschlußfassung und formelle Annahme des Antragstellers als Suchender bilden gleichsam die vereinsmäßige Vorbereitung der Initiation. Die Initiation wiederholt bei der Aufnahme des Lehrlings gleichsam im Ritual das Prüfungsverfahren und ist letztlich dreigeteilt: Nach der Vorbereitung des Kandidaten im Vorbereitungsraum, in den der Bürge den Suchenden bringt, und der schriftlichen Beantwortung dreier Fragen, führt der Vorbereitende Bruder den Aufnahmewilligen in die „Kammer der verlorenen Schritte" oder „des stillen Nachdenkens", während die in der Loge versammelten Freimaurer die Antworten zur Kenntnis nehmen und erneut die Aufnahmebereitschaft ihrerseits bekräftigen. Am Ende dieses ersten Teiles begeben sich der Redner und der Zeremonienmeister zum Suchenden, der diese nun erstmals in maurerischer Kleidung sieht und sein Äußeres selbst für die nun beginnenden Reisen vorbereitet, ehe er mit verbundenen Augen an das Tor der Loge, des Tempels selbst geführt wird. Die rituellen Wechselreden, Ansprachen und die drei Reisen enden im Eid bzw. im Gelöbnis; damit wird er in die Bruderkette seiner Loge und in die Bruderkette der Freimaurer schlechthin aufgenommen. Mit der Abnahme der Augenbinde, der Lichtgebung, endet der zweite Teil. Im dritten Teil erfolgt die Einkleidung des Lehrlings, die Mitteilung des Schrittes, der Symbole, der Erkennungszeichen etc. Die Logenarbeit wendet sich nach Abschluß dieses dritten Abschnittes wieder dem normalen Ritual einer feierlichen Arbeit im Lehrlingsgrad, so wie sie eröffnet worden ist, zu und schließt in der Regel nun auch die Arbeit ab.

Voraussetzungen

Die Grundvoraussetzungen zur Aufnahme in den Bund der Freimaurer sind scheinbar klar und deutlich – ein freier Mann von gutem Ruf, der im Einklang mit den Forderungen der Alten Pflichten steht und eine gewisse finanzielle Unabhängigkeit aufweist. Die in den Alten Pflichten angesprochene körperliche Unversehrtheit erinnert an jene Vorstellungen, wie sie häufig in unserem Kulturkreis als Voraussetzung für Priesterberufe formuliert worden sind. Ähnlich wie die „ehrbare" Abstammung sind dies allerdings Punkte – die sich auch in vielen nichtmaurerischen Bünden des 19. und frühen 20. Jahrhunderts, so z. B. in studentischen Korporationen, gefunden haben –, die heute praktisch keine Anwendung finden.

Die Praxis kennt aber weitere regional bedingte Eigenheiten; das krasseste Beispiel ist in den Vereinigten Staaten die Ausschließung von Negern, was in Europa an sich unvorstellbar wäre. Einer der im Nachleben populärsten österreichischen Freimaurer des 18. Jahrhunderts, Angelo Soliman[24], war Neger, aber als freiem, christlich erzogenem Mann, der über ein ent-

Die Lichtgebung in der Karikatur – England um 1800.

sprechendes Einkommen verfügte, stand ihm die Loge offen; so konnte er einer der Wegbegleiter Ignaz von Borns werden. In der Bundesrepublik Deutschland, wo es etwa in Hamburg stets auch Neger in den Logen gegeben hat, meiden heute jene Logen, die mit amerikanischen Logen auf dem Boden der Bundesrepublik engen Kontakt pflegen, die Aufnahme schwarzer Suchender, um nicht in den Bann der amerikanischen Bruderkette zu geraten.

Die finanzielle Unabhängigkeit an sich ist einleuchtend und hat nichts mit der immer wieder, vor allem im 18. Jahrhundert häufig auftretenden Beutelschneiderei zu tun. Naturgemäß benötigt die Loge für die Aufrechterhaltung der eigenen Bedürfnisse – Logenhaus bzw. Logenlokale – und für die Verfolgung humanitärer Hilfen Gelder, die seitens der Mitglieder aufgebracht werden müssen. So wird die Aktion Karlheinz Böhms für Äthiopien massiv von deutschen Logen unterstützt.[25] Diese Hilfe gilt auch für notleidende Mitglieder oder deren Frauen bzw. unversorgte Kinder. Aus dieser Situation heraus achtet man darauf, daß Suchende sowohl an dem alltäglichen finanziellen Bedarf der Loge teilnehmen können, als auch nicht in absehbarer Zeit der brüderlichen Hilfe anheimfallen.

Sarkastisch äußert sich darüber Erwin Blumenfeld in seinen Erinnerungen anläßlich des Todes seines eben bankrott gegangenen Vaters: „Hier will ich noch einer rührendschönen uralten Freimaurersitte gedenken, die mir in diesen Stunden tröstende Einsicht in menschliche Güte gewährt hat: bei Carolas Tod hat ein Unbekannter am großen Kondolenztag zwei Lederkassetten aufgestellt, die eine leer, die andere gefüllt mit Gold. Sind die Hinterbliebenen in Not, dann nehmen sie nach Belieben; befinden sie sich in gesegneteren Umständen, dann legen sie freigiebig Geld in die leere Schatulle. Da Papa lebenslang stolzer Logenbruder gewesen war, wartete ich gespannt auf den schwarzgekleideten Sarastro. Vergeblich. Großpapa erklärte mir, daß diese Sitte nur bei Reichen in Anwendung käme."[26] Andererseits muß festgehalten werden, daß in den österreichischen Logen, sichtlich in Erinnerung an die Zeit der

I.

Abriß der Loge

bey der Aufnahme eines Lehrlings oder Gesellen.

Wie er zu Paris, aber unrichtig, ans Licht gekommen.

1 Die Säule Jakin.
2 Die Säule Boaz.
3 Die sieben Stuffen zum Tempel.
4 Das Mosaische Estrich.
5 Das Fenster gegen Westen.
6 Das Reißbret für die Meister.
7 Der strahlende Stern.
8 Das Fenster gegen Süden.
9 Das Senkbley.
10 Das Fenster gegen Osten.
11 Die Wasserwaage.
12 Der rohe Stein.
13 Das Winkelmaas.
14 Der cubische zugespitzte Stein.
15 Die zackichte Qvaste
A Die Stelle des Großmeisters.
B Die Stelle des ersten Vorstehers.
C Die Stelle des zweiten Vorstehers.
D Der Altar.
E Der Schemmel.
F G H Die drey Lichter.

Dieser früh publizierte Teppich – er stammt aus dem 1745 erschienenen Buch „Der verrathene Orden der Freymäurer“ – kennt die Grundprinzipien, wird aber mit Symbolen überladen.

Großlogen, wo die ungarischen Freimaurer ihren Brüdern aus der anderen Reichshälfte der Doppelmonarchie organisatorische Hilfe gewährten, noch heute für die ungarischen Witwen gesammelt und diesen auch geholfen wird.

Grundsätzlich kann festgehalten werden, daß die finanziellen Anforderungen an die einzelnen Mitglieder am sozialen Kontext der jeweiligen Loge orientiert und hier durchaus starke Unterschiede bemerkbar sind. Im 1953 beschlossenen Hausgesetz einer Wiener Loge wird der Mitgliedsbeitrag mit zwei Prozent des Jahreseinkommens des einzelnen Bruders festgesetzt.[27] Hinzu kommen dann noch die Aufnahme- und Beförderungstaxen, wobei auch hier individuelle Regelungen vorgesehen sind. Schließlich ergeben sich noch finanzielle Verpflichtungen aus der Teilnahme an der Tafelloge, spontanen Spendenaktionen etc.

Das Prüfungsverfahren

Wenn nun ein Interessent grundsätzlich den allgemeinen Bedingungen eines Suchenden entspricht, leitet der Bürge das Aufnahmeverfahren ein. Den nun folgenden Vorgang beschreibt das bereits erwähnte Hausgesetz detailliert:

„§ 12 Das Vorprüfungskomitee besteht aus einer festzusetzenden Anzahl von Brüder Meistern, möglichst aus verschiedenen Berufsgruppen. Sie sind zu strengster Verschwiegenheit verpflichtet. Es entscheidet Stimmenmehrheit, der Vorsitzende stimmt mit. Über Suchende müssen mindestens drei schriftliche Informationen vorliegen. Der Vorsitzende des Komitees teilt dem Meister vom Stuhl das Ergebnis, das Stimmenverhältnis, sowie die etwa vorgebrachten Gründe einer Ablehnung mit.

§ 13 Ist der Beschluß der Vorprüfungskommission einstimmig befürwortet oder hat der Beamtenrat die Anmeldung zugelassen, so wird der Bürge durch den Meister vom Stuhl verständigt und der Suchende kann sein Aufnahmegesuch einbringen. In diesem muß der Suchende bestätigen, daß ihm die Höhe der von ihm zu entrichtenden Taxen und Beträge bekannt ist. Dem Gesuch sind Photographien und das Curriculum vitae in zwei Exemplaren beizulegen.

§ 14 Der Meister vom Stuhl – Deputierter Meister vom Stuhl – trägt die Anmeldung in das Buch der Anmeldungen ein und betraut mindestens drei Meister, denen er je ein Exemplar des Lebenslaufes übergibt mit den Recherchen.

§ 15 Der Name des Bürgen und der Informatoren sind unbedingt geheim zu halten.

§ 16 Der Bürge darf während der Vorprüfung und Behandlung des Aufnahmegesuches außer dem Meister vom Stuhl oder dessen Stellvertreter niemandem über die Anmeldung Mitteilung machen. Auch die Informatoren dürfen niemandem von ihrem Auftrag Erwähnung tun. In der eigenen Loge dürfen sie keine Information einholen, andererseits sind alle Brüder der Loge verpflichtet, falls ihnen etwas über den Suchenden bekannt ist, es dem Meister vom Stuhl oder dessen Stellvertreter zur Kenntnis zu bringen.

§ 17 Die Informatoren sind verpflichtet, ihre Berichte innerhalb drei Wochen zu erstatten oder mit Begründung Fristverlängerung zu verlangen. Falls der Meister vom Stuhl es für notwendig erachtet, kann er weitere Brüder mit Einholung von Recherchen betrauen. Bei Logen mit weniger als zwanzig Meister-Mitgliedern kann der Beamtenrat mit den Aufgaben der Vorprüfung betraut werden. Nach Ablauf des in der Konstitution vorgeschriebenen Zeitraumes ordnet der Meister vom Stuhl die Kugelung an."[28]

Anläßlich der Kugelung (Ballotage) entscheiden die Mitglieder einer Loge über Aufnahme (weiße) oder Ablehnung (schwarze Kugel) in geheimer Abstimmung. Ein hellleuchtendes Ergebnis, also das Vorhandensein von nur weißen Kugeln, führt zur Zu-

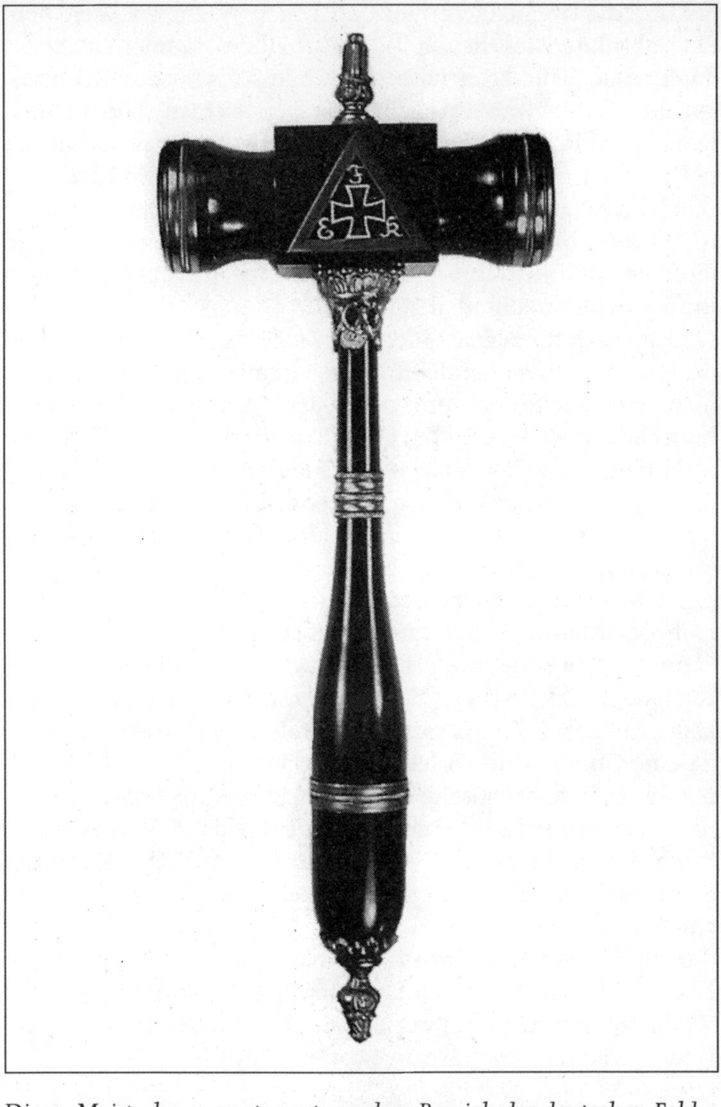

Dieser Meisterhammer stammt aus dem Bereich der deutschen Feldlogen und wurde in der antifreimaurerischen Agitation als besonders perverser Mißbrauch des „Eisernen Kreuzes“ für „ein jüdisches Ritualwerkzeug“ (Hasselbacher) angeführt.

lassung des Suchenden. Einzelne Logen verlangen aber nicht eine absolute Mehrheit für die Aufnahme, sondern nehmen auch trübe Ballotagen (zwei schwarze Kugeln) zur Kenntnis; sobald drei schwarze Kugeln geworfen werden, spricht man von einem dunklen Ergebnis. Unterschiedliche Bemühungen richten sich gegen unbegründete Nein-Stimmen. So besteht in „einzelnen Logen der Brauch, daß die geworfene schwarze Kugel dem Meister vom Stuhl vertraulich begründet werden muß".[29] Als Faustregel gilt, daß eine Neuaufnahme für einen Bruder nicht unzumutbar sein darf.

Der gesamte Vorgang der Auswahl eines Suchenden und dessen Aufnahme ist häufig Angelpunkt der Kritik. Wenn nicht eine breite Streuung unter den Mitgliedern einer Loge herrscht, läuft sie Gefahr, zum Berufszirkel, zur politischen Seilschaft, zur sehr zweckgebundenen Lobby stilisiert zu werden. So erregen Bankerlogen, wie etwa in der Frankfurter City, Juristen- und Polizeilogen in London oder Logen mit politischer Prominenz aus einem Lager nicht nur das Mißtrauen stupider Verschwörungstheoretiker, sondern auch Kritik innerhalb der Maurerei, die darin eine Fehlentwicklung sieht. So vermerkte Jörg Mauthe als überzeugter Freimaurer bitter den verstärkten Zustrom aus den Kreisen der österreichischen Sozialisten nach 1970. „Die Parteizentrale in der Löwelstraße sah da eine Chance, ihr Vorfeld zu erweitern ..."[30] Der Nichtfreimaurer und sozialistische Abgeordnete zum Nationalrat Hannes Gradenegger wiederum kritisierte aus der Sicht des Sozialisten die starke personelle Querverbindung seiner Partei mit den regionalen Logen, die seines Erachtens wesentliche Schuld am Niedergang der Partei trage.[31] Klassisch geworden ist in diesem Konnex der Anwurf der nationalistischen Kreise um Erich Ludendorff gegen die deutschen Feldlogen im Ersten Weltkrieg, denen trotz ihrer einwandfreien nationalen Vergangenheit Vaterlandsverrat vorgeworfen wurde.[32]

Vor der Lichterteilung

Nach erfolgter positiver Abstimmung wird der Suchende verständigt und von seinem Bürgen auf die Rezeption vorbereitet, die, folgt man dem gültigen Ritual der *Großloge A.F.u.A.M. von Deutschland,* in einem im Logengebäude befindlichen Vorbereitungsraum einige Zeit vor der eigentlichen Logenarbeit beginnt, indem drei Prüfungsfragen vorgelegt werden, die der Suchende schriftlich zu beantworten hat. „Was sagt Ihnen der Begriff des Großen Baumeisters aller Welten? Was erwarten Sie von Ihrer Aufnahme für Ihr künftiges Leben? In welcher Weise glauben Sie, zur Verwirklichung der Idee der Freimaurerei beitragen zu können?"[33] Während die Beantwortung der ersten Frage auf eine religiöse Toleranz zielt, wie sie in den Alten Pflichten formuliert ist, und die dritte Frage das Wirken in der Gemeinschaft der Freimaurerei im Sinne einer allgemeinen Humanität meint, interpretiert man die zweite Frage nahezu als zentrales Anliegen: „Es ist weniger wichtig, daß ein Kandidat zahlungsfähig, als daß er ritualfähig ist. Er muß wissen, daß ihn eine Einweihung erwartet; er muß wissen, was eine Einweihung ist, und er muß diese Einweihung wünschen. In den englischsprechenden Logen ist dies leichter zu erkennen. Dort bewirbt sich der Suchende um ‚Aufnahme in die Mysterien der Maurerei'. Aus seiner Beantwortung der Frage muß erkennbar sein, daß der Suchende bereit ist, der von ihm geforderten maurerischen Arbeit an sich selbst nachzukommen. Und daß er in der Lage sein wird, hinter den äußeren Formen unserer Symbole die geistigen Inhalte zu erkennen."[34]

Für die entsprechende Vorbereitung auf diese Fragen hat in der Regel jener Meister zu sorgen, der als Bürge einen Suchenden der Loge zur Aufnahme präsentiert hat und im Falle dessen Aufnahme ihn bis zu seiner Meistererhebung speziell betreut. Die Betonung der Ritualfähigkeit ist verständlich, wenn man den darauf folgenden Ablauf betrachtet: Nahezu rhythmisch geht die Frage an den Suchenden um die bewußte „Aufnahme in die Mysterien der Maurerei" voraus.[35]

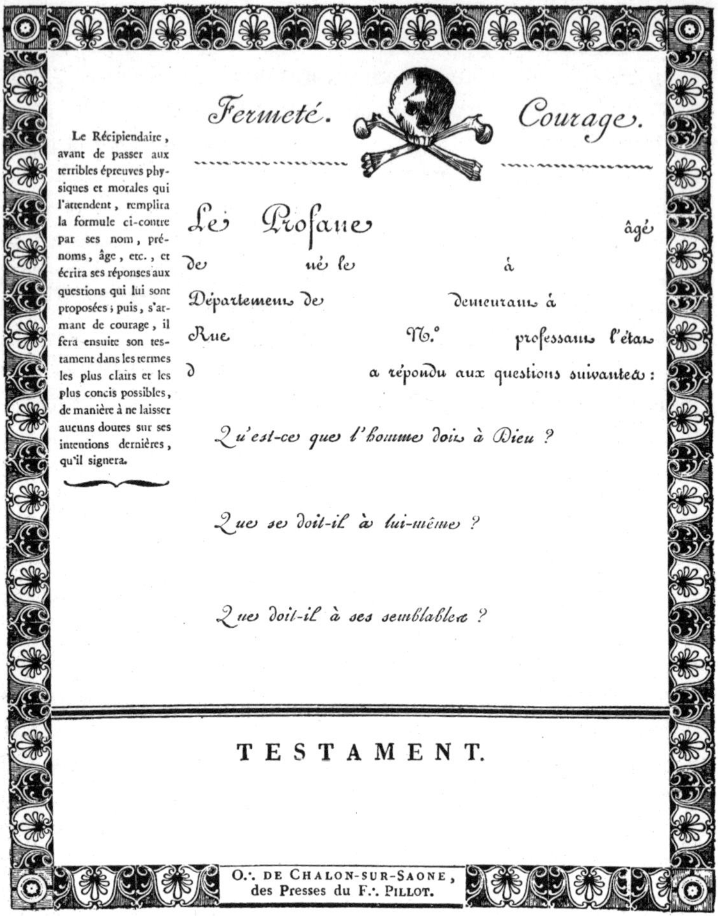

Fermeté. *Courage.*

Le Récipiendaire, avant de passer aux terribles épreuves physiques et morales qui l'attendent, remplira la formule ci-contre par ses nom, prénoms, âge, etc., et écrira ses réponses aux questions qui lui sont proposées; puis, s'armant de courage, il fera ensuite son testament dans les termes les plus clairs et les plus concis possibles, de manière à ne laisser aucuns doutes sur ses intentions dernières, qu'il signera.

Le Profane âgé
de né le à
Département de demeurant à
Rue N.° professant l'état
d a répondu aux questions suivantes:

Qu'est-ce que l'homme doit à Dieu?

Que se doit-il à lui-même?

Que doit-il à ses semblables?

TESTAMENT.

O.·. DE CHALON-SUR-SAONE,
des Presses du F.·. PILLOT.

Der Suchende hatte jeweils einen Fragebogen auszufüllen, der hier direkt mit dem Testament verbunden ist. Im Testament geht es darum, daß freimaurerische Utensilien nach dem Tode an die Loge zurückgegeben werden.

Nach der Beantwortung der drei Fragen wird der Suchende in die „Kammer der verlorenen Schritte" geführt, die in manchen Lehrarten leichter verständlich „Kammer des stillen Nachdenkens" heißt, die lärmdicht und dunkel ausgeschlagen eine stille Meditation unmittelbar vor der Aufnahme ermöglichen soll.

Hier soll er gleichsam im „Schoß der Erde", entsprechend den „Einweihungshöhlen der Mysterien", seinen Weg vom Dunkel ins Licht antreten.[36] Die brennende Kerze und der aufliegende Totenschädel sind Symbol für Tod und Wiedergeburt, das zentrale Thema auch bei der Meistererhebung.[37] Der für die Requisiten zuständige Bruder Schaffner hat schließlich noch die Bibel, das *Buch des Heiligen Gesetzes*, häufig aufgeschlagen bei den Psalmen, als Meditationshilfe hinterlassen. In manchen Logen finden sich zusätzlich die Abbildung eines Hahnes, als ein Symbol der Morgenröte, der Auferstehung aus der Nacht des Todes, eine Schale mit Salz als Zitat für „Ihr seid das Salz der Erde" und schließlich jener Spruch, der die Voraussetzung für die Arbeit am „rauhen Stein" des Lehrlings, nämlich an sich selbst ist: „Erkenne dich selbst."[38] Ebenso gehört die Sanduhr als Symbol für das vergängliche Leben zur Ausstattung des Raumes.

Durch die Auseinandersetzung mit den hier symbolisierten Problemkreisen soll der Suchende die „verlorenen Schritte des Profanen" hinter sich lassen, um in „wissenden" Schritten „den Weg zum Licht" antreten zu können.

Diese Funktion der Kammer verdeutlicht auch gelegentlich das alchimistische Symbolwort VITRIOL an den Wänden – Visita Interiora Terrae, Rectificando Invenies Occultum Lapidem – Erforsche das Innere der Erde und, indem Du Dich läuterst, wirst Du den Verborgenen Stein finden.[39] „Dieser verborgene Stein nun ist eben jener ‚Stein der Weisen' und er ist, um in die freimaurerische Symbolik einzulenken, der ‚rauhe Stein' des Lehrlings und der ‚behauene Stein' des Gesellen." Diese Aufforderung an den Lehrling zur Arbeit „an sich" und „in sich" wird den Brüdern am Schluß der Arbeit erneut jedesmal vom Meister vom Stuhl mitgegeben mit den Worten „Seid wachsam auf Euch selbst!"

In der Zwischenzeit erfolgt in der Loge, die entsprechend einer Arbeit im Lehrlingsgrad eröffnet worden ist, die Verlesung der Fragen und die erneute Beantwortung seiner Anlagen in Hinblick auf seine Ritualfähigkeit (!), Verträglichkeit und Begeisterungsfähigkeit. Nach dem Beifallszeichen – durch Aufheben der rechten Hand oder durch einen leichten Schlag mit dieser Hand auf den Tisch bzw. das rechte Knie – begeben sich Redner und Zeremonienmeister in maurerischer Kleidung in die Kammer, bereiten den Suchenden, nachdem er wiederum gefragt worden ist, ob er seinen Entschluß zum Beitritt aufrecht erhält, zum Eintritt vor.

Der Suchende legt nun alle Metalle (Schmuck, Geld) und seinen Rock ab, die linke Brustseite, der linke Arm und das linke Knie (in manchen Ritualen auch das rechte Knie)[40] werden entblößt, die Augen werden verbunden, während der linke Schuh gegen einen Pantoffel ausgetauscht wird.[41] Arm, blind, hinkend, auf Hilfe angewiesen, tritt der Suchende den Weg zum Tempel an. „Der Einschuhige … befindet sich erst am Anfang des Weges, der ihn aus dem niederen Ausgeliefertsein an das Schicksal stufenweise in eine höhere Welt geistiger Freiheit emporführen soll. Das Hinken ist … ein Archetypus" für den Lichtsucher, er soll zu „einem Lichtbringer werden". Scherpe verweist auf Daedalos, Hephaistos und Wieland den Schmied, Prometheus, Donar und Luzifer, die hinkende Lichtsucher sind.[42]

Das Ablegen der Metalle stellt eine symbolische Reinigung vor dem Eintritt in einen sakralen Raum dar und bedeutet die Trennung von allem, was an die Erde kettet.[43] Wie sehr hier zeitbedingte und weltanschauliche Interpretation jeweils möglich sind, soll an einem kleinen Vergleich gezeigt werden, der von Scherpe mit Hilfe der Katechismen unterschiedlicher Lehrarten angestellt wurde:[44] „Die Metalle wurden ursprünglich abgenommen, weil diese nach altem Glauben das Weben und Walten der Geisterwelt störten. (Sie ‚brechen' den Zauber.) Diese uralte mystische Vorstellung war bei den Freimaurern nicht mehr bekannt. Da sie aber Formen streng übernahmen, suchten sie nach neuen Erklärungen.

So meinten die ‚Alten Maurer': ‚Damit ich nichts Angreifendes noch Verteidigendes in die Loge bringen könne.' Die ‚Altfranzosen' bezogen sich auf das Alte Testament und erklärten: ‚Weil man beim Bau des Salomonischen Tempels ... kein Geräusch eines metallischen Werkzeuges hörte.'

Die ‚Große Landesloge' hatte eine philosophischere Erklärung: ‚Es weise hin auf das erste glückliche Zeitalter, in welchem weder Gold, Silber noch andere Metalle das menschliche Herz verleiten konnten.'

Schröder hat die Erläuterung mit einem deutlichen sozialen Hinweis versehen: ‚Zur Lehre, daß, da ich arm und mittellos zum Freimaurer gemacht wurde, ich alle würdigen und armen Brüder nach Maßgabe meiner Kräfte unterstützen müsse.'"

Die verbundenen Augen signalisieren den Beginn des Weges zum Licht, führen drastisch die Dunkelheit, in der der Suchende noch verweilt, aus und unterstreichen die Notwendigkeit einer sinnvollen Führung.[45] Gehindert am Sehen, soll er um so stärker die Stimmung aufnehmen und innerlich verarbeiten, damit er erkennt, „daß er das, was er sucht, nicht außer sich finden kann, sondern allein in seinem Inneren." Damit wird das Motiv des „Erkenne Dich selbst" erneut aufgenommen und der Hinweis auf den Charakter des „Geheimnisses der Freimaurerei" unterstrichen ein „Geheimnis", das jeder nur in sich finden kann, wobei die rituelle Arbeit der Freimaurerei ihn in einem gruppendynamischen Prozeß dabei unterstützt. Überdies kann er auf diese Art nichts sehen, ehe er sich nicht zum Schweigen verpflichtet hat; noch steht es dem Suchenden frei, von seiner Absicht zurückzutreten.

Die Lehrlingsreisen

Mit drei Schlägen klopft nun der Suchende, geleitet vom Zeremonienmeister, an die Tür des Tempels, worauf der Wachhabende dem Meister vom Stuhl meldet, daß die Loge von außen nicht mehr gedeckt ist, d.h. ein Nichtmaurer, ein Profaner ante portas ist.[46]

In wiederholender Wechselrede wird dem Meister der Suchende angekündigt als ein freier Mann guten Rufes, der mit Hilfe des Großen Baumeisters aller Welten in das Mysterium der Freimaurerei aufgenommen werden möchte. Bedeutete ursprünglich das Wort frei tatsächlich die soziale Stellung des Suchenden, interpretiert man es heute als ein „Frei von Vorurteilen", als ein „Frei von religiöser und politischer Intoleranz".

Scherpe betont[47], daß die sinnvollste Erklärung des Begriffes im Katechismus der Großen Landesloge[48] in der Antwort auf die Frage „Was ist ein Freimaurer?" zu finden sei: „Er ist ein freier Mann, der seine Neigungen zu überwinden weiß, seine Begierden zu mäßigen versteht und seinen Willen den Gesetzen der Vernunft unterwerfen kann." In diesem Sinne kann auch die Augenbinde eine weitere Deutung erhalten: „Leidenschaften und Vorurteile" machen „den Menschen für seinen wahren Lebensweg blind"; mit der Absicht, Freimaurer zu werden, hat er sich entschlossen, „diese Untugend ebenso" abzulegen, „wie er wünscht, von der Binde befreit zu werden".[49]

Beim Eintritt in den Tempel wird der Suchende vom Meister mit drei Hammerschlägen und dem Zuruf „Halt! Nicht weiter!" gestoppt. Scherpe sieht darin noch Reste jener Reisehindernisse, wie sie früher häufig, heute nur noch selten gespielt werden.[50]

Der Zweite Aufseher übernimmt den Suchenden und führt ihn in Richtung Osten, d.h. in Richtung zum Altar und zum Meister vom Stuhl, der an diesen in einer Ansprache nochmals die Aufforderung richtet, seinen Entschluß zu überdenken, nachdem er ihn in einer im Ritual festgelegten Rede auf die Schwierigkeiten, ein guter Maurer zu werden, nochmals aufmerksam gemacht hat.[51] Beharrt der Suchende auf seinem Entschluß, ergeht nun vom Zweiten Aufseher die Aufforderung „Folgen Sie mir ohne Furcht!"[52] Der Suchende begibt sich auf die drei Lehrlingsreisen.

Die drei Reisen und deren Begleitumstände schildert ein 1791 in Prag gedrucktes Ritual deutlich; der Zeremonienmeister und sein Gehilfe habe dabei zu sorgen:

„a) Daß ein Bruder in Nordwesten mit dem Blasebalg versehen werde; ein zweiter in der Gegend des Schatzmeisters das Glas mit Wasser in Acht nehme; ein dritter mit dem Instrument zum Feuer anblasen dem Suchenden auf der Reise folge.

b) Daß die Passage allenthalben frei sei, besonders an beiden Seiten des Altars."[53]

Vor Antritt der Reisen hält der Meister vom Stuhl an den Suchenden eine kurze Ansprache, die den grundsätzlichen Sinn des folgenden erklärt:

„Mein Herr! Denken sie sich bey dem Ausdrucke Reisen, ja keine Gaukeley! Wissen werden sie wohl, daß es schon im Alterthum unter dem Namen der Mysterien geheime Gesellschaften gab; und bey diesen waren allegorische Reisen eingeführt. Eine gleiche Bewandtniß hat es mit den Reisen, die sie itzt unternehmen werden. Prägen sie sich die moralischen Grundsätze tief ins Herz, auf die ich sie während der Reisen selbst aufmerksam machen werde. Denn getreu werde ich sie in jedem Betrachte leiten: möchten sie sich doch daraus überzeugen, daß wahre Freundschaft bey uns zu Hause sey …

Nun folgen die Reisen, die der Suchende fühlen, hören und tasten kann, nicht aber sehen, wobei er unter Erklärungen geführt wird.

„Ich führe sie in einem Zirkel. Das menschliche Leben ist ein Zirkel, dessen Mittelpunkt die Verehrung des höchsten Baumeisters ist. Diese erste Lehre widerlegt die unverschämte Beschuldigung der Atheisterey und Irreligion, die man den Freymäurern macht. Der Freymaurer muß Gottesverehrer seyn, so wahr er als Gehülfe des Baumeisters der Welten, der Tugend Tempel und dem Laster Kerker bauet.
Hier läßt sich mit einer gewissen Klasse von Suchenden, von den Vorzügen der praktischen Gottesverehrung vor der bloß theoretischen reden.
Die Reise geht nun die Nordseite der Tafel hinauf. Indem

noch unterhalb Norden dem Suchenden der Wind mit dem Blasebalg entgegen geblasen wird: Die Winde stürmen aus Norden; sollen uns aber von der Fortsetzung unserer Reise nicht abschrecken. So wenig als die Widerwärtigkeiten dieses Lebens, deren Bild sie sind, den wahren Weisen auf dem Wege der Tugend irre machen können.

Mit Suchenden, die durch Geburt, oder Rang, oder auch sonst Günstlinge des Glücks zu seyn scheinen, läßt er sich weiter über die Wahrheit heraus: daß kein Stand, keine noch so günstige Lage den Menschen vor Widerwärtigkeiten schützen könne; daß sie vielleicht den Grossen einst nur um so empfindlicher treffen werden.

Oberhalb Norden wird stille gehalten: Gesetzt, sie wären da am Rande eines Abgrundes. Sie würden hineinstürzen, weil die Binde vor ihren Augen sie hindert, die Gefahr zu sehen. Diese Binde ist ein Bild unserer Leidenschaften, die ihren Sklaven die Klüfte des Elends verbergen, um sie gewisser hineinzustürzen.

Mit dem feurigen jungen Mann kann man über den nöthigen Kampf wider die Leidenschaften mehr reden auch allenfals diejenige insbesondere mit Bescheidenheit berühren, der er vor anderen ergeben ist.

An dem Altar wird der Suchende erinnert sich zu verbeugen, nachdem ihm die Ursache gesagt worden; nämlich daß derjenige, dem unsre Wahl zum Handhaber der Gesetze ernannt hat, hier seinen Sitz habe.

Ich empfehle ihnen bey dieser Gelegenheit die Tugend der Demuth, die aber mit der Niederträchtigkeit, die den eigenen Werth verkennet, nicht zu verwechseln ist. Wahre Demuth ist der Grundstein aller Tugenden.

Um den Altar herum wird der Suchende mit aller Behutsamkeit geführt, und so oft er die Stufen auf oder absteigen soll, gewarnet. Der begleitende Bruder bläst in der Gegend des Schatzmeisters ihm das Feuer zu; und der 2te Aufseher sagt: keine Forcht mein Herr! sie vergrössert in unsern Augen die Gefahr, und raubt uns die Gegenwart des Geistes, durch die wir ihr trotzen können.

Endlich eilt er mit ihm die Sudseite schnell herab: verdoppeln sie ihre Schritte! so schnell muß der Mäurer seyn, gute Handlungen auszuüben."

Mit der Rückkehr in den Westen endet die erste Reise, die in einer Wechselrede zwischen dem Meister vom Stuhl und dem Zweiten Aufseher zur zweiten übergeleitet wird. Entlang der Südseite wird in der Mitte derselben erneut angehalten:

„Mein Herr! Wenn sie nun itzt wieder an dem Rande eines Abgrundes wären; so würden sie ohne meinem Beystand hineingestürzet seyn. Wie sehr bedarfen wir nicht des Beystandes des Mitmenschen: aber auch wie sehr sind wir eben darum nicht verbunden ihn andern zu leisten!
Hier können Stand, Amt, Vermögen, Talente, und Verbindungen des Suchenden reichhaltigen Stof zu Aufmunterungen zu dieser Tugend geben.
Vor dem Altar muß sich der Suchende abermals verbeugen. Ich empfehle ihnen zum zweytenmale Demuth. Das entgegengesetzte Laster des Stolzes zieht Trennungen nach sich, und ist der Untergang auch der festesten Verbindungen.
In der Gegend des Sekretärs wird wieder das Feuer zugeblasen. Unerschrokenheit, mein Herr! ist in Gefahren die natürliche Gefährtinn der Tugend. Nur das Laster mag zittern! Nun wird die Nordseite herabgeeilt: Folgen Sie mir schneller! Saumseligkeit in der Ausführung einer guten Handlung macht die Absicht verdächtig."

Die zweite Reise wiederholt die erste bis hin zur Wechselrede, zum Lehrlingsschlag auf die entblößte Schulter und zur Aufforderung, die dritte Reise zu machen.

„Sie geht wieder die Nordseite hinauf, und es wird dem Anhaltenden bald Anfangs das Feuer zugeblasen. Gold wird im Feuer geprüft; und nur das ist ächte Tugend, was die Probe der Widerwärtigkeiten aushält.
Bey der dritten Verbeugung am Altar: Zum drittenmal empfehle ich ihnen Demuth. Ihre Ausübung besteht auch in

Das Schwert weist den Dargestellten als Tempelhüter, die weißen Handschuhe, der Zirkel und der Schurz, dessen Herkunft von der Berufsbekleidung (Kappe) noch deutlich zu sehen ist, weisen ihn als Freimaurer aus.

dem Gehorsam gegen die Gesetze. Leicht werden sie in der Folge diesen Gehorsam finden; so leicht wie er in einer Republik seyn muß, deren Bürger alle Bruder sind; wo im Grunde keiner dem andern befiehlt, aber die Gesetze allen. Beym Schatzmeistertisch geschieht die Besprengung mit dem Wasser auf die Hand Wasser reinigt den Körper. Sorgen Sie für die Reinigkeit ihrer Seele. Lauter müssen ihre Absichten, untadelhaft ihre Sitten von nun an auch darum seyn; weil von ihrem Rufe der Ruf des Ordens mit abhängt. Hier dürfte es bey einigen Kandidaten gut seyn, das Hinwegsetzen über das qu'en dira-t'on? zu bestreiten. Nun wird die Sudseite wieder schnell herabgegangen: Eilen Sie schneller zum Ziele; besiegte Gefahren haben uns neue Kräfte gegeben.“

Ein Ritual, das von der französischen Maurerei stark geformt wird, beschreibt die Reise etwas anders, der Sinn, die Läuterung des Suchenden, bleibt gleich.[54]

„*2. Diakon:*

Suche nun Deinen Weg nach dem Osten! (Führt den Kandidaten um die musivische Fläche und stellt ihn hierauf wieder zwischen die Kolonne, während des Rundganges Waffengeklirr und disharmonische Geräusche.)

2. Diakon:

Ehrwürdiger Meister, die erste symbolische Reise ist beendet!

Meister vom Stuhl:

Im Altertum, als die zeremoniellen Einweihungen, die in der Freimaurerei fortleben, in vollständigerem und größerem Maße vollzogen wurden, geleitete man den Kandidaten durch düstere Grotten, welche die stoffliche Welt darstellten. Er durchschritt Erde, Wasser, Feuer und Luft. Die vier Elemente, aus denen alles entstanden ist und besteht, umgeben von Finsternis und lärmenden Geräuschen, umringt von scheinbaren Gefahren, die er zu bestehen hatte. –

Grundriß des Tempels und Bewegungsrichtung im Tempel

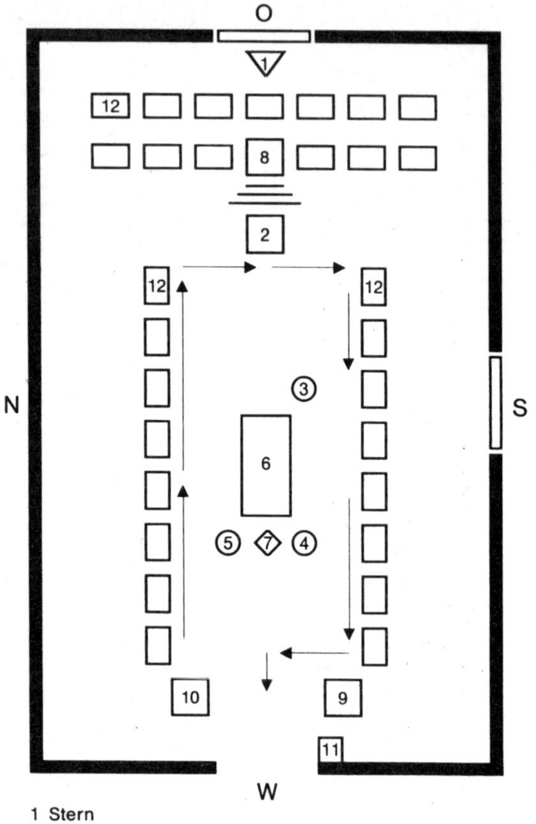

1 Stern
2 Altar
3 Weisheit
4 Stärke – Säulen
5 Schönheit
6 Arbeitstafel
7 gradspezifische Symbole (unbehauener Stein und Spitzhammer, Kubus und Kelle oder Winkelmaß und gegenüberliegend Zirkel)
8 Meister vom Stuhl
9 Erster Aufseher
10 Zweiter Aufseher
11 Wachhabender
12 Sitzplätze

Wir können die Reise, die Du jetzt antreten wirst, als ein Spiegelbild Deines Lebensweges unter der Führung des Geistes der Freimaurerei ansehen. Auf Deinem Lebensweg begegnest Du viel Disharmonie und Dingen, die Du nicht zu erklären im Stande bist, da Du noch nicht das Licht hast, durch welches Du sehend wirst.

Meister vom Stuhl:

Und obwohl Du nun den Geist der Freimaurerei zu Deiner Führung erwählt hast, kannst Du doch nicht erwarten, daß Du Dein Ziel, das Licht in der Finsternis zu finden, sofort erreichen wirst. Es ist aber weise von Dir, daß Du die Wahl getroffen hast, Deine Lebensreise unter dieser Führung zu unternehmen. (Einige Augenblicke der Stille.)

Meister vom Stuhl:

Bruder 2. Diakon, lasse nun den Kandidaten zum Wächter der zweiten Pforte schreiten.

2. Diakon:

(Geleitet den Kandidaten zum 2. Aufseher und läßt ihn mit der rechten Hand drei Schläge auf dessen rechte Schulter geben.)

2. Aufseher:

Wen hast Du?

2. Diakon:

N. N. einen armen Kandidaten im Zustande der Finsternis, der aus eigenem, freien Willen kommt und demütig ersucht, zu den Mysterien und Segnungen der alten Freimaurerei zugelassen zu werden.

2. Aufseher:

Wie hofft er, diese Vorrechte zu erlangen?

2. Diakon:

Durch die Hilfe des Großen Baumeisters der Welt frei und guten Rufes!

2. Aufseher:

(Erhebt sich, ergreift die Hand des Kandidaten und läßt ihn einen Schritt vorwärts tun.) Tritt ein frei und guten Rufes!

2. Diakon:

(Stellt den Kandidaten wieder zwischen die Kolonnen.)

Meister vom Stuhl:

Bruder 2. Diakon, lasse nun den Kandidaten seine zweite symbolische Reise vollziehen.

2. *Diakon:*

(Geleitet den Kandidaten wieder um das musivische Pflaster zwischen die Kolonnen. Zu Beginn der Reise ertönen noch einige disharmonische Geräusche die allmählich verklingen, in ruhige, harmonische Musik übergehend.)

2. *Diakon:*

Ehrwürdiger Meister, die zweite symbolische Reise ist beendet.

Meister vom Stuhl:

Nachdem Du nun die 2. Pforte durchschritten hast, kannst Du auch den 2. Teil Deiner Reise verstehen. Du wirst bemerkt haben, daß die auf Streit deutenden Geräusche schwächer geworden sind und zum Schluß ganz aufhörten, und stattdessen leise Klänge zu Dir durchzudringen begannen. Der schwache Lärm versinnbildlicht den noch bestehenden Streit der niederen Natur, der jedoch schließlich der Harmonie der höheren Gefühle Platz machen muß. So wirst auch Du auf der Suche nach dem Licht und geleitet vom Geiste der Freimaurerei in Deinem Leben mehr Harmonie in und um dich herum finden und bringen können, als dies einem Profanen möglich ist. Kandidat, als Freimaurer bist Du berufen, der Finsternis in Dir selbst und in der Welt ernst und tapfer die Stirne zu bieten und sie zu verscheuchen. Je ernster Du Deine Aufgabe auffaßt, um so schwerer wird der Kampf sein, doch um so größer und schöner auch der Sieg Bedenke jedoch wohl, daß große Standhaftigkeit von Nöten ist, um trotz aller Schwierigkeiten und Bitternisse, die uns das Leben beschert, beständig auf dem eingeschlagenen Pfade weiterzuschreiten. Ich spreche zu dir hierüber, da Du nun im Begriffe bist, die letzte Reise, die Dich zum Licht führen soll zu vollziehen, denn nicht der Beginn, sondern das Vollenden dieser dreiteiligen Reise bringt die größten Schwierigkeiten mit sich. Damit Dir dereinst; wenn Du in Wirklichkeit das durchmachst, was Du jetzt sinnbildlich tust, und Du vielleicht dann mutlos wirst und den Kampf aufgeben willst, dieser Augenblick vor Deinem geistigen Auge stehe, und Du mit neuem Mute den Kampf wieder aufnimmst, damit Du dann vor dem bitteren Kelche, den Dir das Leben bietet, nicht zurückschreckst, sondern ihn bis zur Neige leerst.

Meister vom Stuhl:

Darum fordern wir Dich jetzt auf einen bitteren Kelch auszutrinken, so Du den Mut hast, dem Leide, das Deiner harrt, ungebeugten Hauptes zu begegnen. Bruder zweiter Meister, reiche dem Kandidaten den bitteren Kelch.[55] *Er ist ein sprechendes Symbol der Bitternis, die das Leben für jeden mit sich bringt, der danach strebt, wahrhaft Mensch zu sein. Leere ihn zum Gelöbnis dessen, was wir und die Welt von Dir zu erwarten haben! (Der Kandidat leert den Kelch, der gewöhnliches Wasser enthält.)*

Meister vom Stuhl:

Du hast Bitternis erwartet, doch Du hast das Bittere nicht geschmeckt! Gibt uns das Leben keine Bitternis? Sicherlich, doch nur für den, der sich fürchtet und nur zögernd trinkt. Für den Freimaurer aber ist das Lauschen nach der inneren Stimme das Höchste, dadurch erhebt er sich über das Leid, und so ist auch der Geschmack des Leidenskelches für ihn nicht so bitter. Der Mut, den Du bezeugtest, als Du den Kelch der Bitternis annahmst und leertest, bringt Dich auf dem Wege weiter, der aus der Finsternis zum Lichte führt. Bedenke, daß, so schwierig auch die Aufgabe sein mag.

‚Ein jeder, der wahrhaft strebt, wird finden, was er sucht.'

Suche Du darum das Licht, daß die Finstemis in Dir und um Dich erleuchtet wird! …

Meister vom Stuhl:

Bruder zweiter Diakon, lasse nun den Kandidaten seine dritte symbolische Reise vollziehen.

2\. Diakon:

(Geleitet den Kandidaten abermals um die musivische Fläche zwischen die Kolonnen; diesmal erfolgt die Reise in feierlicher Stille.)

2. *Diakon:*

Ehrwürdiger Meister, die dritte symbolische Reise ist beendet.

Meister vom Stuhl:

Die Stille, die Dich diesmal umgab, ist das Symbol der Stille und Ruhe, die dem wahrhaften Sucher nach dem Licht zuteil werden sollen, und dessen Vorhandensein Dir nicht mehr zweifelhaft ist. Dies Licht scheint dann auch in Wirklichkeit, aber Du hast es noch nicht gesehen. Die Welt mit all ihrem Streit bekämpft den Freund des Lichtes; fürchte sie nicht, halte nur durch, und in der Stille wird Dir das Licht zuteil werden."

Alle Reisen führen vom Abend zum Morgen, also vom Westen zum Osten, symbolisierend die Lichtwerdung und die geistige Erleuchtung. So antwortet etwa der Erste Vorsteher auf die Frage nach dem Sinn des „Morgens der Loge": „Die Sonne geht in ihrem Lauf im Osten auf. Von hier verbreitet sie ihre ersten Strahlen über die Welt. So soll auch vom Altar im Morgen sich das Licht des Geistes durch diese Werkstätte und ihre Arbeiten ergießen."[56] Und am Ende der Arbeit ermahnt der Meister vom Stuhl seine Brüder: „Wenn ihr für eure Arbeiten das Licht sucht, so erinnert euch daran, daß es vom Morgen ausgeht."

Die Reisen selbst sind in die Freimaurerei in unterschiedlicher Art eingeführt worden und haben auch unterschiedliche Ursprünge.

Im angelsächsischen Raum findet man im *squaring* noch eine reine Vor- bzw. Umführung des Kandidaten, die eine reine Prüfung desselben ohne Nebenhandlungen darstellt, während im französischen Raum hier unterschiedliche Strömungen einander überlagern, so daß es zu einer starken Differenzierung und vielfachen Interpretation kommt. Dies wird auch deutlich in der Diskussion über die Anzahl der Reisen; alten Initiationspraxen entsprechend müßten die Kandidaten jeweils mit einem der vier Elemente – Erde, Feuer, Wasser und Luft – konfrontiert werden, was von Endres[57] weiter untermauert nahezu in der Forderung nach vier Reisen gipfelt.

„Das Element des Feuers ist das alte Symbolelement der Regeneration und das der höchsten irdischen Reinheit. Die Götter und Jahve nahmen Opfer in der reinen Flamme, Feuer hütete die heiligsten Stellen. Wer durch das Feuer schreitet, wird geläutert. Die altgermanische Sitte, durch das am Sonnwendfeste entzündete Feuer zu springen (...), ist symbolisch nichts anderes, als die Wanderung des Einzuweihenden durch das Element des Feuers.

Das Feuerelement ist aber in seiner symbolischen Bedeutung noch mehr als das Mittel zur höchsten und letzten Reinigung, es ist irdischer Träger der Flamme und damit des Lichtes selbst. Es ist das Übergangselement zum Transzendenten. Die Feuerprobe muß demnach stets an letzter Stelle stehen."

Die Elemente, mit denen der Suchende in Berührung kommt, interpretiert Endres[58] ausführlich: „Das flüchtige Element der Luft ist der Raum haltloser Spekulationen, unkontrollierbarer Geräusche. Hier entstehen die Luftschlösser unserer Begierden und unserer Wunschträume. Das Element des Wassers ist das der Reinigung, aber es ist auch das Fließende, Hinwegtragende, Unbeständige." Dieses Lufterlebnis findet nun in dem üblichen Ritual der deutschen Freimaurer auf der dritten Reise statt und wird als „Anhauch des Ewigen" interpretiert.[59]

In einer anderen Lehrmeinung – so Imhof – schreitet der Suchende bereits in der ersten Reise durch einen Feuergürtel, wobei ihm der Bruder Redner zuruft: „Das Feuer scheidet die Schlacke vom edlen Metalle, das ganze Verdorbene nur wird völlig von ihm verzehrt."[60] In der zweiten Reise wird der Suchende symbolisch in einem kalten Bad gereinigt, das heißt er wird einer neuerlichen Reinigung unterzogen. Während das Feuer ihm im Hochmittag begegnete, erfolgt das Bad im Bereich der Hochmitternacht. „Es ist eine zweite Reinigung und zugleich eine Weihe, die der Taufe gleichzusetzen ist, daher die ernste Mahnung des Bruder Redners: ‚Das Wasser ist der Urquell des Lebens, das Sinnbild der Reinheit. Über dem Wasser schwebte der Geist Gottes und rief das Leben hervor.'" Die dritte Reise führt in den Osten, zum „Fuße des Altars, im heili-

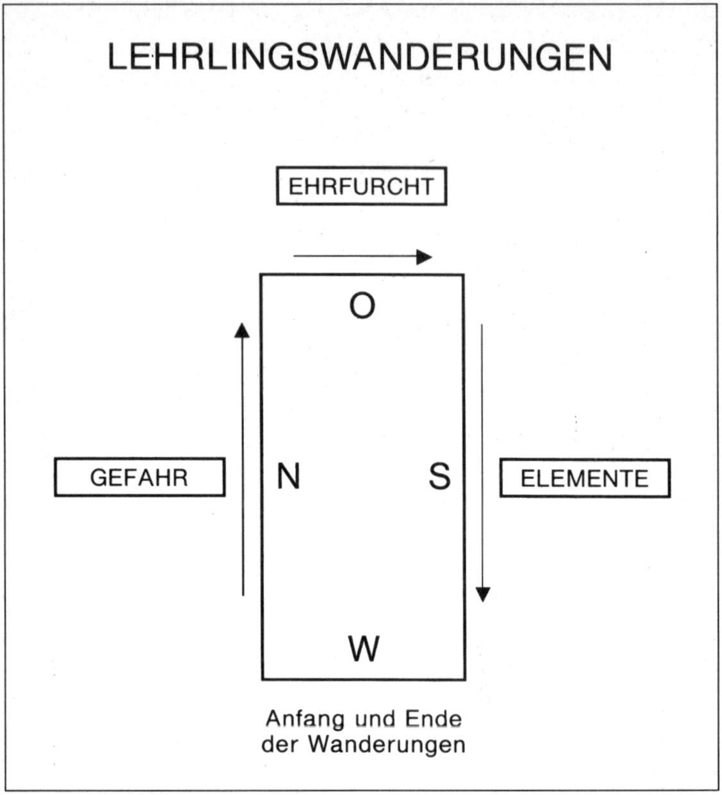

gen Tempelbezirk". In Anlehnung an die eleusinischen Mysterien wird der Suchende zum Samenkorn, aus dem neues Leben sprießen soll. Gleichsam warnend ruft daher der Bruder Redner dem Suchenden zu: „Wenn der Keim verdorben ist, beschleunigt die Erde selbst noch die Verwesung – er wird Staub." Es kann dieses Symbol auch generell als Memento mori gesehen werden, ein Anklingen jenes Sterben des Meisters, wie es in der Erhebung zum Meister schließlich zentrales Erlebnis werden soll.[61]

Endres[62] weist darauf hin, daß alle Wanderungen gleichsam auch den Tod und die Wiedergeburt symbolisieren[63]; die

Aufgabe des Lehrlings ist es, seinen rauhen Stein, also sich selbst zu bearbeiten. „Das muß dem Suchenden in der Königlichen Kunst bei der ersten Einweihungshandlung schon klar werden. Wir können nur dann ein guter edler Mensch werden, wenn wir unserem Dasein eine neue Basis geben. Wir müssen den ‚alten Adam' in uns sterben lassen und den neuen anziehen."[64]

Dreimal umschreitet der Suchende nun die Mitte des Tempels, wobei dieses Umschreiten mit dem „Umrunden eines Ackers", dem „Tanz um das Feuer" verglichen wird, also mit jenen Traditionen in Einklang gebracht wird, in denen ein „geweihter Mittelpunkt" umrundet werden muß.[65] „Im Norden lernt der Suchende die Gefahren kennen, die ihm von seiner Umwelt, aber auch aus dem eigenen Inneren drohen. Im Osten wird er auf die irdischen und auf die überirdischen Gesetzmäßigkeiten hingewiesen, die sein Leben bestimmen.[66] Im Süden erfährt er die symbolische Reinigung durch die Elemente. Im Westen wertet sein Geist die gemachten Erfahrungen. Noch ist er ruhelos, begehrt mehr zu wissen, weiterzuwandern."

Das Gelöbnis – Der Eid

Der Suchende kniet, nachdem er erneut auf seinem Entschluß, Freimaurer zu werden, beharrt hat, vor dem Altar, der als der „sakrale Mittelpunkt" der Loge die drei großen Lichter – „Buch des Heiligen Gesetzes" (Bibel), das Winkelmaß und den Zirkel trägt – nieder, wobei er den rechten Fuß „ins Winkelmaß", in den rechten Winkel zu bringen hat. Auf die linke, entblößte Brust wird ihm der Altarzirkel gesetzt, den er während der Gelöbnis(Eides-)leistung mit der linken Hand festzuhalten hat, während die rechte Hand auf der Bibel bzw. auf dem oben aufliegenden Winkel zu liegen hat.[67] In dieser Haltung hat er den Eid bzw. das Gelöbnis abzulegen.

Der ursprüngliche Eid, 1730 von Prichard publiziert, symbolisch gemeint und zu verstehen, hat wegen seiner herben For-

Meister vom Stuhl

Altstuhlmeister
(sogen. „Pythagoras")

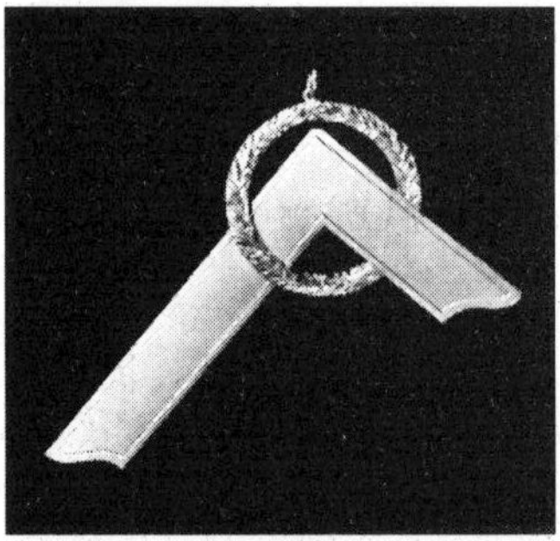
Ehrenmeister

1. Aufseher

Redner

Protokollierender
Sekretär

Schatzmeister

Beamtenabzeichen.

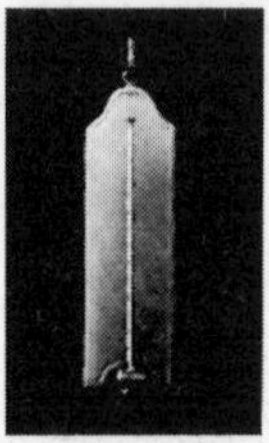

2. Aufseher

Zeremonienmeister

Schaffner

Wachhabender

Korrespondierender
Sekretär

Bibliothekar
Archivar

Vorbereiter

Gabenpfleger

Musizierender Bruder

mulierung den Nährboden für wilde Gerüchte, volkstümliches Geraune und wüste Polemik geliefert; leichten Variationen ausgesetzt, endete er mit unmißverständlichen Drohungen den Eidbruch betreffend.[68]

Bereits im 18. Jahrhundert bemühte man sich gelegentlich um eine Neuformulierung, die sich im Ritual der Prager Loge niederschlägt. Bruder Sekretär: „*Mein Herr! sie werden versprechen vor dem grossen Baumeister der Welt, und dieser ehrwürdigen Versammlung treu gegen Gott, gegen die Religion, die sie bekennen, gegen den Landesherrn; dessen Unterthan sie sind, gegen ihr Vaterland, und gegen ihre Brüder zu seyn; sie vom ganzen Herzen zu lieben, ihnen aus allen Kräften beyzustehen. Sie werden versprechen: die Frau, die Tochter, die Freundinn ihres Bruders in Ehren zu halten; in ihrer Ausführung weise, überlegend in ihren Handlungen, gelassen in ihren Reden, mäßig in ihrem Genusse, gerecht in ihren Absichten, billig in ihren Entscheidungen, ehrlich in ihrer Art zu verfahren, menschlich, edelmüthig, mildthätig, liebreich gegen alle Menschen, insbesonderheit gegen ihre Brüder zu seyn. Sie werden versprechen: ihren Ordensobern in allem zu gehorchen, was ihnen zum Besten, und in Beziehung auf den Orden, dem sie lebenslang ihre Treue angeloben müssen, wird vorgeschrieben werden. Sie werden versprechen: vorsichtig, und unerforschlich in Ansehung alles dessen zu seyn, was ihnen anvertrauet wird; niemals etwas zu thun, das dessen Bekanntwerdung veranlassen könnte …*“[69]

Für die Einhaltung dieses Eides bemühte man nicht schreckliche Strafen, sondern lediglich die Unterstützung des Großen Baumeisters aller Welten.

Diese Anrufung Gottes wird im geltenden Ritual der *Großloge A.F.u.A.M.* von Deutschland durch ein dem Gelöbnis vorangestelltes Gebet[70] wiederholt; das Gelöbnis nimmt in seiner Form auch auf den frühen Zeitpunkt der Ablegung – am Beginn einer maurerischen Karriere Rücksicht. „Ich gelobe bei meiner Ehre und bei meinem Gewissen: Mich der Humanität aus vollem Herzen und mit ganzer Kraft zu widmen. Demgemäß meine Pflichten gegenüber meiner Familie, meiner Ge-

Der Aufzunehmende legt den Eid ab.

meinde, meinem Land und der Gemeinschaft aller Menschen gewissenhaft zu erfüllen. Verschwiegenheit zu bewahren über die Gebräuche und inneren Angelegenheiten der Maurerei und mit niemandem darüber zu sprechen, den ich nicht sicher als Maurer erkennen kann. Den Gesetzen der Bruderschaft und dem Hammerschlag des Meisters maurerischen Gehorsam zu leisten. Die Arbeit meiner Loge nach Kräften zu fördern, ihr einen angemessenen Teil meiner Zeit und Arbeitskraft zu widmen und sie nie ohne gültige Ursache zu verlassen. Meinen Brüdern mit Rat und Tat zur Seite zu stehen und die Geheimnisse eines Bruders wie meine eigenen zu verschweigen. Die Zusage auf Maurerwort so gewissenhaft zu halten wie einen heiligen Eid."[71]

Im Eid bzw. im Gelöbnis werden letztlich die Pflichten des Lehrlings präzisiert; diese „allgemeinen Maurerpflichten beziehen sich auf die Verschwiegenheit, die Duldsamkeit, das Streben nach Wahrheit, die brüderliche Liebe und die Achtung der bürgerlichen und maurerischen Gesetze".[72]

Die maurerische Verschwiegenheit und ihre Einhaltung findet ihren augenscheinlichsten Ausdruck in der strikten Einhaltung der Arkandisziplin, die die Weitergabe gradspezifischer Kenntnisse genau regelt und völlig unabhängig von der Tatsache agiert, daß sich jeder Interessierte ohne große Mühen auf legalem Wege Informationen zu den einzelnen Bereichen besorgen kann. Ein charakteristisches Beispiel dafür ist neben den gradspezifischen Katechismen, Lehrgesprächen, Ritualen, Werklehren etc. die großangelegte Untersuchung von Feddersen, der sich mit den Arbeitstafeln der Freimaurerei beschäftigt; da der Band nicht nur Lehrlingstafeln, sondern auch die Tafeln der anderen Grade enthält, wird im Geleit ausdrücklich darauf hingewiesen, daß der Band als „Handschrift für Brüder Meister" den Vermerk „Streng vertraulich" trägt und der Arkandisziplin unterliegt.[73]

Derartige Geheimhaltungs- und Verschwiegenheitspflichten sind aus den antiken Mysterienkulten bekannt und haben im Bereich der Alchimisten und der Gold- und Rosenkreuzer wiederum Aufnahme gefunden. Es geht dabei aber nicht nur um die gleichsam innere Verschwiegenheit, die dem Lehrling überdies rät, mehr zu hören als zu sprechen, sondern auch um die Verschwiegenheit nach außen hin, wobei es hier gerade in der Zeit nach 1945 zu heftigen Kontroversen in Fragen der Öffentlichkeitsarbeit gekommen ist. Verkürzt findet diese Haltung in der dreistufigen Aufforderung – Hören, Sehen, Schweigen – ihren Ausdruck.

Die Duldsamkeit umfaßt die Bereiche der maurerischen Toleranz und Humanität, wird aber von Imhof auch als wesentliches Erziehungsmittel innerhalb der Loge formuliert. Durch die Toleranz dem jungen Bruder gegenüber, gepaart mit dem Adogmatismus auch in maurerischen Belangen, soll die Individualität des einzelnen gefördert werden, ohne aber dabei undisziplinierte Egoismen zuzulassen. Hier schränkt das Ritual mäßigend ein.[74]

Die Suche nach der Wahrheit ist zunächst die Suche nach der Selbsterkenntnis; auf die Institution übertragen, ist sie die Frage nach der letzten Orientierung der Freimaurerei. Die Rituale beantworten diese Frage mit der Aufforderung zur Arbeit am rauhen Stein des Lehrlings bzw. später am behauenen. Diese Selbstdisziplinierung ist notwendig, um am „Baue einer besseren Welt mitzutun".[75] So steht für die Arbeit an sich selbst, den Mikrokosmos, das Pentagramm, der fünfzackige Stern, für die Welt, den Makrokosmos, der sechszackige, das Hexagramm.

Nach der Ablegung des Eides helfen die beiden Aufseher dem Lehrling beim Aufstehen, und in älteren Ritualen bringen sie ihn rückwärts schreitend ans Ende der beiden Kolonnen, wo ihm Salomons Siegel der Verschwiegenheit ein Degenknopf berührt seine Zunge – vor der Erteilung des Lichtes aufgedrückt wird.[76]

In einem Wiener Ritual des ausgehenden 18. Jahrhunderts[77] wird dem Suchenden, betreut vom Bruder Krankenpfleger, das Vertrauen seiner neuen Brüder ausgesprochen, die Binde von den Augen genommen, die Schlagkraft der Bruderschaft durch erhobene Degen, die von nun an seinen Schutz übernehmen, vor Augen geführt, ehe in einer neuen Prüfung der Suchende

Der einfach gestaltete Tempel weist – entsprechend der Bausymbolik – „Ziegelwände" und eine „gedeckte" Kuppel auf: der M eister vom Stuhl hat seinen Platz vor einer Marmorverkleidung, die wohl den Tempel Salomons charakterisiert.

(Leidende) mit gegen die Brust gerichtetem Zirkel und den drei symbolischen Lehrlingsschlägen auf das Haupt als Bruder und Ritter im 1. Grad in die Loge aufgenommen wird. In dem modernen deutschen Ritual führt der Meister vom Stuhl die Lehrlingsschläge auf dem Zirkel aus und spricht dazu die dreiteilige Aufnahmeformel: „In Ehrfurcht vor dem Großen Baumeister der Welten, im Namen der Großloge der Alten Freien und Angenommenen Maurer von Deutschland und kraft meines Amtes als Meister vom Stuhl nehme ich Sie zum Freimaurerlehrling auf und an."[78] Nach dem Fallen der Binde erblickt der Lehrling die drei großen Lichter der Freimaurerei auf dem Altar – das gleichseitige Dreieck mit dem Auge Gottes als Symbol für ein göttliches Wesen, das materielle und geistige Gegensätze ausgleicht, strahlt im Osten; aufgenommen in die Bruderkette seiner Loge und die weltweite Bruderkette der Freimaurerei erfolgt nun die reale Einschließung „des neuen Bruders in die Kette" mit überkreuzten Armen, während die Binde von den Augen genommen wird und das Bundeslied erschallt:

„Brüder, reicht die Hand zum Bunde!
Diese schöne Feierstunde
führ' uns hin zu lichter'n Höh'n!
Laßt, was irdisch ist, entfliehen,
unsers Bundes Harmonien
:,: dauern ewig, fest und schön! :,:
Preis und Dank dem Weltenmeister,
der die Herzen, der die Geister
für ein wenig Wirken schuf!
Licht und Recht und Tugend schaffen
durch der Wahrheit heil'ge Waffen
:,: sei uns göttlicher Beruf! :,:
Seid auf diesem Stern die Besten,
Brüder all' in Ost und Westen,
wie im Süden und im Nord;
Wahrheit suchen, Tugend üben,
Gott und unsre Brüder lieben,
:,: das sei unser Losungswort! :,:[79]

Der „Bruder Lehrling"

Diesem Augenblick der Lichtgebung folgt in der Regel ein Augenblick des Verharrens, in dem das wiedergegebene Augenlicht dem Neuaufgenommenen die Möglichkeit gibt, erstmals seine Umgebung zu betrachten, der er sich eben in der Absicht lebenslanger Treue angeschlossen hat. Die nun folgende Einkleidung und Einführung in maurerische Verhaltensregeln kennt unterschiedliche Ausformungen. Was früher in der Loge selbst geschah, wird heute außerhalb durchgeführt, wobei die Rückkehr des Bruders symbolisch genützt und zum Lehrgang ausgeweitet wird. Der Zeremonienmeister verläßt mit dem jungen Bruder den Tempel und übergibt ihm die abgegebenen Gegenstände, Metalle etc. Gleichzeitig bringt dieser seine Kleidung in Ordnung. Rückkehrend klopft der Zeremonienmeister für den Lehrling im Lehrlingsschlag an das Tor des Tempels, da dieser ja noch nicht diesen kurz-kurz-langen Schlag kennen kann. Angelangt vor dem in der Mitte der Loge aufgelegten Lehrlingsteppich, erklärt ihm der Zweite Aufseher den Lehrlingsschritt, den er dann auf dem Teppich selbst ausführen darf, wobei er vom Westen nach Osten schreitet. „Einmal nur, bei seiner Aufnahme, darf der Maurer den Lehrlingsteppich überschreiten. Darum macht ihm der Zweite Aufseher die Schritte neben dem Teppich vor. Alle drei beginnen mit dem linken Fuß und gehen geradenwegs nach Osten. Der Bruder Lehrling macht sie ihm nach und geht dabei zwischen den drei kleinen Lichtern hindurch."[80]

Mit diesen Schritten auf dem Teppich ergreift der Lehrling persönlich den Besitz des Teppichs seines Grades, er „sieht den Logenteppich durch die drei Schritte, die er festen Auges auf den ‚Flammenden Stern' als Zielpunkt" ausführt.[81]

Die Kleinen Lichter der Freimaurerei werden während der Eröffnung der Loge von den drei hammerführenden Meistern entzündet, nachdem unmittelbar vorher in der Wechselrede zwischen dem Meister vom Stuhl und dem Zweiten Aufseher festgehalten worden ist, daß es Hochmittag sei, und der Meister mit den Lehrlingsschlägen die Loge eröffnet und die Arbeit

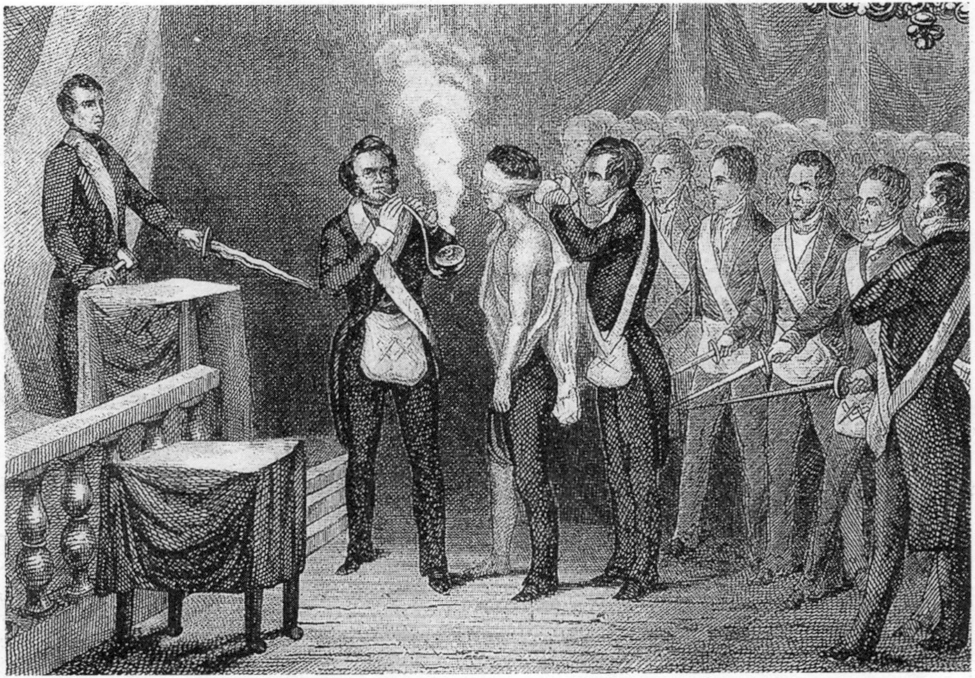

Aufnahme eines Lehrlings – unmittelbar vor der Lichterteilung.

mit der Anrufung des Großen Baumeisters begonnen hat. Das eingebrachte Licht wird vom Meister an den Ersten und Zweiten Aufseher weitergegeben, wobei die drei Lichter, die drei Kleinen Lichter der Freimaurerei, erklärt werden: „Weisheit leite unseren Bau! Stärke führe ihn aus! Schönheit vollende ihn!"[82] Diese drei Lichter werden dem jungen Lehrling interpretiert: „Der Bau des geistigen Tempels der Maurerei bedarf der Weisheit für die Planung, der Stärke zur Ausführung und der Schönheit zur Vollendung in Harmonie. Man deutet die drei Kleinen Lichter auch als die Symbole der Sonne, des Mondes und des Meisters vom Stuhl. Die Sonne erleuchtet den Tag, der Mond die Nacht und der Meister die Loge von Hochmittag bis Hochmitternacht."[83]

Im Ablauf der Logeneröffnung ist jener Lehrlingsteppich nach der Entzündung der drei Kleinen Lichter entrollt worden, über den der eben Rezipierte schreitet, um an den Altar zu gelangen, auf dem die drei Großen Lichter der Freimaurerei liegen, die im Eröffnungsritual nach dem Auflegen des Teppichs in die „gerechte" Ordnung vom Meister vom Stuhl gebracht worden sind. Dieser hat nämlich die Bibel, das Buch des Heiligen Gesetzes, häufig beim ersten Kapitel des Johannesevangeliums aufzuschlagen und das Winkelmaß mit dem Zirkel zu vereinigen, „wobei das Winkelmaß, von Westen nach Osten geöffnet, auf dem von Osten nach Westen geöffneten Zirkel liegt. Damit ist die symbolische Vereinigung von Oben und Unten, der materiellen und der geistigen Welt, vollzogen. Die Führung eines im maurerischen Sinne winkelrechten Lebens setzt die Erlangung innerer Standfestigkeit und Harmonie voraus, denn nur auf festem Fundament kann der Bau errichtet werden. Darum liegen Winkelmaß und Zirkel, die Werkzeuge des Meisters, auf dem geöffneten Buch des Heiligen Gesetzes."[84]

Indem der Lehrling, mit dem rechten Schlag eingeführt, im rechten Schritt über den Teppich zwischen den Kleinen Lichtern hindurch an den Altar mit den Großen Lichtern von Westen nach Osten schreitet, vollzieht er gleichsam die Eröffnung der Loge, die ja noch in seiner Abwesenheit erfolgt ist,

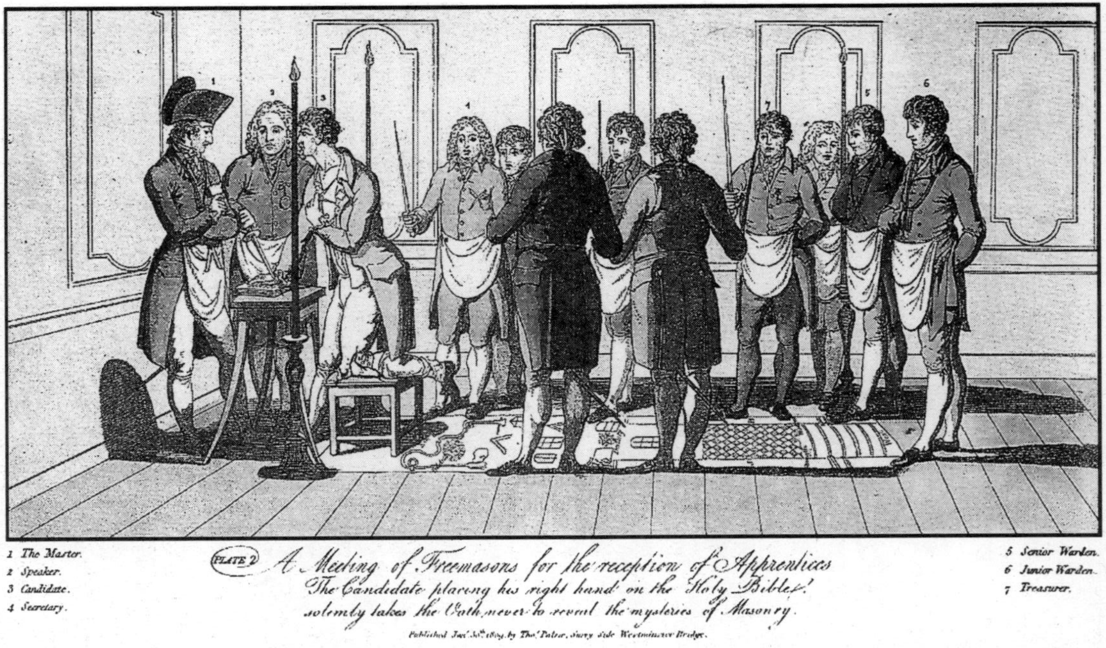

Der Aufzunehmende legt den Eid ab. Diese bei Palser in London 1809 publizierte Serie beruht auf Vorlagen, die in die Enthüllungsliteratur des 18. Jahrhunderts zurückreichen.

DIE KETTE

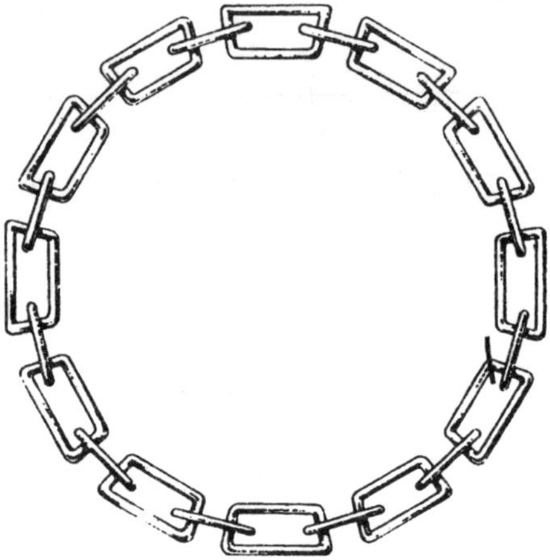

Die Kette ensteht durch das
Ineinanderreihen der einzelnen Glieder.
Für die Freimaurer bedeutet sie
das schlichteste Sinnbild
der Zusammengehörigkeit aller Brüder
auf dem Erdenrund.
Sie ist kein Werksymbol und zeigt nicht
den arbeitenden, sondern den
liebenden Menschen.

symbolisch für sich nach, ehe er mit seiner Unterschrift in das Gelöbnisbuch seine Aufnahme bestätigt. Nun folgt für ihn die Einweisung in die traditionellen Erkennungsmerkmale, in Zeichen, Wort und Griff.

Das Zeichen, es ist im Lehrlingsgrad das sogenannte Halszeichen, nimmt die in alten Eiden angedrohte Bestrafung auf und kann wegen seiner Auffälligkeit naturgemäß nur innerhalb der geöffneten Loge ausgeführt werden. Kumulativ findet es seine Anwendung, wenn der Meister die versammelten Brüder „in Ordnung" ruft, der einzelne bedient sich seiner, wenn er, wie dies Ernst Lothar beschreibt, einen Vortrag, eine Wortmeldung innerhalb der Loge zu halten hat. Die moderne Interpretation sieht im Halszeichen ein „Zeichen geistiger Ordnung. Die rechte Hand birgt Winkelmaß und Zirkel und in ihnen liegen die Mittel und Methoden verborgen, die dem Bewußtwerden des inneren Lebens dienen."[85]

Das Lehrlingswort ist der Bausymbolik des Salomonischen Tempels entnommen; an der rechten Säule, der Säule *J(achin)* bzw. *J(akin)* empfängt der Lehrling seinen Lohn.[86] Gleichsam um die Sicherheit dieses Losungswortes zu erhöhen, wird auf die korrekte Aussprache des Wortes geachtet, d.h., es darf nicht ausgesprochen, sondern wechselseitig buchstabiert und syllabiert werden.[87]

Der Griff, die Art des Handschlages, die auf betonte Unauffälligkeit größten Wert legt, wiederholt den Lehrlingsschlag, dessen beiden kurzen Schläge den Eifer bei der Arbeit symbolisieren, während der lange Schlag die Beharrlichkeit wiedergibt. Der Rhythmus der Schläge entspricht auch jenem der Hammerschläge bei der Eröffnung und Schließung der Loge.[88]

Unterschiedlich wird die Weitergabe der Notzeichen gehandhabt, „auf das hin jeder Bruder zur Hilfeleistung verpflichtet ist".[89] So hat man dieses häufig in Kriegszeiten schon dem Lehrling mitgeteilt, was sich auch in der freimaurerischen Ikonographie niederschlägt.

Beim Eintritt in den Tempel fordert der Wachhabende jedem das Paßwort ab. *Tubalkain* wird im Alten Testament als Nachkomme des Kain bezeichnet, dem die Trennung der Metalle

Die beiden Säulen J und B mit der Welt- und der Sternenkugel.

vom Gestein und deren Bearbeitung gelang. Er und sein Bruder schufen nach freimaurerischer Tradition die beiden Säulen des Tempels – *Jachin*, die Säule der Lehrlinge, ist aus Eisen – *Boas*, die linke Säule, ist aus Ton. „So wie sich in Tubalkain ein Erwachen künstlerischer Gestaltung versinnbildlicht, soll auch im Lehrling der Drang entstehen, sich Werkzeuge zu schaffen, die der Bearbeitung des rauhen Steins, der Formung seiner Seele dienen. Darum wird er Tubalkain genannt."[90] Derartige Bilder, die von Bibelzitaten ausgehen, die zu eigenen Legendenkränzen geformt werden, sind auch weiterhin typisch für die freimaurerische Bildersprache.

Als ein weiteres Sicherheitszeichen vor der Eröffnung einer Loge ist das Fußzeichen anzusehen, bei dem der linke Fuß gegen Osten gerichtet ist, während der rechte im rechten Winkel dazugesetzt wird. Jeweils mit dem linken Fuß beginnend, werden drei kleine Schritte gemacht, mit denen der profane Bereich verlassen und die Schwelle des sakralen Bereiches überschritten wird.

Diese Erkennungszeichen haben längst nur noch symbolischen Wert, da sie, immer wieder publiziert, längst der Öffentlichkeit zugänglich gemacht worden sind. Zwar sind immer wieder Änderungen in einzelnen Systemen durchgeführt worden, doch ihre ursprüngliche Funktion, Erkennungszeichen unter Brüdern zu sein, haben sie ritualbezogen beibehalten. Ansonsten sind der Logenpaß, oft unterschiedlich geformt und ausgeführt, das gedruckte Mitgliederverzeichnis und die damit mögliche Überprüfung der Daten eines Unbekannten die eigentliche Identifikationsmöglichkeit.

Nach der Belehrung wird der Lehrling als Maurer investiert, eingekleidet, d.h., ihm wird der Lehrlingsschurz umgebunden, das Bijou umgehängt. Weiße Handschuhe und in manchen Logen der Hohe Hut, also der Zylinder, der alle gleich macht, vervollständigen die maurerische Kleidung. In der Regel ist der Schurz ein weißes Viereck, dessen oberer Abschluß eine dreieckige Klappe trägt. Hier gibt es sowohl in der Größe, in der Art des Materials und in der Ausführung unterschiedliche Möglichkeiten. Während in Deutschland durchwegs ein kleines Format (25 cm × 34 cm) üblich ist, gleichgültig, ob man normale Schurze oder sogenannte Hamburger Schurze, die eine spatenförmige Grundform besitzen, verwendet, ist das internationale Format deutlich größer (35 cm × 41 cm). Die ursprüngliche Herkunft, der Arbeitsschurz des Handwerkers, ist lediglich ahnbar. Das Dreieck über dem Viereck symbolisiert die Form einer Pyramide, „den Aufschwung aus der materiellen Vierheit in die inmaterielle Dreiheit".[91] Die Bedeutung des Schurzes, der auf den nicht symbolbelasteten Außenstehenden eher seltsam wirkt – Vergleiche mit Kellnerschürzen[92] sind gerade im österreichischen Raum häufig –, kann man der freimaurerischen Eigendefinition am ehesten entnehmen. „Der Freimaurerschurz ist ‚älter als das Goldene Vlies und der Römische Adler und wertvoller als irgendeine Auszeichnung unter der Sonne'." Der Schurz ist auch eine stete Mahnung zum Fleiß, eine Mahnung nicht müßig zu sein, „wenn der Meister vom Stuhl zur Arbeit ruft".[93]

Das Bijou oder Logenabzeichen wird mit einem meist hellblauen Band um den Hals getragen und stellt als sprechendes Wappen die Loge, in die man aufgenommen worden ist, dar. Es symbolisiert letztlich primär die Zugehörigkeit zu einer bestimmten Loge, während der Schurz umfassendes Zeichen aller Freimaurer ist. Die Amts- und Würdenträger tragen zusätzlich Amts- und Ehrenzeichen.

„Meister vom Stuhl: Ohne diese Schürze dürfen sie bey unsern Arbeiten nie erscheinen. (Der Zeremonienmeister bindet ihm die Schürze um.)

Meister vom Stuhl (Indem er ihm gleich darauf die Mannshandschuhe reicht:) So wie mit diesen Handschuhen ihre Hände stets bedeckt seyn müssen. Die weiße Farbe … sey ihnen ein Bild reiner Sitten, die man von einem Freymäurer umsomehr fordern kann; weil oft der gute Ruf des ganzen Ordens davon abhängt. (Man heißt ihn die Handschuhe anziehen.)

Meister vom Stuhl (Bey Ueberreichung der Frauenhandschuhe.) Eine alte Sitte des Ordens befiehlt mir, ihnen auch ein Paar Frauenhandschuhe zuzustellen.“[94]

SCHAU IN DICH!

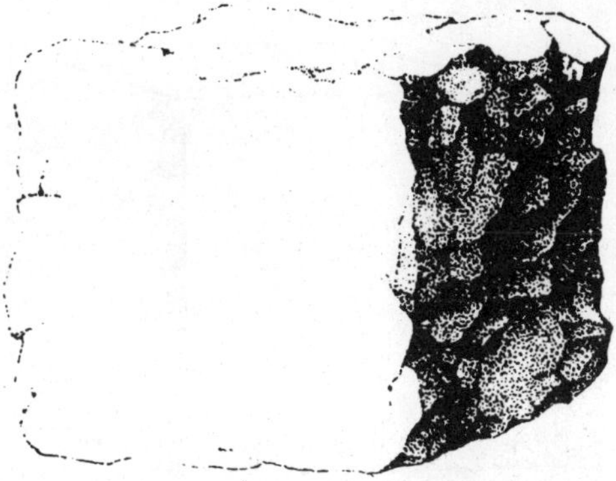

Der Lehrlings-Grad
– die Stufe der Selbsterkenntnis –
hat als Symbol den unbehauenen Stein.
Er stellt den – zunächst
unvollkommenen – Menschen dar.
Den Stein zu formen – zu behauen – ist
die Aufgabe und Arbeit
des Lehrlings.

SCHAU UM DICH!

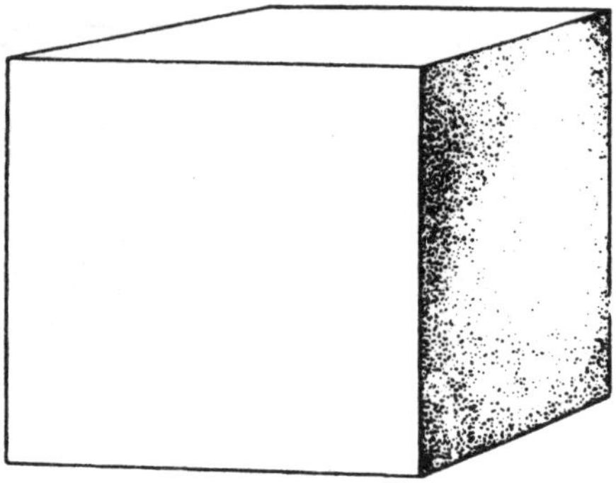

Der Gesellen-Grad
– die Stufe der Selbstbeherrschung –
hat als Symbol den kubischen Stein.
Wie er durch seine winkelrechte Form
sich mit den anderen behauenen Steinen
in den Tempelbau einpassen läßt,
so soll sich auch der Geselle harmonisch
in die Gemeinschaft einfügen.

SCHAU ÜBER DICH!

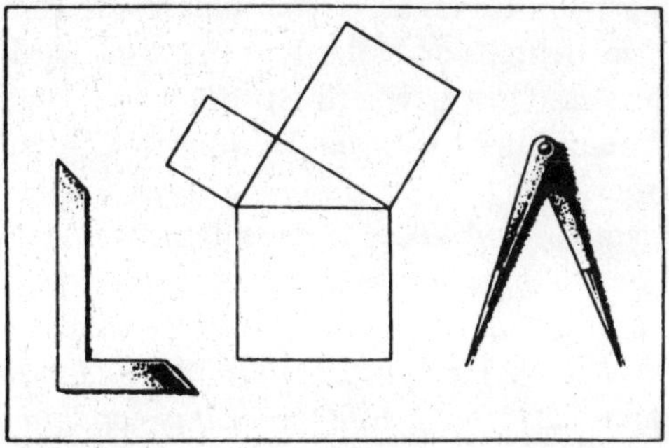

Der Meister-Grad
– die Stufe der Selbstveredelung –
hat als Symbol das Reißbrett.
Auf ihm entwirft der Meister die Zeichnung,
die zur Vollendung des Tempelbaus
führen soll, mit Hilfe von
Winkelmaß und Zirkel.

Dieses Paar ist für jene Frau bestimmt, die dem Lehrling am nächsten steht, seine Frau oder Braut, respektive seine Freundin. *„Mit diesem Geschenke versichern sie sie zugleich als Schwester unserer Hochachtung, so wie der Vatersorge der ganzen Loge für die Pfänder ihrer Liebe."*

Imhof unterstreicht die Bedeutung dieser Handschuhe mit einem Hinweis auf Johann Wolfgang von Goethe, der das ihm 1780 übergebene Paar der Frau von Stein schenkte: „Wenn dieses Geschenk Ihnen unscheinbar vorkommt, so wollen Sie seine Eigenheit bedenken: es kann von einem Freimaurer nur ein einziges Mal in seinem Leben einer Frau überreicht werden."[95]

In Logen, in denen der Hohe Hut getragen wird, folgt nun die Übergabe desselben bzw. erhielt früher, als das Tragen von Hüten allgemeinüblich war, der Lehrling jetzt den abgegebenen Hut zurück.

„Meister vom Stuhl (Bey Ueberreichung des Huts.) Hier empfangen sie wieder ihren Hut, den sie in der Loge zum Zeichen der unter Brüdern herrschenden Gleichheit auch vor Fürsten und Königen nicht, sondern nur dann abnehmen; wenn der Name des Höchsten Baumeisters genannt wird."[96]

In jenen Systemen, in denen das Rittermäßige des Ordens betont wird, stellt der Meister vom Stuhl bei der Überreichung des Degens fest: *„Hier stelle ich ihnen auch ihren Degen wieder zurück: er sey der Vertheidigung der Tugend des Vaterlands, des Landesfürsten, und ihrer Brüder gewidmet."* Verbunden mit der Rückgabe des Degens war die Vermittlung des großen freimaurerischen Notzeichens, indem der Meister fortfuhr: *„Gerathen Sie ohne ihr Schuld in irgend eine Gefahr; so rufen sie mit über dem Haupte zusammengeschlagenen Händen: Auf ihr Kinder der Wittwe! und jeder Freymäurer ist dann verbunden, ihnen beyzuspringen."*[97] Eine Erklärung dieses seltsam wirkenden Rufes, der wohl am ehesten mit dem studentischen Kampf- und Hilferuf „Burschen heraus!" verglichen werden kann, läßt sich an sich nur aus der im Meistergrad angesiedelten Hiramslegende erklären, so daß es in vielen Logen üblich war und ist, dieses Zeichen erst bei der Erhebung in den Meisterstand zu geben.[98]

Nach dem Ritual der *deutschen Großloge A.F.u.A.M.* überprüft nach der Einkleidung der Zweite Aufseher, ob der Lehrling Zeichen, Wort und Griff beherrscht, ehe er ihn seine erste symbolische Arbeit in der Loge, die Lehrlingsschläge mit dem Spitzhammer auf dem rauhen Stein, ausführen läßt.[99] Es ist dies ein Versprechen des Lehrlings, den rauhen Stein eifrig und beharrlich so zu bearbeiten, daß der Stein bzw. er sich in den Bau des symbolischen Tempels einfügt.

Mit diesem Vorgang ist der Lehrling gleichsam endgültig in die Loge eingeführt, und er kann vom Zweiten Aufseher auf seinen Platz in der nördlichen Kolonne, der Lehrlingskolonne, gebracht werden, wo er neben den Alten Pflichten die Verfassung seiner Großloge sowie die Hausordnung und das Mitgliederverzeichnis überreicht bekommt. Zur literarischen Grundausstattung eines jeden Lehrlings soll überdies die Werklehre bzw. das Lehrgespräch oder der Katechismus seines Grades, weiterführende Literatur und ein Arbeitsplan gehören.

In jenen Ritualen, in denen bis dahin dem Lehrling noch nicht der Sinn der Initiationshandlungen erklärt worden ist, folgt nun eine ausführliche Interpretation und schließlich die Erklärung des in der Loge aufliegenden Arbeitsteppichs.

Die Arbeitstafeln haben unterschiedliche Ursprünge. Zunächst dürfte wohl ein gesäuberter Fußboden der Bauhütte meist mit einem Seil abgegrenzt worden sein. Auf die damit umschriebene Fläche – diese dürfte mit der Zeit sich vom Quadrat zum Rechteck gewandelt haben – wurden Arbeitsgeräte und Instrumente gelegt, ein Vorgang, der auch außerhalb der Maurerzunft nachweisbar ist.[100] In weiterer Folge bildeten sich die Zeichnungen mit Kalk und Kohle auf Tafeln oder Tüchern aus, die auf der Erde lagen, wozu man noch eine Schüssel mit Wasser und ein Reinigungsgerät steckte, um auch rasch die Spuren der „Zeichnung“ unkenntlich zu machen. Feddersen weist daraufhin, daß diese Vorgangsweise und ihre Materialien auch ihren Niederschlag in Ritualen finden, wo es etwa 1839 heißt: „Nichts ist so frei für den Gebrauch des Menschen wie Kreide, da die leichteste Berührung eine Spur hinterläßt; nichts ist glühender als Kohle, wenn sie angezündet wird, denn kein Metall kann ihrer Gewalt widerstehen; nichts ist eifriger als Lehm, unsere Mutter Erde, welche täglich für unseren Unterhalt arbeitet und auch freundlich uns aufnehmen wird, wenn alle unsere Freunde uns verlassen haben."[101] In weiterer Folge treten seit 1730 gemalte Tafeln auf, die bereits auch auf die Wand gehängt wurden bzw. auf Zeichentischen wie in Frankreich ihren Platz fanden. Die modernen Teppiche, wie sie die Großloge von Deutschland empfiehlt, kehren zur möglichst einfachen, den Kreidezeichnungen nachempfundenen Darstellung zurück.[102]

Der Formenreichtum ist, sowohl was die Unterlage, aber auch was die Ausgestaltung anlangt, enorm, wenn man bedenkt, daß in der umfassenden Darstellung dieses maurerischen Elementes von Feddersen rund 400 Abbildungen unterschiedlicher Teppiche zu finden sind. In den drei deutschen Großlogen liegen die Tafeln und Teppiche auf dem Boden. Sie können aber in anderen Systemen im Osten auf einem Gestell stehen. „In einigen amerikanischen Logen wird keine Arbeitstafel benutzt, sondern die Symbole werden mit einem Projektionsapparat auf eine Leinwand geworfen. Hier ist es dann üblich, daß diese dann über dem Stuhl des Meisters gezeigt werden."[103] Gerade in Amerika dürfte jene Tradition, die im Aufbewahrungsbehälter des Teppichs „die Vorstellung der alten jüdischen Bundeslade" trägt, auch in die Gegenwart trotz moderner Tendenzen fortwirken.[104] So findet man ab 1865 bei Neugründungen einen länglichen Kasten, der vor dem Großmeister stehend mit weißer Leinwand bedeckt und mit Kerzen, Wein, Korn, Öl umgeben wird. Die Kiste, im englischen Sprachgebrauch auch nur lodge genannt, wird dann als „Lade des Zeugnisses"[105] mit der Bundeslade in Verbindung gebracht.

Der mannigfache Symbolgehalt der Arbeitstafel wird in der aktuellen deutschen Ritualkunde folgendermaßen interpretiert: „Das längliche Viereck stellt den Grundriß des Salomonischen Tempels dar … Eine Mauer umgibt ihn, in die im Osten, Süden und Westen Tore eingelassen sind. Ursprünglich waren es Fenster, an denen die drei hammerführenden Meister ihre

Plätze hatten, um den Lauf der Sonne zu beobachten. Im Norden befindet sich keine Öffnung, weil von dorther die Sonne keine Strahlen wirft."[106] Feddersen betont in diesem Zusammenhang die Bedeutung der Einfassung der Arbeitstafel, die als Sinnbild, als ideales Modell der Loge in ihrer Formgebung die Eigenheiten des jeweiligen Systems spiegelt. So bedeutet die Mauer zunächst die Abgrenzung des Heiligen Raumes, später wird sie zum Symbol der heiligen Stadt, Jerusalems.[107] Grundsätzlich bildet sie aber einen „Zauberkreis" in dem das Gute vor dem Bösen abgeschirmt wird.[108]

„Die Einteilung des Innenraumes ist dreigestuft. Im Westen erstreckt sich der Vorhof mit dem musivischen Pflaster. Es folgt die Halle mit den der Steinmetzzunft entlehnten Werkzeugen irdischen Bauens. Im Osten schließlich, abgetrennt durch das beherrschende Zeitsymbol des Maßstabs, der Raum, in dem die Symbole angeordnet sind, in denen der Bezug auf die Transzendenz sichtbar wird. Am Westrand des Arbeitsteppichs erblicken wir zwei freistehende Säulen, deren linke mit dem Anfangsbuchstaben des Lehrlingswortes bezeichnet ist. An ihr versammeln sich die Lehrlinge, um ihren symbolischen Lohn zu empfangen. Die beiden Säulen verkörpern auch das aktive und das passive Prinzip, auf deren Wechselwirkung und Ausgleich das irdische Leben gegründet ist. Wer sich anschickt, das musivische Pflaster zu überschreiten, muß in der Mitte zwischen ihnen hindurchgehen.

Das musivische Pflaster, der alte Meßgrund der Steinmetzen, leitet sich von dem Lambdoma der Pythagoräer her. In der maurerischen Symbolik weisen seine wechselnden weißen und schwarzen Felder auf den ständigen Wechsel von Licht und Schatten, Freude und Schmerz, Kommen und Vergehen hin, der das Leben auf der Erde kennzeichnet. Die Regelmäßigkeit der Anordnung zeigt indessen an, daß dieser Wechsel nicht ein Spiel des blindwaltenden Zufalls, sondern die Wirkung ewiger Gesetze ist, die uns in die Bahnen der Entwicklung zur Vollendung hin geleiten wollen."[109]

Das musivische oder mosaische Fußpflaster zählt zu den Kernsymbolen der Teppiche; der Name leitet sich aller Wahr-

Der „Festschmaus".

scheinlichkeit nach vom Begriff Mosaik ab und hat im Gegensatz zu immer wiederkehrenden Behauptungen nichts mit Moses oder Mosaisch zu tun, daher ist an sich auch die Bezeichnung *Mosaic Pavement* bzw. *Pavé Mosaique* deutlicher und nicht so irreführend wie die traditionellen bei uns gebräuchlichen Worte.[110] Gestalterisch unterstreicht er den Tempelcharakter mit der in Sakralbauten üblichen Ausgestaltung der Fußböden. Der Teppich als „Bauplan des menschlichen Lebens"[111] symbolisiert mit dem Schwarz-Weiß des Pflasters ebenso wie in den beiden Säulen die beherrschenden Gegensätze.[112]

„Dreimal umkreisen wir das musivische Pflaster auf unseren Reisen zum Licht. Doch jedesmal geht unser Weg am Osten vorbei, und wir finden uns wieder in der Dunkelheit des Westens, von wo wir ausgegangen sind. Erst wenn wir die Kenntnis der rechten Schritte erlangen, können wir uns über unser kleines Menschenschicksal erheben und geraden Weges das Licht aufsuchen. Diese Überschreitung unserer selbst ist die Voraussetzung zum Eintritt in die Halle des Tempels, wo wir die Werkzeuge finden, deren wir zu unserer Vervollkommnung bedürfen. Sieben Stufen am östlichen Ende des Mosaiks weisen auf die Möglichkeit des Anstiegs zu höheren Ebenen hin."[113]

Diese Stufen haben in älteren Tafeln ihren Vorläufer in der Leiter, nachgebildet der Leiter des Jakob (Gen 28,12). Gleichgültig ob Leiter, sieben oder drei Stufen einer Treppe oder eine Wendeltreppe wird damit der symbolische Aufstieg zu lichteren Höhen angedeutet.[114] Die sieben Stufen der heutigen deutschen Teppiche weisen auf die Zahl drei – das „Alter des Lehrlings –, mit der Zahl fünf auf den Gesellen hin und deuten mit der Sieben die Vollendung im Meistergrad an".[115]

„Der rauhe, unbehauene Stein, der an der Säule zur linken liegt, ist das Sinnbild des Lehrlings. Mit dem Spitzhammer müssen seine Ecken und Kanten abgeschlagen werden. Die naturhaften Unebenheiten des Steins weisen auf die Unvollkommenheit des Verstandes und des Herzens vor Beginn dieser Arbeit hin. So wie der Stein in die rechte Form gebracht und geglättet werden muß, damit er zum Bauen taugt, so muß auch der Lehrling an seiner Vervollkommnung arbeiten, mit Eifer und Beharrlichkeit. Es wird nicht gefordert, alle Steine in gleicher Form zu behauen, sondern vielmehr unter Beachtung ihrer Eigenart so, daß sie sich winkelrecht in den Bau einfügen lassen …

Die drei hammerführenden Meister … tragen als Amtsabzeichen das Senkblei, die Setzwaage und den rechten Winkel. Der Bau unseres Lebens muß so aufgeführt werden, daß er jederzeit einer Prüfung durch diese drei Werkzeuge standhalten kann. Das Senkblei zeigt die Senkrechte, die Setzwaage die Waagrechte an. Beide bilden zusammen den rechten Winkel, aber auch den Kreuzbalken von Leben und Vergänglichkeit …[116]

Winkelmaß und Zirkel sind die Symbole des irdischen und des göttlichen Bauens. In vereinigter Form, wobei der Zirkel von Osten nach Westen und der Winkel von Westen nach Osten geöffnet sind, symbolisieren sie die Vereinigung von Oben und Unten. Sie weisen auf die Kraft hin, die der Materie innewohnt, wenn sie durchgeistigt ist, wenn das irdische Bauen nach göttlichem Plan erfolgt.[117]

Quer auf dem Weg unseres weiteren Fortschreitens liegt der vierundzwanzigzöllige Maßstab, der uns an die weise Einteilung der Stunden des Tageslaufs gemahnt. Gelingt sie uns nicht, so ist an dieser Stelle unser Weg zu Ende … Nicht alle Menschen haben das gleiche Maß … Was für den einen gut ist, muß es nicht für den anderen sein. Weise ist die Einteilung der Zeit, wenn sie es uns ermöglicht, beständig an unserer Vervollkommnung zu arbeiten …

Gelingt es uns, auch diese Grenze zu überschreiten, so sehen wir uns nun den Symbolen der geistigen Welt gegenüber. Wir betreten einen Bereich, dessen Symbolik den Sonnen-, Licht- und Feuerkulten der Menschheit entstammt. Die Sonne ist die Kraft, die auf der Erde das Leben spendet … Im Süden erreicht sie ihren höchsten Stand und ihre größte Stärke. Ihr gegenüber im Norden der von ihr bestrahlte Mond. Beide bilden im Osten ein aktivpassives Gegensatzpaar wie die beiden Säulen im Westen.

Licht und Dunkel, Leben und Tod sind nur scheinbar unerbittliche Gegensätze ... Im Geist des meisterlichen Menschen sollen das aktive und das passive Element zur Harmonie der Sphären verschmelzen. Dann regieren die Sonne, der Mond und der Meister die Loge.

Rings um die Symbole der Transzendenz herum, deren Ordnung dreimal drei Sterne symbolisieren, schlingt sich das Vereinigungsband, die Knotenschnur. Sie ist nicht mit dem Strick identisch, der in alten Ritualen dem Kandidaten um den Hals gelegt wurde.

Dieser war ein Symbol des Verstricktseins in unbeherrschte Leidenschaften, materielle Verblendung, Ängste und Vorurteile, die geistige Dunkelheit und Fesselung des höheren Lebens im Menschen verursachen. Von diesen Banden muß der Suchende sich lösen, um zur Erkenntnis seiner selbst zu gelangen ... Dieser symbolische Vorgang wird durch die Augenbinde hinreichend ... ausgedrückt.

[Die] Knotenschnur finden wir ... im Osten unter den Symbolen, die auf die Transzendenz hinweisen. Ihre Knoten bilden die Form der liegenden Acht, der Lemniskate, das Zeichen der Unendlichkeit. Ihre beiden Enden senken sich in den Bereich der irdischen Symbolik herab. Sie geben dem Strebenden ein lockendes Zeichen, dieser Führungsschnur in den Raum des ewigen Lichts zu folgen.[118] Der Arbeitsteppich ist der symbolische Bauplan unseres Lebens. Demjenigen, der seine Zeichen recht zu lesen und zu deuten versteht, offenbart sich das Geheimnis der Königlichen Kunst."[119]

Die Logenarbeit nähert sich nun dem Ende, der Meister ruft die Brüder auf, der Armen zu gedenken; der „Sack der Witwe" geht um. Die Tendenz, den Ausdruck „Sack der Witwe" durch Almosen- oder Gabensammlung zu ersetzen, zielt sowohl auf eine Erneuerung der Ritualsprache, als auch auf die Verbannung von Worten, die nur aus der Hiramslegende des dritten Grades erklärbar sind, aus dem normalen Sprachgebrauch der Lehrlingsloge. In Ritualen, in denen der Neuaufgenommene bis dahin noch nicht seine Metalle, sein Geld etc. zurückerhalten hat, kommt es zur Erklärung des Lehrlings, daß er alles, was er an äußeren Werten besaß, vor seiner Einweihung abgegeben habe, ansonsten würde er gerne etwas geben, worauf ihm der Meister vom Stuhl dankt: *„Die an Dich gerichtete Aufforderung war ernst gemeint – als Mahnung an Dein eigenes Herz, damit Du, wenn Du in Zukunft einem Unglücklichen begegnest, der Dich um Hilfe anfleht, dieses Augenblickes gedenken mögest, da Du – arm und aller äußeren Mittel entblößt – in die Freimaurerei aufgenommen wurdest, um Deines inneren Wertes willen; auf daß Du in diesem künftigen Augenblick dann freudig die Gelegenheit ergreifen mögest, die Tugend zu betätigen, in der Du Dich jetzt so bereitwillig gezeigt hast, vor allem aber, sollte hierdurch Deinem Bewußtsein die Tatsache eingeprägt werden, daß Du Dich hier im Tempel außerhalb der irdisch-materiellen Welt befindest, in einem innerlichen Zustand, der Dich immer erfüllen soll, wenn Du diesen Tempel in Zukunft betrittst."*[120]

Imhof interpretiert diesen Vorgang auch als Symbol für die rechte Inanspruchnahme der brüderlichen Hilfe, die nicht ein „gefördertes Schmarotzertum" darstellen darf.[121] Die Anrufung wird daher oft auch in Hausordnungen geregelt und sieht vor, daß man eine derartige Hilfe nur über den Meister vom Stuhl erlangen kann.[122]

Gleichsam in Umkehrung der Einleitung der Loge erfolgt nun die Werklehre vor der Schließung der Loge.[123] Kurz vor Hochmitternacht ruft der Meister vom Stuhl die Brüder in Ordnung, es folgt die Danksagung in Form eines Gebetes oder eines Sinnspruches und korrespondiert damit ebenfalls mit der Anrufung des Großen Baumeisters während der Eröffnung, ehe der Arbeitsteppich von Westen nach Osten verhüllt wird und der Meister mit den beiden Aufsehern die Kleinen Lichter löscht:

> „Uns bleibe der Glanz der Schönheit!
> In uns glühe das Feuer der Stärke!
> Über uns leuchte das Licht der Wahrheit!"[124]

Erneut werden schließlich die Brüder daran erinnert, die Brüderlichkeit zu pflegen, es ist Hochmitternacht, der Meister schließt, wie er eröffnet hat: Seine drei Hammerschläge werden von den beiden Aufsehern, den Hammerführenden Meistern wiederholt. Zur Kette vereinigt soll das Kettenlied gesungen werden: „Wir folgen dem schönsten der Triebe, der Menschen mit Menschen verband, und reichen in Freundschaft und Liebe zur Kette einander die Hand. / Wo Tugend die Herzen verbindet, da blühet der Maurerverein; auf, schlinget die Kette und windet die Rosen der Freude hinein! / Ihr suchet das Ende vergebens, wir brechen die Kette nicht ab; sie reicht durch den West dieses Lebens zum ewigen Ost übers Grab."[125]

Wie beim Einzug führt der Zeremonienmeister die Brüder zu Paaren geordnet und winkelrecht aus der Loge, während der Meister, die beiden Aufseher, der Redner und der Sekretär am Platz verweilen. Schließlich nehmen sie die Leuchter von ihren Plätzen und bringen sie dem Meister, der das Licht löscht. Nachdem sie ihre Plätze erneut eingenommen haben, dankt ihnen der Meister, und sie verlassen den Tempel. „Danach löscht der Meister vom Stuhl auch die Kerzen auf seinem Tisch und folgt ihnen."[126]

Katechismus[127]

Erste Abteilung: Grundfragen

1. *Sind Sie ein Freimaurer?*
   Meine Brüder Meister und Gesellen erkennen mich dafür.
2. *Was ist die erste Sorge eines Freimaurers?*
   Zu untersuchen, ob die Loge gehörig gedeckt sei.
3. *Woran soll ich erkennen, daß Sie ein Freimaurer sind?*
   An dem Zeichen, dem Wort, dem Griff und der Wiederholung der besonderen Zustände meiner Aufnahme.
4. *Was bedeutet das Wort J- ?*
   Es ist der Name einer Säule im Vorhofe des Salomonischen Tempels, bei welcher die Lehrlinge ihren Lohn erhielten, und bedeutet: „Der Herr wird dich aufrichten."

5. *Was muß man sein, um Freimaurer werden zu können?*
Ein freier Mann von gutem Rufe.

Zweite Abteilung: Vorbereitung zur Aufnahme

6. *Wo wurden Sie zuerst zum Freimaurer vorbereitet?*
In meinem Innern, durch die Vorstellungen, die ich mir von der Brüderschaft machte.
7. *Wo hernach?*
In einem Zimmer neben der Loge.
8. *Wie wurden Sie vorbereitet?*
Weder nackend noch bekleidet, weder beschuht noch barfuß, alles Metalls beraubt und mit verbundenen Augen wurde ich nach der Türe der Loge geleitet.
9. *Warum wurden Ihnen die Augen verbunden?*
Mein Herz sollte Verschwiegenheit lernen, ehe meine Augen etwas entdeckten.
10. *Warum wurden Sie allen Metalls beraubt?*
Zur Lehre, daß, da ich arm und mittellos zum Freimaurer gemacht wurde, ich alle würdige und arme Brüder nach Maßgabe meiner Kräfte unterstützen müsse.

Dritte Abteilung: Die Weihehandlung

11. *Wie erhielten Sie den Eintritt?*
Durch drei starke Schläge.
12. *Was bedeuten sie?*
Drei Sprüche: Suchet, so werdet Ihr finden; bittet, so wird Euch gegeben; klopfet an, so wird Euch aufgetan.
13. *Wie beziehen Sie das auf die Freimaurerei?*
Ich beschäftigte mich mit dem Vorsatze; ich vertraute mich einem Freunde; ich klopfte an und das Tor der Freimaurerei ward mir geöffnet.
14. *Warum wurde Ihnen der Zirkel auf die bloße linke Brust gesetzt?*

Als Erinnerung an meinen Wandel, indem er mehr mein Gewissen, als meine Brust berühren sollte.

15. *Warum wurden Sie dreimal um das längliche Viereck herumgeführt?*
Damit alle Brüder sehen könnten, daß ich gehörig vorbereitet sei.

16. *Was bedeuten die drei freimaurerischen Schritte?*
Jeder bildet einen rechten Winkel und gibt die Lehre, immer nach Pflicht und Recht zu wandeln.

Vierte Abteilung: Die Loge und ihre Einrichtung

17. *Welches sind die drei großen Lichter der Freimaurerei?*
Die Bibel, das Winkelmaß und der Zirkel.

18. *Wie erklären Sie solche?*
Die Bibel ordnet und richtet unseren Glauben, das Winkelmaß unsere Handlungen, und der Zirkel bestimmt unser Verhältnis gegen alle Menschen, besonders gegen einen Bruder.

19. *Welches sind die drei kleinen Lichter der Freimaurerei?*
Die drei Kerzen in dem Umrisse des länglichen Vierecks im Osten, Westen und Süden.

20. *Was stellen sie vor?*
Die Sonne, den Mond und den Meister der Loge.

21. *Wieso?*
Die Sonne regiert den Tag, der Mond die Nacht, und der Meister die Loge.

22. *Welche Gestalt hat die Loge?*
Eines rechtwinkeligen länglichen Vierecks von Osten bis Westen, zwischen Süden und Norden, von der Erde bis zum Himmel und von der Oberfläche des Erdbodens bis zum Mittelpunkte.

23. *Wie erklären Sie das?*
Die Freimaurerei ist allgemein. Sie erstreckt sich über den ganzen Erdboden, und alle Brüder auf demselben machen nur eine Loge aus.

24. *Worauf ruht die Loge?*
Auf drei großen Säulen: Weisheit, Stärke und Schönheit.

25. *Wer stellt die Säule der Weisheit vor?*
Der Meister im Osten; denn gleich wie die Sonne im Osten aufgeht, um den Tag zu beginnen, so steht auch der Meister im Osten, um die Loge zu öffnen und die Arbeiten anzuordnen.

26. *Wer stellt die Säule der Stärke vor?*
Der erste Aufseher im Westen; denn gleichwie die Sonne im Westen untergeht, um den Tag zu enden, so steht auch der erste Aufseher im Westen, um die Loge zu schließen und den Arbeitern ihren Lohn zu geben, welches die Stärke und Stütze aller Arbeiten ist.

27. *Wer stellt die Säule der Schönheit vor?*
Der zweite Aufseher im Süden; denn gleichwie die Sonne im Süden, in der Schönheit des Tages, steht, wenn es Hochmittag ist, so steht auch der zweite Aufseher dort, die Brüder von der Arbeit zur Erholung zu berufen und Sorge zu tragen, daß sie zur rechten Zeit zurückkehren, um den Bau zu fördern.

28. *Wie erklären Sie, daß die drei Säulen Weisheit, Stärke, Schönheit die Loge tragen?*
Weil ohne sie nichts Vortreffliches zustande gebracht werden kann.

29. *Wieso?*
Weisheit erfindet, Stärke führt aus, und Schönheit ziert.

30. *Warum heißen alle Logen St. Johannislogen?*
Weil die alten Freimaurer Johannes den Täufer zu ihrem Schutzpatron erwählten.

31. *Wie vielerlei Kleinodien hat eine Loge?*
Zweierlei: Bewegliche und unbewegliche.

32. *Welche sind die beweglichen?*
Das Winkelmaß, die Wasserwaage und das Senkblei, weil alle Zeichen der Freimaurerei durch sie gebildet werden.

33. *Welche sind die unbeweglichen?*
Der rohe Stein, der kubische Stein und das Reißbrett.

34. *Warum nennt man beide Affen Kleinodien?*
Weil sie zu Unterscheidungszeichen dienen, die drei ersteren bezeichnen die drei vornehmsten Würden der Loge, des Meisters und der beiden Aufseher, und letztere die drei Stufen der Brüderschaft, der Lehrlinge, Gesellen und Meister.

Fünfte Abteilung: Die Arbeiten des Lehrlings

35. *Welches sind die Werkzeuge der Lehrlinge?*
Der 24zöllige Maßstab und der Spitzhammer.
36. *Wozu dienen sie?*
Der Maßstab, um die Zeit mit Weisheit einzuteilen; der Spitzhammer, um alle Ecken der Unvollkommenheit abzuhauen, damit das Winkelmaß der Wahrheit leicht und recht angelegt werden kann.
37. *Woran arbeiten die Lehrlinge?*
Am rohen Steine, dem Sinnbilde der Unvollkommenheiten des Verstandes und des Herzens.
38. *Wie klopfen die Lehrlinge?*
Mit zwei geschwinden Schlägen und einem langen.
39. *Was bedeuten diese Schläge?*
Die beiden ersten bezeichnen den Eifer des Freimaurers zur Arbeit und der letzte, lange, seine Beharrlichkeit.
40. *Wodurch soll sich ein Freimaurer von andern Menschen unterscheiden?*
Durch ein tadelloses Betragen, durch eine von der Sklaverei der Vorurteile befreite Denkart und durch eine auf sittliche Grundsätze sich gründende echte Freundschaft gegen seine Brüder.

Lehrgespräche[127]

I. Grundfragen

1. *Ist etwas zwischen Dir und mir?*
   Ja, ein Geheimnis.
2. *Was ist es?*
   Maurerei.
3. *So bist Du ein Freimaurer?*
   Meine Brüder Meister und Gesellen erkennen mich dafür.
4. *Was ist die erste Pflicht eines Freimaurers?*
   Für die Sicherheit zu sorgen und zu untersuchen, ob die Loge gehörig gedeckt ist.
5. *Woran soll ich erkennen, daß Du ein Freimaurer bist?*
   An Zeichen, Wort und Griff und der Wiederholung der besonderen Umstände meiner Aufnahme.
6. *Was bedeutet das Wort J…?*
   Es ist der Name einer Säule im Vorhof des Salomonischen Tempels, bei der die Lehrlinge ihren Lohn erhielten.

II. Die Aufnahme

7. *Was muß man sein, um Freimaurer werden zu können?*
   Ein freier Mann von gutem Ruf.
8. *Was bewog Dich, Freimaurer zu werden?*
   Ich war von Finsternis umgeben und fühlte ein Verlangen, das Licht zu sehen.
9. *Wie erlangtest Du den Eintritt in die Loge?*
   Durch drei starke Schläge.
10. *Was bedeuten sie?*
    Suchet, so werdet Ihr finden. Bittet, so wird Euch gegeben. Klopfet an, so wird Euch aufgetan.
11. *Wie wurdest Du eingeführt?*
    Weder nackt noch bekleidet, weder beschuht noch barfuß, allen Metalls beraubt und mit verbundenen Augen.
12. *Warum wurden Dir die Augen verbunden?*
    Damit ich um so ruhiger in mich hineinschaute bei dem,

was ich vernahm. Denn was ich suchte, vermochte ich nur in meinem Inneren zu finden.

13. *Warum warst Du weder nackt noch bekleidet und bar allen Metalls?*
Um zu erkennen, daß Vornehmheit der Gesinnung den Menschen mehr auszeichnet als irdischer Besitz.

14. *Wer empfing Dich?*
Der zweite Aufseher.

15. *Ließ man Dich wandern?*
Dreimal von Westen nach Osten, um das Licht zu suchen.

16. *Was bedeuten die drei Schritte des Lehrlings?*
Jeder bildet einen rechten Winkel und gibt die Lehre, immer nach Recht und Pflicht zu wandeln.

III. Die Loge und ihre Einrichtung

17. *Als Dir das Licht gegeben wurde, was sahst Du zuerst?*
Das Buch des Heiligen Gesetzes, das Winkelmaß und den Zirkel.

18. *Wie nennt man sie?*
Die drei großen Lichter der Freimaurerei.

19. *Was stellen die drei kleinen Lichter dar?*
Die Sonne, den Mond und den Meister.

20. *Welche Gestalt hat die Loge?*
Die eines rechtwinkeligen länglichen Vierecks von Osten bis Westen, zwischen Süden und Norden, von der Erde bis zum Himmel und von der Oberfläche des Erdbodens bis zum Mittelpunkt.

21. *Wie erklärst Du das?*
Die Freimaurerei ist allgemein. Sie erstreckt sich über die ganze Erde, und alle Brüder machen nur eine Loge aus.

22. *Woher kommt die Bezeichnung Johannisloge?*
Weil Johannes der Schutzpatron der Freimaurer ist.

23. *Wo ist des zweiten Aufsehers Platz in der Loge?*
Im Westen, um die Sonne zu beobachten, die Maurer zur Arbeit und zur Erholung zu rufen und Sorge zu tragen, daß

jeder zur rechten Zeit an die Arbeit gehe, damit der Bau gefördert werde.

24. *Wo ist des ersten Aufsehers Platz?*
Im Westen, denn gleichwie die Sonne im Westen untergeht, um den Tag zu enden, so steht auch der erste Aufseher im Westen, um den Arbeitern ihren Lohn zu geben und sie von der Arbeit zu entlassen.

25. *Wo ist des Meisters Platz?*
Im Osten, denn gleichwie die Sonne im Osten den Lauf des Tages beginnt und die Welt erleuchtet, so steht auch der Meister im Osten, die Loge zu öffnen, sie zu erleuchten und die Arbeiten anzuordnen.

IV. Die Arbeit des Lehrlings

26. *Wie alt bist Du als Freimaurerlehrling?*
Drei Jahre.

27. *Warum antwortest Du so?*
Weil ich drei Stufen des Tempels erstiegen habe.

23. *Bist Du für Deine Arbeit bezahlt worden?*
Ich bin zufrieden.

29. *Wo hast Du Deinen Lohn empfangen?*
An der Säule zur Linken.

30. *Woran arbeiten die Lehrlinge?*
Am Rauhen Stein.

31. *Welches sind ihre Werkzeuge?*
Der Spitzhammer und der 24zöllige Maßstab.

32. *Wozu dienen sie?*
Der Spitzhammer, um die Ecken der Unvollkommenheit abzuschlagen, der Maßstab, um bei dieser Arbeit die Zeit mit Weisheit einzuteilen.

33. *Wie klopfen die Lehrlinge?*
Mit zwei geschwinden Schlägen und einem langen.

34. *Was bedeuten diese Schläge?*
Die beiden ersten bezeichnen den Eifer des Freimaurers zur Arbeit und der letzte seine Beharrlichkeit.

35. *Wie lautet das Paßwort der Lehrlinge?*
Es heißt T... und deutet auf den ersten Meister hin, dem es gelang, das Erz vom Gestein zu trennen.

V. Vom Bau und dem Verhalten des Freimaurers

36. *Warum nennen wir uns Freimaurer?*
Weil wir als freie Männer an dem großen Bau arbeiten.
37. *An welchem Bau?*
Wir bauen den Tempel der Humanität.
33. *Welche Bausteine brauchen wir dazu?*
Die Steine, deren wir bedürfen, sind die Menschen.
39. *Was ist notwendig, um sie fest miteinander zu verbinden?*
Menschenliebe, Toleranz und Brüderlichkeit sind der Mörtel des Tempelbaues.
40. *Was ist der Sinn unserer Arbeit?*
Geistige Entfaltung und Entwicklung einer sittlichen Lebenshaltung.
41. *Wodurch soll sich der Freimaurer im Leben vor anderen Menschen auszeichnen?*
Durch winkelrechte Lebensführung, von der Sklaverei der Vorurteile befreite Gedanken und echte Freundschaft zu seinen Brüdern.

„Ich habe den Flammenden Stern gesehen"

Für die Arbeit im Gesellengrad müssen dem Ritual entsprechend einige Änderungen an der Logeneinrichtung vorgenommen werden. So erscheint im Osten, wo im Lehrlingsgrad das Auge im Dreieck hängt, nun das Pentagramm, der Flammende Stern, in dessen Zentrum der Buchstabe G steht, als umfassendes Symbol des Gesellengrades und des Maurertums schlechthin, denn der Freimaurer „ganzes Leben soll von nun an erfüllt sein, symbolisch gesprochen, vom Flammenden Stern".[128] Auf dem Tisch des Meisters werden dreimal zwei, im rechten Winkel aufgestellte Kerzen entzündet, während die Tische der Aufseher zwei Kerzen erleuchten. Während im Lehrlingsgrad nur die Säule J mit einem Buchstaben markiert worden ist, erscheint nun die zweite Säule mit einem B (Boas) versehen, da an ihr der Geselle seinen symbolischen Lohn empfängt. Ihr zu Füßen liegt auf dem Arbeitsteppich der behauene, kubische Stein und die Kelle, die dem Spitzhammer des Lehrlings als Arbeitsgerät folgt.

Nicht nur im aufliegenden Symbolgut unterscheidet sich dic Gesellenloge von der Lehrlingsloge, sondern auch in der einführenden Werklehre, die die Lehrinhalte des Gesellengrades betont.

„Bruder Erster Aufseher, ist etwas zwischen dir und mir?
Ja, Ehrwürdiger Meister, ein Geheimnis.
Was ist es?
Maurerei.
So bist du ein Freimaurer?
Meine Brüder Meister und Gesellen erkennen mich dafür.
Bist du Geselle?
Ich habe den Flammenden Stern gesehen.[129]
Woran soll ich erkennen, daß du es bist?

An Zeichen, Wort und Griff und der Wiederholung der besonderen Umstände meiner Beförderung.
Warum wurdest du Geselle?
Um des Buchstabens G willen.
Was bedeutet er?
Geometrie, die fünfte Wissenschaft.
Wozu dient ihre Kenntnis?
Um Höhen auszumessen und sich ihnen anzunähern."[130]

Wenn die Loge im Gesellengrad eröffnet wird, so unterscheidet sich das Ritual zunächst lediglich durch den neuen Rhythmus der Hammerschläge, einmal lang – das Nachdenken symbolisierend – und zweimal kurz – „den Fleiß bei der Vollendung" der Arbeit charakterisierend.[131] Im Gesellengrad wird der Ausgleich zwischen Materie und Geist statuiert, was durch die Stellung der Großen Lichter unterstrichen wird. Winkelmaß und Zirkel liegen „geschnitten auf dem Buch des Heiligen Gesetzes", wobei der „längere Schenkel des Winkels unter, der kürzere auf dem Zirkel" ruht, praktisch konträr zur Lage im Lehrlingsgrad; erst im Meistergrad liegt der Zirkel über dem Winkel. Die Arbeit des Lehrlings am rauhen Stein, also an sich selbst, führt zum glatten, kubischen Stein, er fügt sich ein in den Bau, in die Gemeinschaft.[132] So „treten dem Gesellen Freundschaft und Brüderlichkeit als das verbindende Element der Maurerei entgegen", so daß auch häufig die Bibel beim 133. Psalm aufgeschlagen liegt: „Siehe, wie fein und lieblich ist es, wenn Brüder einträchtig beieinander wohnen."[133]

Vor der Beförderung

In diese Richtung zielt auch eine der Fragen, die der Lehrling, der in der Regel nach Ablauf eines Jahres befördert werden soll, in einem Vorbereitungsraum beantworten muß. Die aktuelle Ritualkunde formuliert sie: „Hast Du schon Freunde in der Loge gewonnen und worauf kam es dabei vornehmlich an?"[134] In der anschließenden Erörterung im Stil einer Gewissenserforschung vor einer Beichte wird der Lehrling angeregt nachzudenken, ob er im Begriffe ist, „in die Gemeinschaft hineinzuwachsen". Dieses gruppendynamische Empfinden wird auch dadurch unterstrichen, daß Lehrlinge gemeinsam zu Gesellen befördert werden sollen, Vorbereitung, stilles Nachdenken in der Kammer der verlorenen Schritte und Beförderungsritual das gemeinsame Erleben unterstreichen. Die einleitende Frage „Welches Symbol hat dich am meisten angesprochen und warum?" – zielt ähnlich wie die dritte Frage – „Was erwartest du von deiner Beförderung zum Gesellen?" – auf Aufschluß, inwieweit der Lehrling nun tatsächlich schon in die systemimmanente Denkweise als Ausdruck seiner Integration in das geschlossene System einer Loge eingetaucht ist.[135] Die Kammer der verlorenen Schritte wird spezifischer für diesen Grad als Kammer des stillen Nachdenkens angesprochen, in die sich der Maurer – so Imhof – „immer mehr … einschließen" soll, um sich den Einflüssen des profanen Lebens zu entziehen und „um hinabzusteigen in den tiefen Brunnen, in dem sich, nach der Ansicht der Alten, die Wahrheit verborgen hält".[136] Dieses Versenken in sich selbst, dieses vom Lehrling geforderte „Erkenne Dich selbst", das etwa im Schröder-Ritual noch durch das Vorhalten des Spiegels[137] dargestellt wird, muß nun geschult im freimaurerischen Denken nicht nur zu der Eingliederung, zu der Brüderlichkeit führen, sondern auch, angekündigt durch den fünfzackigen Flammenden Stern, zur Wiedergeburt, die dann im Meistergrad nachvollzogen wird.[138]

Da derartiges an sich auch bei der Beförderung zum Gesellen geschieht, gab es früher die „peinlichen Prozeduren, wo der Kandidat bis zur Erde gebeugt in die Loge eintrat oder gar durch ein Faß kriechen mußte", um „die Geburt allegorisch noch einmal zu erleben".[139] Derartige Geschmacklosigkeiten sollten möglicherweise die historisch bedingte Dürftigkeit früherer Gesellenrituale aufbessern.[140] Wie weitgehend hier die Persönlichkeitsformung des Lehrlings geht, erkennt man an der Forderung, „die Vorurteile des profanen Lebens hinter sich zu lassen, all das abzulegen was er an falschen, konventionellen Ansichten und Einstellungen sich angewöhnt" hat, um

Aufnahme zum Gesellen.

„tabula rasa" zu „machen … und so den Grund für die Aufrichtung eines neuen Baues vorzubereiten und zu planieren. Mit der Gesellenbeförderung wird dann auch tatsächlich der erste Schritt zur positiven Arbeit getan. Bis dahin wurde abgebrochen, nun beginnt aber der Aufbau. Der junge Geselle wird eingegliedert in die Werkbrüderschaft.[141]

Der Vorsteher der Lehrlingskolonne, der Zweite Aufseher, schlägt einen Lehrling zur Beförderung vor, worüber die Gesellenloge abstimmt. Auch bei der Beförderung wird ähnlich wie bei der Aufnahme die Abstimmung selbst nach dem Verlesen der schriftlichen Antworten erneut in ritueller Form, also mit dem Beifallszeichen wiederholt, ehe die zu befördernden Lehrlinge ihre Gesellenreise antreten können.

Die Lehrlinge legen in der Kammer der verlorenen Schritte, wo sie vom Redner und dem Zeremonienmeister abgeholt werden, ihren Rock ab, öffnen das Hemd über der Brust und stricken die Ärmel hoch; daneben wird das rechte Knie entblößt und, falls die Loge mit dem Hohen Hut arbeitet, dieser abgegeben.[142]

Die Beförderung

Sobald sie mit den Lehrlingsschlägen an das Tempeltor klopfen, beginnt die Beförderung. Vorerst werden die Lehrlinge, nachdem sie sich mit Paßwort, Zeichen, Wort und Griff ausgewiesen haben, in den Westen geführt, wo sie untergehakt, gleichsam in der Kette der Lehrlinge stehend, einer mündlichen Prüfung unterzogen werden, die in der ritualgerechten Beantwortung der Fragen aus der Werklehre der Lehrlinge besteht. In der auf die erneute Zustimmung folgenden Wechselrede wird nun den Lehrlingen der Sinn ihrer Aufmachung verdeutlicht.

> „Meister vom Stuhl: *Bruder Erster Aufseher, warum sind die Arme dieser Brüder entblößt?*
> Als Zeichen ihrer Bereitschaft, neue und größere Aufgaben zu übernehmen.

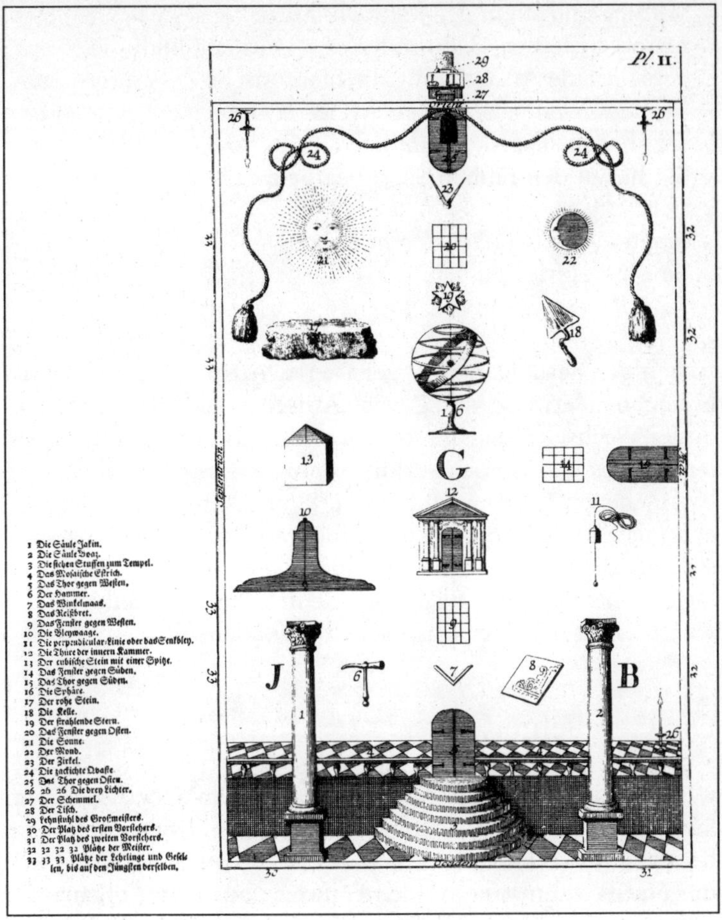

Diese Darstellung wurde in dem „Verrathenen Orden der Freymäurer" als der richtige Teppich dargestellt.

Warum sind sie in der Kette vereinigt?
Damit sie lernen, daß brüderliche Eintracht und gemeinsame Anstrengung die maurerische Arbeit fördern.
Bruder Zweiter Aufseher, woher kommen die Brüder und was haben sie bisher getan?
Sie haben den rauhen Stein bearbeitet im Vorhofe des Tempels.
Fragten sie dich nach ihrem Lohn?
Sie sind zufrieden.
So soll es sein."[143]

Neben der Bestätigung der geleisteten Arbeit als Lehrling, die bezeichnenderweise der Zweite Aufseher gibt, findet man in dieser Wechselrede als besonderes Charakteristikum des zweiten Grades den Gemeinschaftsgedanken. Die zur Beförderung vorgesehenen Lehrlinge bilden die Bruderkette und unterstreichen damit, daß sie nach der Arbeit an sich selbst fähig sind, sich als „behauene Steine" in eine Mauer einfügen zu lassen. Diese erzieherische Aufgabe des Gemeinschaftsgedankens wird vom Meister in seiner Ansprache unterstrichen.

Die Gesellenreise

Der Lehrling tritt nun seine Reisen an, im Gegensatz zum Suchenden bei der Aufnahme mit unverbundenen Augen; im heutigen Ritual begegnet ihm im Norden, „auf dem Weg durch die Nacht, ... monoton" der Hinweis „auf den Aufgang der Sonne im Osten".[144] Im Osten wird der wandernde Lehrling „vor den Hindernissen gewarnt, die sich bei jedem Schritt seiner Vollendung ... in den Weg stellen". Im Süden wird er mit den „Versuchungen", mit Reichtum, Ruhm und Macht konfrontiert. Im Sinne der freimaurerischen Ideenwelt muß ein echter Maurer dies hinter sich lassen, die Metalle wirklich ablegen, um zu neuen Stufen zu gelangen; so wird im Westen diese beharrende Haltung unterstrichen. Die Anzahl dieser Reisen ist je nach Lehrauffassung unterschiedlich; während für mehrere Autoren heute die drei Reisen selbstverständlich sind[145], hat sich daneben jene Auffassung erhalten, daß bei der Gesellenbeförderung lediglich zwei Reisen möglich seien; dies resultiert aus der Zahlensymbolik: Die drei Lehrlingsreisen und die zwei Gesellenreisen ergeben die Zahl fünf, die Zahl des Gesellen.[146] Daher sind auch in manchen Systemen fünf Reisen vorgesehen.[147]

Diese drei Versuchungen werden durch Gold, als Symbol materieller Werte, durch Lorbeer, als „Sinnbild von Ruhm und Glanz" und das Schwert, als „Sinnbild der Macht", dargestellt.[148] In wenigen Logen liegt das Schwert als Zeichen des Rechtes und der gerechten Ordnung auf den Alten Pflichten, den Satzungen der Großloge und der Hausordnung ruhend in der Loge auf.[149] Einer anderen Auffassung folgend wird dem Lehrling bei der dritten Gesellenreise ein Dolch angeboten, „das Werkzeug der Rache, des Neides und der Verzweiflung".[150] Dabei werden in den Erklärungen derartige Regungen nicht weltfremd abgetan und verdammt. Es wird aber betont, daß eine Überbewertung derartiger Dinge den Menschen unfrei macht und er damit die Freiheit eines echten Maurers verliert, die notwendig ist, um an den rein geistigen Werten der Maurerei zu arbeiten. „Die Maurerei ist eine Weisheitslehre, die ihre Gesellen instandsetzt, die Versuchungen des Lebens souverän vorübergehen zu lassen."[151]

Charakteristisch für die an sich knappe Ritualistik des Gesellengrades sind die Angaben des Rituals der Wahren Eintracht, in der letztlich nur das zentrale Symbol, das Licht, erwähnt wird.

„Tretten Sie also, mein Bruder! ihre Reisen mit Freuden und zuversicht auf unsere Führung an; die Bahn, worauf wir Sie bringen, ist uns von dem höchsten Architecten vorgeschrieben, und um ihren Lauf drauf sicher vortsezen und vollenden zukönnen, wollen wir Ihnen die abgemeßensten, und sowohl in ihrem ganzen, als Theilen, übereinstimmenden Gesäze lehren, welche uns der weißeste Führer der Freymaurer selbst gegeben, und zu deutlicher Anzeige und Erkänntniß derselben, uns anoch das Licht eines besonderen

Sternes angezündet hat. Folgen Sie diesem Lichte, ermahne ich Sie brüderlichst, ohne sich durch irgendeine Wiederwärtigkeit diese Lebens von demselben entfernen zulaßen, biß Sie das Gut, welches Sie auf dieser Laufbahn gesuchet, nach verfloßenen Stunden, beym Ziel ihrer Reisen, wo ihnen als denn die Warheit selbst belehren, und dieses Licht durch Licht vermehren wird, werden gefunden haben.

Zweite Aufnahme: In dieser Darstellung des Teppichs aus dem „Verrathenen Orden der Freymäurer" wird der Tempelcharakter besonders unterstrichen.

Hierauf verrichtet der Suchende unter Anführung der Brüder Aufseher seine Reisen, wehrend welchen die Gesellen eine Musik aufführen. Bey jeder Reiße wird ein wenig halte gemacht. Nachdem die Musig geschloßen, klopfen die Aufseher der Loge die gewöhnlichen drey Schläge, und berichten: daß der Bruder Lehrling seine drey Reisen als Freymaurer Geselle und Mitbruder zurückgeleget habe".[152]

Das Gelöbnis

Ehe der angehende Geselle nach Abschluß der Reisen in die Geheimnisse seines neuen Grades eingeweiht werden kann, muß er sich im Sinne der Arkandisziplin zum Schweigen gegenüber den Lehrlingen und Uneingeweihten bzw. zu speziellen Anliegen des neuen Grades verpflichten. Auf das rechte Knie gebeugt, das linke im Winkel gestellt, wiederum den Zirkel auf die Brust gesetzt, spricht der Lehrling mit auf der Bibel aufliegender rechter Hand den Geselleneid oder das Gesellengelöbnis:

„Ich gelobe auf Maurerwort:
Meinen bei der Aufnahme übernommenen Pflichten mit verstärktem Eifer nachzukommen;
bereitwillig neue, zusätzliche Aufgaben zu übernehmen;
Selbstbeherrschung zu üben und unablässig an meiner Vervollkommnung weiterzuarbeiten;
Verschwiegenheit zu bewahren über das Brauchtum der Gesellen;
Freundschaft und Brüderlichkeit in unserem Bund zu wahren und zu fördern."[153]

Der Geselle

Damit sind die formalen Anforderungen erfüllt, und der Meister vom Stuhl setzt dem Lehrling den Altarzirkel auf die entblößte Brust und schlägt dreimal mit dem Hammer den Gesellenschlag, wozu er die Freisprechungsformel spricht, die unter

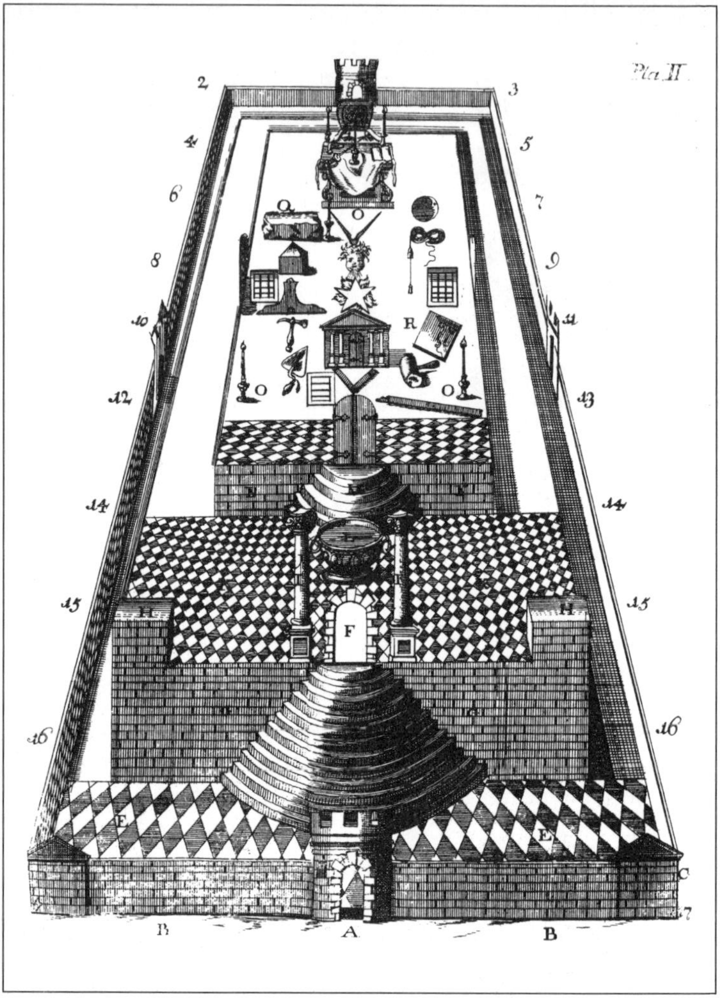

Aufriß der Loge.
Die Darstellung nimmt deutlich auf den Salomonischen Tempel Bezug.

Anrufung des Großen Baumeisters der Welten den Lehrling zum Gesellen befördert. Die solchermaßen in den zweiten Grad Beförderten werden zurück in den Westen der Loge geführt, wo sie die rechte Hand auf den behauenen Stein, das Symbol des Gesellengrades, legen, während der Vorsteher der Gesellenkolonne, der Erste Aufseher, über die vereinigten Hände die Kelle, die an die Stelle des Spitzhammers des Lehrlingsgrades tritt, setzt. Wiederum klingt das Gemeinschaftsgefühl an: „Wir bauen den Tempel der Menschheit. Tragt nun auch ihr zu diesem Bau euren Stein bei. Doch fortan keinen unbehauenen mehr, ihr seid nun zu höherer Arbeit berufen. Nicht jeder Stein ist gleich behauen, viele Formen werden am Bau gebraucht. Wie der Steinmetz jedem Stein sein Zeichen einmeißelt, um ihn so als seiner Hände Arbeit kenntlich zu machen, so trage jede eurer Handlungen das Zeichen eurer Eigenart. An die Stelle des Spitzhammers tritt nun die Kelle der Gesellen. Sie bindet Stein an Stein. Sie schließt die Risse, die durch unsere Unvollkommenheit am Bau entstehen, und gleicht die Gegensätze unter den Menschen aus. Lebendige Bausteine sollt ihr sein. Arbeitet weiter für Ordnung, Gerechtigkeit und Frieden."[154]

Ähnlich wie nach der Lichtgebung des Lehrlings verlassen nun die Gesellen den Tempel, um ihre Kleidung zu vervollständigen. Beim Wiedereintritt klopft der Zeremonienmeister noch für sie im Gesellenrhythmus an die Tür, während der Erste Aufseher den neuen Gesellen die Schritte des Grades neben dem Teppich vom Westen nach Osten schreitend vorführt. „Alle drei beginnen mit dem rechten Fuß und gehen geradewegs gegen Osten" und werden von den Beförderten auf dem Teppich ausgeführt.[155]

Vor dem Tisch des Meisters erhalten sie nun die ersten Erklärungen, die Einfürung in die Erkennungszeichen. Das Zeichen der Gesellenloge ist das Brustzeichen und bezieht sich auf die im alten Eid angedrohte Strafe. Es wird dabei der Daumen, der zum Zeigefinger im rechten Winkel steht, auf das Herz gelegt. Dies wird als Zeichen der geistigen Ordnung interpretiert, da die rechte Hand Winkelmaß und Zirkel" birgt,

„und in ihnen liegen die Mittel und Methoden verborgen, die dem Bewußtwerden des inneren Lebens auf der zweiten Stufe dienen".[156] Das Wort ist der Name der zweiten Säule, an der der Geselle seinen Lohn empfängt, der Säule B, Boas, das wie das Lehrlingswort buchstabiert werden muß. Im Griff wird der Rhythmus der Schläge durch den Daumen auf den Mittelhandknochen des Partners wiederholt, lang, kurz, kurz als Symbol des Nachdenkens und des Fleißes bei der Arbeit um die Vollendung. Schließlich wird das Paßwort des zweiten Grades, Schibboleth, das hebräische Wort für Kornähre, weitergegeben, das dem Buch der Richter (12,1–6) entnommen ist, wo vom Stamm Ephraim berichtet wird, in dessen Dialekt es Sibboleth ausgesprochen wird.[157]

Den Abschluß dieses Abschnittes bildet die Überreichung des Gesellenschurzes, der entweder mit zwei Rosen geschmückt deutlich den zweiten Grad anspricht, oder auch nur, wie bei den Hamburger Schurzen des Systems Schröder, eine deutlich blau eingefaßte Klappe besitzt. Die um 1745 erstmals aufkommenden Rosen (Rosetten) werden heute am unteren Rand montiert und symbolisieren die beiden Säulen, deren Polarität der Geselle in seiner Beförderung erkannt hat.[158]

Die Säulen kennzeichnen Polaritäten, die durch die Zuordnung der Säule J zum Sonnensymbol und der Säule B zum Mondsymbol unterstrichen werden.[159] Im harmonischen Ausgleich beider Aspekte liegt der Weg zum Meister, ein Ausgleich, der durch die diagonale Anbringung von Sonne und Mond mit den korrespondierenden Säulen auf dem Arbeitsteppich unterstrichen wird.

Die spezielle Symbolwelt des Gesellengrades, die schon bei der Einrichtung der Gesellenloge teilweise erwähnt worden ist, umfaßt die Rose, die speziellen Werkzeuge dieses Grades, die Säulen, insbesondere die Säule B, und den Flammenden Stern. Die Rose an sich wird als Symbol für das Licht der höheren Erkenntnis gewertet; in den drei Farben – rot, rosa und weiß – erinnert sie an „die dreifache Kraft der Sonne im Frühling, Sommer und Herbst und ihren dreifachen Schein am Morgen, Mittag und Abend".[160]

DER STERN

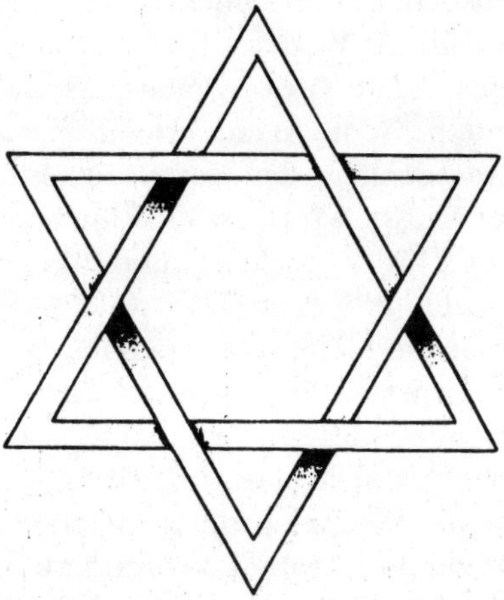

Der Stern ensteht aus zwei Dreiecken,
dem zum Himmel und dem
zur Erde weisenden.
Er ist das Symbol der Allmacht,
die die Freimaurer als
„Allmächtigen Baumeister aller Welten"
bezeichnen.

Diese Dreiteilung führt in der freimaurerischen Symbolik zur Interpretation von Licht, Liebe und Leben oder zu jener von Verschwiegenheit, Schönheit und Zierde.[161] Die zentrale Bedeutung dieser Blume wird durch die Verwendung als Schmuck beim Johannisfest und als Sargschmuck für verstorbene Brüder unterstrichen, während der Geselle als Zeichen seines Grades zwei Rosetten auf dem Schurz trägt.

Der Platz des Gesellen ist nun die rechte Säule, die in der Gesellenloge mit dem Anfangsbuchstaben B bezeichnet wird. Dieser wird die Kelle als Werkzeug des Gesellen beigestellt, da nun, nach der Bearbeitung des eigenen Ichs, die Eingliederung des kubischen Steins in die Mauer erfolgt. Sie wird damit zum Symbol der Brüderlichkeit, der verstärkten Integration in die Gruppe. War der Maßstab für den Lehrling mit seiner 24-Zoll-Einteilung Zeichen für die rechte Einteilung der Zeit, so dient er jetzt für das rechte Erkennen der Größe. Senkblei und Setzwaage, Winkelmaß und Zirkel unterstreichen in der Bausprache bzw. in der bewußten Betonung der Geometrie nun nicht mehr die Bearbeitung des rauhen Steines, sondern die Einfügung des kubischen Steines in den Bau des Tempels. Damit werden auch diesen Symbolen die gruppendynamischen Elemente unterlegt, die im „Tempel der Brüderlichkeit" gefordert sind. Das Aneinanderfügen der kubischen Steine zu einer Mauer wird als Allegorie der Solidarität gesehen, die ihren Ausdruck in dem „Bewußtsein der Brüderlichkeit" findet, während die Gleichheit der kubischen Steine „im maurerischen Sinne nur als Ideal gedacht werden" kann, wobei sich jeder Bruder bewußt sein muß, daß je „gleichmäßiger die Steine gearbeitet sind, desto fester" die Mauer sein wird.[162] Endres interpretiert diesen kubischen Stein umfassend als das „große soziale Symbol der Freimaurerei"[163]: „Im kubischen Steine sehen wir eines jener Sinnbilder, die den esoterischen Bund auch an seine sozialen Pflichten und Aufgaben erinnert. Denn, wie ein schöner Tempel nicht aus rauhen Steinen, die übereinandergetürmt werden, entstehen kann, so kann keine soziale Gemeinschaft aus rohen, nur den eigenen Trieben lebenden Menschen entstehen. Das Behauen des Steines mit dem Spitzhammer gleicht der sozialen Selbsterziehung des Menschen, und die Harmonisierung der Steinform mit dem Maßstab erinnert an die Notwendigkeit von sittlichen Maßstäben, ohne die eine soziale Gemeinschaft nicht bestehen kann. Denn das lehrt die Königliche Kunst: Nicht in Willkür besteht die Freiheit! Nicht im Wegwerfen aller sittlichen Hemmungen des Gefühls besteht die Freiheit! Nicht im Pochen auf seinen eigenen Rechten und im diktatorischen Beseitigen der Rechte anderer besteht die Freiheit. Die Freiheit des Freimaurers besteht darin, daß ihn niemand hindern soll, nach dem Sittengesetz eines geläuterten Gewissens zu leben. Ein Symbol des geläuterten Gewissens also ist der kubische Stein."

Das Kernstück der Gesellenloge bildet aber der Flammende Stern, das Pentagramm im Zentrum des Teppichs und hinter dem Altar, dessen einwandfreie Konstruktion die Geometrie, die Wissenschaft des Gesellen ermöglicht. Der Stern ist nach der Auffassung von Endres das einzige selbständige Symbol des Gesellengrades, während alles andere „lediglich ... Sinnbilder" seien.[164] Die damit verbundenen esoterischen Interpretationsmöglichkeiten haben das Pentagramm als „Stern des Mikrokosmos" in nahezu allen Kulturkreisen auftreten lassen. In der Interpretation der deutschen Ritualkunde[165] wird die Geometrie ins Geistige transponiert als Lebenshilfe und Richtschnur für den wahren Maurer angegeben. In diesem Sinne wird das dem Pentagramm eingeschriebene G als Hinweis auf die Geometrie interpretiert.[166]

Der Adogmatismus der Freimaurer spiegelt sich auch in diesem Symbol; während die englische Maurerei den Flammenden Stern im Lehrlingsgrad ansiedelt, findet man ihn auf dem Kontinent als Symbol des Gesellen.[167] In diesem Grad illustriert er „die eigentliche Einweihung, die Illumination, also die Erleuchtung", die dem Freimaurerlehrling nach einem „Jahr der seelischen Purifikation" zuteil wird. Nahezu hymnisch lotet Imhof in seiner stark verbreiteten Werklehre die Bedeutung dieses Symbols aus, nachdem er in typischer freimaurerischer Manier das Pentagramm in verschiedensten Kulturkrei-

ARBEIT AN DEM RAUHEN STEIN
DES ANDEREN IST IMMER FEIN, DAS RESULTAT ENTSPRICHT ZWAR OFT
NICHT GANZ DEM, WAS MAN ERHOFFT

sen aufzeigt und sie in Verbindung zueinander zu setzen sucht. „Immer ist es, auch für uns Freimaurer, das nie auszuschöpfende Symbol irdischer, vor allem aber himmlischer Wegweiser gewesen. Es bedeutet eine unbedingte Orientierung nach einem überirdischen, also transzendenten Prinzip. Es deutet dem Suchenden den Sinn des Lebens und zeigt ihm den Weg zu seiner wahren Heimat, zum Vater im Himmel, dem wir nach Abschluß unserer irdischen Laufbahn das Fünklein göttlichen Lichtes, das er uns zur Erhellung des Weges hienieden mitgegeben hat, wieder zurückbringen."[168]

Derartige Betrachtungsmomente werden durch Interpretationen des dem Pentagramm eingeschriebenen G unterstrichen, da auch hier die ohne dogmatische Einschränkung betriebene Auslegung gilt. Charles von Bokor führt die gängigen Erklärungen des Buchstabens G, dessen zentrale Bedeutung unumstritten ist, an: „Die übliche Bedeutung dafür ist, daß er die fünf Begriffe der Schöpfung darstellt: Genesis, Geometria, Genius, Generatio und Gravitatio. Die englischen Freimaurer sind der Ansicht, ‚G' bedeutet ‚GOD', Gott, oder die Buchstaben G.O.D., die hebräischen Anfangsbuchstaben der drei Leitgedanken des Ordens: Klugheit, Stärke und Schönheit (gomar, oz, dabar)."[169]

Aus der hermetischen Philosophie kommend, taucht das G erst 1737 in französischen Logen erstmals auf, wobei das G als Antrieb für die Gesellenreise dargestellt wird. Der Buchstabe G steht hier für *Gloire pour Dieu, Grandeur pour le Maître de la Loge, Géométrie pour les Frères.* Schließlich verweisen diese französischen Katechismen auf das englische Wort *God* und lassen damit eine Tradition anklingen, die es aber nicht gibt. Charakteristisch für den Umgang mit derartigen Symbolen ist auch der Hinweis in der maurerischen Literatur, daß sowohl der griechische Buchstabe Gamma Γ und der phönikische Gimel 1 jeweils einen Winkel aufweisen.[170]

So interpretiert das heute gültige Ritual der *Großloge A.F.u.A.M. von Deutschland* den Flammenden Stern des Gesellengrades umfassend und als zentrales Anliegen schlechthin: „Was immer es jedoch ursprünglich gewesen sein mag, ein

Buchstabe, ein alchimistisches Zeichen oder einfach ein Bild, sicher scheint zu sein, daß dort ein Symbol der Vollkommenheit anzunehmen ist. Der Weg zum Ziel der Vollkommenheit ist weit ... Der Flammende Stern gilt uns als Symbol des erwachenden und reifenden Geistes. Er leitet uns auf unserem Wege, er ist Antrieb und Führer auf unserem Weg zum Licht; er mahnt uns, unser Leben nicht in Nichtigkeit zu verlieren, sondern das Wesentliche zu betrachten."[171]

Ehe die Loge schließt, werden in der Werklehre nochmals wichtige Punkte des Gesellengrades, etwa sein Alter – fünf Jahre im Gegensatz zum Lehrling mit drei Jahren – aufgegriffen. Hier einfließende Katechismusfragen unterstreichen häufig den Durchgangscharakter des Gesellengrades, die Erwartung, nach geleisteter Arbeit zum Meister erhoben zu werden.

„Im Gesellengrad wird zum ersten Mal der soziale Aspekt ... (der) der Humanität verpflichteten Bruderschaft sichtbar. So wie ein Bau nicht entstehen kann, indem man einfach Steine aufeinander schichtet, so kann auf die Dauer keine Gemeinschaft aus Menschen bestehen, die nur eigennützigen Trieben folgen. Die Kelle ist das verbindende Werkzeug. Menschenliebe, Toleranz und Brüderlichkeit sind der Mörtel des Tempelbaus. ... Der Geselle ist allein durch seine Beförderung kein besserer Maurer und kein besserer Bruder geworden. Die gewonnene größere Übersicht verpflichtet ihn jedoch stärker als den Lehrling ... So wie die Symbole von Stufe zu Stufe die hinter ihnen stehenden geistigen Wahrheiten stärker durchscheinen lassen, so wandelt sich auch der Begriff der Humanität. ... Erziehung des Menschen und der Menschheit zur Menschlichkeit! ...

Mit der Entlassung des Lichts aus dem Tempel geht die Arbeit zu Ende. Der Meister schließt die Loge nach den alten Gebräuchen der Freimaurer. Auch die Gesellen begegnen allen Brüdern auf der gleichen Ebene, indessen wird auch hier eine vertiefte Bedeutung erkennbar. Die Schnur des Senkbleis ist um einige Längen weiter abgewickelt worden. Die Setzwaage ist nicht mehr nur Symbol der Begegnung, sondern bildet die Grundlage für die gemeinsame Arbeit am Tempel."[172]

Katechismusfragen[173]

Erste Abteilung: Grundfragen

1. *Sind Sie ein Freimaurer-Gesell?*
Ich bin es, prüfen Sie mich.
2. *Woran soll ich erkennen, daß Sie es sind?*
An dem Zeichen, dem Griff und dem Wort und der Wiederholung der besonderen Umstände meiner Aufnahme.
3. *Was bedeutet das Wort B-s?*
Es ist der Name der anderen Säule im Vorhofe des Salomonischen Tempels, bei welcher die Gesellen ihren Lohn erhielten, und bedeutet: Der Herr wird dich stärken.

Zweite Abteilung: Die Beförderung zum Gesellen

4. *Wie wurden Sie um die Loge geführt?*
Mit offenen Augen, mit Brüdern in eine Kette geschlungen und unter aufmunterndem Gesange.
5. *Worauf deutet dieser Gebrauch?*
Auf Freundschaft, Schönheit und Wahrheit. Der Ersteren huldigt das gefühlvolle Herz, der zweiten der veredelte Sinn, der dritten der forschende, heitere, ruhige Geist.

Dritte Abteilung: Die Tätigkeit der Gesellen

6. *Woran arbeiten die Gesellen?*
Am kubischen Steine, als dem Sinnbilde der Vollkommenheit des Verstandes und des Herzens.
7. *Wie klopfen die Gesellen?*
Mit einem langen und zwei geraden Schlägen.
8. *Welche Bedeutung haben sie?*
Der erste bedeutet das ruhige Nachdenken bei Erlernung, die beiden geraden aber den Fleiß bei Vollendung der Arbeit.

Vierte Abteilung: Werkzeuge

9. *Was bedeutet der eingeteilte Maßstab?*
Der eingeteilte Maßstab, durch welchen man die richtige Kenntnis der Größen erlangt, lehrt uns, daß nur durch eigene Untersuchung, Prüfung und Überzeugung die Wahrheit gefunden werde.

10. *Was bedeutet das Winkelmaß?*
Das Winkelmaß, nach welchem ein Gebäude muß aufgeführt werden, bezeichnet die strenge Gerechtigkeit in unserem ganzen Betragen, von der wir nicht abweichen können, ohne strafbar zu werden.

11. *(Was bedeutet) Der Zirkel?*
Bezeichnet die Grenzen der Pflicht, welche der gewissenhafte Freimaurer gegen alle Menschen, besonders gegen einen Bruder zu beobachten hat.

12. *(Was bedeutet) Die Wasserwaage?*
Dieses Symbol der ursprünglichen Gleichheit der Menschen deutet an, daß von unserem Bunde alle Anmaßung willkürlicher Vorzüge ausgeschlossen ist und dazu in demselben nur die Würde gilt, die der Mensch sich selbst gibt.

13. *(Was bedeutet) Das Senkblei?*
Bezeichnet die gerade Richtung des Urteils, das keinen Beweggründen Einfluß verstatten darf, die dem Rechte und der Wahrheit fremd sind.

14. *Wozu dient die Kelle?*
Um den Bau gegen zerstörende Einwirkungen von außen, das Herz gegen die Eindrücke der Sinnlichkeit und Leidenschaften zu verwahren.

Fünfte Abteilung: Die Tugend des Gesellen

15. *Wodurch soll sich der Gesell vom Lehrling unterscheiden?*
Durch erlangte größere Fertigkeit in der Ausübung aller freimaurerischen Tugenden und durch fortgesetztes Streben nach Vollkommenheit.

Aufnahme zum Meister.

Dieser Katechismus hat keinen eigenen Schlußteil, der in älteren Katechismen häufig noch das Alter des Gesellen (fünf Jahre) angibt.[174]

Lehrgespräche[173]

I. Grundfragen

1. *Ist etwas zwischen Dir und mir?*
   Ja, ein Geheimnis.
2. *Was ist es?*
   Maurerei.
3. *So bist Du ein Freimaurer?*
   Meine Brüder Meister und Gesellen erkennen mich dafür.

4. *Bist Du Geselle?*
Ich bin es, prüfe mich.
5. *Woran soll ich erkennen, daß Du es bist?*
An Zeichen, Wort und Griff und der Wiederholung der besonderen Umstände meiner Beförderung.
6. *Was bedeutet das Wort B…?*
Es ist der Name der anderen Säule im Vorhof des Salomonischen Tempels, bei der die Gesellen ihren Lohn erhielten.

II. Die Beförderung

7. *Wie wurdest Du eingeführt?*
Mit entblößten Armen und mit Brüdern in einer Kette vereinigt.
8. *Warum waren Eure Arme entblößt?*
Als Zeichen unserer Bereitschaft, neue und größere Aufgaben zu übernehmen.
9. *Warum wart Ihr in einer Kette vereinigt?*
Brüderliche Eintracht und gemeinsame Anstrengung fördern die maurerische Arbeit.
10. *Was saht Ihr, als Ihr in die Gesellenloge geführt wurdet?*
Den Flammenden Stern.
11. *Ließ man Euch wandern?*
Zweimal, dem Aufgang der Sonne entgegen.

III. Die Arbeit der Gesellen

12. *Warum wurdest Du Geselle?*
Um des Buchstaben G willen.
13. *Was bedeutet er?*
Geometrie, die fünfte Wissenschaft.
14. *Wozu dient ihre Kenntnis?*
Um das rechte Maß und Verhältnis aller Dinge zu finden.
15. *Wie alt bis Du als Freimaurergeselle?*
Fünf Jahre.

16. *Warum antwortest Du so?*
Weil ich danach strebe, mir die Kenntnisse der fünften Wissenschaft anzueignen.
17. *Bist Du für Deine Arbeit bezahlt worden?*
Ich bin zufrieden.
18. *Wo hast Du Deinen Lohn empfangen?*
An der Säule zur Rechten.
19. *Woran arbeiten die Gesellen?*
Am Kubischen Stein als dem Sinnbild der Vollkommenheit des Verstandes und des Herzens.
20. *Wie klopfen die Gesellen?*
Mit einem langen und zwei geschwinden Schlägen.
21. *Was bedeuten diese Schläge?*
Der erste bedeutet das ruhige Nachdenken bei Erlernung, die beiden geschwinden bedeuten den Fleiß bei Verrichtung der Arbeit.
22. *Wie lautet das Paßwort der Gesellen?*
Es heißt Sch... und bedeutet Kornähre.

IV. Die Werkzeuge

23. *Welches ist das besondere Werkzeug der Gesellen?*
Die Kelle.
24. *Wozu dient sie?*
Um den Bau gegen zerstörende Einflüsse von außen zu bewahren und um die unterschiedlichen, nach ihrer Eigenart behauenen Steine fest miteinander zu verbinden.
25. *Was fordert der Winkel?*
Das Winkelmaß fordert von uns Rechtschaffenheit in unserem ganzen Betragen.
26. *Was bezeichnet der Zirkel?*
Der Zirkel bezeichnet die Grenzen der Pflicht, die der gewissenhafte Maurer gegen alle Menschen, besonders gegen einen Bruder zu beobachten hat.
27. *Was bedeutet der 24zöllige Maßstab dem Gesellen?*
Dem Gesellen dient der Maßstab, sich bei allen seinen Handlungen des Maßhaltens zu erinnern.

28. *Wie sollen Freimaurer einander begegnen?*
 Auf gleicher Ebene, auf der Winkelwaage.
29. *Wie sollen Freimaurer handeln?*
 Mit dem Senkblei in der Hand.
30. *Wodurch soll sich der Geselle vom Lehrling unterscheiden?*
 Durch größere Fertigkeit in der Ausübung der maurerischen Tugenden.

„Die Söhne der Witwe"

Im Meistergrad ist der Tempel schwarz drapiert, der Altar, die Tische des Meisters und der Beamten sind mit schwarzem Tuch verhangen, und die Anzahl der Kerzen auf ihnen wird jeweils auf drei erhöht.[175] Der Flammende Stern der Gesellenloge, das Pentagramm, wird durch einen in der Form des Hexagramms ersetzt. „Zwei gekreuzte flächengleiche Dreiecke weisen auf die Durchdringung und Vereinigung von Oben und Unten, Geist und Materie hin."[176] Aus dem G, der Geometrie des Pentagramms, wird das G für Gott, „Suchen und Finden, Weg und Ziel, Menschengeist und Gottesgeist".[177] Endres vermerkt besonders, daß der sechseckige Stern im frühen Mittelalter als Siegel Salomons bezeichnet worden ist.[178] Losgelöst von historisch bedingten Spekulationen über das Pentagramm, weist er auf die Grundgestalten – zwei Dreiecke – hin. Das nach oben gerichtete Dreieck steht für die „Leidenschaften aller Art", die den Menschen „an das Materielle fesseln wollen. ... Der sechseckige Stern erinnert den Freimaurer daran, daß er täglich und stündlich diesen Kampf mit sich selbst ausfechten und im Sinne des positiv gerichteten Dreiecks siegreich auszufechten hat".

Zwischen den Kleinen Lichtern liegt der Arbeitsteppich, auf dem bei einer Erhebung ein Sarg steht, dessen Deckel einen Totenschädel und einen Akazienzweig trägt. Im Westen, am Kopfende des Sarges, liegt das Winkelmaß, während im Osten, am Fußende, ein im rechten Winkel geöffneter Zirkel Platz findet, beide öffnen sich zum Sarg hin.[179] Wie in anderen Graden erfolgt der Eintritt der Brüder Meister in den Tempel, lediglich Klopfzeichen, Paßwort und Fußzeichen sind gradspezifisch geändert, wobei schon im Fußzeichen das Überschreiten des Sarges, die Überwindung des Todes als zentrales Symbol des Meistergrades, angedeutet wird. Das Flammenschwert des Wachhabenden bekommt in diesem Zusammenhang auch eine weitere, neue Bedeutung; in seiner „Verwandtschaft zum Lebensbaum (zur Akazie)" verdeutlicht es, daß es „nicht nur vernichten kann, sondern auch Leben spendet".[180]

Die festliche Einleitung entspricht im heute gültigen Ritual der *Großloge A.F.u.A.M. von Deutschland* jenem der beiden ersten Grade:

> *„Bruder Erster Aufseher, warum nennen wir uns Freimaurer?*
> Weil wir als freie Männer an dem großen Bau arbeiten.
> *An welchem Bau, mein Bruder?*
> Wir bauen den Tempel der Humanität.
> *Bruder Zweiter Aufseher, welche Bausteine brauchen wir dazu?*
> Die Steine, deren wir bedürfen, sind die Menschen.
> *Was ist notwendig, um sie fest miteinander zu verbinden?*
> Menschenliebe, Toleranz und Brüderlichkeit sind der Mörtel des Tempelbaus."[181]

Lediglich in der Interpretation wird die Erweiterung durch die einzelnen Grade signalisiert. So heißt es im ersten Grad, daß das Universum im „Tempel der Humanität" seine „irdische Entsprechung" besitze, der die Freimaurer „als lebendige Bausteine und Werkzeuge dienen".[182] Nach dieser Betonung der Eigenpersönlichkeit wird im Gesellengrad der Gemeinschaftsgedanke in der Interpretation unterlegt. „Die letzte Frage und ihre Antwort scheinen eigens für den Gesellengrad geschrieben zu sein, der die Stufe der Beziehung zum Mitmenschen und Bruder darstellt. Arbeit am rauhen Stein ist allein und an sich selbst, bis der Stein die erste Gestalt annimmt. Bauen aber kann man nicht allein und mit nur einem Stein. Der Gesellengrad vermittelt das Erlebnis der gemeinsamen Arbeit."[183]

Der Meistergrad versteht sich als Durchbruch zum Transzendenten, die festliche Einleitung wird dahingehend interpretiert. „Der Lehrling und der Geselle haben die irdische Materie bearbeitet. In Wahrheit jedoch liegt der Tempel der Maurerei auf der geistigen Ebene, ist immateriell und unsichtbar."[184]

Diese Grundvorstellung betont die Werklehre vor der Eröffnung der Meisterloge:

„*Bruder Erster Aufseher, ist etwas zwischen dir und mir?*
Ja, Ehrwürdiger Meister, ein Geheimnis.
Was ist es?
Maurerei.
So bist du ein Freimaurer?
Meine Brüder Meister und Gesellen erkennen mich dafür.
Bist du Geselle?
Ich habe den Flammenden Stern gesehen.[185]
Bist du Meister?
Die Akazie ist mir bekannt.[186]
Woran soll ich erkennen, daß du es bist?
An Zeichen, Wort und Griff und der Wiederholung der besonderen Umstände meiner Erhebung.
Wie wandertest du?
Offenen Auges und doch nicht sehend.
Wohin führte dein Weg?
Vom Winkel zum Zirkel.
Was geschah mit dir?
Ich ging durch die Pforte des Todes, um ein höheres Leben zu gewinnen.
Worauf deutet dieser Vorgang hin?
Daß allem Lebendigen Unsterbliches innewohnt."[187]

Vor der Erhebung

Wie in den beiden vorangegangenen Graden erfolgt das Prüfungsverfahren. Zwischen Gesellenbeförderung und Meistererhebung liegt in der Regel mindestens ein Jahr, in dem der Geselle wandern muß; d.h., daß er wenigstens drei andere Logen zu Tempelarbeiten besucht haben soll. Ein letztesmal bereitet ihn der Bürge auf die bevorstehenden Prüfungen vor, nachdem bereits die Grundsatzentscheidung über seine Erhebung gefallen ist.

Das Verfahren beginnt unmittelbar vor der rituellen Arbeit mit der schriftlichen Beantwortung dreier Fragen in einem Vorbereitungsraum, wobei der Geselle in der ersten Frage persönlich über seine „Erkenntnisse für die Gestaltung" des eigenen „Lebens" aus dem Lehrgebäude des Lehrlings- und Gesellengrades Auskunft geben muß.[188] In der zweiten Frage wird er über seine Erwartungen im Hinblick auf den Meistergrad befragt, während er in der dritten Frage konzentriert auf die „Unvergänglichkeit des Geistigen", die zentrale Auffassung des Meistergrades, eingehen muß.

Nach der Aufgabe der schriftlichen Antworten führt der Vorbereitende Meister den maurerisch gekleideten Gesellen zum dritten Mal in die Kammer der verlorenen Schritte. Zwei Sessel und ein Tisch, auf dem eine Sanduhr, ein Leuchter mit drei brennenden Kerzen, ein Totenschädel und das Buch des Heiligen Gesetzes ihren Platz haben. Die Bibel ist an derselben Stelle aufgeschlagen wie im Tempel während einer Arbeit im Meistergrad[189]; in der Regel ist dies bei Johannes 1,1 („Im Anfang war das Wort") oder bei dem Buch Prediger 12,1–7 („Gedenke Deines Schöpfers"). Die Meditation des Gesellen wird vom Vorbereitenden Meister, ehe er ihn in der Kammer allein läßt, in die Richtung einer Auseinandersetzung mit dem Tod gelenkt: „Betrachte diese Sanduhr, mein Bruder. So, wie ihr Sand verrinnt, läuft auch die Zeit deines Lebens ab – unaufhaltsam. Schaue auf diesen Schädel, dein lebendiges Antlitz wird ihm einst ähnlich sein. Blicke auf diese Kerzen, gleich ihnen wird dein irdisches Leben erlöschen."[190]

Nach der Eröffnung der Loge präsentieren der Vorbereitende Meister und der Erste Aufseher, als Vorsteher der Gesellenkolonne, den zu Erhebenden, geben seine schriftlichen Antworten bekannt, ehe erneut das Beifallszeichen abverlangt wird.

„Die Vorwegnahme des Todeserlebnisses im Meistergrad zielt auf eine möglichst frühzeitige Erlangung der geistigen Freiheit."[191] Auf dieses Todeserlebnis wird der Geselle durch seine Meditation eingestimmt und „in dem folgenden Ritual" geht es „um die Erhebung der Todesgewißheit ins Bewußtsein, anstelle der sonst üblichen Verdrängung. Darum muß offen ausgesprochen werden, daß der Meistergrad der Maurerei eine Schule des Sterbens ist. Von einem Meister der Königlichen Kunst wird rechtes Sterben als persönliche Leistung gefordert. Er muß bewußt und ohne zu zögern aus einem Seinsbereich in einen anderen übergehen können." Dies macht den Menschen zum souveränen Herrscher über sich selbst.[192] Charakteristisch für diese Haltung ist die Fortführung der Steinsymbolik; vom Rauhen Stein des Lehrlings über den Kubus des Gesellen zum geöffneten Kubus, dem Zeichen für den „vollendeten" Meister, für den in den ewigen Osten eingegangenen (= toten) Meister. Der Geselle tritt seinen Weg an, diesmal ohne Rock mit geöffnetem Hemd und hochgerollten Ärmeln, während er an maurerischer Bekleidung lediglich den Schurz behält.[193]

Die Erhebung

Rückwärts schreitend, sich als Geselle ausweisend, wird er in den Meistertempel geführt, wo er nach Westen blickend zwischen den beiden Aufsehern im Gesellenzeichen verharrt.[194] Beim Eintritt und bei den Meisterreisen sieht der Geselle keinen einzigen Bruder mit Ausnahme des Hammerführenden, was die Einsamkeit des Sterbens unterstreicht.[195] Um den Meistergrad als königliche Kunst verstehen zu können, muß der Geselle das Handwerk des ersten und zweiten Grades beherrschen. So wird er auch zu Beginn der Erhebung nochmals in den Katechismusfragen der beiden ersten Grade geprüft und einer letzten rituellen Abstimmung unterworfen, ehe die eigentliche Erhebung eingeleitet wird:

> *„Bruder Erster Aufseher, warum brennen die Lichter so schwach?*
> Wir befinden uns in der Nähe des Todes, Ehrwürdiger Meister.
> *Wie können wir Meister dieser Kunst werden?*

Wenn wir an unser vergängliches Leben den Maßstab des Ewigen anlegen.
Es geschehe also."[196]

In der Ansprache des Meisters an den Gesellen wird verdeutlicht, daß das nun zu vollziehende Todeserlebnis zur Wiedergeburt führt, ein Vorgang, der gleichsam die endgültige Aufnahme in die Freimaurerei, die Königliche Kunst in sich birgt. „Erst heute weihst du dich uns ganz für Leben und Tod. ... Die Stille des Todes ist in den Tempel eingekehrt. Du befindest dich in dem Raum, in dem die Meister arbeiten. Schau in Dich – schau um dich schau über dich. Den rauhen Stein zu behauen, ist die Aufgabe des Lehrlings. Mutig und fröhlich in der Gemeinschaft zu arbeiten, lernt der Geselle. In dunkler Stunde einsam den Tod zu bestehen, das ist die Kunst des Meisters. ... Nicht ‚werde und stirb', sondern ‚stirb und werde'!"[197]

Die Reisen

Vom Meister in Ordnung gerufen, treten die Brüder ins Zeichen und umstehen den Sarg. Dem Gesellen wird ein Totenschädel übergeben, und er wird auf die Reise geschickt mit den Worten: „Der, dessen Schädel du trägst, mein Bruder, war einst ein Mensch wie du!"[198] In der Form sind die drei Meisterreisen[199] den Reisen der niederen Grade ähnlich, ihr Symbolgehalt ist aber geändert. „Beim Durchgang im Norden wird der Geselle auf die Vergänglichkeit alles Irdischen hingewiesen. Im Osten wird ihm Zuspruch zuteil und der Hinweis auf Überirdisches und Unvergängliches. Im Süden wird er aufgefordert, so zu leben, daß er ruhigen Gewissens seiner letzten Stunde entgegensehen kann. Im Westen schließlich das Resumee des Meisters: der Tod ist eine Herausforderung an das Leben."[200]

„Meister vom Stuhl:
Wohlan, würdiger Bruder zweiter Aufseher! lassen sie den Bruder Gesellen die Meisterreisen machen.

Der zweite Aufseher fordert nun von dem Gesellen sein Maurerwort: daß er während der Reisen weder rücklings noch seitwärts blicken wolle. Dann gehen die drei Reisen so für sich: daß man den Gesellen die Sudseite hinauf um den Altar herum, die Nordseite hinunter bis zum westlichen Rand der Tafel zurückführt, bey jedem der drei Todtenköpfe: in Süden, hinter dem Altar, und in Norden mit ihm still haltet, auch nach einer jeden Reise bey der Zurückkunft in Westen eine Pause macht. Bey den gleichfolgenden Reden ist zu merken: daß der zweite Aufseher nur den Sinn; der Meister vom Stuhl aber auch die Ausdrücke beyzuhalten hat.

Während der ersten Reise.

Zweiter Aufseher:

Beym Todtenkopf in Süden: Unser ganzes Leben ist nur eine Reise zum Tode.

Meister vom Stuhl:

In dem hinter dem Altar inngehalten wird und er einen starken Hammerschlag thut: Gedenke an den Tod!

Zweiter Aufseher:

Bey dem Todtenkopf in Norden: Nur der Thor waffnet sich wider die Schrecken des Todes durch Vergessenheit. Unvorgesehen kommt er fürchterlicher.

Während der zweyten.

Zweiter Aufseher:

In Süden: frühe Bekanntschaft mit dem Tode ist die beste Schule des Lebens.

Meister vom Stuhl:

Wie oben: Gedenke an den Tod, er ist unausbleiblich.

Zweiter Aufseher:

In Norden: Der Gedanke an den Tod ist dem Leidenden Trost dem Glücklichen ersprießliche Warnung.

Während der dritten.

Zweiter Aufseher:

In Süden: Die Reise zum Tode ist eine Reise zum Ziel unserer Vollkommenheit.

Meister vom Stuhl:

Wie oben: Gedenke an den Tod! vielleicht ist er dir nahe.

Zweiter Aufseher:

In Norden: Vor dem Tode mag der schadenfrohe Menschenfeind zittern; denn er ist ihm der Scherge, der ihn zum Richtplatz schleppt. Dem Freunde der leidenden Menschheit ist er ein Glücksbothe, der ihn einladet, die Früchte seines Edelmuths ewig zu geniessen.

Nach vollendeten Reisen, drehen die beyden Aufseher den Gesellen plötzlich so, daß er Sarg und Altar vor Augen hat."[201]

Gleichsam losgelöst vom Gesellen, der seine Wanderungen abgeschlossen hat, wendet sich der Meister an die anwesenden Brüder Meister. „Warum sind wir in Trauer versammelt? Wir haben durch den Verrat unwissender und verblendeter Gesellen unseren Meister verloren und mit ihm das Meisterwort. Darum sind wir mißtrauisch gegen Gesellen, die zum Meistertempel kommen. Ihre unbeherrschten Leidenschaften könnten das große Werk gefährden."[202]

Der Geselle wird zum Außenseiter, wird aus dem Gemeinschaftserlebnis seiner Loge gerissen, wird mit dem „Mißtrauen" der Meister konfrontiert und damit zu einer neuen und letzten Selbstprüfung angeregt.

Dieses „Mißtrauen" ist aus der zentralen Legende des Meistergrades, der Hiramslegende, heraus zu interpretieren. Im Sinne der Arkandisziplin muß es aber vorerst den Gesellen verunsichern, um so mehr als ihm nun der Schurz „brutal heruntergerissen und in die nordwestliche Ecke des Tempels geschleudert" wird, „dem Ort der permanenten Dunkelheit und der geistigen Gegenkraft".[203] „Im Angesicht des Todes wird er aus der Bruderschaft ausgestoßen und geprüft."[204] Nun wird er auch um hundertachtzig Grad herumgerissen und sieht damit erstmals direkt auf den Sarg vor ihm. Zwölf symbolische Uhrschläge verkünden die irdische Zeit, die für den Gesellen „zu Ende geht". Der Flammende Stern wird überstrahlt durch die „Totenflamme", die auch die drei großen Lichter verdeckt.

Nun setzt der Geselle – beraubt seines äußeren Gradzeichens – symbolisch durch das Überschreiten des Sarges den Übergang vom irdischen Leben durch den Tod hinauf „in ein höheres Leben". „Der erste Schritt über den Sarg von Westen nach Norden symbolisiert den Abstieg zu den Müttern im Schoß der Erde, Aussaat zu künftigem Leben. Der zweite Schritt von Norden nach Süden ist der Wiederaufstieg, das Streben nach Licht, zur Sonne empor ... Mit dem dritten Schritt vom Süden in den Osten erfolgt die Wandlung vom Irdisch-Sterblichen zum Lichtkult eines höheren Lebens. Dieser Schritt stellt die Überwindung der Materie, ... den Eintritt in die große kosmische Ordnung dar."[205] Imhof verdeutlicht den Symbolgehalt der drei Schritte über den Sarg mit den „drei großen Lebensetappen: Geburt–Leben–Tod; Jugend–Vollkraft–Erlöschen."[206]

Dieses Überschreiten des „eigenen Sarges" mit dem Blick auf das Hexagramm wird zur Wanderung durch „die Welt und das Leben"; das permanente Erinnern an den Tod soll dem Meister bewußt machen, daß die augenblickliche Handlung jeweils „die letzte in diesem Leben sein könnte".[207]

Das Gelöbnis

Für den Gesellen folgt das Gelöbnis auf den Meistergrad, das er, auf beiden Knien niedergelassen, den im rechten Winkel geöffneten Altarzirkel mit beiden Spitzen auf der entblößten Brust mit der linken Hand haltend, während seine rechte auf dem Buch des Heiligen Gesetzes ruht, ablegt: „Ich gelobe auf Maurerwort: Mich der Bruderschaft in unauflöslicher Gemeinschaft zu verbinden; Verschwiegen zu sein wie der Tod; an mein vergängliches Leben fortan den Maßstab des Ewigen anzulegen."[208]

Charakteristisch für die bewußt gestaltete Symbolwelt dieses Rituals ist die Veränderung in der Körperhaltung während der Gelöbnisse vom ersten bis zum dritten Grad. Die mit den beiden Säulen charakterisierten Gegensätze, die sich auch in der unterschiedlichen Aufsetzung des Zirkels artikulieren, werden nun durch das Ausdrücken beider Spitzen ausgeglichen. Der „Meister vereinigt in sich die irdischen und geistigen Ströme

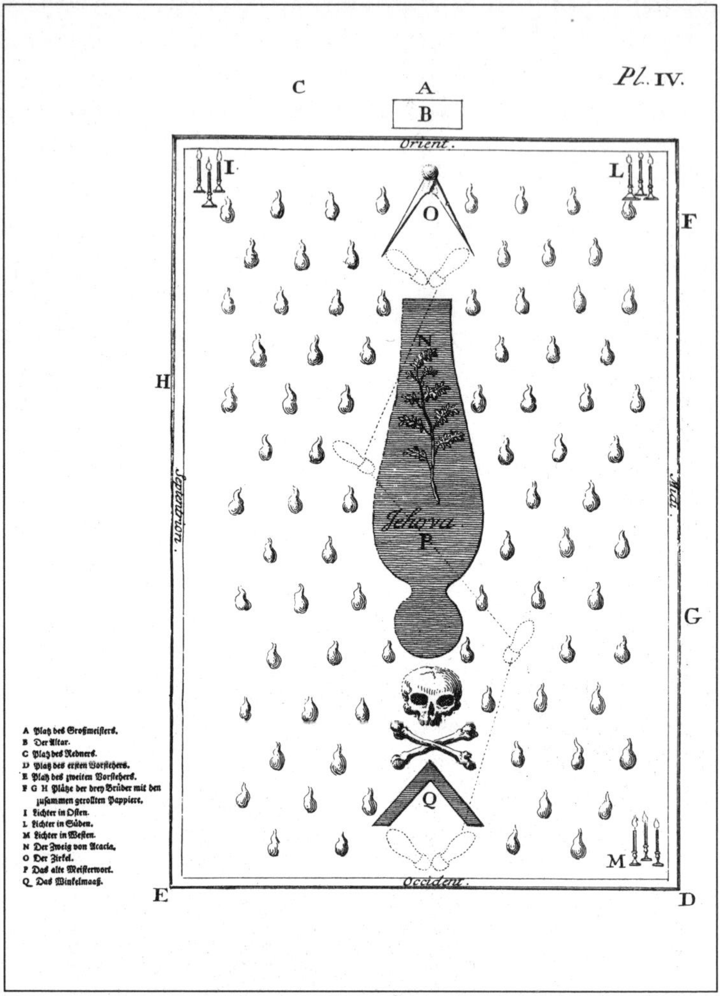

Aufriß der Meisterloge: Der Wahrhafte Abriß wird von Lindner in seiner Darstellung geringer geschätzt als der angeblich Unrichtige.

des Lebens". Er kniet auf der Erde, „der sein Körper entstammt", und wendet sich „zum Schöpfer des Weltalls, dem er sich weiht". Die Zahlensymbolik spiegelt sich in den Gelöbnisformeln; die des Lehrlings weist sieben Verpflichtungen auf, die des Gesellen fünf und die des Meisters nur noch drei. Damit wird die freimaurerische Alterskette auf den Kopf gestellt, in der der Lehrling drei, der Geselle fünf und der Meister sieben Jahre zählt. Andererseits ist die Formulierung des Meistereides so gestaltet, daß die früheren Gelöbnisse inkludiert sind.[209]

Bei der Aufnahme und der Beförderung zieht der Meister den Lehrling bzw. Gesellen nach der Ablegung des Gelöbnisses im gradspezifischen Griff vom Boden zu sich empor und teilt ihm das spezifische Wort mit. Der werdende Meister hingegen muß sich von selbst erheben. Mahnend hält der Meister vom Stuhl dabei fest:

„Die Meister haben dein Gelöbnis vernommen. Möge dir die Kraft gegeben sein, es zu halten bis ans Ende deiner Tage!"[210]

Die Hiramslegende

Die eigentliche Erhebung des Gesellen in den Meisterstand folgt nach dem Gelöbnis in der Hiramslegende, die der Bruder Redner vorzulesen beginnt und die schließlich unter Mitwirkung aller Anwesenden zum Mysterienspiel wird, in dem der zu Erhebende die notwendigen Einweihungsmerkmale Zeichen, Wort und Griff erhält.[211]

„Das grundlegende Motiv der maurerischen Symbolik ist der Bau des Salomonischen Tempels. Hiram Abiv (Hiram der Meister), der Sohn einer Witwe aus dem Stamme Naphtali, war nach der Legende der Baumeister, dem König Salomo die Aufsicht über den Bau anvertraut hatte. Fünfzehn Gesellen vom Bau des Tempels sahen, daß das Werk fast vollendet war, ohne daß sie bislang das Meisterwort erhalten hatten. Sie begehrten, es vor der rechten und gesetzmäßigen Zeit zu erlangen, um in anderen Ländern für Meister angesehen zu werden und Meisterlohn zu empfangen. Sie taten sich zusammen, um es ihrem Meister mit Gewalt abzufordern. Zwölf von ihnen bereuten ihren Vorsatz wieder, drei[212] aber beschlossen, ihn auszuführen. Alle kannten Hirams Gewohnheit, um Hochmittag, wenn die Arbeiter zur Erholung berufen waren, in den Tempel zu gehen und zu beten. So stellten sich die Verschwörer eines Tages um diese Zeit an den drei Toren im Osten, Süden und Westen auf, um ihm beim Verlassen das Meisterwort abzuzwingen.

Als Hiram an das östliche Tor kam, vertrat ihm der Erste den Weg und forderte drohend das Wort. Ruhig erwiderte ihm der Meister, daß er es auf diese Weise nicht erlangen werde. Nur die Zeit und seine geduldige Arbeit könnten es ihm verschaffen. Unzufrieden mit dieser Antwort schlug ihm der Geselle mit dem Maßstab quer über die Gurgel. Erschreckt wandte sich Hiram zum südlichen Tor. Dort wurde er in gleicher Weise von dem Zweiten aufgehalten, dem er dieselbe Antwort gab. Aufgebracht versetzte ihm der Geselle mit dem Winkelmaß einen Schlag auf die linke Brust, der ihn taumeln ließ. Schwer getroffen floh Hiram zu dem Tor im Westen. Dort stellte sich ihm der dritte Verschwörer entgegen und forderte das Meisterwort. Den Tod vor Augen blieb der Meister standhaft und empfing mit dem Spitzhammer den dritten und tödlichen Schlag auf die Stirn."

Die drei Schläge, die sich im Rhythmus des Meisters beim Klopfen wiederholen, werden am zu Erhebenden von den beiden Aufsehern und dem Zeremonienmeister symbolisch nachvollzogen – der Zweite Aufseher schlägt mit der Meßlatte „quer über die Gurgel", der Erste Aufseher schlägt mit „dem Winkel auf die linke Brust", der Zeremonienmeister zerstört mit dem Spitzhammer den Kopf, Lehrling und Geselle sind damit vernichtet.[213] Beim dritten Schlag werfen die Aufseher den Gesellen nieder, decken diesen mit einem Tuch zu, über das dessen rechte Hand im Gesellenzeichen auf einem Akazienzweig gelegt wird, während das rechte Bein angewinkelt wird. Das Gesellenzeichen, der Akazienzweig des Meistergrades und

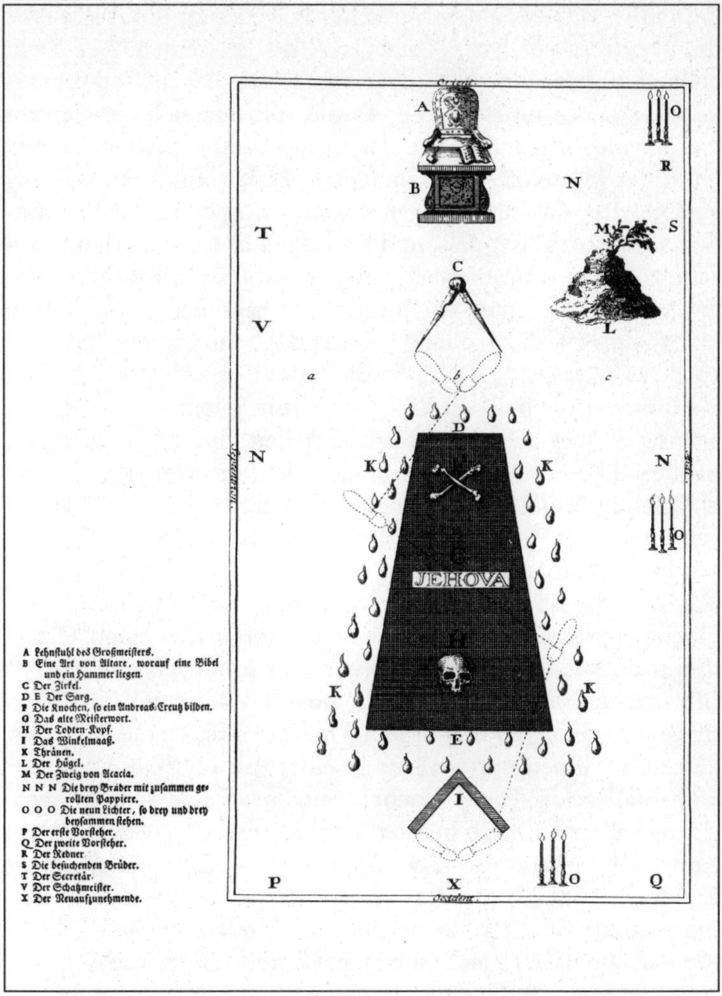

„Wahrhaffter Abriß der Loge bey der Aufnahme eines Meisters."

sein zum Aufstehen angewinkelter Fuß, der an die Aufnahme des Lehrlings erinnert, signalisiert, daß er „seinen Weg nicht vollendet" hat und daß „über den körperlichen Tod hinaus geistiges Leben in ihm ist".[214] Damit vollzieht sich die Identifikation mit Hiram, der, ehe der Bau vollendet werden konnte, ermordet wurde, dessen Plan aber zu Ende geführt wurde.

„Die drei Gesellen trugen Hirams Körper aus dem westlichen Tor des Tempels und verbargen ihn unter dem Bauschutt. Um Hochmitternacht, als alle Arbeiter zur Ruhe gegangen waren, schleppten sie ihn fort und begruben ihn am Hang eines Berges. Um die Stelle wiederfinden zu können, steckten sie den Zweig einer Akazie in die Erde.

Hiram wurde bald vermißt, und König Salomo ließ Nachforschungen über seinen Verbleib anstellen, die jedoch erfolglos blieben. Da wurden die zwölf Gesellen, die von dem verbrecherischen Plan zurückgeschreckt waren, von ihrem Gewissen getrieben. Mit weißen Handschuhen als Zeichen ihrer Unschuld angetan, traten sie vor den König und entdeckten ihm, was sie wußten. Er sandte sie aus, die drei Mörder, die die Flucht ergriffen hatten, zu suchen. Drei gingen nach Osten, drei nach Süden, drei nach Westen und drei nach Norden."[215] In dem nun folgenden Passus ist die alte, traditionelle Eidesformel bzw. deren Strafandrohung in den Text eingearbeitet[216]: „Einer von ihnen hörte, als er an einer Felswand ausruhte, aus einer nahegelegenen Schlucht Stimmen an sein Ohr dringen: ‚O, daß meine Zunge bei der Wurzel ausgerissen und ich im Sande des Meeres zur Zeit der Ebbe verscharrt werde, eines Kabeltaus Länge vom Ufer, wo Ebbe und Flut zweimal in vierundzwanzig Stunden wechselt!', eine andere Stimme klagte: ‚O, daß mein Herz aus meiner nackenden Brust gerissen und eine Speise der Raubvögel werde!' und eine dritte Stimme rief: ‚Ich schlug ihn stärker als ihr, ich tötete ihn! O, daß mein Körper in zwei Teile zerteilt, meine Knochen verbrannt und meine Asche in die vier Winde verstreut werde!' Der lauschende Geselle holte seine Gefährten heran. Sie stiegen hinab in die Schlucht, griffen und banden die Mörder und brachten sie vor König Salomo. Sie bekannten, was geschehen war und begehrten nicht zu leben. Danach sandte der König neun Meister aus, um Hirams Körper zu suchen, damit er würdig begraben werde. Aufgrund des Vorgefallenen beschloß er jedoch, das Meisterwort zu ändern. Er ordnete an, das erste bei der Auffindung gesprochene Wort solle fortan das neue Meisterwort sein."

Dieses Suchen vollziehen jene, die auch die schlechten Gesellen dargestellt haben. Als Gute treten sie im Auftrag des Meisters vom Stuhl, der die Rolle Salomons einnimmt, vom Osten, Süden und Norden an den am Boden Liegenden heran und umkreisen diesen dreimal. Während der erste Rundgang im Lehrlingszeichen, der zweite im Gesellenzeichen endet, vollziehen die drei nach dem dritten das Notzeichen, indem sie rufen: „Zur Hilfe, ihr Söhne der Witwe!"[217]

Der zweite Aufseher, der in der Lehrlingsloge der Lehrlingskolonne vorsteht, kniet nieder, ruft das Wort des Lehrlings, Jachin, vollzieht das Lehrlingszeichen am Liegenden und gibt ihm den Lehrlingsgriff, nach dessen Mißlingen er dem Meister mitteilt: „Die Haut löst sich vom Fleisch." Der Erste Aufseher, der der Gesellenkolonne vorsteht, wiederholt dies im Gesellengrad mit Boas, Brustzeichen und Gesellengriff, nach dessen Versagen er meldet: „Das Fleisch löst sich vom Bein."

Das Notzeichen ruft alle Brüder, die herantretend das Zeichen des Schreckens machen und angesichts des Toten *Macbenac* oder *Moabon* ausrufen und eine Kette auf Geheiß des Meisters um den Liegenden bilden.[213]

Macbenac (auch Makbenac, Mohabone, Mac Benah) wird im allgemeinen mit „Er lebt im Sohn" oder „Der Sohn des toten Meisters" übersetzt. Es wird auf das Irische *Macha* (Schlachtfeld) und *Ben* (Ende) zurückgeführt oder auf *Mac* (Sohn) und *benah* (Tod) bzw. auf *Mac* (Sohn) und *beanag* (Witwe). Auch die Herleitung von dem Hebräischen *Mukhahbone* (ein Baumeister wurde erschlagen) ist häufig.[219] „Seinen Ursprung hat man aber auch im Arabischen (‚Mit dir [ist] dein Sohn') oder anderweit im Hebräischen gesucht, indem das Wort aus den Anfangsbuchstaben von 5 Wörtern mit dazwischen gelassenen 5 Vokalen bestehen und bedeuten soll:

Aufnahme zum Meister.

‚Der Tod ist das Ende des Fleisches, die Seele wird ewig bestehen!'"[220]

Das neue Meisterwort ist im Sinne des Auftrages Salomons gefunden, zu dessen Vollzug die drei hammerführenden Meister, als Hüter der drei Flammen – Weisheit, Stärke und Schönheit – in die Kette treten. Der Meister gibt das neue Meisterwort nach links und rechts weiter, wo es weitergegeben wird, bis es bei den beiden Aufsehern angelangt ist, die das alte Meisterwort *JAHVE (JHVH)* buchstabierend und syllabierend zurückgeben. Das Menschenwort wandelt sich zum Gotteswort, das „Pentagramm wandelt sich zum Hexagramm, der Menschengeist erkennt den Gottesgeist".[221]

Die Erhebung

Der Meister erhebt den Liegenden, die „fünf Punkte der Meisterschaft" – Fuß gegen Fuß, Knie gegen Knie, Hand in Hand, Brust gegen Brust und die linke Hand um den Nacken – bilden dabei „eine notwendige Hilfestellung, damit der Tote nicht wieder zusammenbricht".[222]

„Der Zusammenschluß der fünf äußeren Punkte zu einer lebendigen Kette versinnbildlicht innere Einigkeit. Die Vereinigung von Fuß zu Fuß, Knie zu Knie, Brust an Brust, die verschlungenen rechten Hände und die gleichzeitige Geste des linken Armes sind Zeichen einer totalen Gemeinsamkeit, die Ausdruck auch eines seelischen Zusammenschlusses ist. Der Entschluß gemeinsam einem Ziele zuzustreben (Füße), denselben Kult der Arbeit zu folgen (Knie), dieselben Gefühle zu teilen (Brust an Brust), fest zusammenzuhalten (rechte Hände) und sich gegenseitig zu unterstützen (linke Arme), ist das Resultat einer immerwährenden Umwandlung und Höherentwicklung des Menschen."[223] Erst nachdem dem Erhobenen der Meister das Meisterwort ins linke und rechte Ohr geflüstert hat, erwacht der neue Meister zum Leben. „Eine jubelnde Musik muß jetzt erklingen. Unter dieser Musik wird der junge Bruder Meister an den Meistertisch geführt."[224]

Aufnahme zum Meister: Der Großmeister nimmt die Erhebung vor.

Gleichzeitig wird der Meisterteppich, der durch den Daraufliegenden und die Requisiten verdeckt gewesen ist, wiederhergestellt.

Die Meistertafel ist mit der zentralen Legende dieses Grades aufs engste verbunden. Der Sarg, das Grab Hirams, „dominiert stets die Mitte", häufig umrandet von Tränen, wobei diese aus der französischen Tradition kommen.[225] Die modernen Tafeln in Deutschland entsprechen diesem Muster, wobei der Sarg mit einem Akazienzweig geziert ist, während im Westen das Winkelmaß und im Osten der Zirkel liegen. Entsprechend den einzelnen Phasen der Aufnahme sind auch fünf charakteristische Phasen des Tapis zu verzeichnen, wobei die ersten drei Phasen im Zentrum den Sarg haben, auf dem noch zunächst der Totenschädel ruht. Ohne diesen erblickt ihn der Geselle erstmals, wenn er herumgerissen am Grabe steht und ihm der Schurz heruntergerissen wird. Ohne das charakteristische Werkzeug des Meistergrades wird der nun leere Sarkophag zum Grab des Zuerhebenden, der darüber hinweg schreiten muß. Ehe er im Zuge der Hiramslegende niedergerissen wird, wird der Teppich mit einem Polster und einer Decke versehen. Erst nach seiner Erhebung in den Meistergrad findet man den klassischen Teppich wieder, der neben den Zeichen der beiden ersten Grade Winkelmaß und Zirkel in der gradspezifischen Anordnung besitzt.[226]

Von besonderer Bedeutung im Meistergrad ist der Akazienzweig, der – aus der Hiramslegende kommend – „Zeichen des immerwährenden, wiederkehrenden Lebens" ist[227]; er nimmt also eine ähnliche Funktion ein wie die Kornähre des Gesellengrades.

Der neue Meister erhält nun die Erkennungszeichen mitgeteilt. Dabei ist zu beachten, daß der Meistergrad an sich drei Zeichen kennt: das Erkennungszeichen, das Schreckenszeichen und das Notzeichen. Ersteres, das eigentliche Meisterzeichen, folgt wie das Lehrlings- und Gesellenzeichen den alten Strafandrohungen und ist das Bauchzeichen.[228] In einem Katechismus des späten 18. Jahrhunderts wird das Meisterzeichen als Hinweis auf die Einbalsamierung verstanden. „Was gibt uns das Meisterzeichen zu verstehen? Es deutet hieroglyphisch auf die Herausziehung der Eingeweide, die bey den Egyptern gewöhnlichen Einbalsamierung(en) vorhergieng. So wie man der Verwesung durch die Balsamierung trotzte; so muß vorzüglich des Meisters Freundschaft dem Tode selbst, und allen seinen Schrecken zu trotzen wissen."[229] Der Zusammenhang zwischen Hals-, Herz- und Bauchzeichen (Gutturale, Pektorale und Stomachale) wird in typisch maurerischer Art auch dadurch hergestellt, daß die drei Zeichen exakt ausgeführt einen rechten Winkel bilden. Das Schreckens- oder Erstaunungszeichen wird nur während der gespielten Darstellung der Hiramslegende gegeben. Das Notzeichen – man unterscheidet zwischen dem großen und dem kleinen Notzeichen – kann nur der Tradition nach und von seinem Inhalt her aus dem Meistergrad erklärt werden; seine Weitergabe erfolgt häufig bereits bei der Mitteilung der Lehrlingszeichen. Beim großen Notzeichen tritt der Meister in den Winkel, während die verschlungenen Hände über den Kopf gehoben werden und dazu der Ruf „Zur Hilfe ihr Kinder der Witwe!" ertönt.[230] Das sogenannte kleine Notzeichen (im deutschen Sprachraum kaum bekannt) wird mit der geschlossenen Hand über dem Kopf begonnen und, indem man Finger um Finger öffnet, fortgeführt, während man dazu die Worte: *Sem, Ham, Japhet* spricht.[231]

Im Meistergriff wird das Klopfen im Meistergrad wiederholt, das einerseits durch die drei Schläge, dessen letzter am stärksten ist, an die Ermordung Hirams erinnert, andererseits dem kurz, kurz, lang der Lehrlinge ident ist. Im Gegensatz zum Lehrlingsrhythmus wiederholen die Meister dieses Zeichen dreimal. Das Paßwort lautet wie im ersten Grad Tubalkain oder Cassia.[232]

Die Erhebung in den Meisterstand schließt, nachdem der junge Meister seine Kleidung in Ordnung gebracht hat und wieder in die Loge getreten ist, mit der Übergabe des Schurzes, der entweder mit drei Rosetten oder mit einer blauen Klappe ausgestattet ist.[233] „So empfange nun von mir deinen Meisterschurz. Deinen Lehrlingsschurz haben wir dir abgenommen, deinen Gesellenschurz hat dir der Zeremonienmeister vom Leib gerissen. Den Meisterschurz, den ich dir jetzt angelegt habe, laß dir von niemandem in der Welt entreißen, trage ihn in Ehren, bis ihn dir einst in hoffentlich recht ferner Zeit der Große Bauherr aller Welten selbst abnehmen wird. Gehe nun deinen Weg!"[234]

Scherpe hält in einer Zusammenfassung die wesentlichen Punkte der Meistererhebung fest. „Die Meistererhebung ist ... ein durch tiefstes Dunkel zum hellsten Licht führendes Ereignis. Dabei erfolgt eine fünfmalige Wandlung des Gesellen:

1. Zunächst gerät der Geselle in den Verdacht, der Komplize verbrecherischer Gesellen zu sein. Ihm wird der Gesellenschurz abgerissen, womit er aus der Gemeinschaft der Bruderschaft ausgestoßen wird.
2. Er wird durch die drei Reisen auf den Tod vorbereitet und erlebt das erschütternde Ereignis, über das ‚Abbild seiner letzten Ruhestätte' mit drei Schritten gehen müssen.
3. Der Geselle erlebt die Identifikation mit dem ‚Meister Hiram', dem vorbildlichen Menschen.
4. Im Grabe erfolgt die Läuterung; er wird vorbereitet auf die große Wandlung. Abstreifen des alten Adam und Geburt des neuen Menschen.
5. Er wird erhoben zu einem neuen Leben im Geiste des Meisters (Meta noeite!), um zu begreifen, was es heißt: ‚Er lebt im Sohne'.

Dabei hat sich auch das ‚Lebensbild', der Teppich, dreimal gewandelt:

1. Mit dem daraufstehenden Sarkophag, dem Schädel, dem Akazienzweig und der Flammenschale deutet er das ‚Abbild der letzten Ruhestätte' an.
2. Der Teppich wird ein Grab, in das der Geselle versenkt wird.
3. Der Teppich wird zum strahlenden Symbol der Erkenntnis des Lebens, welches Geburt – Leben – und die Überwindung

des Todes (Zirkel am Ostrand – Winkel am Westrand des Teppichs) beinhaltet.

‚Den Tod überwindet, wer ihn versteht', heißt es im Ritual. Dazu muß der Geselle zunächst den Sinn des Lebens begreifen, nämlich, daß dieses nicht allein im Erfassen der Materie und ihrer Gesetze zu suchen ist. So wird ihm klargemacht, daß auch die freimaurerischen Symbole erst dann Leben gewinnen, wenn man hinter der Materie den Geist erfassen kann.

In materiellen Handlungen erlebt der Geselle das so:
1. Der Schurz mit seinem magischen Band wird ihm abgerissen und damit der von der Bruderschaft verliehene Schutz in Frage gestellt.
2. Mit dem Schlag des Maßstabes über die Gurgel wird die Säule ‚J' zerstört (Stärke, Verstand).
3. Mit dem Winkelschlag auf die linke Brust scheint auch die Säule ‚B' unwirksam geworden (Gefühl, Emotion).
4. Mit dem Schlag des Spitzhammers vor die Stirn verliert das Pentagramm des Teppichs seine Bedeutung (Geist als Wissen und Wissenschaft).

Drei Umgänge um die letzte Ruhestätte, das Grab, machen die suchenden Gesellen (der Meister und die beiden Aufseher – sie sind und bleiben Suchende):
1. mit dem Lehrlingszeichen, es versagt;
2. mit dem Gesellenzeichen, auch dies hat keine Wirkung.
3. Jetzt wissen die suchenden Gesellen nichts mehr. Sie rufen die Bruderschaft mit dem ‚großen Notzeichen' um Hilfe. Die Brüder, die sich als ‚Söhne der Witwe' verstehen, die zwar in der Materie geboren, aber aus dem Geist eines Vaters empfangen sind, werden herbeigerufen.
   Sie erahnen ihren Vater in Gott, aber sie kennen ihn nicht. Sie begreifen in der Kette, daß sie alle Menschen und sterblich sind (M.B.), aber jeder von ihnen hat in seinem Innern ein Licht, einen Geist, der aus einem Urgeist stammen muß. So wird das neue Meisterwort des Menschengeistes (M.B.) zum alten Meisterwort, dem Gottesgeist (JHVH).

Hiram hat das alte Meisterwort im Herzen getragen, das ‚Es werde Licht' oder wie Johannes sagt: ‚Im Anfang war das Wort.' Als der Tote im Grabe enthüllt wird, als die Brüder dem Tod ins Angesicht sehen, können sie nur Knochen (M.B.) erkennen und – menschlich verständlich – sind sie entsetzt über ihre Sterblichkeit, heben die Arme und lassen sie auf ihre Schurze fallen. Erst in der Kette, im Kreis, ist die Darstellung des JHVH möglich, das sich aus dem M.B. ergibt. Aus dem Pentagramm ist das Hexagramm geworden."[235]

Katechismusfragen[236]

ERSTE ABTEILUNG:
DIE ERHEBUNG ZUM MEISTER UND IHRE BEDEUTUNG

1. *Sind Sie ein Freimaurer-Meister?*
   Dafür werde ich unter Meistern gehalten.
2. *Woran soll ich erkennen, daß Sie es sind?*
   An dem Zeichen, dem Wort, dem Griff und der Wiederholung der besonderen Umstände meiner Aufnahme.
3. *Wie vielerlei Zeichen haben die Meister?*
   Dreierlei: das gewöhnliche Meisterzeichen, das Erstaunungs- und das Hilfszeichen. Das erste bezieht sich auf die Verpflichtung, das zweite auf die Geschichte, das dritte wird nur in großer Gefahr gebraucht.
4. *Wie viele Punkte hat der vollkommene Meistergrad?*
   Fünf: Hand in Hand, Fuß gegen Fuß, Knie gegen Knie, Brust gegen Brust, die linke Hand über den Nacken des Bruders.
5. *Was bedeuten sie?*
   Freundschaft und Einigkeit; die Bereitwilligkeit, meinem Bruder zur Hilfe zu eilen; den guten Willen, Gnade für ihn zu erbitten; Aufrichtigkeit und Mitgefühl; die Sorge, dem Falle meines Bruders zuvorzukommen.
6. *Was bedeutet das Meisterwort?*
   Die Söhne des toten Meisters.

7. *Wie heißt das Paß-Wort der Meister?*
Tubalkain und bezeichnet den Übergang von der zweiten zur dritten Stufe.
8. *Wie klopfen die Meister?*
Mit drei langen Schlägen, von denen der letzte verstärkt wird.
9. *Worauf deuten sie?*
Auf Hirams Todesschläge.
10. *Und (worauf deuten) die drei Meisterschritte?*
Auf Geburt, Leben und Tod.

Zweite Abteilung: Die Arbeiten und Eigenschaften des Meisters

11. *Welche Tugenden muß ein wahrer Meister besitzen?*
Reinheit des Herzens, Wahrheit in Worten, Vorsicht in Handlungen, Unerschrockenheit in unvermeidlichen Übeln und unermüdlichen Eifer in Bewirkung des Guten.
12. *Woran arbeiten die Meister?*
Am Reißbrette, um mit dem Maßstabe der Wahrheit, dem Winkelmaße des Rechts und dem Zirkel der Pflicht ihre Entwürfe zu machen.
13. *Wodurch soll sich ein Meister von den Gesellen und Lehrlingen unterscheiden?*
Durch die genaueste Erfüllung seiner Pflichten, wodurch er nicht nur die Liebe seiner Brüder, sondern auch die Hochachtung der Welt sich erwirbt.

Lehrgespräche[236]

I. Grundlagen

1. *Ist etwas zwischen Dir und mir?*
Ja, ein Geheimnis.
2. *Was ist es?*
Maurerei.

3. *So bist Du ein Freimaurer?*
   Meine Brüder Meister und Gesellen erkennen mich dafür.
4. *Bist Du Geselle?*
   Ich habe den Flammenden Stern gesehen.
5. *Bist Du Meister?*
   Die Akazie ist mir bekannt.
6. *Woran soll ich erkennen, daß Du es bist?*
   An Zeichen, Wort und Griff und der Wiederholung der besonderen Umstände meiner Erhebung.

II. Die Erhebung

7. *Wie wandertest Du?*
   Offenen Auges und doch nicht sehend.
8. *Wohin führte Dein Weg?*
   Vom Winkel zum Zirkel.
9. *Was geschah mit Dir?*
   Ich ging durch die Pforte des Todes und gewann neues Leben.
10. *Worauf deutet dieses hin?*
    Daß allem Lebendigen Unsterbliches innewohnt.
11. *Wie alt bist Du als Freimaurermeister?*
    Sieben Jahre.
12. *Wievielerlei Zeichen haben die Meister?*
    Dreierlei: Das Erkennungszeichen, das Zeichen des Erschreckens und das Notzeichen.
13. *Wie viele Punkte hat der vollkommene Meistergriff?*
    Fünf: Fuß gegen Fuß, Knie gegen Knie, Hand in Hand, Brust gegen Brust und die linke Hand um den Nacken des Bruders.
14. *Was bedeutet Fuß gegen Fuß?*
    Wo Du hingehst, da will auch ich hingehen.
15. *Was bedeutet Knie gegen Knie?*
    Was Dir heilig ist, das soll auch mir heilig sein.
16. *Was bedeutet Brust gegen Brust?*
    In Freud und Leid soll mein Herz mit dem Deinen schlagen.

Dramatisch in den Vordergrund des reichverzierten Schurzes ist der Sarg, Hirams Grab, gerückt.

17. *Was bedeutet Hand in Hand die Finger zur Kralle gebogen?*
Ich will Dich führen und geleiten und werde Dich von unbedachter Handlung zurückreißen.
18. *Was bedeutet die linke Hand um den Nacken des Bruders?*
Ich werde Dich aufrichten, wenn Du zu fallen drohst. Ich werde auch das von Dir abwenden, was hinter Deinem Rücken Dir Schaden bringen kann.
19. *Was bedeutet das neue Meisterwort?*
Es bleibt ein Geheimnis.

20. *Was bedeutet: Er lebt im Sohne?*
Der Geist wirkt weiter.
21. *Wie klopfen die Meister?*
Mit drei langsamen Schlägen, deren letzter verstärkt wird.
22. *Worauf deuten sie hin?*
Auf Hirams Todesschläge.
23. *Und die drei Meisterschritte?*
Auf Geburt, Leben und Tod.
24. *Wo hast Du Deinen Lohn empfangen?*
In der mittleren Kammer.
25. *Wie lautet das Paßwort der Meister?*
C... und bedeutet Akazie.
26. *Um welche Zeit gehen die Brüder Maurer von der Arbeit?*
Um Mitternacht.

III. Arbeit und Eigenschaften des Meisters

27. *Welche Tugenden muß ein wahrer Meister bewahren?*
Reinheit des Herzens, Wahrheit in Worten, Vorsicht in Handlungen, Unerschrockenheit bei unvermeidlichen Übeln und unermüdeten Eifer, wenn es gilt, Gutes zu tun.
28. *Woran arbeiten die Meister?*
Am Reißbrett, um mit dem Maßstab der Wahrheit, dem Winkelmaß des Rechts und dem Zirkel der Pflicht ihre Entwürfe zu machen.
29. *Wodurch soll sich ein Meister von den Gesellen und Lehrlingen unterscheiden?*
Durch Weisheit, Geduld, Mäßigkeit und die Bereitschaft zu verzeihen.

Ausblick

1. Diese knappe Zusammenstellung der drei Grade der Johannisfreimaurerei soll deutlich machen, daß hier in einem von der Formenwelt des Bauhandwerkes abgeleiteten äußeren Form Männer zur Selbsterziehung und Selbstverwirklichung angeregt werden sollen. Losgelöst von konfessionellen und parteipolitischen Bindungen wird die Arbeit an sich selbst in den Vordergrund gestellt, wobei diese Arbeit nicht als Selbstzweck verstanden wird, sondern als persönlicher Beitrag an der Verwirklichung einer besseren Welt. So sollen das persönliche Erleben und der Gemeinschaftsgedanke der Brüderlichkeit nicht auf die Loge beschränkt bleiben, sondern im „profanen" Leben weiterwirken.

Theo Gantner weist in diesem Konnex auf den häufig auftretenden „Widerspruch zwischen Wort und Tat" hin; sowohl Mitglieder als auch Außenstehende erkennen dieses „Mißverständnis zwischen Intention und Realität" und reagieren darauf mit Enttäuschung oder herber Kritik.[237]

Der immer wieder gemeldete Massenansturm auf Logen oder ähnliche Zusammenschlüsse muß heute – sieht man von den Vorteilsjägern ab – auch als Antwort auf eine Massengesellschaft gesehen werden. Waren die Logen des 18. Jahrhunderts ein Ausdruck des Privaten als Abkehr von der Öffentlichkeit des Absolutismus, so sind die heutigen Logen wiederum Ausdruck des Privaten geworden, die in einer Welt der zunehmenden Datenerfassung die Diskretion der Einzelpersönlichkeit in traditioneller Weise wahrt. Die Arkandisziplin ist damit nicht nur Erziehungsinstrument, sondern auch Anreiz oder Unlustgefühl für den Außenstehenden.

Solange die freimaurerische Erziehung zum Suchen nach einer Verbesserung der Einzelpersönlichkeit und der Menschheit nicht zur rhetorischen Phrase degeneriert, wird dieses soziale Phänomen einer diskreten Gruppenbildung bestehen; dort, wo durch Abgehen von der traditionellen Erziehungsaufgabe freimaurerische Zentralaussagen in Frage gestellt werden, reagiert eine sensibilisierte Öffentlichkeit. Charakteristisch dafür ist die unterschiedliche Aufnahme der Kritik Jörg Mauthes über den Verlust eines intellektuellen Elitenbewußtseins innerhalb der österreichischen Freimaurerei und die Kritik eines anderen Parteipolitikers am falsch verstandenen Elitenbewußtsein einzelner seiner Parteifreunde, die auch Freimaurer sind.[238]

2. Die Freimaurerei des 18. Jahrhunderts war sowohl Trägerin der Aufklärung als auch des Aberglaubens. Sie war in ihren unterschiedlichen Observanzen zu einem nicht geringen Maße Trägerin des Aberglaubens, während sie im 19. und 20. Jahrhundert „selbst Gegenstand des Aberglaubens" wurde. Das Schweigen über das Ritual belebte die Phantasie, wobei ein Rückgriff auf ältere Traditionen des Aberglaubens im Umfeld der Schwarzkünstler und Alchimisten zu beobachten ist.

Verschwörungstheorien finden in Zeiten grundlegender ideologischer und politisch-ökonomischer Verunsicherung den richtigen Boden für ihre Verbreitung, wobei es gleichgültig ist, ob der Verschwörungstheoretiker seine Ideen in ehrlicher Besorgnis oder als zynisches Mittel politischer Propaganda vorbringt. Fußend auf der ursprünglich politisch motivierten Verurteilung der Freimaurerei durch die katholische Kirche wurde der antiaufklärerische Kampf kirchlicher Kreise schon in der zweiten Hälfte des 18. Jahrhunderts mit der antisemitischen Tradition verknüpft. In diesem Dunstkreis werden Elemente des „Satansglaubens" und „auch solche des Hexenglaubens" mit dem Antisemitismus verknüpft. Das eigentliche Neue der Logen, ein Ort der „brüderlichen Begegnung" von Angehörigen unterschiedlicher Standeszugehörigkeit zu sein, wird als das gefährliche Fremde definiert. Dieser Personenkreis plante „schon lange vor der Revolution" den „Ruin der Kirche, den Ruin des Thrones und endlich den Ruin der ganzen bürgerlichen Gesellschaft". Die „Philosophen", „Freimaurer", „Physiokraten", „Juden", „Jakobiner" und „Republikaner" wurden so zu den fixen Feindbildern innerhalb eines „antiaufklärerisch-antirevolutionären, integral-christlichen" Weltbildes, dessen Ursprünge „als aggressiver Ausdruck jener politischen Theologie, die durch die Gleichung Demokratie = Atheismus gekennzeichnet ist", gesehen werden müssen.[239]

Die völkische Antifreimaurerbewegung ist die säkularisierte Weiterführung der kirchlich orientierten Agitation. Sie erbt ähnlich wie im Antisemitismus, wo dem Rassismus der Einstieg durch die lange Tradition des „christlich" motivierten Feindbildes geebnet worden ist, ein „wohlvorbereitetes Feld". Ein weiteres Bindeglied zwischen der christlichen und der säkularisierten Antifreimaurerei findet sich im postulierten Antiliberalismus.

Die völkische Antifreimaurerei bietet sich als Erklärungsmodell für den komplexen Vorgang des Zusammenbruches der alten Welt im Weltkrieg von 1914 bis 1918 an. Der im Felde „unbesiegbare deutsche Soldat" wird zum Opfer dunkler Mächte. Die „Dolchstoßlegende" benötigt ebenso Farbe für ihre propagandistische Umsetzung wie die Zurückweisung der Kriegsschulddiskussion. Obwohl gerade die lange Tradition der preußischen und deutschen Feldlogen und deren enge Verknüpfung mit den Heroen deutschnationaler Geschichtsbetrachtung eine anhaltende Akzeptanz derartiger Zusammenschlüsse signalisiert, gelang es der völkischen Agitation, die Freimaurerei als Inkarnation des kosmopolitischen Liberalismus gleichsam gleichwertig neben die Repräsentanten der alten supranationalen Chiffren als Feindbild zu setzen. Nicht ein umfassendes Lehrgebäude führte zur Definition des feindlichen Fremden, sondern das Bündeln „nichtvölkischer" Merkmale. Der Überhöhung des Volkes und der Nation stellte man supranationale Kräfte gegenüber: die symbolische Weltbruderkette der Freimaurerei, die der katholischen Kirche, die der jüdischen Gemeinden.

3. Innerhalb der katholischen Kirche wurde nach 1945 das Erbe der Antifreimaurerei in einem hochrangig besetzten, von der kirchlichen Hierarchie wohl vorbereiteten Dialogprozeß aufgearbeitet. Diese Entwicklung traf teilweise innerkirchliche

Gruppen, die in der Liberalisierung eine Verunsicherung erlebten. Ein ähnliches Phänomen brachte die Entideologisierung der Parteien mit sich. Die Reduktion klar definierter Ideologien und ihr Ersatz durch aktuelle Aktionsprogramme wurde teilweise als Verrat, zumindest aber als Identitätsverlust empfunden. Der Modernisierungsschub reduzierte das alte Gruppengefühl und verunsicherte. Aus dieser Verunsicherung heraus entsteht eine neue Sehnsucht nach bindenden Vorgaben, sei es auf ideologischer, sei es auf religiöser Ebene.

Robert Prantner definiert dies zunächst über sein Geschichtsverständnis: „Eine geschichtliche Zäsur stellt der endgültige Abschied Europas von der integrativen Welt des mittelalterlichen Abendlandes mit seiner katholischen Universalität dar. Signal von unüberhörbarer Lautstärke ist die sogenannte ‚Reformation' Martin Luthers und seiner zeitgenössischen Epigonen."[240] Ähnlich wie im 19. Jahrhundert in der Phase der Restauration und des Kulturkampfes der Integralismus dem säkularisierten öffentlichen Bewußtsein entgegengestellt wurde, wird nunmehr der ganzheitliche Anspruch der Religion/Religionen als Definitionsrichtlinie gegenüber der Moderne genutzt. Wesensmerkmale der Moderne wie Toleranz, Relativismus und Liberalismus werden denunziert, indem man der Vielfalt grenzenlose Willkür unterstellt. „Die Eigengesetzlichkeit eines politisch integrierten Globus in der Philosophie des masonischen, wertrelativen Liberalismus hingegen bedarf ja nur des Transportes durch die freimaurerisch weltweit gesteuerten Medien, seien diese dem Bilde oder der Druckerschwärze verpflichtet. Und aus dem Einheitsbrei dieser permissivlasziven, wertfreien Variante des Liberalismus entsteht ein Kollektivismus, der alle bedroht, die im Zeichen der FREIHEIT ihr Leben nach WERTEN zu gestalten wünschen."

Die selbsternannten „Retter des christlichen Abendlandes praereformatorischer Obödienz" treffen sich in ihrem Weltbild mit den Erben der säkularisierten Antifreimaurerei. So definiert Werner Pfeifenberger[241] den Gegensatz zwischen Nationalismus und Internationalismus als den eigentlichen Motor europäischer Geschichte der letzten zweitausend Jahre. Das

„Aufeinandertreffen zweier gegensätzlicher Kulturwelten an der Schnittstelle zwischen Morgenland und Abendland" produziert den Konflikt zwischen dem jüdischchristlichen Messianismus und der europäischen Antike. Dieser Messianismus prägt die Vorstellung einer „weltweiten losen Bruderschaft möglichst gleichartiger Menschen", die sich einem überstaatlichen Herrschaftsgremium verpflichtet wissen. Gegen diese Kosmopoliten muß sich das „Selbstbestimmungsrecht der Völker richten, die sich als eigenständige Kulturnationen in souveränen ‚Vaterländern' staatlich organisieren, ihr anthropologisches Erbe, ihre unterschiedlichen nationalen und ethnischen Eigenheiten als Wert erkennen und ihre arteigene Gemeinschaft pflegen". Als säkularisierten Ersatz für den religiös geprägten Internationalismus findet Pfeifenberger naturgemäß die Freimaurer, denen sich „auch jüdische Mitglieder" anschlossen.

Auf diesem Wege suchen Verschwörungstheoretiker unterschiedlichster Herkunft und Motivation Verunsicherungen und Ängste der Menschen für das politische Alltagsgeschäft wieder mit einem Feindbild zu nutzen. Die herrschende Geschichtslosigkeit erlaubt es ihnen dabei, in längst überwunden geglaubte Fußstapfen zu treten.

Begriffe und Symbole der Freimaurerei*

Abkürzungen Für einige Begriffe und Wendungen werden im freimaurerischen Schrifttum, und in der Korrespondenz, Abkürzungen verwendet, die mit drei Punkten schließen (heute fehlen die Punkte häufig); z.B.
A.·.B.·.A.·.W.·. Allmächtiger Baumeister aller Welten
Br.·./Br.·.Br.·. Bruder/Brüder
M.·.v.·.St.·. Meister vom Stuhl
W.·.S.·.Sch.·. Weisheit, Stärke, Schönheit s. Dreipunktebrüder

Akazie, Akazienzweig Symbol der Seele, des Geistes, des Lebens. Symbol der Meisterschaft, des Meistergrades. Symbol der Überwindung des Todes. Mit einem Akazienzweig wurde in der Hiramslegende der Ort des getöteten Hiram gekennzeichnet. Daher findet man häufig Darstellungen, die den Akazienzweig auf einem Grab oder Grabhügel zeigen. Bestandteil des Rituals zur Meistererhebung.

Allmächtiger (Großer) Baumeister aller Welten (ABAW, GBAW) Symbol und Begriff für Gott, Schöpfer, das Göttliche.

Almosen und Wohltätigkeit Aus den in jeder rituellen Arbeit eingehobenen Almosen werden Almosenfonds für wohltätige Zwecke geschaffen. Bezweckt wird eine Verbindung der ideellen freimaurerischen Ziele mit einer Tat. Das Vorbild zu diesen Fonds ist in den bruderschaftlichen und zünftischen Selbsthilfekassen zu finden. Die Vorsorge für eine schickliche Beerdigung und für hinterlassene Witwen und Waisen stand zunächst im Vordergrund; vielfach sind daraus zu Beginn des 19. Jahrhunderts Krankenkassen für Mitglieder und Angehörige geworden. Je nach dem Bedürfnis der Zeit wurden auch Werke der öffentlichen Wohlfahrt mitbegründet und unterstützt. Diese öffentliche Wohltätigkeit findet man auch bei Service Clubs.

Altar (Meistertisch) Auf ihm liegen die drei großen Lichter (Bibel, Winkelmaß, Zirkel); zum Altar gehört ferner der dreiarmige Leuchter oder eine entsprechende Anzahl von Kerzen (Lichtern). Altar und Meistertisch können auch getrennt sein.

---

* Unter Verwendung von Theo Gantner, Abkürzungen 102–120; Oberheide, Logenglaser 66–71; Scherpe, Unbekannte; Appel, Freimaurer, 51–74.

„Alte Pflichten von 1723" Erste gedruckt veröffentlichte Sammlung von Gesetzen und Regeln (Konstitutionen) der Freimaurer. S. 217 f.

Alter Der Lehrling zählt „drei Jahre und darüber". Der Geselle hat das fünfte rituelle Altersjahr erreicht. Der Meister arbeitet vom siebten rituellen Altersjahr.

Altmeister Ehemaliger Meister vom Stuhl; er sitzt auf einem Ehrenplatz neben dem amtierenden Stuhlmeister, trägt oft am blauen Meisterband einen Meisteranhänger mit „Pythagoras" (graphisches Bild des pythagoräischen Lehrsatzes).

Anhängerabzeichen (Insignien) Beamte tragen während der rituellen Arbeit am blauen Meisterband ein Anhängerabzeichen.

Anredeformeln z. B. ehrwürdiger Meister vom Stuhl; gerechte und vollkommene Loge; mein lieber Bruder; sehr ehrwürdiger Großmeister; würdige und geliebte Brüder.

Arbeit, arbeiten (ritueller Anlaß) Symbolischer Begriff aus der Sprache des Bauhandwerks; durch rituelle Arbeit werden die freimaurerischen Lehrinhalte vermittelt, Bezeichnungen: spekulative, geistige, symbolische Maurerei, Logen-, Tempelarbeit, rituelle Arbeit im 1., 2. oder 3. Grad, rituell arbeiten, einen Grad rituell bearbeiten, am rauhen Stein arbeiten, am Tempel der Humanität arbeiten.

Arbeitskalender (Arbeitsplan) Gedrucktes Programm der Logenanlässe im maurerischen Jahreslauf.

Aufnahme s. Lichterteilung

Auge (allsehendes Auge, Auge der Vorsehung) s. Dreieck

„Auge Gottes" Dieses Symbol soll die Menschen an die alle Geheimnisse durchdringende ewige Wachsamkeit Gottes gemahnen.

B (Buchstabensymbol) (B = Boas) Steht auf der rechten Säule beim Eingang zum Logentempel, gekrönt mit aufgesprungenen Granatäpfeln oder Weltkugeln; zusammen mit der Säule J; die beiden Säulen J und B standen im Vorhof des salomonischen Tempels (1Kö 7,21; 2Ch 3,17).

Baldachin Als Zeichen des Himmels ein Symbol für die Universalität der Freimaurerei.

Ballotage s. Kugelung

Bauhandwerk (Symbolik) Allmächtiger Baumeister, Arbeit, Architekt, Bauriß (Zeichnung), Freimaurer, Geselle, Hammer, Kelle, Maurer, Maßstab, Meißel, Meister, Pflaster (musivisches), Reißbrett, Säulen, Schlüssel, Schurz, Stein (rauher, kubischer, Krönungsstein), Senkblei, Spitzhammer, Tempel, Wasserwaage, Winkel, Zirkel.

Bauhütte s. Loge

Bauriß (Zeichnung) Symbolische Bezeichnung für eine Rede.

Beamte Nur Meister können Beamte werden und bilden als Beamtenkollegium den Vereinsvorstand; Vereinsämter sind zugleich

Ämter der rituellen Arbeit, wo die Beamten durch spezielle Anhängerabzeichen (Insignien) am blauen Band gekennzeichnet sind: Meister vom Stuhl (Winkelmaß), 1. Aufseher (Wasserwaage), 2. Aufseher (Senkblei), Schreiber (Federkiel), Redner (Buch), Schatzmeister (Schlüssel), Zeremonienmeister (Zeremonienstab), Archivar (Pergament), Almosenpfleger (Füllhorn) und nach Möglichkeit ein Musikmeister (Lyra); in jeder Loge wird vom Großmeister ein Meister zum Deputierten Meister ernannt. Alle Beamtenämter werden demokratisch gewählt.

Beförderung s. Geselle

Begräbnis Ein Freimaurer kann ganz oder teilweise nach maurerischem Ritual beerdigt werden. Im allgemeinen werden drei Rosen (weiß, rot, rosa: Weisheit, Stärke, Schönheit) auf den Sarg oder ins Grab gelegt.

Bekleidung (individuelle, maurerische Bekleidung) Zur rituellen Arbeit wird ein dunkler Anzug mit Silberkrawatte (oder weißer Rollkragenpullover) getragen. Zur eigentlichen maurerischen Bekleidung gehören Schurz, Handschuhe und Bijou. In einigen Logen tragen alle Mitglieder, in anderen nur Beamte einen Zylinder. Die Objekte der maurerischen Bekleidung gehören rechtlich dem Logenverein und sind deshalb bei Ableben oder Austritt eines Mitgliedes der Loge zurückzugeben.

Bibel (= Buch des heiligen Gesetzes) und Schwert Symbol des geistigen Kampfes zur Veredelung des eigenen Ich, für Wahrheit und Recht.

Biene, Bienenkorb Symbol für soziale Gemeinschaftsarbeit, für Fleiß und unermüdliche Arbeit.

Bijou(x) Kleinod(e); Logenabzeichen.

Blau Symbolische Farbe der Treue, der Freundschaft und des Himmels; seit 1745 die Grundfarbe der Johannismaurerei; daher die blaue Johannisfreimaurerei.

B'nai B'rith „Söhne des Bundes"; 1843, New York, U.O.B.B., unabhängiger Logenverband für Juden; Nichtfreimaurer-Vereinigung.

Bruder, Brüderschaft Die Bezeichnung ist als Bekenntnis und Symbol der Gleichheit zu verstehen. Auch in Nichtfreimaurer-Vereinigungen, die aber das Prinzip der Lebensfreundschaft haben (z.B. Burschenschaften, studentische Verbindungen), vorhanden. Die Kette und Kettenbildung ist das Symbol des Bruderbundes. Ein „ruhender Bruder" hat sich ohne formelles Deckungsverfahren von der Loge entfernt. Anredeformel: würdige und geliebte Brüder. Ein verstorbener Freimaurer wird vollendeter Bruder (Meister) genannt.

Bruder ohne Schurz Profaner, der in seiner Lebensgestaltung freimaurerische Haltung beweist; honorige Bezeichnung von Freimaurern für einen Profanen.

Brudermahl s. Tafelloge

Buch Anhängerzeichen des Redners.

Buch des heiligen Gesetzes Gesetzbuch einer Buchreligion (Bibel, Koran, Thora); gehört zu den drei großen Lichtern (Bibel, Winkelmaß, Zirkel), die auf dem Altar (Meistertisch) liegen – je nach Art und Stand des Rituals in geöffneter oder geschlossener Form. In Logen des Grand Orient de France liegt häufig das weiße Buch (leere, unbedruckte Seiten) auf.

Buchstaben, Sprachliches (Symbolik) Abkürzungen, Anrede- und Schlußformeln, Redensarten, Devisen, Wort, die Buchstaben B, G, J, MB, ferner eine Reihe griechischer Buchstaben mit symbolischer Bedeutung: alpha (Himmel, Abgrund/Tiefe); delta (Göttlichkeit, universelles göttliches Prinzip); alpha und omega (Anfang und Ende, in Hochgraden: Gott); gamma (Erde, Luft, Wasser, Feuer); iota (Ähre, befruchtendes Prinzip); omega (Blume, Fruchtbarkeit); phi (Fruchtbarkeit); pi (Leben); rho (Sonne).

Bundeslied Als symbolische Handlung im Schlußakt jeder rituellen Arbeit wird mit den Händen die Bruderkette gebildet (Kettenbildung) und dazu das Bundeslied gesungen („Brüder, reicht die Hand zum Bunde").

Bürge Logenmitglied, das sich für einen Suchenden einsetzt.

Decken, Deckung, Deckungsverfahren Statutarisch vorgesehene Möglichkeit zum Austritt aus dem Logenverein; s. a. Bruder, ruhender. Wenn eine Loge nicht mehr gedeckt ist, wenn es also „regnet", ist ein nicht entsprechend legitimierter Mensch im Tempelbereich.

De Molay Orden (1919) Freimaurerische Jugendorganisation.

Dogma Die Freimaurerei betont ihre adogmatische Position; sie untersagt aber niemandem, Dogmen – etwa im religiösen Sinn – für sich selbst anzuerkennen.

Dolch Symbol der Rache, des Neides, der Verzweiflung, Requisit bei der Befördenung.

Drei, Dreiheiten (symbolische Zahl) Altersjahre (Lehrling), Dreieck, Grade (Stufe), Hammerführende, Kleinodien, Klopfzeichen, Leitersprossen, Lichter, Punkte, Reisen, Rosen, Säulen (Pfeiler), Schritte, Toaste, Treppenstufen.

Dreieck (gleichseitiges Dreieck, Triangel, Delta) Symbol für den Allmächtigen (großen) Baumeister; das Dreieck erscheint als Symbol an der östlichen Tempelwand als Requisit bei der Aufnahme (Lehrlingsritual) als „Lehrlingsstern" (in Form des Allsehenden Auges), im Gegensatz zum Fünfeck, dem „Gesellenstern" und dem Sechseck, dem „Meisterstern". – Mit einem graphischen Dreieckszeichen wird, analog zum Rechteck, ein „Kränzchen" oder ein „Zirkel" bezeichnet. Dreieck mit der Spitze nach oben bedeutet das „konstruktive Prinzip", mit der Spitze zum Boden das „destruktive" Prinzip. Zwei übereinandergelegte gleichseitige Dreiecke bilden das Hexagramm. Zumeist im Dreieck (s. Flammender Stern)

Dreipunktebrüder Polemisch-satirische Bezeichnung für Freimaurer; s. Abkürzungen.

Eid s. Gelöbnis

Einweihungsrituale (Initiationen) Tempelarbeiten, rituelle Arbeiten; Aufnahme (Lehrlingsritual) in den 1. Grad; Beförderung (Gesellenritual) in den 2. Grad; Erhebung (Meisterritual) in den 3. Grad. Durch Requisiten werden Lehrinhalte veranschaulicht.

Elemente Vier Elemente, zwei polare Paare mit zugeordneten Symbolen: Luft (Geist), Feuer (Seele), Wasser (Leben), Erde (Materie); die drei Reisen bei der Aufnahme (Lehrlingsritual) sind von vier Elementenproben umgeben.

Erhebung s. Meister

Erkennungsmittel (Erkennungszeichen) Wort, Griff, Zeichen, Schritte und das sogenannte Notzeichen.

Fenster Symbol des Lichtes. Im Logentempel im Osten, Süden und Westen gedacht (nie im Norden, da von dort – in Europa – kein Sonnenlicht eindringen kann).

Flammender Stern Mit Buchstaben „G" häufiges Symbol der Freimaurerei mit uneinheitlichen Deutungen in verschiedenen Lehrarten. Als Pentagramm (5zackig) Drudenfuß. Das Pentagramm wird auch mit dem „Siegel Salomonis" in Zusammenhang gebracht, da der König es auf dem Grundstein des Tempels angebracht haben soll. Gesellenritual. Häufig in Logensiegeln auch in seiner Zusammensetzung aus zwei Dreiecken. Mit Buchstaben „G" ebenfalls Symbol des „Flammenden Sterns". – s. Fünf- und Sechseck; s. Dreieck.

Flammendes Schwert Symbol des himmlischen Lichtes, der Schöpfung; liegt in französischen Logen häufig statt des Staatsschwertes auf der Verfassung, den Alten Pflichten und der Hausordnung auf; in englischen Logen trägt der Wachhabende das Flammende Schwert, wenn er das Paßwort am Tempeltor entgegennimmt.

Forschungslogen Loge von wissenschaftlich tätigen Freimaurermeistern zur Erforschung der Vereinsgeschichte. Forschungslogen tragen häufig die Namen „Quatuor coronati"; s. Sonderlogen.

Frankreich (Großlogen, Obedienzen) La grande Loge de France (1894); – Le grand orient de France (1773); – La grande Loge nationale française (1958); – L'Ordre mixte française et international du Droit Humain (gemischte Loge, 1893); – L'Ordre hermétique du rite

Memphis-Misraim; – La grande Loge feminine française (1907, 1952).

Frauen Der Lehrling erhält ein Paar weiße Handschuhe „für die Frau, die seinem Herzen am nächsten steht". Einzelne Logen führen für Frauen (Schwestern) weiße Logen durch. Frauen können sich gemischten Logen (z.B. Droit Humain) oder speziellen Frauenlogen (z.B. einer Loge GLFF) anschließen, die aber im Sinne der Alten Pflichten irregulär sind.

Freimaurerlegende (Ursprungslegende, Mythen) s. Hiramslegende

Füllhorn Symbol des Überflusses, der andern zugute kommen soll; Anhängerabzeichen des Almosenpflegers.

Fünf (symbolische Zahl) Altersjahre (Geselle), Fünfeck (Pentagramm), fünfstrahliger Stern, Reisen, Schritte, Treppenstufen.

Fünfeck (Pentagramm, Drudenfuß) s. Flammender Stern

Fünfstrahliger Stern s. Flammender Stern

Fußzeichen, Fußstellungen Gradspezifisches Erkennungszeichen mit Symbolcharakter.

G (Buchstabe G) Buchstabensymbol für Gott, Geometrie, Genie, Generation, Glorie, Golgatha, Grandeur, Gravitation; der Buchstabe G erscheint fast ausschließlich im Flammenden Stern. – Tritt erst nach 1737 in der französischen Freimaurerei auf, vermutlich aus der hermetischen Philosophie entnommen.

Geheimgesellschaft Logen sind geschlossene Gesellschaften, aber keine Geheimgesellschaften. Ihre Domizile und die Namen der Leiter sind bekannt.

Geheimhaltung s. Schweigepflicht

Geheimnis Der Freimaurer versteht darunter die persönlichen inneren Erfahrungen, die der einzelne während einer Tempelarbeit subjektiv erleben, aber nicht objektiv wiedergeben kann. Darüber hinaus gibt es keine Geheimnisse in der Freimaurerei. Das Gelöbnis zur Verschwiegenheit ist ein Erziehungsmittel.

Geheimschrift Im 18. Jahrhundert gebräuchliche Verschleierung von Mitteilungen in einer sogenannten Quadrat-Chiffre Schrift; ähnlich verschleiert wurde mit einer logeneigenen Zeitrechnung die Datierung der Schriftstücke. Dieser Tradition entspringen auch die in studentischen Zusammenschlüssen üblichen Kürzel, Symbole und Decknamen.

Gelöbnis (Eid) Ein Versprechen, über die Erkennungsmittel und die „besonderen Umstände" der Einweihungsrituale zu schweigen (Schweigepflicht).

Gerechte und vollkommene Loge Anredeformel; eine Loge muß „gerecht" (d.h. rechtmäßig nach ihrer Einsetzung) und „vollkommen" (nach ihrer Einrichtung) sein; eine rechtmäßig eingesetzte

Loge ist durch mindestens sieben Freimaurermeister gegründet und durch eine reguläre Großloge anerkannt worden. Zur vollkommenen Einrichtung gehören mindestens die drei großen Lichter (Bibel, Winkelmaß und Zirkel), die Bearbeitung von drei Graden (Lehrling, Geselle, Meister) und die politische und konfessionelle Neutralität.

Geselle Symbolischer Begriff aus dem Bauhandwerk; 2., mittlerer Grad (Stufe) der Einweihung in der blauen, symbolischen Johannismaurerei; der Grad wird durch Beförderung erreicht; der Geselle steht im fünften rituellen Altersjahr und arbeitet am kubischen Stein und verbindet solche Steine mit Kelle und Mörtel (Gemeinschaftsidee); zentrales Symbol ist der Flammende Stern.

Gott s. Allmächtiger **(Großer) Baumeister aller Welten** s. Dreieck

Grab, offenes Grab Symbol des Todes und der Auferstehung; an die Stelle des graphisch dargestellten offenen Grabes kann der Sarg treten; als oft bildlich vorhandenes Requisit bei der Erhebung (Meisterritual) zur Darstellung einzelner Szenen aus der Hiramslegende; der neue Meister soll die Furcht vor dem Tode überwinden; s. Hiramslegende (letzter Raum).

Grad (Stufe) In der blauen Johannismaurerei werden die Lehrinhalte in drei Stufen der maurerischen Belehrung, also in drei Graden (Lehrling, Geselle, Meister) mit Hilfe von Einweihungsritualen vermittelt. Durch weitere Stufen kann die freimaurerische Lehre vertieft werden; dies geschieht in den Ritualsystemen der Hochgrade.

Granatäpfel Symbol der Fruchtbarkeit; s. B und J.

Grand Orient de France Großloge Frankreichs, auch außerhalb von Frankreich verbreitet; seit 1877 wird von den Mitgliedern kein Bekenntnis zum Allmächtigen Baumeister vorausgesetzt; die Bibel muß nicht auf dem Altar (Meistertisch) aufgelegt werden; sie wird oft durch das „weiße Buch" mit leeren Seiten ersetzt. Von der UGLoE nicht anerkannt.

Griff Er gehört mit Wort und Zeichen zu den Erkennungsmitteln und wird gradspezifisch in den Einweihungsritualen vermittelt.

Großer Baumeister aller Welten s. Allmächtiger Baumeister aller Welten

Großloge, Großorient (Obedienz, Ritualverband) Landesverband von Logen.

Großmeister Verbandspräsident der Großloge; er besitzt in den einzelnen Logenvereinen Besuchsrecht, rituelle Befugnisse und wird als „sehr ehrwürdiger Großmeister" angeredet.

Grün s. Rektifizierter schottischer Ritus

Guttempler-Orden Independent Order of Templars, 1852; Nichtfreimaurer-Vereinigung.

Hahn Symbol der Wachsamkeit, des Erwachens, des Anbrechens des Tages (Lichts).

Hammer, Hammerführende Symbol der Befugnis, der materiellen Gewalt, des Willens; je ein Hammer liegt auf dem Tisch der drei Hammerführenden (Meister vom Stuhl, 1. und 2. Aufseher); der Hammer dient ihnen zum Schlagen von gradspezifischen Klopfzeichen, mit denen einzelne Szenen des Rituals eingeleitet werden. In der allgemeinen Symbolik in der Form des griechischen Buchstabens Tau ein Heils- und Schutzzeichen.

Hand, Hände, verschlungene Hände Symbol der Hand Gottes und der Brüderlichkeit (Bruderkette).

Händedruck (Handschlag, Handschenk) s. Griff

Handlungen, Gesten (Symbolik) Einen Bauriß (eine Zeichnung) vorlegen; das Bundeslied singen; die Erkennungszeichen geben; die Kette bilden; ein Klopfzeichen geben; die Lichter anzünden; die Metalle niederlegen; die Reisen vollziehen; die Schritte machen; das Stahldach bilden; die Toaste ausbringen.

Handschuhe Symbol reinen Fühlens und Handelns; weiße Handschuhe gehören zur maurerischen Bekleidung und werden bei der Aufnahme (Lehrlingsritual) überreicht; s. Frauen.

Hexagramm Sechseck s. Flammender Stern

Hiram Drei biblische Personen tragen diesen Namen (Hiram, Hiram Abif, Huram Abif, Huram, Churam). Der freimaurerische legendäre Hiram ist ein Sohn der Witwe aus Tyrus, ein Kunsthandwerker, der beim Bau des salomonischen Tempels beschäftigt war (2Ch 4,11; 1Kö 7,13ff.), in der Freimaurermythe aber als Baumeister des Tempels gilt; s. Meister.

Hiramslegende (Freimaurerlegende, Ursprungsmythe) Drei geldgierige Gesellen verlangten von Meister Hiram vorzeitig zu Meistern gemacht zu werden. Hiram verriet ihnen trotz Gewaltanwendung das Meisterwort nicht und wurde deshalb getötet und an abgelegenem Ort verscharrt. Nach langem Suchen wurde das Grab (letzter Raum) gefunden und mit einem Akazienzweig gekennzeichnet. König Salomon ließ den Leichnam suchen, ausgraben und erklärte das erste dabei gesprochene Wort zum neuen Meisterwort. – Die Hiramslegende ist in den Bauhütten Englands verbreitet gewesen. Dort wurde diese Legende zur „Freimaurermythe" ausgestaltet. Szenen aus der Hiramslegende gehören zur rituellen Arbeit bei der Erhebung (Meisterritual). – In unabhängiger Kontinuität lebt die Legende bei den französischen Compagnons bis heute weiter. Die Hochgradsysteme kennen weitere gradspezifische Freimaurerlegenden.

Hochgrad-Freimaurer, Hochgrad-Systeme Logen, die über die drei Johannisgrade (Lehrling, Geselle, Meister) hinausgehende Grade

bearbeiten; sie sind nach Ritualsystemen in Verbänden zusammengeschlossen. z. B.
- Alter und angenommener schottischer Ritus,
- Rektifizierter schottischer Ritus,
- York-Ritus.

Humanität In der freimaurerischen Tradition unterstreicht die Würde des Menschen ohne Rücksicht auf die Zufälligkeiten der Geburt, des Standes und der Konfession.

Hut s. Zylinder

INRI Jesus nazarenus rex iudaeorum (Jesus von Nazareth, König der Juden); igne natura renovatur integra (Durch Feuer wird die reine Natur erneuert; Deutungsformel für INRI der Rosenkreuzer); igne nitrum roris invenitur (Durch Feuer wird das Salz des Taus gefunden; „heiliges Wort" eines Grades im AASR).

J (Buchstabensymbol) J (achin) Steht auf der linken Säule beim Eingang zum Logentempel, gekrönt mit aufgesprungenen Granatäpfeln oder Weltkugeln; zusammen mit der Säule B; die beiden Säulen J und B standen im Vorhof des salomonischen Tempels (1Kö 7,21; 2Ch 3,17).

Johannes der Evangelist 27. Dezember, Apostel; Patron der Johannismaurerei.

Johannes der Täufer 24. Juni, Patron der Johannismaurerei.

Johannismaurerei Bezeichnung für die rituelle Arbeit in drei Graden (Lehrling, Geselle, Meister) im Sinne der „Alten Pflichten von 1723" vermitteln.

Kammer des stillen Nachdenkens Hier kann der Suchende (Kandidat) vor der Aufnahme sich besinnen und sein geistiges maurerisches Testament niederschreiben. Ausstattung: schwarz ausgeschlagen, klein, mit Tisch und Stuhl, Kerze, Totenschädel, Sanduhr, Tafel mit Sinnsprüchen (z. B. Vitriol), leeres Blatt Papier, Schreibzeug, Bibel.

Kelch der Bitternis Requisit bei einer Reise anläßlich einer Aufnahme (Lehrlingsritual); französischer Ursprung.

Kelle (Maurerkelle) Symbol der Brüderlichkeit (Gesellenritual).

Kette, Kettenbildung Symbol der brüderlichen Verbundenheit, der ewigen Dauer und der Universalität der Freimaurerei. Im Schlußakt einer jeden rituellen Arbeit wird mit den Händen eine symbolische Bruderkette gebildet und dazu das Bundeslied gesungen.

Kleinodien Symbolische Bezeichnung für
- die drei unbeweglichen Kleinodien der rituellen Arbeit, rauher Stein (Lehrling), kubischer Stein (Geselle), Reißbrett (Meister);
- die drei beweglichen Kleinodien, die Anhängerabzeichen der drei Hammerführenden, Winkelmaß (Meister), Wasserwaage (1. Vorsteher), Senkblei (2. Vorsteher).

Klopfzeichen (Hammerschläge) Symbolische Handlungen und hörbare Signale.

Knotenschnur (Vereinigungsband) Arbeitsgerät des Bauhandwerkes zum Abstecken und Messen; Symbol für die Gemeinschaft der Brüder, für die Bändigung der Triebe und Begierden. Der Brezel-Knoten symbolisiert das lange Leben und das Weiterleben (1); die Lemniskate (2) wird der Sanduhr zugeordnet, gilt aber auch als Zeichen der immerwährenden Partnerschaft; der Omega-Knoten (3) ist Symbol für ein langes, bedeutsames Leben, für Stirb und Werde, ein Lebenssymbol schlechthin; die einfache Schlinge (4) weist auf die Umstände der Geburt, das Hineingeborenwerden in eine Gemeinschaft hin. Die Schlangenbewegung der Schnur und ihre Unterbrechungen können als Lebenslinie, als Auf und Ab des menschlichen Lebens interpretiert werden.

Königliche Kunst Bezeichnung für die rituelle Arbeit und die allgemeine Lebensführung und Lebensgestaltung nach freimaurerischen Grundsätzen; auch für Freimaurerei schlechthin.

Kubischer (behauener) **Stein** Symbolischer Stein des Gesellengrades. Symbol für den erstrebenswerten, aber nie ganz erreichbaren Endzustand, das ideale Endprodukt der „Arbeit am rauhen Stein". In den Logen liegen bei der Arbeit je ein rauher und ein behauener Stein auf. Der zerbrochene Stein (Kubus) ist ein Symbol für den vollendeten Meister.

Kugelung (Ballotage) Weit verbreitetes demokratisches Abstimmungsverfahren mit weißen und schwarzen Kugeln. Positives Ergebnis = helleuchtend; mehrstimmiges oder verneinendes Ergebnis = trübe oder dunkel.

Lehrling Symbolischer Begriff aus dem Bauhandwerk; 1., unterster Grad (Stufe) der Einweihung in der blauen, symbolischen Johannismaurerei; der Lehrling steht im dritten rituellen Altersjahr und arbeitet mit dem Spitzhammer am rauhen Stein.

Lehrtafel s. Teppich

Leiter, Leitersprossen Symbol der aufsteigenden Himmelsleiter, ähnlich verwendet wie Stufen; hergeleitet von der Himmelsleiter Jakobs, Sprossen versinnbildlichen die Höherentwicklung der Seele zum Wahren Licht.

Leuchter Ein dreiarmiger Leuchter steht auf dem Altar (Stuhlmeistertisch); auf drei freistehenden Säulen brennen die drei kleinen Lichter (Requisiten).

Liberté, egalité, fraternité Freiheit, Gleichheit, Brüderlichkeit – Devise französischer Logen.

Licht (Symbolik) Polaritäten; die drei großen Lichter; die drei kleinen Lichter; Flammender Stern, fünfstrahliger Stern, hell/dunkel,

Lichteinbringung, Lichterteilung, Mond, Sonne, Sterne, im Jahre des Lichts (Zeitrechnung).

Lichteinbringung Feierliche Eröffnung einer neugegründeten Loge, die mit ihren rituellen Arbeiten beginnt (Stiftungsfest) .

Lichter Die drei großen Lichter (Bibel, Winkelmaß, Zirkel) liegen auf dem Altar; die drei kleinen Lichter (Weisheit, Stärke, Schönheit)
- brennen auf drei Säulen (Kerzenständern) beim Teppich,
- bilden die drei Pfeiler (dorisch, ionisch, korinthisch), auf denen die Loge ruht,
- stellen Sonne, Mond und den Meister vom Stuhl dar;
- wenn im Ritualsystem die drei Kerzenständer (Säulen) fehlen (romanische Länder), gibt es dafür drei Wandgemälde, welche Weisheit, Stärke und Schönheit durch allegorische Figuren verkörpern (Minerva, Herkules, Venus).

Lichterteilung (Lichtgebung) Symbolische Bezeichnung für die Aufnahme eines Lehrlings.

Loge, Logen Bezeichnung für die Organisationen, die Arbeiten und den Ort ihrer Durchführung.
Für Loge/Logen werden folgende Zeichen verwendet:
Organisation: Johannislogen, Großlogen.
Arbeiten: Lehrlings-, Gesellen-, Meisterlogen.
Ort: Logentempel, Logenhaus.

Logenpaß Ausweis zum Besuch bei fremden Logen; früher mit reicher graphischer Symbolik, oft auf Pergament. Daneben gibt es auch den harten Logenpaß aus Metall, der auf der Vorderseite das Logensiegel und auf der Rückseite die freimaurerischen Daten des Inhabers trägt.

Logenvereine Vereine nach Zivilgesetz; der Meister vom Stuhl ist gleichzeitig Leiter der rituellen Anlässe und Vereinspräsident (Ritualstruktur – Vereinsstruktur).

Lorbeerkranz Symbol der Ehre, der Ehrsucht; Requisit für eine Beförderung (Gesellenritual), wo auf einer der Reisen das Streben nach falscher Ehre als unwürdig dargestellt wird.

Lot s. Senkblei

Maurer ohne Schurz Bezeichnung für einen Profanen, der maurerische Grundsätze und maurerisches Gedankengut vertritt.

MB (Buchstabensymbol) (Macbenac) Ausdruck in der Symbolik des Meistergrades (Hiramslegende).

Meißel und Fausthammer Zur Bearbeitung des Steines in der Werkmaurerei dienten auch Meißel und zugehörige Schlegel (Fausthammer). Symbol der Urteilskraft, der Intelligenz.

Meister Symbolischer Begriff aus dem Bauhandwerk; 3. und höchster Grad (Stufe) der Einweihung in der blauen symbolischen

Johannismaurerei; der Grad wird durch Erhebung erreicht; der Meister arbeitet am Reißbrett, steht im siebten rituellen Altersjahr. Sieben Meister einer regulären Loge können eine neue Loge gründen.

Meister vom Stuhl Vorsteher und Leiter der Loge.

Metalle, Niederlegung der Metalle Symbol des äußeren Reichtums und materieller Gesinnung; bei der Aufnahme (Lehrlingsritual) werden die Metalle symbolisch niedergelegt.

Minerva, Herkules, Venus s. Lichter

Minimalbedingumgen eines freimaurerischen Logenvereins In der historischen Ausprägung und nach Auffassung der UGLoE sind freimaurerische Logenvereine reine Männerbünde;
- die Lehrinhalte müssen durch rituelle Arbeiten vermittelt werden;
- der Symbolik-Zusammenhang des Rituals muß im Sinne der „Alten Pflichten von 1723" dem Bauhandwerk entnommen sein;
- der bündische Charakter muß durch Einweihung und Gelöbnis gefestigt werden;

Möglichkeiten und Merkmale:
- die „Alten Pflichten von 1723" werden voll anerkannt, aber verschieden interpretiert je nach historischer Entwicklung und Ritualsystem; eine „gerechte und vollkommene Loge" ist durch sieben Freimaurermeister gegründet, durch eine reguläre Großloge anerkannt worden, arbeitet angesichts der drei großen Lichter (Bibel, Winkelmaß, Zirkel) in mindestens drei Graden (Lehrling, Geselle, Meister) und ist politisch und konfessionell neutral.
- die „Alten Pflichten von 1723" werden nicht voll anerkannt z.B.:
- kein Bekenntnis zum GBaW (Grand Orient de France);
- kein Ausschluß der Frau, in gemischten Logen (z.B. Le Droit Humain) oder in reinen Frauenlogen (z.B. La Grande Loge Féminine Française, Eastern Star, Daughters of the Nile).

Mond Symbol im Abglanz des Sonnenlichtes, Symbol der Einbildungskraft, der Imagination; eines der drei kleinen Lichter, welche Sonne, Mond und den Meister vom Stuhl darstellen; im I. und II. Grad stehen Sonne und Mond auf dem Teppich.

Mörtel Symbol der Nächstenliebe, des Gemeinschaftsgeistes, verwendet bei der Beförderung (Gesellenritual); kubische Steine werden symbolisch mit Mörtel und Kelle miteinander verbunden.

Münze Symbol des Reichtums; Requisit für die Beförderung (Gesellenritual), wo auf einer der Reisen das Streben nach falschem Reichtum als unwürdig dargestellt werden kann.

Musivisches Pflaster, musivischer Flur Symbol für die Polarität im täglichen Leben; „musivisch" ist das Eigenschaftswort zu „Mosaik" und bezieht sich auf das schwarz-weiße Mosaik-Quadrat-Muster, mit dem oft der ganze Boden des Logentempels oder ein Teil davon bedeckt ist. Bestandteil der Arbeitstafel oder -teppiche.

Neophyt Neuaufgenommener Lehrling; Reihenfolge: Profaner, Suchender (Kandidat), Neophyt, Lehrling, Geselle, Meister.

Notzeichen (großes Notzeichen) Zum Ausruf „Zur Hilfe ihr Söhne der Witwe" werden beide Arme über den Kopf gehalten und die Hände in besonderer Weise verschränkt, für Momente der Lebensgefahr wurde früher dieses Zeichen im Meisterritual, bei Kriegsgefahr auch an Lehrlinge und Gesellen vermittelt.

Odd Fellows Independent Order of Odd Fellows; I O O F, 1803. Nichtfreimaurer-Vereinigung.

Ordnungszeichen Auf den Ruf des Meisters vom Stuhl „in Ordnung meine Brüder" (auch „zur Ordnung") haben diese stehend das gradspezifische Ordnungszeichen zu geben.

Orient (Morgen, Osten) Symbolischer Ort in der rituellen Raumordnung (Stadt, Ortschaft, Wandseite des Stuhlmeistersitzes); ein Ort, wo das Licht entzündet wird und die Sonne aufgeht; in den ewigen Osten eingegangen: gestorben.

Pantoffel (niedergetretener Schuh) Requisit in Ritualen der Aufnahme (Lehrlingsritual) bei der Reise (Umführung) eines Suchenden.

Pentagramm Fünfeck s. Flammender Stern.

Pergamentblatt Anhängerabzeichen des Archivars.

Pforte, Türe zum Tempel der Einweihung Symbol für den Eintritt ins neue Leben der Einweihung; der Durchgang wird mit den beiden Säulen B und J markiert, die hier die Polarität verkörpern.

Phönix Symbol für die Auferstehung und Unsterblichkeit.

Polarität, polar Ordnungsschema in der Symbolik: beweglich–unbeweglich, B–J, Erde–Luft, Feuer–Wasser groß–klein, hell–dunkel, innen–außen, Mann–Frau, Norden–Süden, oben–unten, Osten–Westen, rauh–kubisch, sakral–profan, weiß–schwarz.

Profan, Profaner Nichtfreimaurerisch, Nichtfreimaurer.

„Pythagoras" Anhängerabzeichen für das Meisterband des Altmeisters (Winkelmaß mit graphischem Bild des pythagoräischen Lehrsatzes).

Quatuor coronati Schutzpatrone der Steinmetzen im Mittelalter (8. November); Name für Forschungslogen (Sonderloge).

Rauher Stein Der unbehauene und rauhe Stein ist Symbol des Lehrlingsgrades. Mit dem Spitzhammer als Symbol für die „Arbeit am rauhen Stein", Sinnbild für die Arbeit an sich selbst.

Raum-Ordnung Während der rituellen Arbeit herrscht im Logentempel eine rituelle Raum-Ordnung:

– Osten, Orient, Morgen; wird durch den Platz des Meisters vom

Stuhl bestimmt; mit Orient wird auch die Ortschaft bezeichnet, wo sich ein oder mehrere Logenvereine gebildet haben;
- Westen, Abend; gegenüber dem Stuhlmeister befindet sich der Eingang mit den Säulen B und J.
- Süden, Mittag: vom Meisterstuhl aus links befindet sich die Mittagskolonne, die mittägliche Stuhlreihe der Gesellen und Meister, der der 1. Aufseher vorsteht.
- Norden, Mitternacht: gegenüber der mittäglichen Kolonne befindet sich die mitternächtliche Reihe der Lehrlinge, der der 2. Aufseher vorsteht. Der Raum-Ordnung entspricht die rituelle Zeit-Ordnung und das rituelle Altersjahr.

Regnen Eine Loge ist durch das Eindringen eines Nichtfreimaurers (Profanen) nicht mehr gedeckt.

Reisen (heilige Wanderungen, Umgänge, Umführungen) Symbolische Handlungen, welche den Weg vom Dunkel zum Licht, als Abbild der freimaurerischen Lebensgestaltung und Lebensweise darstellen; Umgänge während der Einweihungsrituale. Letzte Reise – Sterben.

Reißbrett Symbol für den Meister; das Reißbrett gehört zu den drei unbeweglichen Kleinodien (neben Rauhem und Kubischem Stein).

Rektifizierter schottischer Ritus, 1778 (Lyon) RSR, „grüner", christlich geprägter Hochgrad-Ritus.

Ritus Man versteht darunter die Gesamtheit der anerkannten spezifischen maurerischen Verhaltensformen (Gebräuche, Brauchtum), insbesondere für die rituellen Arbeiten, die durch Ritualtexte der verschiedenen Ritualsysteme und durch (oft logenspezifische) Überlieferungen vorgegeben sind; zum spezifischen rituellen Brauchtum gehört, daß im Logentempel eine rituelle Zeit-Ordnung und eine rituelle Raum-Ordnung beachtet wird; die Mitglieder besitzen dort ein rituelles Alter und tragen zur symbolischen Arbeit rituelle Bekleidung. – Rituale können als Mechanismen zur Reduktion sozialer Komplexität interpretiert werden.

Rose(n) Symbol der Schönheit und der Sehnsucht nach höherem Leben; das Johannisfest wird als Rosenfest bezeichnet; es gibt drei Johannisrosen (Licht, Liebe, Leben); drei Rosen werden anläßlich eines Begräbnisses auf den Sarg oder ins Grab gelegt; anläßlich einer weißen Loge wird jeder Schwester eine Rose überreicht; die fünfblättrige Rose gilt in einigen Hochgraden und bei den Rosenkreuzern als spezielles Symbol.

Rosenkreuzer S. 36.

Rot Symbolische Farbe, seit 1731 für einen Beamten (Steward) in englischen Logen; heute kennzeichnende Farbe für den AASR und York-Ritus (Hochgradsysteme). Im schottischen Ritus wurden

Schriftstücke bevorzugt mit roter Tinte geschrieben und Drucksachen rot gedruckt. Daraus leitete sich die Vorstellung in den Erzählungen über die Freimaurer ab, diese würde ihre Seele mit Blut dem Teufel verschreiben.

Sanduhr Symbol der Vergänglichkeit; Requisit in der Kammer des stillen Nachdenkens.

Sarg Symbol des Todes und der Auferstehung; anstelle des Sarges kann ein Abbild des offenen Grabes treten.

Säulen (Pfeiler) s. J u. B Drei Säulen oder Pfeiler (ionisch, dorisch, korinthisch) tragen symbolisch die Logen und bilden die drei kleinen Lichter (Weisheit, Stärke, Schönheit; Sonne, Mond und Meister vom Stuhl).

Schlange s. Uroboros

Schlaraffia „Geselligkeitsverein von Männern", 1859 in Prag gegründet. Nichtfreimaurer-Vereinigung.

Schlüssel Symbol der Verschwiegenheit; auch Hinweis auf den Buchstaben Tau; Anhängerabzeichen des Schatzmeisters.

Schlußformel Z.B. in der heiligen Zahl i.d.u.h.Z.

Schottisch Bezeichnung für (Hochgrad-)Ritualsysteme, die in den rituellen Arbeiten Elemente und Symbole des 1313 untergegangenen (Templer-)Rittertums kennen.

Schritte (Fußstellungen, Fußzeichen) Gradspezifisches Erkennungszeichen mit Symbolcharakter.

Schurz (Maurerschurz, Schurzfell) Symbol der Arbeit, Bundeskleid genannt; als gradspezifisches Symbol das freimaurerische Kleid schlechthin.

Schwarz Symbolische Farbe des Irdischen und der Trauer; als polare Farbe zu weiß auf dem musivischen Pflaster.

Schweigepflicht Sie erstreckt sich durch das Gelöbnis auf die in den Einweihungsritualen „sub rosae" vermittelten Erkennungsmittel (Wort, Griff und Zeichen), auf die Ritualtexte, auf die besonderen Umstände der Initiationen. Sie dient heute als Erziehungsmittel. Freimaurer dürfen sich selbst als solche deklarieren, dürfen aber keine Angaben über die Zugehörigkeit anderer Brüder machen.

Schwert (Degen, flammendes Schwert, Flammenschwert, Richtschwert) Symbol der Ritterlichkeit, der Wachsamkeit; das Richtschwert liegt oft über den „Alten Pflichten", den Satzungen der Großloge und dem Gesetz der Loge; – als Paradeschwert wurde es bei (englischen) öffentlichen Logenumzügen vorangetragen.

Schwestern Frauen von Freimaurern.

Sechseck (Hexagramm) Symbol des Universums, zumeist als doppeltes Dreieck ausgebildet; das Hexagramm erscheint als Symbol an der östlichen Tempelwand als Requisit bei der Erhebung (Meisterritual); s. Flammender Stern

Senkblei (Lot) Symbol, der Wahrheit und Geradheit des Denkens und Handelns; es gehört zu den drei beweglichen Kleinodien; der 2. Vorsteher trägt als Anhängerabzeichen ein Senkblei.

Service-Clubs Rotary-Club 1905, Kiwanis-Club 1915, Lions-Club 1917, Zonta-Club 1919, Soroptimist-Club 1921. (Nichtfreimaurer-Vereinigungen.)

Setzwaage (Winkelwaage) Symbol der Gleichheit, des gleichen Rechts, der gleichen Würdigung aller. In der Loge das Zeichen des Ersten Aufsehers.

Shriners Ancient Arabic Order of Nobles of the Mystic Shrine, 1871; Wohltätigkeits-Organisation amerikanischer Hochgradfreimaurer.

Sieben Gilt als die vollkommenste Zahl der Freimaurerei; sieben Altersjahre (Meister); sieben Meister, können eine Loge bilden, gelegentlich sieben Reisen in Meisterritualen, sieben Treppenstufen.

Sonderlogen Akademikerlogen, Feldlogen, Forschungslogen, Kaufmannslogen, Kriegsgefangenenlogen, Militärlogen, Regimentslogen, Residenzlogen, See-Logen, Universitätslogen; s. Winkellogen

Sonne Das Lichtsymbol schlechthin. Symbol des Intellekts, der Vernunft. Eines der drei kleinen Lichter, welche Sonne, Mond und den Meister vom Stuhl darstellen; s. Mond

Spiegel Symbol der Erkenntnis eigener Mängel.

Spitzhammer Symbol der Arbeit am Rauhen Stein.

Stahldach Ehrung; mit hochgehaltenen Degen wurde ein Spalier gebildet, durch das der Besucher zum Ehrenplatz neben dem Meister vom Stuhl schritt. Früher auch bei Soldaten üblich; heute noch im verbindungsstudentischen Comment vorhanden.

Stiftungsfest Lichteinbringung und Geburtstag der Loge.

Strikte Observanz Untergegangenes, freimaurerisch aufgebautes Hochgrad-Ritualsystem auf der Grundlage der Templeridee im 18. Jahrhundert.

Stufen Die meisten Darstellungen mit drei, fünf oder sieben Stufen. Verschiedene Deutung als Gradsymbole, aber auch: z. B. drei Stufen symbolisieren Mäßigkeit, Gerechtigkeit, Wohlwollen, sieben Stufen die sieben freien Künste und Wissenschaften. Auch die Stufen zum salomonischen Tempel; s. Leiter

Sub rosae Unter Schweigepflicht vermittelt.

Suchender (Kandidat) Er wird nach einer Ballotage für das Aufnahmeverfahren vorbereitet; Reihenfolge: Profaner, Suchender (Kandidat), Neophyt, Lehrling, Geselle, Meister.

Tafelloge Festliches Bankett nach feierlichen rituellen Anlässen (z. B. Johannisfeste, Stiftungsfest, Großlogenanlässe) mit spezieller Tischdekoration in rituellen Formen. Zur Tafelloge gehören traditionelle Toaste und Tafellieder; traditionelle Trinkspiele haben Begriffe aus Gebräuchen der Militärlogen übernommen (Kanone: Trinkglas; Gewehr: Flasche; Feuer: trinken; Batterie: Toast).

Tempel (Logentempel) Symbolischer Begriff, das Ziel der maurerischen Arbeit darstellend; rechteckiger Raum im Logenhaus. Requisiten: Flammender Stern, Arbeitsteppich, Altar (Meistertisch) mit den drei großen Lichtern und dreiarmigem Leuchter, drei Säulen für die drei kleinen Lichter, zwei Säulen B und J.

Tempel Salomonis Symbol des Tempels der Humanität.

Teppich (Tapis, Arbeitstafel, Lehrtafel) Rechteckige farbige Tafel (Holz, Papier, Stoff, heute meist ein gewebter Teppich) mit früher aufgezeichneten oder aufgemalten, heute aufgedruckten gradspezifischen Requisiten, dient zur Vermittlung von Lehrinhalten in den Einweihungsritualen; er liegt in der Mitte des Tempels und ist von den drei kleinen Lichtern umgeben.

Toaste (Trinksprüche, Gesundheiten) Es gibt traditionelle Toaste: auf das Vaterland, die Freimaurerei, die abwesenden und kranken Brüder, die Großloge, die Schwestern, die Besuchenden Brüder während einer Tafelloge.

Totenschädel Steht in der Kammer des stillen Nachdenkens und wird bei der Erhebung als ein Memento mori verwendet.

Tränen Symbol der Trauer, heraldisch als Tropfen dargestellt; graphisch auf dem Teppich III (Meistergrad) und vereinzelt auf Trauerschurzen verwendet.

Trauerloge (Trauerritual) Rituelle Arbeit zum Gedenken an die verstorbenen Brüder. Gelegentlich werden auch schwarze Schurze getragen.

Unendlichkeits-Knoten (-Schlaufen) Knotenschnur

United Grand Lodge of England (Vereinigte Großloge von England) Seit 1813 der offizielle Name der zusammengeschlossenen Großlogen von England; die blaue Johannismaurerei gilt als regulär, wenn sie von der UGLoE anerkannt ist. Die UGLoE betrachtet sich weltweit als Hüterin für alle Ritualverbände, welche die „Alten Pflichten von 1723" vollständig anerkennen.

Uroboros, Ring Einigkeits- und Unendlichkeitssymbol der sich in den Schwanz beißenden Schlange.

Verfassung der Großloge; ein Exemplar kann zusammen mit den „Alten Pflichten von 1723" und dem Hausgesetz der Loge in der Loge aufliegen, oft mit einem Schwert bedeckt.

Verschwiegenheit s. Schweigepflicht

Weisheit, Stärke, Schönheit Symbolisiert durch die drei kleinen Lichter, die auf drei Säulen (ionisch, dorisch, korinthisch) brennen und die Pfeiler darstellen, welche die Loge tragen; in romanischen Ländern sind die drei kleinen Lichter durch Wandgemälde ersetzt (Minerva, Herkules, Venus).

Weiß Symbolische Farbe des himmlischen Lichts, der Weisheit, Unschuld, Reinheit; als polare Farbe zu schwarz auf dem musivischen Pflaster (Flur); eine der drei Rosen; eine weiße Loge ist auch Schwestern zugänglich; die weiße Farbe ist wichtig beim Schurz des Lehrlings, bei den Handschuhen und den weißen Kugeln anläßlich der Ballotage (Kugelung).

Winkelloge Einzelner freimaurerischer Logenverein, der nicht zum Verband (Großloge) gehört; polemische Bezeichnung durch Angehörige von regulären Logen.

Winkelmaß (rechter Winkel) Symbol des Gewissens, der Gerechtigkeit; es liegt als eines der drei großen Lichter auf dem Altar (Meistertisch) und gehört zu den drei beweglichen Kleinodien; Zeichen des Meisters vom Stuhl.

Winkelmaß und Zirkel Die Hauptsymbole der Freimaurer. Das Winkelmaß bestimmt das rechte Handeln des Freimaurers, der Zirkel seine Beziehung zu den Brüdern und zur ganzen Menschheit.

Wort Es gehört mit Griff und Zeichen zu den Erkennungsmitteln und wird gradspezifisch in den Einweihungsritualen vermittelt.

Zeichen Es gehört mit Wort und Griff zu den Erkennungsmitteln und wird gradspezifisch in den Einweihungsritualen vermittelt.

Zeichnung s. Bauriß.

Zeit-Ordnung Während der rituellen Arbeit herrscht im Logentempel eine rituelle Zeit-Ordnung, die mit „Hochmittag" beginnt und mit „Hochmitternacht" endet. Eine ähnliche Zeit-Ordnung, die sich gegen die „profane" Zeiteinteilung abhebt, findet man heute auch noch innerhalb des korporationsstudentischen Comments mit dem Zeitmaß der „Bierminute", des Hochofficiums, des Officiums und des Inofficiums.

Zeitrechnung Für die Jahresdatierung freimaurerischer Schriftstücke (Logenpässe, -diplome, Korrespondenz) wurden früher verschiedene Zeitrechnungen verwendet. Die Zeitrechnung der Johannismaurerei begann 4000 Jahre vor Christi Geburt, 1988 + 4000 = 5988. Die Schlaraffen beginnen ihre Zeitrechnung mit der Gründung der ersten „Burg", der „Allmutter Praga" 1859.

Zirkel Symbol der Liebe zu den Menschen und umfassender Menschlichkeit; er liegt als eines der drei großen Lichter auf dem Altar; s. Winkelmaß und Zirkel. – Bezeichnung von freimaurerischen Vereinigungen an Orten, wo (noch) keine Loge besteht, auch „Kränzchen" genannt. Diese Bedeutung findet man – wohl über das

Bindeglied der studentischen Orden – auch heute noch bei studentischen Zusammenschlüssen.

Zollstab (Maßstab) Symbol für das richtige Maß aller Dinge und Handlungen; der 24-Zoll-Stab besitzt für jede Stunde des Tages einen Zoll; der Stab wird als Requisit bei der Aufnahme (Lehrlingsritual) verwendet. Der vierundzwanzigzöllige Maßstab soll den Maurer mahnen, seine Zeit gut einzuteilen, um nicht nur seiner Arbeit, sondern auch allen anderen Menschenpflichten nachkommen zu können.

Zweige s. Akazien Allgemein Symbole für Unsterblichkeit (oft auf Gräbern). Hinweis auf häufige Logennamen: „Zum Palmbaum".

Zylinder Als hoher Hut Symbol des freien Mannes und der Gleichheit, in einigen Logen gehört er zur maurerischen Bekleidung; in anderen Logen tragen ihn nur die Beamten bzw. nur der Zeremonienmeister.

Anmerkungen

Teil I

1 Zit. n. Posner, Bilder 11f.
2 Mellor, Logen 22ff, zit. hier aus Olivers Antiquities of Freemasonry von 1823, der Moses zum Großmeister, Josua zum Deputierten Meister, Aboliab und Bezeleel zu Großaufsehern macht. Vgl. Imhof, Werklehre 1, 20f. In einem 1845 erschienenen Buch wird allerdings der Vogel abgeschossen; Gottvater selbst wird zum Gründer des Bundes, wobei die Begründung charakteristisch ist: man findet ihn „zuweilen mit einer Kelle in der Hand abgebildet". Mellor, Logen 22f, zitiert hier Ch. Bernardins, Notes pour servir à l'Histoire de la Franc-Maçonnerie a Nancy jusqu'en 1805, pré cédées d'un précis historique du Grand Orient de France, jusqu' à la même epoque. Nancy 1909.
3 Imhof, Werklehre 1, 20.
4 Biedermann, Meisterwort.
5 Naudon, Geschichte 12.
6 Imhof, Werklehre 1, 20.
7 Entwicklung 8–16.
8 Bokor, Winkelmaß 12f; Naudon, Geschichte 20–25; Lennhoff, Posner s.v. Sohn der Witwe, 1473f; s.v. Hiram, 698ff.
9 Mellor, Brüder.
10 Bokor, Winkelmaß 75. Vgl. Mariel, Söhne 4, bes. 107f.
11 Imhof, Werklehre 1,20.
12 Olbrich, Freimaurer 3.
13 Bokor, Winkelmaß 16.
14 Tucholsky, Werke 296.
15 Flotow, November 48f.
16 Entwicklung 17.
17 Entwicklung 22.
18 Diese Zahl ist wichtig, da eine regulare Loge mindestens sieben Meister benötigt. Vgl. dazu etwa Mauthe, Demnächst 140.
19 Bokor, Winkelmaß 55.
20 Entwicklung 20.
21 Handbuch 27.
22 Entwicklung 23.
23 Bokor, Winkelmaß 26f.
24 Bokor, Winkelmaß 27f.
25 Winkelmüller, Compagnonnages; Entwicklung 20f.
26 Bokor, Winkelmaß 11f.

27 Kuéss, Vorgeschichte 5.
28 Bokor, Winkelmaß 53f.
29 Bokor, Winkelmaß 29ff.
30 Kuéss, Vorgeschichte 20.
31 Bokor, Winkelmaß 29f.
32 Kuéss, Vorgeschichte 17ff.
33 Kuéss, Vorgeschichte 6.
34 Kuéss, Vorgeschichte 22.
35 Lennhoff, Posner, s.v. Rosenkreuzer 1331–1338.
36 Lennhoff, Posner, s.v. Comenius 291f.
37 Fischer, Aufklärung 104, dürfte in seinen „personellen Querverbindungen" zu weit gehen.
38 Lennhoff, Posner s.v. Rosenkreuzer 1335; weiters Lennhoff, Freimaurer 65.
39 Bokor, Winkelmaß 18.
40 Mellor, Brüder 53ff; Wulf, Geheimbund 2, bes. 155–234. Naudon, Geschichte 36; Fischer, Aufklärung 97; Lennhoff, Posner s.v. Adamson 13.
41 Lennhoff, Posner, s.v. Rosenkreuzer 1335; Lennhoff, Freimaurer 60–65.
42 Mellor, Logen 122.
43 Biedermann, Meisterwort 29.
44 Vgl. Stimpfle, Kirche 23.
45 Frick, Licht 131f; Biedermann, Meisterwort 121f.
46 Bokor, Winkelmaß 81; Lennhoff, Freimaurer 41.
47 Bokor, Winkelmaß 82.
48 Mariel, Söhne 19f.
49 Bokor, Winkelmaß 86f.
50 Koselleck, Kritik 49ff. Vgl. Fischer, Aufklärung 144f.
51 Schindler, Freimaurerkultur 222f.
52 Fischer, Aufklärung 142; Fischer, Geheimbünde 231.
53 Koselleck, Kritik 56f.
54 The Constitutions of the Free-Masons 1; Koselleck, Kritik 57–61; Fischer, Geheimbünde 230f.
55 Vgl. Dierickx, Freimaurerei 61ff.
56 Bokor, Winkelmaß 130.
57 Zit. n. Mellor, Brüder 182–185; lat. Text ebda. 179–182; Bokor, Winkelmaß 131–134.
58 Vgl. Dierickx, Freimaurerei 64.
59 Mellor, Brüder 188.
60 Lennhoff, Posner s.v. Eid, 404f. Die Handzeichen findet man auch im freimaurerischen Zutrinken während einer Tafelloge. Vgl. Scherpe, Unbekannte 195. Hier wird allerdings heute nicht in Erinnerung an den alten Eid interpretiert, sondern das Halszeichen für „ich bin mit meinem Verstand bei dem Trinkspruch", das Herzzeichen für „ich bin mit dem Herzen bei dem zu Ehrenden" und das Zeichen auf Höhe des Plexus solare für „ich bin mit meiner Seele und dem Trinkspruch im Einklang".

61 Katechismus (Horneffer) 1,13f. Zur englischen Fassung siehe Mellor, Brüder 266.

62 Mellor, Brüder 266. Derartige Schlüssel aus Bein findet man häufig auch bei Sammlungen älterer freimaurerischer Devotionalien, wie sie etwa im Nachlaß von Johann Ritter von Kalchberg im Grazer Joanneum aufbewahrt werden. Dazu Binder, Freimaurerei und Naturwissenschaft 1–13.

63 Dierickx, Freimaurerei 133.

64 Zu der Entwicklung des Eides, besonders im Bereich des Juden- und Christentums s. Binder Eid, und die dort angeführte Literatur.

65 Strathmann, Eid 1029. Nicht unerwähnt kann in diesem Konnex eine weitere Bedeutung der Zahl sieben im bayrisch-österreichischen Raum bleiben. Im Spätmittelalter begegnet man dem Institut der Übersiebenung, d.h. die Bestrafung eines Beschuldigten ohne Anklage desselben auf den Eid von sieben Zeugen hin. Schröder, von Künssberg, Lehrbuch 855.

66 Zu den Eiden der einzelnen Grade s. auch die charakteristische Verleumdungsschrift von Hantzsch, Eide 7–11.

67 Wulf, Geheimbünde 1; Frick, Licht 1.

68 Speyer, Fluch 1260f: „Der Eid enthält eine Anrufung von Himmel, Erde, Wasser und Luft und die bedingte Selbstverfluchung, durch die sich der Eidleistende bei Bruch eines Versprechens die Feindschaft des Alls, des Äthers, und des über allem thronenden Gottes anflucht; er will zum κατὰϑεμα im Leben und im Tode werden und ewige Strafen erdulden. Hier ist die antike Fluchformel ins Gnostische umgesetzt. Mit vergleichbaren Eidformeln sichern die christlichen Konvertiten ihre Abschwörungsformeln, wie Abschwörungsformeln für Manichäer und für Juden zeigen."

69 Die Ritualkunde Scherpes, 153, interpretiert die Begegnung mit den vier Elementen auf der Südseite der Reise, ehe der Suchende an den Ausgangspunkt zurückkehrt: „Zuerst das Feuer als Sinnbild der Geburt, dann das Wasser als Symbol des Lebens und der Reinigung und schließlich die Erde, an den Tod gemahnend. Auf der letzten Reise ... wird der Suchende (in der Südwestecke, der Verf.) von einem Lufthauch gestreift ... Dieser Lufthauch wird im Ritual so definiert: ‚Nicht greifbar und doch spürbar durchströmt und belebt uns die Luft, Atem der Welt, Anhauch des Ewigen'." Weiters Ritualkunde 1, 63ff.

70 Dierickx, Freimaurerei 135.

71 Horneffer, Aufnahmehandlung 32f.

72 Rituel der Lehrlinge, 47ff. Damit wird sichergestellt, daß der Eid unter rechtmäßigen Bedingungen – „in Anlehnung an Jr 4,2 Veritas (die lautere Absicht des Schwörenden), Judicium (das rechte Bewußtsein von der Bedeutung des Eides) und Justitia (sittliche Einwandfreiheit des Beschworenen)" – erfolgt. Strathmann, Eid Sp. 1030.

73 Vgl. Ritualkunde 1, 71f.

74 Dierickx, Freimaurerei 73.

75 Baresch, Kirche 19.

76 L'Osservatore Romano (Deutsche Ausgabe) vom 9. Oktober 1981, 3 (italienische Ausgabe vom 20. September 1981).
77 Mellor, Brüder 188.
78 Dierickx, Freimaurer 66.
79 Zit. n. Mellor, Brüder 182.
80 Dierickx, Freimaurerei 65.
81 Mellor, Brüder 233.
82 Mellor, Brüder 195.
83 Bokor, Winkelmaß 157.
84 Zit. n. Bokor, Winkelmaß 157–160.
85 Zit. n. Appel, Vorgrimler, Kirche 97–99.
86 Bokor, Winkelmaß 205.
87 Mellor, Brüder 234.
88 Bokor, Winkelmaß 208.
89 Dierickx, Freimaurerei 72.
90 Vgl. Döring, Dämonen bes. 15f.
91 Naudon, Geschichte 43ff.
92 Mellor, Logen 75ff.
93 Gestrich, Deismus 396–402.
94 Eldering, Studium 238.
95 Csaky, Dechristianisation 14.
96 Fenner, Schmidt Sasse, Freimaurer 324. Vgl. die Arbeit Molas.
97 Posner, Bilder 9.
98 Zit. n. Gestrich, Deismus 298.
99 Dierickx, Freimaurerei 70f.
100 Schindler, Freimaurerkultur 240.
101 Bokor, Winkelmaß 150f.
102 Lennhoff, Posner s.v. Mopsorden 1057f.
103 Abafi, Geschichte 1, 33f.
104 Bahrdt, Aufklärung und Beförderungsmittel 249.
105 Rogalla, Gesellschaften 433f.
106 Rogalla, Gesellschaften 438–441.
107 Rudé, Europa 251. Zu den Geheimgesellschaften s. u.a. Lennhoff, Geheimbünde.
108 Im Hof, Jahrhundert 168.
109 Möller, Bruderschaft 199f.
110 Fischer, Aufklärung 242f.
111 Möller Bruderschaft 203.
112 Möller, Bruderschaft 230, Anm. 62.
113 Möller, Bruderschaft 212–221. Zum Verhältnis Rosenkreuzer – Illuminaten s. Dülmen, Gesellschaft 100.
114 Dülmen, Gesellschaft 103.
115 Schindler, Geheimbund 294–298. Allgemeine Übersicht des ganzen Ordenssystems von 1782 in Dülmen, Gesellschaft 106f.
116 Lennhoff, Posner, s.v. Illuminaten 731. 1783, zum Zeitpunkt der größten Ausdehnung, wies der Illuminatenorden ca. 600 Mitglieder auf, von denen 454 namentlich belegt und in folgendem Soziogramm erfaßt sind:

Mitgliederstruktur des Illuminatenordens
Namentlich belegt: 454 Mitglieder (davon 162 Adelige)

Hof- und Verwaltungsbeamte	103	Schriftsteller	3
Geistliche/Theologen	64	Gesandte	3
Militärs	51	Wirte	2
Kaufleute	31	Buchhändler	2
Professoren	25	Statthalter	2
Arzte/Apotheker	12	Repetitoren	2
Musiker	7	Archivare	2
Stadtphysici	5	Rektoren	2
Stadträte	3	Bibliothekare	2
Klosterrichter	3	Hofmeister	2

Dülmen, Gesellschaft 104. Zur Wissenschaftsorganisation die Arbeiten von Rosenstrauch, bes. Akademie; zur Folgewirkung Binder, Freimaurerei; Hammermayer, Akademiebewegung.

117 Schindler, Geheimbund 299.

118 Lennhoff, Posner, s. v. Illuminaten 734. Zu der realen Arbeit dieses Bundes s. Dülmen, Geheimbund 83 ff und Dülmen, Gesellschaft 111.

119 Rogalla, Gesellschaften 435.

120 Hammermayer, Konvent; dieser Band beinhaltet einen umfangreichen Quellenfundus. Böttner, Zersplitterung 57–67.

121 Lennhoff, Posner, s.v. Geheime Obere 574f.

122 Rogalla, These (1983) 87; Bodi, Tauwetter 227f.

123 Zit. n. Singer, Kampf 37. Hier findet sich auch (34) die Behauptung, daß die Jesuiten sich der Freimaurerei „als Waffe" bedienten.

124 Rogalla, These (1983) 91; Olbrich, Freimaurer.

125 Rogalla, Verein 439 zit. Projekte der Ungläubigen, Augsburg 1791, 5.

126 Barnuel, Denkwürdigkeiten 4, 613.

127 Ein schönes Beispiel dafür sind die Physikalischen Arbeiten der einträchtigen Freunde in Wien, hrsg. v. Ignaz von Born 1 (1783–1788).

128 Joseph Torrubia, Gegen das verabscheuungswürdige Institut der Freymaurer, Würzburg 1786, 9, zit. n. Rogalla, These (1983) 105.

129 Barruel, Denkwürdigkeiten 1, 14.

130 Lessing wurde 1771 in eine Loge aufgenommen, wobei verschiedene Begleitumstände dazu führten, daß er an einer weiteren Teilnahme am Logenleben verzichtet haben dürfte. Vgl. Lennhoff, Posner, s.v. Lessing 917f.

131 Lessing, Ernst (5. Gespräch) 68.

132 Rogalla, These (1983) 88.

133 Ausführlich dokumentiert im Buch Rogallas, These (1976) 90f.

134 Dazu Reinalter, Absolutismus 18 und die dort angeführte Literatur.

135 Krause, Burschenherrlichkeit 43–48; Hoede, Burschen heraus; Binder, Brüderlichkeit; Oberheide, Logengläser 42–45.

136 Dierickx, Freimaurerei 75.

137 Mellor, Brüder 320; zu den Carbonari selbst s. Rath, Carbonari.

138 Mellor, Bruder 318.

139 Pius VII.: Ecclesiam, 13. September 1821. Leo XII.: Quo graviora mala, 13. März 1825. Pius VIII.: Traditi humilitati, 24. Mai 1829. Pius IX. Qui pluribus, 9. November 1846. Pius IX.: Multiplices inter, 25. September 1865. Pius IX.: Apostolicae sedis, 12. November 1869. Pius IX.: Etsi multa, 21. November 1873. Leo XIII.: Humanum genus, 20. April 1884. In Verbindung mit „Humanum genus" steht die Instruktion der Congregatio sancti Inquisitionis „De secta massonum" vom 7. Mai 1884.
140 Aubert, Handbuch 6, 1, 375.
141 Naudon, Geschichte 59.
142 Naudon, Geschichte 91.
143 Appel, Vorgrimler, Kirche 39.
144 Borkenau 19.
145 Borkenau 43.
146 Aubert, Handbuch 6, 1, 529.
147 Aubert, Handbuch 6, 1, 718.
148 Dierickx, Freimaurerei 85.
149 Dierickx, Freimaurerei 86.
150 Dierickx, Freimaurerei 83.
151 Lennhoff, Posner s.v. Belgien 161.
152 Dierickx, Freimaurerei, 89.
153 Zit. n. Dierickx, Freimaurerei 88.
154 Mellor, Brüder 326ff.; weiters Dierickx, Freimaurerei 88–98. Aus italienisch-freimaurerischer Sicht vgl. die Arbeiten Molas.
155 Dierickx, Freimaurerei 90, weist darauf hin, daß dieser Satz irrtümlich Gambetta zugesprochen wird.
156 Köhler, Handbuch 6, 2, 224f.
157 Mellor, Brüder 324.
158 Zit. nach Bokor, Winkelmaß 345–354.
159 S. Lennhoff, Posner 627 s.v. Götze Humanität.
160 Rogalla, These (1976) 195.
161 Vorgrimler weist auf die theologische Schwachstelle dieser Argumentation hin. Appel, Vorgrimler, Kirche 45.
162 Mellor, Brüder 330f.
163 Bokor, Winkelmaß 354-396.
164 Mellor, Brüder 331.
165 Köhler, Handbuch 6, 2, 226f.
166 Rogalla, These (1976) 198.
167 Vgl. Rogalla, These (1976) 196f.
168 Köhler, Handbuch 6, 2, 226f.
169 Rogalla, These (1976) 198.
170 Dierickx, Freimaurerei 117.
171 Raich, Prinzipien 37.
172 Nach Dierickx, Freimaurerei, 96–117, erreichte die Kirchenverfolgung in Italien unter dem Ministerpräsidenten und Freimaurer Crispi einen Höhepunkt; dessen antiklerikale Tradition setzten seine Nachfolger fort; u.a. wurden 1898 ca. 4000 katholische Vereinigungen aufgelöst, und die Freimaurer setzten sich offen für die Besetzung des Vatikans ein.

Im Frankreich der Dritten Republik wurde 1895, nachdem die Katholiken stärker in den Vordergrund getreten waren, das Schlagwort vom guten Republikaner geprägt, der antiklerikal und laizistisch wäre. Unter dem Präsidenten Faure (1895–1899) berief Ministerpräsident (Br.) Bourgeous sieben Freimaurer in die Regierung. In der folgenden Regierung verschärfte der Unterrichtsminister (Br.) Combes den Kirchenkampf. Als Ministerpräsident (1902–1905) entzog er 1903 den Kongregationen die Genehmigungen, so daß 20 000 Ordensleute vertrieben wurden. Der Großorient, der schon in den Wahlkampf eingegriffen hatte, gratulierte. 1904 wurde den Ordensleuten die Unterrichtserlaubnis entzogen (Schließung von 15 000 Schulen!) und die diplomatischen Beziehungen zum Vatikan abgebrochen. Zwar stolperte diese Regierung über die „fiches" – der Kriegsminister und Freimaurer André ließ vom Sekretariat des „Grand Orient" „fiches" über die Offiziere erstellen, die u. a. detailliert deren Verhältnis zur Kirche beinhalten doch der Kampf wurde fortgesetzt. 1905 wurden die staatlichen Zuschüsse an die Kirche eingestellt (35 Millionen Goldfrancs) und der gesamte Kirchenbesitz eingezogen (411 Millionen Schätzwert).
1913 vereinigten sich drei liberale Parteien („Vrijzinnige Concentratie") in den Niederlanden gegen die christliche Koalitionsregierung; die Freimaurerzeitung rief zum Sturz der Regierung auf, während sich der Freimaurer Pastor Lieftinck offen in der zweiten Kammer zum Verhältnis „Vrijzinnige Concentratie" und Freimaurerei bekannte.

173 Projekte der Ungläubigen, o.O. (Augsburg) 1791, 5, zit. n. Rogalla, These (1977) 33.

174 Johann Christian Ehrmann, Das Judentum M---y, Frankfurt/M., 1816, zit. nach Rogalla, These (1977) 35.

175 Rogalla, These (1977) 37.

176 Rogalla bezieht sich hier auf einen Artikel (Weltkrieg der Freimaurerei) der Historisch-politischen Blätter für das katholische Deutschland 156 (1915) 65–71.

177 Charakteristisch für derartige Gedankengänge und ihr Fortwirken ist der Artikel Hugo Manfred Beers, Das Attentat in Sarajevo am 28.6. 1914 und seine Drahtzieher.

178 Gruber, Freimaurerei; vgl. Rogalla, These (1976) 203.

179 Gruber, Freimaurerei 41

180 Vgl. die bei Rogalla, These (1976), 89ff angeführte Literatur.

181 Vgl. Posner, Bilder, 9.

182 Hasselbacher, Volksverrat. 83 Vgl. Abb. S. 72.

183 Vgl. Abb. S. 145.

184 z. B. Vernichtung.

185 Vgl. Rogalla, These (1977) 42.

186 Neuberger, Freimaurerei 1, 169.

187 Neuberger, Freimaurer 2, 146f; Kuéss, Scheichelbauer, Jahre 216–220; Hubert, Freimaurerei 17–21.

188 Bokor, Winkelmaß 420f; Molinari, Massoneria 145. Dennoch besteht

als Ausnahme in Kuba auch unter Fidel Castro die Freimaurerei weiter. Vgl. Naudon, Geschichte 205.
189 Molinari, Massoneria 138.
190 Neuberger, Freimaurerei 1, 257–264; 2, 76–103.
191 Holtorf, Bruderschaft 46ff.
192 Mola zit. n. Molinari, Massoneria 143.
193 Holtorf, Bruderschaft 48; Molinari, Massoneria 134–143.
194 Fenner, Schmitt-Sasse. Freimaurer 223.
195 Neuberger, Freimaurerei 2, 84–94. Holtorf, Bruderschaft 54–66; Böttner, Zersplitterung 198f.
196 Habeck, Ritt 373ff.
197 Meldungen aus dem Reich, Bd. 2, 10–13.
198 200 Jahre Freimaurerei in Kärnten 38, 41, 44, 46.
199 Bekenntnisbuch österreichischer Dichter, hg. v. Bund deutscher Schriftsteller Österreichs, Wien 1938.
200 Scharf, Perkonig 217f.
201 Vgl. dazu Humanität 1,11 (1983) Jänner/Februar 15.
202 Holtorf, Bruderschaft 93f.
203 Zum Logenmuseum Hannover s. W. Scharlach; zu jenem von Nürnberg s. Das Freimaurer-Logenmuseum in Nürnberg. Das nun in Polen (Universität Poznań mit der Außenstelle Ciażeń) errichtete Forschungszentrum konnte auf ausgelagerten Plünderungsbeständen der SS aufbauen.
204 Holtorf, Bruderschaft 94.
205 Bokor, Winkelmaß 422f.
206 Neuberger, Freimaurerei 2, 207–229.
207 Vgl. Meldungen aus dem Reich 2, 14.
208 Neuberger, Freimaurerei 2, 232–235.
209 Neuberger, Freimaurerei 2, 97; Peters, Geschichte 172.
210 Theodor Vogel berichtet in seinem Erinnerungsbuch von dem Wiedereintritt Schachts nach dem Zweiten Weltkrieg in seine Mutterloge. Vogel, Begegnungen 198f.
211 Neuberger, Freimaurerei 2, 232.
212 Vgl. die Auflistung derartiger echter maurerischer Aktivitaten bei Peters, Geschichte 170–173,
213 Peters, Geschichte 193, weist darauf hin, daß u.a. behauptet wurde, Stresemann habe gleichzeitig das Grußzeichen verwendet.
214 Meldungen aus dem Reich 2, 18.
215 Meldungen aus dem Reich 2, 220.
216 Peters, Geschichte 192, zitiert die Schönere Zukunft vom 28. Oktober 1928.
217 Posner, Lennhoff, Posner s.v. Gruber 643–645.
218 Zu den Basic Principles s. II. Teil, Anm. 11.
219 Zu Reichl s. Neuberger, Freimaurerei 2, 154f, 178f; Lennhoff, Posner, s.v. Reichl 1295.
220 Lennhoff, Posner s.v. Gruber 645.
221 Ludendorff, Geheimnis 151.

222 Appel, Vorgrimler, Kirche 51.
223 S. Binder, Dialog und die dort angeführte Literatur.
224 Kuéss, Scheichelbauer, 200 Jahre 244–247.
225 Kuéss, Scheichelbauer, 200 Jahre 248–253.
226 Vogel, Begegnungen 96.
227 Zit. n. Appel, Vorgrimler, Kirche 52ff.
228 Dierickx, Freimaurerei 203f.
229 Gaudium et spes Nr. 76, weiters Appel, Vorgrimler, Kirche 53; Rahner, Vorgrimler, Konzilskompendium, 423ff.
230 Appel, Vorgrimler, Kirche 53.
231 Baresch, Kirche 29f.
232 Baresch, Kirche 32f.
233 Dierickx, Freimaurerei 209–212.
234 Appel, Vorgrimler, Kirche 54.
235 Vgl. Binder, Dialog; ders., Kirche; auch für die weitere Darstellung dieses Problems und dessen Belegstellen.
236 Deutsche Tagespost vom 28/29. März 1986, 21ff.
237 Mellor, Logen 401–414.
238 Dierickx, Freimaurerei 200.
239 Die von Knight vorgebrachten Vorwürfe stellen eine geschickte Mischung aus altbekannten Verschwörungstheorien, -ängsten etc. und berechtigter Kritik dar. Um den Vorwürfen entgegenzutreten, hat sich die Vereinigte Großloge von England erstmals zu einer ausführlichen öffentlichen Erklärung entschlossen.
240 S. Binder, Dialog 71f. Den Mummenschanz einer jüdischen, freimaurerischen und kommunistischen Weltverschwörung hat auch Marcel Lefebvre ausgegraben; überdies zählt dieser, wegen seiner innerkirchlichen Ausritte zeitweise in Schwierigkeiten geratene Alterzbischof auch zu jenen Verschwörungstheoretikern, die das II. Vatikanum als Anschlag der in die Kirche „eingeschleusten" Freimaurer gegen den wahren Glauben sehen. Vgl. Lefebvre, Brief 278/3., 267/6., 132–135.
241 AAS 76 (1984) 300; deutsche Übersetzung im L'Osservatore Romano (Deutsche Ausgabe) vom 2. Dezember 1983, 3.
242 „Perstat igitur immutata sententia negativa Ecclesiae circa associationes massonicas, quia earum principia semper inconciliabilia habita sunt cum Ecclesiae doctrina ideoque eisdem adscriptio ab Ecclesia prohibita remanet. Christifideles qui associationibus massonicis nomen dant in peccato gravi versantur et ad Sacram Communionem accedere non possunt."
243 Einen wesentlichen Querschnitt durch die damaligen Pressestimmen unterschiedlichster Provenienz findet man in Josef Stimpfles Aufsatz „Freimaurerei und katholische Kirche". Nach Veröffentlichung des „neuen Kirchenrechts", in Communio 13 (1984) 166–174. Bei seiner Wertung, besonders im Hinblick auf die vermuteten Zusammenhänge zwischen der Erklärung der deutschen Bischofskonferenz 1980 und der Declaratio 1983 muß darauf geachtet werden, daß Stimpfle in diesem Falle als Partei – er war in dieser Causa Sprecher der Bischofs-

konferenz – zu werten ist. Vgl. auch Waldstein, Charakter 520, Anm. 5.

244 Derartige Tendenzen beginnen m.E. bereits mit der Erklärung der deutschen Bischofskonferenz 1980, Krüger, Antifreimaurer, Hannover 1981 und reichen bis zu den Spekulationen von Baresch in dem Interview mit der Wochenpresse vom 6. Dezember 1983, 16f.

245 Eine derartige Publikation wird allerdings noch auf sich warten lassen, wenn man bedenkt, daß der berühmte „dunkle Satz" in der ersten Verurteilung der Freimaurer 1738 in seiner Entstehungsgeschichte bis heute auf Theorien, nicht aber auf Quellen ruht. S. Bokor, Winkelmaß 143–147; Mellor, Bruder 81–146.

246 Waldstein, Charakter bes. 523–527.

247 Freimaurerei und Christentum unvereinbar. Vertraulicher Bericht einer Kommission der US-Bischofskonferenz; Kathpress 24. Juni 1985.

248 Ernst von Loens, „Paukenschlag im Vatikan wegen der Freimaurer-Frage? Vereitelung freimaurerischer Machteroberung in letzter Minute oder bloße Übergangsregelung für endgültige Kapitulation vor dem internationalen Geheimsyndikat?", in: Das neue Volk 52 (1984) Nr. 2, 1–5. Die Denunziation Kardinal Königs in diesem Zusammenhang wird bis heute fortgeführt. Vgl. Guido Herbst, Ein Kardinal macht Stimmung gegen die Kurie, in: Deutsche Tagespost vom 28. November 1989. Prantner, 124–151.

249 Dokumentation 1974–1980, 11–15.

250 Seitens der Freimaurer wurde gerade dieser lebensumfassende Totalitätsanspruch zurückgewiesen. Vgl. Dokumentation 1974–1980.

251 Gespräch zwischen Freimaurern und Evangelischer Kirche, Stellungnahme vom 13. Oktober 1973, in: Evangelische Zentralstelle für Weltanschauungsfragen, Informatio 58, XII/74, 18f. Diese Bedenken hinsichtlich bestimmter Rituale spiegeln sich auch in der jüngsten Verurteilung der Anglikanischen Hochkirche bei der Generalsynode in York (1987), wo einzelne Riten als gotteslästerlich und mit der christlichen Lehre unvereinbar eingestuft werden. Vgl. Humanität 7, 13 (1987) 4.

252 Haack, Freimaurer 55.

253 Dierickx, Freimaurerei 182–184.

254 Humanität 1, 11 (1985) 18. Charakteristisch für dieses Umfeld eines gewissen Mißtrauens sind die inferioren Angriffe eines Stephen Knight und der unverständliche Erfolg seines Buches „The Brotherhood". Das Mißtrauen in der Bevölkerung artikuliert sich bei Bekanntwerden von „Konzentrationen" in bestimmten öffentlichen Verwaltungsbereichen. Vgl. Chittenden. Freemasoury.

255 Peukert, Freimaurer, 23–44. Werhan, Freimaurerei. Knieriem, Gantner, Freimaurergeschichten, 83–87, bes. 87. Für den aktuellen Bezug von großem Interesse ist Döring, Dämonen, bes. 14–17.

256 Vgl. Dierickx, Freimaurerei 203.

257 Kuéss, Scheichelbauer, 200 Jahre 262. Die Dokumentation Bittners,

Angriffe für den Zeitraum 1970–1980, spiegelt aber dennoch eine erstaunliche Fülle teilweise übelster Machwerke.

258 Wochenpresse Nr. 51 vom 17. Dezember 1985, 14–17.

259 So sprach sich Felix Slavik wiederholt vehement gegen die Freimaurer aus. Vgl. Wochenpresse vom 17. Mai 1983, Nr. 20 14.

260 Kuéss/Scheichelbauer 235.

261 Profil 9. Juni 1976, 39.

262 Austrittsschreiben von Hannes Gradenegger, abgedruckt in: Kleine Zeitung (Kärnten) vom 5. Oktober 1986, 8.

263 Vgl. Profil 29. Juni 1976, 30.

264 Mauthe, Demnächst 140.

265 Wiener Joumal Nr. 65, Januar 1986, 5.

266 Profil 9. Juni 1976, Nr. 24, 37.

267 Wochenpresse Nr. 20, 17. Mai 1983, 15.

268 Wochenpresse Nr. 20/17. Mai 1983, 15.

269 Baresch, Qualität 8. Hannes Gradenegger, langjähriger sozialistischer Mandatar (bis 1986 Nationalratsabgeordneter) kritisierte im Herbst 1986 während einer Bezirksausschußsitzung seiner Partei die Zustände in Villach und den dortigen „Einfluß des Freimaurerwesens in der Partei" unter anderem mit dem Hinweis, daß das „Elitäre unsozialdemokratisch" wäre und „elitäre Einstellungen" für den Verlust des Kontaktes zur Basis verantwortlich wären. Rede Hannes Gradeneggers abgedruckt in: Kleine Zeitung (Kärnten) vom 5. Oktober 1986, 8.

270 Mauthe, Öffentlichkeitsarbeit 33. Baresch, Qualität, 12, paraphrasiert weitestgehend Mauthes Artikel.

271 Zu dieser Diskussion s. Scheichelbauer in Libertas 57f und Schönfeld in Libertas 5f.

272 Mauthe, Demnächst 138f.

273 Giese, Bemerkungen 168ff.

274 Ein höchst bemerkenswertes Beispiel dafür ist die Arbeit von Höhler über die Öffentlichkeitsarbeit der Logen und die immer wieder vorgebrachte Kritik, daß man mit Nichtmitteilbarem an die Öffentlichkeit tritt.

275 Kurt Tucholsky, Der erste Händedruck, in: Weltbühne Nr. 41 vom 9. Oktober 1924, 541.

276 humanität Nr. 7, 11 (1985), 18.

277 Vogel, Begegnungen 146f.

278 Siehe die Rezension von Sir James Stubbs, „Freemasonry in My Life", London 1985, in: humanität 4, 12 (1986) Mai/Juni 29.

279 Mauthe, Öffentlichkeitsarbeit 34.

280 Vgl. Kurt Bornschein, Ritual-Rumoren, in: humanität 6, 11 (1985) 5; Fr. J. Böttner, Gleichgültiger Umgang mit der Deckung, in: Humanität 6, 11 (1985) 6. Vor allem Bornscheins Artikel zieht sich in Leserreaktionen weit bis 1986 hinein.

281 Werner Debus, Gleichgültiger Umgang mit der Deckung, in: humanität 2,12 (1986) 6.

282 Kurt Bornschein, Deckung, in: humanität 3, 12 (1986) 5.

283 Eine ähnliche Funktion hat sichtlich auch das Betonen der sozialen Aktivitäten, die häufig trotz großartiger Leistungen – etwa Karl-Heinz Böhms Äthiopienhilfe – wie ein Feigenblatt „schützend" vor das genuine Logenleben gehalten werden.

284 Otto Trawny, 50 Jahre danach. 1935–1985 haben die Freimaurer nichts gelernt und nichts vergessen? in: 8,11 (1985) humanität Dezember 42 (39–42).

285 Kurt Bornschein, Demontage, in: humanität 5, 12 (1986) 5.

286 Alte Pflichten 10.

287 Harscheidt, Entwicklungen 20.

288 Harscheidt, Entwicklungen 21. In der sozialistischen Regierung Fabius werden als Freimaurer der Außenminister Roland Dumas, der Kulturminister Jacques Lang, der bombenbewährte kurzzeitige Verteidigungsminister Charles Hernu neben Yvette Roudy (Frauenrecht), Henry Emmanuelli (Budget) und George Lemoine (Überseedepartement) gehandelt. Vgl. auch für das folgende Peter Ruge, Die Freimaurer in Frankreich richten sich auf die „Cohabitation" ein. Raymond Barre Unterstützung zugesagt. Zehn Logenbrüder in der Regierung Fabius; in: Die Welt 56 vom 7. März 1986.

289 Zur Selbstdefinition der französischen Freimaurerei siehe die Großlogenvergleiche im französischen Rundfunk, in: humanität 2, 12 (1986) 15f, wo Roger Leray (Großmeister des Grand Orient) betont: „Wenn man berücksichtigt, daß in der Freimaurerei, als moralische Kunst, die Gesellschaft zu verwalten ist, dann ist im weiten Sinne des Wortes die Freimaurerei eine politische Organisation."

290 Vgl. Günther Bergemanns Analyse der publizistischen Darstellungen um die „Geheimloge P2", in: humanität 1, 8 (1982) 13–19.

291 Holtorf, Bruderschaft 49.

292 Giornale Di Sicilia vom 8. März 1986, 6; dte. Übersetzung humanität 6, 12 (1986) 18f.

293 Lennhoff, Posner, s.v. Propaganda Massonica 1256.

294 Molinari, Massoneria 229.

295 Bergemann, Geheimloge 16.

296 Molinari, Massoneria 229; Bergemann, Geheimloge 18.

297 Bergemann, Geheimloge 18f.

298 In diesem Zusammenhang weist das italienische Freimaurermagazin Hiram 5, Oktober 1984 (offizielles Organ des Grande Oriente d'Italie) darauf hin, daß die Vorgänge um die P2 auf der ganzen Welt – so auch in Großbritannien – dazu benützt werden, um wieder ungeniert eine Freimaurerhatz zu veranstalten. Vgl. Italien: Nach P2 in humanität 2, 11 (1985) 20. Zu einer jüngsten Beschuldigungswelle s. Richter, Mafiosi, Freimaurer, in humanität 6, 12 (1986) 18. In diesem Konnex sei auch auf die Angriffe zweier sizilianischer Bischöfe (Emanuele Catariniochia und Alfredo Garcia) auf die „Mafia und die Freimaurer" in ihren Neujahrsansprachen 1988 hingewiesen. Kathpress vom 4. Januar 1988, 7.

299 Vgl. Horst Guido, Beide Gesichter der Freimaurerei, in: Deutsche Tagespost vom 1. Oktober 1991, 5.

300 Vgl. S. 370ff.

Teil II

1 Alte Pflichten 10–16.
2 Appel, Freimaurer 7ff.
3 Lennhoff, Posner 531 s.v. Freimaurerei.
4 Appel, Freimaurer 8; Ritualkunde I 33.
5 Ritualkunde I, 33f.
6 Verfassung 1974 (Fassung 1982) 11f.
7 Imhof, Werklehre I, 7–12.
8 Das Ideal freimaurerischer Humanität und Toleranz wird im Teil I abgehandelt.
9 Freimaurerisches Lesebuch I, 163f. Lennhoff, Posner 711, s.v. Hohenzollern, Friedrich III., bezeichnet diesen Ausspruch als Bestandteil des deutschen freimaurerischen „Hausschatz(es)".
10 Vgl. Mellor, Logen 63f, der eine knappe Inhaltsangabe bringt, während Appel, Leitideen 7–16, neben dem vollständigen Text auch eine knappe Geschichte bietet; resümierend hält letzterer in seiner Wertung ausdrücklich fest, „daß die Forderungen der ‚Alten Landmarken' zum größten Teil in den ‚Alten Pflichten von 1723' und in den überlieferten Ritualen enthalten sind."
11 „1. Regularity of origin, i.e. each Grand Lodge shall have been established lawfully by a duly recognised Grand Lodge or by three or more regularly constituted Lodges.

2. That a belief in the Grand Architect of the Universe and His revealed will shall be an essential qualification for membership.

3. That all initiates shall take their obligation on or in full view of the open Volume of the Sacred Law, by which is meant the revelation from above which is binding on the conscience of the particular individual who is being initiated.

4. That the membership of the Grand Lodge and individual Lodges shall be composed exclusively of men; and that each Grand Lodge shall have no masonic intercourse of any kind with mixed Lodges of bodies which admit women to membership.

5. That the Grand Lodge shall have sovereign jurisdiction over the Lodges under his control i.e. that it shall be a responsible, independent, selfgoverning organization, with sole and indisputed authority over the Craft of symbolic degrees (entered apprentice, fellow craft and master mason) within its jurisdiction; and shall not in any way be subject to, or divide such authority with a Supreme Council or other Power claiming any control or supervision over those degrees.

6. That the three Great Lights of Free Masonry (namely the Volume of the Sacred Law, the Square and the Compasses) shall always be exhibited when the Grand Lodge or its subordinate Lodges are at work, the chief of these being the Volume of the Sacred Law.

7. That the discussion of religion and politics within the Lodge shall be strictly prohibited.

8. That the principles of the ancient Landmarks, customs and usages

of the Craft shall be strictly observed." Zit. n. Dierickx, Freimaurerei, Anhang I, 223; die Übersetzung nach Mellor, Logen 65f.

12 Vgl. Bauhofer, Aspekte 11.

13 Vgl. „Französische Freimaurerei – aus amerikanischer Sicht", 23.

14 So berichtet Sir James Stubbs in seinem Erinnerungsbuch „Freemasonry in My Life" (London 1985), daß er vom deutschen Großmeister Theodor Vogel „mit allen Anzeichen eines ernsten Kompliments als der ‚Papst der Freimaurerei' bezeichnet" wurde. Zit. n. „Freemasonry in My Life", in: humanität 4, 12 (1986) 29.

15 Appel, Freimaurer 9.

16 Appel, Was jeder Freimaurer wissen muß 7.

17 Ritualkunde I, 57–59.

18 E. Thieben, Enttäuschung 186ff.

19 Mariel, Söhne 60–66.

20 Lothar, Engel 581f.

21 Lothar, Engel 575–580.

22 Daiber, Jahre 20–32. Zur Person Daibers s. 200 Jahre Freimaurerloge Modestia cum Libertate 91.

23 Ritualkunde I, 45.

24 Zu Angelo Soliman, Österreichische Freimaurerlogen 78f; Lindner, Ignaz von Born 98ff.

25 1986 erhielt Böhm dafür den Humanitären Preis Deutscher Freimaurer. Vgl. humanität 5, 12 (1986) 13.

26 Blumenfeld, Zeit 138.

27 Hausgesetz der Loge Gleichheit 11, §25.

28 Hausgesetz der Loge Gleichheit 7f.

29 Lennhoff, Posner s.v. Kugelung 884.

30 Mauthe, Demnächst 140. Vgl. Teil I; Anm. 270.

31 Kleine Zeitung (Kärnten) vom 5. Oktober 1986, 8.

32 Hasselbacher, Volksverrat.

33 Ritualkunde I, 45f. Eine Loge benötigt, um ritualgerecht arbeiten zu können, entsprechend viel Raum; der Vorbereitungsraum soll nicht identisch mit der Kammer der verlorenen Schritte sein, die Abschirmung von außen muß gegeben sein etc. Vgl. dazu Wagner, Freimaurerlogen bes. 304f.

34 Ritualkunde I, 46; vgl. auch Standard Ritual of Scottish Freemasonry 5–11.

35 Vgl. Ritual für den Lehrlingsgrad (Le Droit Humain) 17–20.

36 Ritualkunde I, 47.

37 Ritualkunde III, 22.

38 Vgl. Ritual für den Lehrlingsgrad (Le Droit Humain) 17–20.

39 Imhof, Werklehre 1, 63f; weiters Biedermann, Handlexikon 512f.

40 Scherpe, Unbekannte 146f.

41 Ritualkunde I, 5lff.

42 Scherpe, Unbekannte 146.

43 Ritualkunde I, 53.

44 Scherpe, Unbekannte 147.

45 Ritualkunde I, 53.
46 Scherpe, Unbekannte 148, erklärt die Schläge wie die Lehrgespräche mit dem Hinweis auf Matthäus 7,7: „Bittet, so wird euch gegeben, suchet, so werdet ihr finden, klopfet an, so wird euch aufgetan."
47 Scherpe, Unbekannte 149.
48 Katechismus der Lehrlinge (Horneffer), 17 (Frage 5).
49 Lehrgespräche I, 19.
50 Scherpe, Unbekannte 150; s. Daiber, Jahre 20ff.
51 Text in Ritualkunde I, 57f.
52 Ritualkunde I, 59.
53 Rituel der Lehrlinge 36-42.
54 Ritual für den Lehrlingsgrad 24–28.
55 Ursprünglich erhielt der Suchende tatsächlich ein bitteres Getränk, an dem er nur nippte; aufgefordert, den Kelch zu leeren, enthielt dieser eine Erfrischung. Zum Symbolgehalt s. Imhof, Werklehre 1, 77. Dieses Symbol findet man auch in ähnlicher Form im „Branderbier" im studentischen Komment.
56 Imhof, Werklehre I, 69.
57 Endres, Symbole 80.
58 Endres, Symbole 83.
59 Scherpe, Unbekannte 153.
60 Imhof, Werklehre 1, 71.
61 Scherpe, Unbekannte 161, betont unter dem beziehungsvollen Titel „Der ‚Meister' im Suchenden" diese Querverbindungen: „Das Aufnahmeritual weist an vielen Stellen immer wieder auf den Meistermaurer hin. Nach der letzten Reise erklärt der Meister den Reisesinn: ‚Unbekümmert um den Lärm der Welt geht der Meister seinen Weg, ruhig und sicher, furchtlos in Gefahren, hohe Ziele vor Augen.' In der letzten Reise sagt der 2. Aufseher: ‚Von Erde ist unser Körper genommen und in ihren Schoß kehrt er zurück ... Vergessen Sie nicht, daß Ihr Körper Wohnsitz und Werkzeug eines unsterblichen Geistes ist.'
Und beim Überschreiten des Teppichs sagt der Meister: ‚In den Ewigen Osten geht unser aller Weg. Er ist auch für Sie das Ziel Ihrer irdischen Wanderung.'"
Das Symbol des Samenkorns wird im Gesellengrad im Symbol der Kornähre wieder aufgenommen. Vgl. Anm. 157.
62 Endres, Symbole 81.
63 Lehrgespräche I, 20.
64 Endres, Symbole 81. Imhof, Werklehre 1, 88, weist auf die Ausformung der Elementprobe unter französischem Einfluß in der ersten Hälfte des 18. Jahrhunderts hin, die auf der Interpretation der Hermetiker und Alchimisten beruht:
„1. Der Neophyte muß sich in seinem tiefsten Inneren erneuem, das falsche und Wesensfremde muß absterben, die Erdprobe,
2. der Neophyte muß sich über die Niedrigkeiten der Gesinnungen und der Gemeinplätze, sowie über den Zwiespalt des Wollens heben, die Luftprobe,

3. der Neophyte muß jegliches Streben nach eitlem Ruhm und äußerlicher Macht zum Erkalten bringen, die Wasserprobe, und
4. die Seele des Neophyten muß entbrennen für eine edle, aufopferungsfähige Lebensführung, die Feuerprobe."

65 Ritualkunde I, 62.

66 Daher hat der Meister vom Stuhl als freigewählter „Hüter der Gesetze" der „selbstgewählten Ordnung" auch seinen Platz im Osten der Loge. Ritualkunde I, 63.

67 Scherpe, Unbekannte 154. Der beim Knien verwendete Schemel symbolisiert wahrscheinlich einen Felsen, einen Teil der „Mutter Erde".

68 Im Logenbuch der Loge „Zur wahren Eintracht", 81, findet sich die traditionelle Formel.

69 Rituel der Lehrlinge 47–49.

70 Scherpe, Unbekannte 156.

71 Ritualkunde I, 72.

72 Imhof, Werklehre 1, 96.

73 Feddersen, Arbeitstafeln 1, 11.

74 Imhof, Werklehre 1, 98 ff.

75 Imhof, Werklehre 1, 100.

76 Rituel der Lehrlinge 51

77 Das Logenbuch der Loge zur wahren Eintracht 82.

78 Ritualkunde I, 73.

79 Scherpe, Unbekannte 62. Liederbuch 29. Gesangsbuch 45.

80 Ritualkunde I, 74; vgl. Lehrgesprache I1, 21.

81 Scherpe, Unbekannte 163f.

82 Ritualkunde I, 42f.

83 Ritualkunde I, 74. Die Lehrgespräche I, 24f. unterstreichen diese Interpretation, wobei auf die beschränkte Herrschaft der „Drei kleinen Lichter" – nur den Tag (Sonne), nur die Nacht (Mond) und nur die Loge (Meister) – verwiesen wird.

84 Ritualkunde I, 43. Vgl. Ritualkunde I, 69f. Das Buch des Heiligen Gesetzes kann in mohammedanisch dominierten Logen auch der Koran sein. Weder Bibel noch Koran sind aber konfessionelle Bekenntniszeichen, sondern Symbole für göttliche Ordnung. Der Winkel wird als Ordnungswinkel für das „Maß" unserer „Handlungen"; der „Zirkel" als Umschreibung des Verhältnisses zu anderen Menschen angesehen. So wird die Bibel zum Hinweis auf den großen Baumeister, der Winkel auf den einzelnen Menschen und der Zirkel auf die Umwelt. Im Gesellengrad ist die Anordnung von Zirkel und Winkelmaß seitenverkehrt (ähnliches gilt auch für den Gesellenschritt), während im Meistergrad die Zirkelschenkel über dem Winkelmaß liegen.

85 Ritualkunde I, 79.

86 Ritualkunde I, 40f.

87 Lehrgespräche I, 16; Scherpe, Unbekannte 167 demonstriert die darin enthaltene Symbolik einer intakten Kommunikation.

88 Ritualkunde I, 40.

89 Ritualkunde I, 77; s. Meisterzeichen 150/51.

90 Ritualkunde I, 79f.
91 Ritualkunde I, 81. Entstanden ist das Dreieck wohl aus dem herabgeklappten Brustteil der Schürze. Vgl. Scherpe, Unbekannte 173.
92 Scherpe, Unbekannte 173, vermerkt sarkastisch die Verkleinerung der Schürze bis zur Unkleidsamkeit.
93 Ritualkunde I, 81; Imhof, Werklehre 1, 72.
94 Rituel der Lehrlinge 60–62. Im Ritual der deutschen GL A.F.u.A.M. heißt es: „Wir wünschen dadurch zu zeigen, daß wir, wenn auch unser Tempel dem weiblichen Geschlecht verschlossen bleibt, dieses doch achten und ehren." Vgl. Scherpe, Unbekannte 178.
95 Imhof. Werklehre 1, 74.
96 Rituel der Lehrlinge 62f. Damit wird deutlich, daß der Hut als Symbol für Freiheit und Gleichheit steht. Scherpe, Unbekannte, 81. Allerdings unterliegt dieses maurerische Kleidungsstück keiner so scharfen Beurteilung wie die übrigen Stücke.
97 Rituel der Lehrlinge 63f.
98 Vgl. Meisterzeichen 150/51.
99 Ritualkunde I, 81.
100 Feddersen, Arbeitstafel 1, 22. Scherpe, Unbekannte 332.
101 Feddersen, Arbeitstafel 1, 23.
102 Vgl. Scherpe, Unbekannte 332, 338.
103 Feddersen, Arbeitstafel 1, 26f.
104 Feddersen, Arbeitstafel 1, 22.
105 Feddersen, Arbeitstafel 1, 27. Diese bewußt ahistorische, auf hebräische Traditionen bezogene Vorgangsweise, die häufig zu finden ist, wird von Max Devime leicht spöttisch in einem Lied für die Tafelloge notiert „Hebräische Worte, das macht intellektuell." Max Devime, Ein lustig Lied, in: Im Suchen liegt der Sinn, 2.
106 Ritualkunde I, 83f. Diese Erklärung des Teppichs aus dem Ritual I der Großloge A.F.u.A.M.v.D. befindet sich sinnvollerweise auch am Schluß des Lehrgespräches 1, 61–64.
107 Feddersen, Arbeitstafel 28.
108 Scherpe, Unbekannte 332.
109 Ritualkunde I, 84.
110 Feddersen, Arbeitstafel 29.
111 Scherpe, Unbekannte 335.
112 Scherpe, Unbekannte 283.
113 Ritualkunde I, 85.
114 Feddersen 30.
115 Zur variantenreichen Interpretationsmöglichkeit s. Scherpe, Unbekannte 526f, 356–360.
116 Die Gegensatzpaare treten auch hier in der Gegenüberstellung der aktiven Symbole Hammer und Senkblei, die den Kontrast zu den passiven Symbolen der Kelle und der Setzwaage bilden. Vgl. Scherpe, Unbekannte 339.
117 Diese Geräte stehen für die kunstgerechte Vereinigung der Gegensätze. Vgl. Scherpe, Unbekannte 339.

118 Scherpe, Unbekannte 379, weist auch hier darauf hin; daß die Schnur „Sinnbild der wechselvollen Gegebenheiten jeden Daseins" ist.
119 Ritualkunde I, 85–88.
120 Ritual im Lehrlingsgrad 1, 42.
121 Imhof, Werklehre 1, 78.
122 Hausgesetz der Loge Gleichheit 12, §27h und i.
123 WERKLEHRE VOR ERÖFFNUNG
„Bruder Erster Aufseher, ist etwas zwischen dir und mir?
Ja, Ehrwürdiger Meister, ein Geheimnis.
Was ist es?
Maurerei.
So bist du ein Freimaurer?
Meine Brüder Meister und Gesellen erkennen mich dafür.
Woran soll ich erkennen, daß du es bist?
An Zeichen, Wort und Griff und der Wiederholung der besonderen Umstände meiner Aufnahme.
Was bewog dich. Freimaurer zu werden?
Ich war von Finstemis umgeben und fühlte ein Verlangen, das Licht zu sehen.
Wie erlangtest du den Eintritt in die Loge?
Durch drei starke Schläge.
Was bedeuten sie?
Suchet, so werdet ihr finden; bittet, so wird euch gegeben; klopfet an, so wird euch aufgetan,
Wie wurdest du eingeführt?
Weder nackt, noch bekleidet; weder beschuht, noch barfuß; allen Metalls beraubt und mit verbundenen Augen.
Wer empfing dich?
Der Zweite Aufseher.
Ließ man dich wandern?
Dreimal von Westen nach Osten, um das Licht zu suchen.
Als dir das Licht gegeben wurde, was sahst du zuerst?
Das Buch des Heiligen Gesetzes, das Winkelmaß und den Zirkel.
Wie nennt man sie, mein Bruder?
Die drei Großen Lichter der Freimaurerei."

WERKLEHRE VOR SCHLIESSUNG
„Bruder Zweiter Aufseher, wie alt bist du als Freimaurerlehrling?
Drei Jahre, Ehrwürdiger Meister.
Warum antwortest du so?
Um zu erkennen zu geben, daß ich in den drei Vorhöfen des Tempels gearbeitet habe.
Bist du für deine Arbeit bezahlt worden?
Ich bin zufrieden.
Wo hast du deinen Lohn empfangen?
An der Säule der Lehrlinge.
Woran arbeiten die Lehrlinge?

Am rauhen Stein.
Welches sind ihre Werkzeuge?
Der Spitzhammer und der vierundzwanzigzöllige Maßstab.
Wozu dienen sie?
Der Spitzhammer, um die Ecken der Unvollkommenheit abzuschlagen. Der Maßstab, um bei dieser Arbeit die Zeit mit Weisheit einzuteilen.
Was ist der Sinn unserer Arbeit?
Erziehung zur Humanität.
Sind wir diesem Ziel nähergekommen?
Wir haben uns bemüht. Die Brüder fühlen sich gestärkt und kehren ruhig und sicher zu den Pflichten des Lebens zurück.
Wodurch soll sich der Freimaurer im Leben vor anderen Menschen auszeichnen?
Durch winkelrechte Lebensführung, von der Sklaverei der Vorurteile befreite Gedanken und echte Freundschaft zu seinen Brüdern."
Ritualkunde I, 35 f, 93.

124 Ritualkunde I, 97.

125 Dieses Lied von Aloys Blumauer findet sich u.a. im Liederbuch 27.

126 Ritualkunde I, 99.

127 Katechismus der Lehrlinge (Horneffer) 13–39; Lehrgespräche 1, 33–59. Die Katechismusfragen oder die Lehrgespräche beinhalten die Kernaussagen der Grade in den jeweiligen Lehrsystemen. Eine deutliche Differenzierung tritt bereits ein, wenn man den seinerzeitig weitverbreiteten Katechismus Horneffers mit den Lehrgesprächen zum heutigen Ritual der Großloge von Deutschland vergleicht.

128 Imhof, Werklehre 2, 14.

129 Während diese Antwort gegeben wird, wenn der Geselle vor der Erhebung in den Meistergrad steht, heißt es sonst selbstbewußt „Ich bin es, prüfe mich."

130 Ritualkunde II, 15.

131 Ritualkunde II, 12.

132 Auf dem kubischen Stein liegt die Kelle als Zeichen, daß „nur mit dem Mörtel der Liebe ... die Risse und Unebenheiten zwischen den einzelnen Bausteinen beseitigt" werden können. Scherpe, Unbekannte 183.

133 Ritualkunde II, 12.

134 Ritualkunde II, 19.

135 Ritualkunde II, 20.

136 Imhof, Werklehre 2, 25.

137 Vgl. Scherpe, Unbekannte 207 f, der hier für das geltende Ritual einen eigenen „Spiegeleinschub" vorlegt, in dem das Erkennen des Wesentlichen deutlich gefordert wird.

138 Imhof, Werklehre 2, 74.

139 Imhof, Werklehre 2, 28.

140 Imhof, Werklehre 2, 43.

141 Imhof, Werklehre 2, 29.

142 Ritualkunde II, 25.
143 Ritualkunde II, 27f.
144 Ritualkunde II, 33f.
145 Ritualkunde II, 33; Scherpe, Unbekannte 206; Imhof, Werklehre 2, 30.
146 Lehrgespräche II, 19f.
147 Imhof, Werklehre 2, 31–35, beschreibt ausführlich ein französisches Ritual (Grand Orient de France), in dem der Lehrling bei der Beförderung fünf Reisen zu machen hat.
148 Ritualkunde II, 34f; Scherpe. Unbekannte 206.
149 Scherpe, Schwert 25. Als Zeichen der gerechten Ordnung führt der Meister vom Stuhl dieses gerade (Richt-)Schwert.
150 Imhof, Werklehre 2, 30.
151 Ritualkunde II, 36.
152 Logenbuch Wahre Eintracht 125.
153 Ritualkunde II, 39.
154 Ritualkunde II, 41.
155 Ritualkunde II, 42. Scherpe, Unbekannte 164.
156 Ritualkunde II, 44.
157 Die Kornähre ist ein Symbol „für das gemeinsame Wirken und für das Wirken aus einer anderen Substanz heraus"; überdies unterstreicht es das „Stirb und Werde", wie es nicht nur im Meistergrad, sondern auch in allen Graden anklingt. Scherpe, Unbekannte 208; Ritualkunde II, 45; Miers, Lexikon, 360.
158 Scherpe, Unbekannte 176.
159 Die Sonne als männliches und der Mond als weibliches Symbol geben ein weiteres Polaritätenpaar ab, das die Ideenwelt der Loge kennzeichnet.
160 Ritualkunde II, 45.
161 Miers, Lexikon 346. In der Ehrung der Frau stehen die drei Rosen für die Mutter, die Lebensgefährtin des Mannes und das Ewig-Weibliche. Vgl. Ritualentwurf für die Feier zu Ehren der Schwestern, in: Scherpe, Unbekannte 268. In der Totenehrung (ebda 266) werden die ‚sanft Erblühende' die ‚Dunkle' und die ‚Schönste' dem Verewigten dargebracht.
162 Imhof, Werklehre 2, 78f.
163 Endres, Symbole 62f.
164 Endres, Symbole 84. Weiters Scherpe, Unbekannte 141f; Miers, Lexikon 145; Lexikon der Symbole 43f. Hier wird der Flammende Stern zu den Ursymbolen gerechnet.
165 Ritualkunde II, 53–63.
166 Ritualkunde II, 61. Das G als Geometrie, der fünften Wissenschaft, paßt überdies in die Zahlensymbolik dieses Grades. Scherpe, Unbekannte 204.
167 Imhof, Werklehre 2, 38.
168 Imhof, Werklehre 2, 38.
169 Bokor, Winkelmaß 71, Anm. 58.
170 Imhof, Werklehre 2, 42f.

171 Erklärung des Flammenden Sterns aus dem Ritual II, in Lehrgespräche II, 45–48, bes. 48.
172 Ritualkunde II, 66f.
173 Katechismus der Gesellen (Horneffer) 11–25; Lehrgespräche II, 29–43.
174 Vgl. Katechismus der Gesellen (Horneffer) 25.
175 Ritualkunde III, 7.
176 Ritualkunde III, 17.
177 „Nach dem Ritual der früheren ‚Großloge zur Sonne' wird Menschengeist – Gottesgeist als Meisterwort gebraucht." Katechismus (Horneffer) der Meister 44.
178 Endres, Symbole 88f. Weiters zur Interpretation Lexikon der Symbole 39f; das Hexagramm, das durch die Vereinigung zweier Dreiecke entsteht, findet sich auch im Schlüssel des Andreasmeisters. Miers, Lexikon 362.
179 Ritualkunde III, 7.
180 Scherpe. Unbekannte 292.
181 Ritualkunde I, 33; Ritualkunde II, 13; Ritualkunde III, 13.
182 Ritualkunde I, 33f.
183 Ritualkunde II, 13.
184 Ritualkunde III, 13.
185 Die Wandlung hin zum Meister klingt in dieser „demütigen" Formulierung bereits an. Bei Gesellenarbeiten lautet die Antwort „Ich bin es, prüfe mich". Lehrgespräche III, 15.
186 Die Akazie korrespondiert mit dem Flammenden Stern, sie wird zum Symbol des Meisters schlechthin. Ebda. 15.
187 Ritualkunde III, 15: Diese Fragen sind identisch mit den ersten zehn Fragen der Lehrgespräche III, 33–37.
188 Ritualkunde III, 21.
189 Im Tempel liegt bei Arbeiten im Meistergrad der Zirkel mit beiden Schenkeln über dem Winkelmaß auf der Bibel auf.
190 Ritualkunde III, 23.
191 Ritualkunde III, 29.
192 Imhof, Werklehre 3, 17.
193 Ritualkunde III, 30; im Gegensatz dazu vertritt Scherpe, Unbekannte 147, die Ansicht, daß lediglich der abgelegte Rock notwendig ist.
194 Scherpe, Unbekannte 184.
195 Scherpe, Unbekannte 210.
196 Ritualkunde III, 32.
197 Ritualkunde III, 33.
198 Scherpe, Unbekannte 212, verweist auf den hohen Symbolgehalt und wendet sich deshalb entschieden gegen die Verwendung künstlicher Homoschädeln, wie sie im freimaurerischen Utensilienhandel angeboten werden.
199 Auch hier gibt es unterschiedliche Auffassungen, die Anzahl der Reisen betreffend. Es wird unter anderem die Auffassung vertreten, daß nur eine „letzte" Reise symbolisiert werden kann. Lehrgespräche II, 17. In einer anderen Lehrart macht der Geselle die bisher geleiste-

ten Reisen rückläufig noch einmal, um an den Ausgangspunkt seines Weges zu gelangen. Imhof, Werklehre III, 49–51.

200 Ritualkunde III, 37.

201 Rituel der Meister 13f.

202 Ritualkunde III, 41.

203 Ritualkunde III, 42.

204 Scherpe, Unbekannte 212.

205 Ritualkunde III, 42.

206 Imhof, Werklehre 3, 51.

207 Scherpe, Unbekannte 164, 212.

208 Ritualkunde III, 45.

209 Scherpe. Unbekannte 212.

210 Ritualkunde III, 46.

211 Ritualkunde III, 47–53. Scherpe. Unbekannte 213–216; Lehrgespräche III, 19f, 47–49; Miers, Lexikon 196f; Imhof, Werklehre 3, 37–42.

212 Diese drei Gesellen stehen für die dem freimaurerischen Denken entgegenstehenden menschlichen Eigenschaften: Neid–Ehrsucht–Herrschsucht. Scherpe, Unbekannte 218. Vgl. Katechismus der Meister (Horneffer) 49f.

213 Scherpe, Unbekannte 213.

214 Ritualkunde III, 51.

215 Ritualkunde III, 48f.

216 Vgl. Ritualkunde III, 49.

217 Ritualkunde III, 51.

218 Ritualkunde III, 52; Imhof, Werklehre 3, 64.

219 Vgl. Lennhoff, Posner s.v. Macbenac, 973f.

220 Katechismus der Meister (Horneffer) 43.

221 Scherpe, Unbekannte 214. Vgl. Katechismus der Meister (Horneffer) III, 43f.

222 Scherpe, Unbekannte 218, 215. Ritualkunde III, 52.

223 Imhof, Werklehre 3, 57. Die Lehrgespräche III, 22f. kommentieren diese Punkte ähnlich:
„‚Wieviele Punkte hat der vollkommene Meistergriff?' Die Antwort lautet: ‚Fünf: Fuß gegen Fuß, Knie gegen Knie, Hand in Hand, Brust gegen Brust und die linke Hand um den Nacken des Bruders.'
Die Freimaurerei ist mit den ihr eigenen Mitteln darauf angelegt, Menschen miteinander zu verbrüdern. Und was ist Verbrüderung? Es ist die Bereitwilligkeit, meinem Bruder jederzeit zu Hilfe zu eilen. Es ist der immer vorhandene gute Wille, für meinen Bruder um Gnade zu bitten. Es ist die Aufrichtigkeit ihm gegenüber und es ist Mitgefühl in allen Dingen, die meinen Bruder angehen. Schließlich ist es die Vorsorge, einem Sturz meines Bruders zuvorzukommen. Wo des einen Kraft nicht ausreicht, da will, da soll die Hand des Bruders unterstützen. Nun folgen die Erklärungen für die einzelnen Berührungspunkte.
‚Was bedeutet Fuß gegen Fuß?'
Antwort: ‚Wo Du hingehst, da will auch ich hingehen.'
Beide stehen, einander verbunden, auf dem gleichen Boden, also

gehen sie auch den gleichen Weg. Ist nicht alles gemeinsam, was wir als Brüder unternehmen? Ist es nicht der gleiche Grund des Salomonischen Tempels, auf dem wir alle den Bau der Humanität errichten? Ob reich, ob arm, ob hoch, ob niedrig, schreiten wir nicht alle dem Tod entgegen bis letztlich ins Grab? ‚Was bedeutet Knie gegen Knie?'
Antwort: ‚Was Dir heilig ist, das soll auch mir heilig sein.'
Durch das Knien kann die Heiligkeit einer Handlung oder eines Gefühls unterstrichen werden. Knien ist ein Zeichen der Demut und der Ehrfurcht. ‚Was Dir heilig ist, soll auch mir heilig sein', bedeutet nicht, daß wir außerhalb der Freimaurerei dieselben Heiligtümer oder gar dieselben religiösen Überzeugungen haben. Ich setze mich aber als Dein Bruder dafür ein, daß das, was Dir heilig ist, niemals entweiht wird. ‚Was bedeutet Brust gegen Brust?'
Antwort: ‚In Freud und Leid soll mein Herz mit dem Deinen schlagen.'
Nur Aufrichtigkeit vermag uns die Achtung und die Liebe des anderen zu verschaffen. Außerdem ist es Sache eines Freimaurers, die Angelegenheiten des Bruders wie seine eigenen zu verschweigen und zu bewahren.
‚Was bedeutet Hand in Hand, die Finger zur Kralle gebogen?'
Antwort: ‚Ich will Dich führen und geleiten und werde Dich von unbedachter Handlung zurückreißen.'
Schon im gewöhnlichen Leben drücken wir die Freundschaft durch festen Handschlag aus. Hier ist aber mehr gemeint. Es handelt sich nicht um ein loses Berühren, ohne Nachdruck des Herzens, sondern es soll Herzenswärme überströmen zum Ausdruck, daß die Verbindung unlöslich sein soll. So soll ein Freimaurer immer bereit sein, den Bruder zu begleiten und ihn vor Irrungen zu bewahren.
‚Was bedeutet die linke Hand um den Nacken des Bruders?'
Antwort: ‚Ich werde Dich aufrichten, wenn Du zu fallen drohst. Ich werde auch das von Dir abwenden, was hinter Deinem Rücken Dir Schaden bringen kann.'
Durch diesen letzten Punkt vollenden wir das Bild inniger und herzlicher Bruderliebe und treuer Freundschaft. Sollte ein Bruder ins Wanken geraten, so ist stets ein anderer bereit, ihn zu halten und vor dem Sturz zu bewahren."

224 Scherpe, Unbekannte 215.

225 Feddersen, Arbeitstafel 37f.

226 Scherpe, Unbekannte 220, Abb. 67, 215. Der große Zirkel liegt im Osten, der große Winkel im Westen jeweils am Teppichrand.

227 Scherpe, Unbekannte 221f. Die Herkunft des Zweiges von einem dornigen Strauch wird eigens als eine Art erhöhter Selbstreflexionsbereitschaft des Meisters, der auch die dunklen Seiten kennt, interpretiert. Katechismus der Meister (Horneffer) 36, vgl. Miers, Lexikon 15.

228 Katechismus der Meister (Horneffer) 37.

229 Rituel der Meister 34f.

230 Katechismus der Meister (Homeffer) 38, weist auch auf die Ähnlichkeit zum sogenannten Annäherungszeichen hin; man stellt „den Haken des rechten Fußes gegen die innere Biegung des linken Fußes und bildet auf solche Art einen doppelten Winkel".
231 Imhof, Werklehre 3, 65.
232 Imhof, Werklehre 33, 66. Ritualkunde III, 66. Wie rasch sich derartiges ändert. zeigt die Rückkehr im heutigen deutschen Ritual auf das C(assia) als Hinweis auf die Akazie. Lehrgespräche III, 26.
233 Scherpe, Unbekannte 174.
234 Scherpe, Unbekannte 216.
235 Scherpe, Unbekannte 217f.
236 Katechismus der Meister (Horneffer), 11–33; Lehrgespräche III, 33–46.
237 Gantner, Abkürzungen 107.
238 Glanzvoller Ausdruck unterschiedlicher Auffassungen in der Frage des Elitenbewußtseins ist die Groteske um eine Wiener Loge und deren Aufnahmepolitik. Vgl. Gerald Freihofner, Die nackte Wahrheit, in: Wochenpresse vom 3. November 1989, 22–24.
239 Rogalla von Bieberstein, These (1983) 88.
240 Prantner, 135.
241 Pfeifenberger, 494.

Quellen- und Literaturverzeichnis

Abati Ludwig, Geschichte der Freimaurerei in Oesterreich-Ungarn, 5 Bde., Budapest 1890.

Adler, Manfred, Die antichristliche Revolution der Freimaurerei, Jestetten 1974.

Adler, Manfred, Die Söhne der Finsternis, Jestetten 1975.

Agethen, Manfred, Geheimbund und Utopie. Illuminaten, Freimaurer und deutsche Spätaufklärung, München 1984 (Ancien Régime, Aufklärung und Revolution 11).

Albrecht, Johann F. E., Gepräche Maurerey betreffend. Nebst Anhang von Rosenkreuzern, Leipzig 1785.

Allen, Cary, Die Insider. Wohltäter oder Diktatoren?, Wiesbaden 1974.

Amantus, Amann, Die Loge der Freimaurer, Wien ^{2}1885.

Anhang zum Constitutionenbuch der Frey-Maurer, Frankfurt 1743.

Appel, Rolf, Der freimaurerische Bürge. Seine Aufgaben, seine Pflichten, Münster 1984 (Blaue Reihe 20).

Appel, Rolf, Was jeder Freimaurer wissen muß, Münster 1984 (Blaue Reihe 10).

Appel, Rolf, Die großen Leitideen der Freimaurerei. Münster 1986.

Appel, Rolf, Die Pflichten der BRR. Beamten, Hamburg 1982 (Die Blaue Reihe 4/5).

Appel, Rolf, Das überraschende Votum der Katholischen Bischofskonferenz, in: Hanseatisches Logenblatt 1980, 269–271

Appel, Rolf / Oberheide, Jens, Was ist Freimaurerei?, Münster 1985.

Appel Rolf / Vorgrimler, Herbert, Kirche und Freimaurer im Dialog, Frankfurt/M. 1975.

Aubert, Roger, Die erste Phase des katholischen Liberalismus, in: Handbuch der Kirchengeschichte, hg. v. Hubert Jedin, Freiburg–Basel–Wien 1985, Bd. 6, 1, 320–347.

Aubert, Roger, Vorübergehende Besserung der Lage der Kirche, in: Handbuch der Kirchengeschichte, hg. v. Hubert Jedin, Freiburg–Basel–Wien 1985, Bd. 6, 1, 516–532.

Aubert, Roger, Die Auseinandersetzung zwischen Katholizismus und Liberalismus, in: Handbuch der Kirchengeschichte, hg. v. Hubert Jedin, Freiburg–Basel–Wien 1985, Bd. 6, 1, 696–725.

Auf dem Wege zum Licht. Die Freimaurer in Österreich – Ein historisches Porträt, Rundfunkmanuskript 9. Oktober 1975 (Freimaurer-Museum Bayreuth).

Bahrdt, Carl-Friedrich, Über Aufklärung und Beförderungsmittel derselben von einer Gesellschaft, Leipzig 1789.

Baresch Kurt, Katholische Kirche und Freimaurerei. Ein brüderlicher Dialog 1968 bis 1983, Wien 1984.

Baresch, Kurt, Qualität oder Quantität? Bemerkungen darüber, daß man mit Nichtmitteilbarem nicht an die Öffentlichkeit treten kann, Hamburg 1983 (Die Blaue Reihe 28).

Barruel, Augustin, Denkwürdigkeiten zur Geschichte des Jakobinismus. Nach der in London 1797 erschienenen Original-Ausgabe ins Teutsche übersetzt von einer Gesellschaft verschiedener Gelehrter, 4 Bde., Münster-Leipzig 1800–1804.

Bartels Adolf, Freimaurerei und deutsche Literatur. Feststellungen und Vermutungen, München 1929.

Barton, Peter F., Maurer, Mysten, Moralisten. Ein Beitrag zur Kultur- und Geistesgeschichte Berlins und Deutschlands 1796–1802. Feßler in Berlin, Wien, Köln, Graz 1982 (Studien und Texte zur Kirchengeschichte und Geschichte V/2).

Bauhofer, Paul, Diverse Aspekte der universellen Freimaurerei, in: humanität 3, 12 (1986) 10–12.

Beer, Hugo Manfred, Das Attentat von Sarajevo am 28.6.1914, in: Mensch und Maß 24 (1984) 529–546.

Berendsohn, Walter A., Die Idee der Humanität in Vergangenheit und Gegenwart, Hamburg 1961.

Bergemann, Günther, „Geheimloge P2": Skandal oder Intrige, in: humanität 1, 8 (1982), 13–19.

Betbuch für Freymaurer, Prag 1784.

Beyer, Bernhard, Das Fundament der Freimaurerei. Geschichtliche und textkritische Betrachtungen zu den „Alten Pflichten", Hamburg o.J. (Die Blaue Reihe 8/9).

Biedermann, Hans, Handlexikon der magischen Künste, Graz 1973.

Biedermann, Hans, Das verlorene Meisterwort. Bausteine zu einer Kultur- und Geistesgeschichte des Freimaurertums, Wien-Köln-Graz 1986.

Bi-Centenaire du Grand Orient de France 1773 bis 1973. Catalogue de l'exposition, Paris 1973.

Binder, Dieter A., Brüderlichkeit als Prinzip katholischer Studentenkorporationen. Zur Deutung der historischen Entwicklung, in Brüderlichkeit. Aspekte der Brüderlichkeit in der Theologie, hg. v. Johannes Marböck, Graz 1981 (Grazer Theologische Studien 5) 255–272.

Binder, Dieter A., Freimaurerei und Naturwissenschaft in Österreich. Zur Wirkungsgeschichte der Loge zur wahren Eintracht vornehmlich im Hinblick auf das Joanneum in Graz, in: Mitteilungen der Österreichischen Gesellschaft für Geschichte der Naturwissenschaften 3 (1983) 1–13.

Binder, Dieter A., Zum Dialog zwischen katholischer Kirche und der Freimaurerei in Österreich 1968 bis 1983, in: Recht im Dienste des Menschen. Festgabe Hugo Schwendenwein zum 60. Geburtstag, hg. v. Klaus Lüdicke, Hans Paarhammer, Dieter A. Binder, Graz–Wien–Köln 1986, 61–77.

Binder, Dieter A., Biblische Vorstellungen und Freimaurereid, in: Anfänge der Theologie. XAPICTEION Johannes B. Bauer zum Jänner 1987, hg. v. N. Brox u. a., Graz–Wien–Köln 1987, 327–335.

Binder, Dieter A., Katholische Kirche und Freimaurerei. Vom Dialog zur Distanz, in: Geschichte und Gegenwart 6 (1987) 300–322.

Binder, Dieter A., Das Fremde und die Freimaurerei, in: Klaus Hödl (Ed.), Der Umgang mit dem „Anderen". Juden, Frauen, Fremde ..., Wien 1996, 179–189.

Bischoff, Dietrich, Internationalismus und Freimaurerei. Eine Zeitbetrachtung, Leipzig 1929.

Bittner, Wolfgang, Angriffe gegen die deutsche Freimaurerei. 1970–1980. Zusammenfassung. Versuch einer Auswertung und abschließende Bemerkungen. Eine Dokumentation des Amtes für Öffentlichkeitsarbeit der Vereinigten Großlogen von Deutschland, Berlin 1981.

Blumenfeld Erwin, Durch tausendjährige Zeit. Erinnerungen, München 1980.

Bock, Hans Otto, Die Rituale der Freimaurer. Eine Studie über die möglichen unabänderlichen Bestandteile, Hamburg 1963 (Die Blaue Reihe 14/15).

Bodi, Leslie, Tauwetter in Wien. Zur Prosa der österreichischen Aufklärung 1781–1795, Frankfurt/M. 1977.

Böttner, Friedrich John, Zersplitterung und Einigung. 225 Jahre Geschichte der Deutschen Freimaurer. An Hand von Dokumenten dargestellt. Hamburg 1962.

Borchers, Klaus, Freimaurerei – wie sie schmunzelt. Amüsantes, Lustiges, Nachdenkliches, Mönchengladbach 1980.

Bokor, Charles von, Winkelmaß und Zirkel. Die Geschichte der Freimaurer, Wien, München 1980.

Borkenau, Franz, Kampfplatz Spanien. Politische und soziale Konflikte im spanischen Bürgerkrieg. Ein Augenzeugenbericht, Stuttgart 1986.

Brachvogel, Wolfgang, Von Maurern und Logen. Interessantes und Kurioses aus aller Welt, Hamburg 1979.

Bricht, Balduin, Was ist, was will die Freimaurerei? Was sind die Ziele der Großloge von Wien?, Wien 1919.

Buddecke, Albert, Was verdankt Deutschland der Freimaurerei? Ein geschichtlich-kultureller Nachweis, Leipzig 1930.

Busy Brotherly World of Freemasonry. The Ancient Fraternity is thrivin in America, in: Life, Heft 8 (1956) 104–122.

Cahill, E., Freemasonry and the Anti-Christian Movement, Dublin 1930.

Carr, Harry, A Guided Tour of their Grand Lodge Library and Museum Freemasons Hall, London o. J.

Catalogue of Contents of the Museum at Freemasons' Hall in the Possession of The United Grand Lodge of England, ed. Algernon Tudor-Craig, London 1938.

Catalogue of Portraits and Prints at Freemasons' Hall in the Possession of The United Grand Lodge of England, ed. Algernon Tudor-Craig, London 1938.

Cefarin, Rudolf, Kärnten und die Freimaurerei. Eine kulturhistorische Studie, Wien 1932.
Charpentier, John, Die Templer. Frankfurt/M.–Berlin–Wien 1981.
Chittenden, Maurice, Freemasonry „rife" among the police, in: The Sunday Times vom 10. April 1988, A 5.
Csaky, Moritz, Dechristianisation? Eine begriffsgeschichtliche Untersuchung, in Formen der europäischen Aufklärung, hg. v. Friedrich Engel-Janosi u. a., Wien 1976 (Wiener Beiträge zur Geschichte der Neuzeit 3) 20–80.
Daiber, Albert Ludwig, Elf Jahre Freimaurer, Stuttgart 1905.
Das Freimaurerlogen-Museum in Nürnberg, München 1938.
Das Logenbuch der Loge „Zur wahren Eintracht", hg. v. Ernst Lorenzi, Wien 1979 (Quellen zur Freimaurerischen Geschichtsforschung. Quatuor Coronati Wien 2).
Deiters, Heinz-Günter, Die Freimaurer. Geheimnis und Enthüllung. München 1963.
Demeter, Karl, Die Frankfurter Loge zur Einigkeit 1742–1966. Ein Beitrag zur deutschen Geistes- und Sozialgeschichte, Frankfurt 1967.
Der Katechismus der Lehrlinge (Katechismus 1), Der Katechismus der Gesellen (Katechismus 2), Der Katechismus der Meister (Katechismus 3), hg. v. August Horneffer, Hamburg 1949, 1950, 1951.
Der kurze Traum. Die Freimaurerei in Österreich 1918–1938, Rosenau/Zwettl 1988.
Der verklärte Freymaurer, Wien 1791.
Des Hermes Trismegists wahrer alter Naturweg. Oder: Geheimnis wie die große Universaltinctur ohne Gläser, auf Menschen und Metalle zu bereiten. Herausgegeben von Einem ächten Freymäurer I.C.H. Leipzig: Adam Friedrich Böhme 1782.
Deutsches Freimaurer-Museum Bayreuth. Katalog, Frankfurt 1954.
Devime, Max, Im Suchen liegt der Sinn. Lieder zum Ritual, Musiccassette 0017 1985 Kovariks Musikothek.
Dictionnaire de la franc-maçonerie, ed. Daniel Ligou, Paris 1987.
Die Alten Pflichten von 1723. In neuer Übersetzung herausgegeben von der Großloge A. F. u. A. M. v. D., Hamburg 1982.
Die drei Ringe, Monatsblätter für Freimaurerei und verwandte Gebiete, Reichenberg, 12, 9 (1933).
Die Entwicklung der Freimaurerei. Vorläufer und Gründung, Hamburg 1974 (Die Blaue Reihe 23).
Die Freimaurerei in der Schweiz. Buch der Jahrhundertfeier, Zürich 1944.
Die Freimaurerei Österreich-Ungarns. 12 Vorträge, Wien 1987.
Die Freymäurer nach ihren verschiedenen Absichten, Wien o. J.
Die Freymäurerei der Frauenzimmer, Straßburg/Leipzig 1774.
Die Gegenwartsmaurerei. Gesicht, Geist, Arbeit. Festschrift der Großloge von Wien, hg. v. Eugen Lennhoff, Wien 1928.
Die Geschichte der Gerechten und Vollkommenen Loge „Humanitas" im Orient zu Wien. Aus Anlaß ihres 80jährigen Bestandes im Jahre 1951, Wien 1951.

Die Loge in der Gesellschaft, hg. v. Rolf Appel, Frankfurt/Hamburg 1968.
Die nationale französische Großloge und die katholische Kirche, Manuskript (Freimaurer-Museum Bayreuth).
Die offenbarte Freymäurerey s. Perau
Die Übungslogen der Gerechten und Vollkommenen Loge Zur Wahren Eintracht im Orient zu Wien 1782–1785, hg. v. Erich Lessing, Wien 1984.
Die Vernichtung der Unwahrheiten über die Freimaurerei, Bd. 1, 1929, Bd. 2, 1931.
Die zerschmetterten Freymäurer s. Larudan
Dierickx, Michel, Freimaurerei die große Unbekannte. Ein Versuch zur Einsicht und Würdigung, Hamburg 1970.
Döring, Alois, Dämonen geben Zeugnis. Teufelsglaube und Exorzismus in traditionalistischen Bewegungen, in: Schweizerisches Archiv für Volkskunde 81 (1985) 1–23.
Dokumentation zum Ergebnis des Dialogs Deutsche Bischofskonferenz – Vereinigte Großlogen von Deutschland 1974–1980, Hamburg 1980 (Quellenkundliche Arbeit Nr. 14 der Freimaurerischen Forschungsgesellschaft Quatuor Coronati 14).
Dreyer, Siegbert, England und die Freimaurerei, Berlin 1940.
Dülmen, Richard van, Der Geheimbund der Illuminaten, Stuttgart 1977.
Dülmen, Richard van, Die Gesellschaft der Aufklärer. Zur bürgerlichen Emanzipation und aufklärerischen Kultur in Deutschland, Frankfurt/M. 1986.
Eldering, Peter N.N., Das Studium der Natur, in: Welt des Barock, hg. v. Rupert Feuchtmüller, Elisabeth Kovács, Wien–Freiburg–Basel 1986, 226–247.
Endres, Franz Carl, Das Geheimnis des Freimaurers, Hamburg 1978.
Endres, Franz Carl, Die Symbole des Freimaurers, Hamburg 1977.
Ewald Franz, Kleines Handbuch der Freimaurerei. Zugleich Bericht aus Deutschland für den Internationalen Anti-Freimaurer-Congreß in Trient, Regensburg 1896.
Feddersen, Klaus C., Die Arbeitstafel in der Freimaurerei, 2 Bde., Bayreuth 1982, 1986 (Quellenkundliche Arbeit der Forschungsloge Quatuor Coronati No. 808 Bayreuth 16, 22).
Fenner, Wolfgang / Schmitt-Sasse, Joachim, Die Freimaurer als „nationale Kraft" vor 1933, in: Weimars Ende, hg. v. Thomas Koebner, Frankfurt/M. 1982, 223–244.
Fervers, Kurt, Die Parolen der Hochgrade. Freimaurerpolitik um die beiden Weltkriege, Berlin 1942.
Fesch, Paul / Denais, Joseph / Lay, René, Bibliographie de la Franc-Maçonnerie et des Sociétés, Paris 1912.
Feuchtmüller, Rupert, Über die Entstehung des Freimaurermuseums in Rosenau, in: Österreichische Freimaurerlogen, 18–20.
Feuchtmüller, Rupert, Einige Gedanken zur Bildsprache der Logenräume, in: Österreichische Freimaurerlogen, 20–26.

Fischer, Michael W., Die Aufklärung und ihr Gegenteil. Die Rolle der Geheimbünde in Wissenschaft und Politik, Berlin 1982 (Schriften zur Rechtstheorie 97).

Fischer, Michael W., Maurerische Geheimbünde und religiöse Toleranz. Ein Rekonstruktionsversuch anhand historischer Bemerkungen, in: Religion und Kultur an Zeitenwenden. Auf Gottes Spuren in Österreich, hg. v. Norbert Leser, Wien, München 1984, 224–241.

Flotow, Ludwig von, November 1918 auf dem Ballhausplatz, Wien–Köln–Graz 1982.

Frank, Franz, Die Geißel des Reiches, Graz 1959.

Franke, Karl Heinz, Militär- und Feldlogen des 18., 19. und 20. Jahrhunderts, in: Quatuor Coronati 13 (1976) 87–98.

Frantis, Alfred, Beitrag zur Entwicklung der Hochgradsysteme in Mitteleuropa im 18. Jahrhundert, in: Quatuor Coronati 20 (1983) 7–49.

„Französische Freimaurerei" – aus amerikanischer Sicht. Zum Thema Regularität, in: 3, 11 (1985) humanität 23.

Freemasons' Hall London, London 1977.

Freiheit, Gleichheit, Brüderlichkeit. Deutschsprachige Denker und Dichter zur Freimaurerei, hg. v. Rolf Appel und Jens Oberheide, Graz 1986.

Freimaurer, hg. v. Schweizerischen Museum für Volkskunde Basel. Begleitpublikation des Museums für Völkerkunde und des Schweizerischen Museums für Volkskunde, Basel 1983.

Freimaurer in Berlin. Ausstellung anläßlich des 150jährigen Bestehens der Johannisloge Victor zum goldenen Hammer, Berlin 1973.

Freimaurer und Geheimbünde im 18. Jahrhundert in Mitteleuropa, hg. v. Helmut Reinalter, Frankfurt/M. 1983.

Freimaurerei in England. Die erste Großloge der Welt, Katalog zur Sonderausstellung des Österreichischen Freimaurermuseums in Schloß Rosenau bei Zwettl, 1982/83.

Freimaurerei um Joseph II. Die Loge zur wahren Eintracht, hg. v. Hans Wagner, Katalog des Österreichischen Freimaurermuseums in Schloß Rosenau bei Zwettl, 1980.

Freimaurerei und Unterricht. Separat-Abdruck aus dem Grazer Volksblatt, entnommen dem „Salzburger Kirchblatt", Graz 1885.

Freimaurerisches Lesebuch. Eine Einführung in das freimaurerische Schrifttum, hg. v. August Horneffer, 2 Bde., Leipzig 1927.

Freimaurerlieder, Halle 1812.

Freimaurertum, in: Maria Theresia und ihre Zeit, Ausstellung, Wien 1980, 429f.

Freymaurerregeln nach dem Französischen des Conventsbeschlusses zu Wilhelmsbad, Wien 1785.

Frick, Karl R. H., Die Erleuchteten. Gnostisch-theosophische und alchimistisch-rosenkreuzerische Geheimgesellschaften bis zum Ende des 18. Jahrhunderts, Graz 1973.

Frick, Karl R. H., Licht und Finsternis. Gnostisch-theosophische und freimaurerisch-okkulte Geheimgesellschaften bis an die Wende zum 20. Jahrhundert, 2 Bde., Graz 1975, 1978.

Frick, Karl R. H., Satan und Satanisten, 3 Bde., Graz 1982, 1985, 1986.
Frieling, Ruprecht, Verfemt, bewundert: Die Freimaurer, in: Westermanns Monatshefte 12, 1982, 45–54.
Gaedicke, Johann Ch., Freimaurer-Lexikon, Berlin 1818.
Gedanken eines Profanen über die jetzige Revolution des Freymaurer Ordens. 1786.
Geheime Gesellschaften, hg. v. Peter Christian Ludz Heidelberg 1979.
Geheime Unternehmungen, London, Berlin 1787.
Geppert, Ernst-Günther, Die Herkunft, die Gründer, die Namen der Freimaurerlogen in Deutschland seit 1737, Hamburg 1976.
Gesangsbuch für Freimaurer, hg. v. E.G. Dietrich, Altenburg 1906.
Gestrich, Christof, Deismus, in: Theologische Realenzyklopädie, Berlin-New York, 1982, Bd.9, 392–406.
Giese, Alexander, Freimaurerei und Religion heute in: Religion und Kultur an Zeitenwenden. Auf Gottes Spuren in Österreich, hg. v. Norbert Leser, Wien, München 1984, 242–249.
Giese, Alexander, Einige Bemerkungen über Joseph Haydn als Freimaurer und die Freimaurerei seiner Zeit, in: Joseph Haydn in seiner Zeit, Ausstellung, Eisenstadt 1982, 168–171.
Giese, Alexander, Ein Wort zur Freimaurerei heute, in: Zirkel und Winkelmaß, 200 Jahre große Landesloge der Freimaurer, Historisches Museum der Stadt Wien, 86. Sonderausstellung, Wien 1984, 53.
Goechhausen, Ernst A. A., Aufschluß und Verteidigung der Enthüllung des Systems der Weltbürger-Republik, Rom (Leipzig) 1787.
Goechhausen, Ernst A. A., Aufschluß und Verteidigung in Briefen, Rom (Leipzig) 1788.
Groche, Aldolf, Freimaurerische Geheimschriften, Berlin 1960 (Manuskript, Freimaurer-Museum Bayreuth).
Großloge des Alten Freien und Angenommenen Maurer von Deutschland. Freimaurerische Ordnung vom 24. Mai 1974 mit den Änderungen nach dem Stand vom 1. Oktober 1982, Hamburg 1982.
Gruber Hermann, Freimaurerei, Weltkrieg und Weltfriede, Leipzig 1917.
Gutmann, G., Die Freimaurerei in Frankreich, Hamm (Westfalen) (1968/69).
Haack, Friedrich-Wilhelm, Freimaurer, München 1984.
Habeck, Fritz, Der Ritt auf dem Tiger, Wien 1958.
Hamill, John, The Craft. A History of English Freemasonry, London 1986.
Hammacher, Klaus, Kritische Überlegungen zum Humanitätsbegriff, in: Quatuor Coronati 20 (1983) 307–310.
Hammermayer, Ludwig, Der Wilhelmsbader Freimaurer-Konvent von 1782. Ein Höhe- und Wendepunkt in der Geschichte der deutschen und europäischen Geheimgesellschaften, Heidelberg 1980.
Hammermayer, Ludwig, Akademiebewegung und Wissenschaftsorganisation, in: Wissenschaftspolitik in Mittel- und Osteuropa, Berlin 1976, 1–84.
Hammermayer, Ludwig, Zur Geschichte der Europäischen Freimaurerei und der Geheimgesellschaften im 18. Jahrhundert, in: Beförderer der Aufklärung in Mittel- und Osteuropa, Berlin 1979.

Handbuch des Ordens von der Wilden Rose, Wien 1921.
Handbüchlein für Brr. Lehrlinge, Handbüchlein für Brr. Gesellen, Handbüchlein für Brr. Meister, hg. v. Wilhelm Schröder, Berlin 1909, 1910.
Hantzsch, Arthur, Die fürchterlichen Eide der Johannis-Freimaurerei, Dresden 1931 (Reprint).
Haring, Johann B., Grundzüge des Katholischen Kirchenrechtes, Graz 1924.
Harscheidt, Michael, Vier unterschiedliche historische Entwicklungen verhindern eine gemeinsame europäische Freimaurerei, in: 7, 11 (1985) humanität 19–21.
Hasselbacher, Friedrich, Volksverrat der Feldlogen im Weltkriege mit 75 Abbildungen und Bilddokumenten, Berlin 1939.
Haugwitz, Christian A. H. K., Hirtenbrief an die wahren und ächten Freymäurer alten Systems, Leipzig 1785.
Hausgesetz der Loge Gleichheit im Orient zu Wien, Wien 1953.
Helle, Horst Jürgen, Soziale Funktion des Symbols, Hamburg 1975 (Die Blaue Reihe 25).
Hergeth, Friedrich, Aus der Werkstatt der Freimaurer und Juden im Oesterreich der Nachkriegszeit, Graz 1927.
Hieronimus, Ekkehard, Leo Taxil. Ein Beitrag zur Geschichte der Antifreimaurerei, in: Quatuor Coronati 13 (1976) 99–118.
Hoede, Karl, Burschen heraus. Zur Erinnerung an den Ursprung der alten Burschenherrlichkeit, Frankfurt/M. o. J.
Hoede, Karl, Die Meister von Como, in: Quatuor Coronati 4 (1967) 5–79.
Höhler, Rolf, Zur Technik der Öffentlichkeitsarbeit der Logen, Hamburg 1980 (Die Blaue Reihe 27).
Hoffmann, Leopold A., Kaiser Josephs Reformation der Freymaurer, Deutschland (Wien) 1786.
Holtorf, Jürgen, Die verschwiegene Bruderschaft. Freimaurer-Logen: Legende und Wirklichkeit, München 1984.
Holtorf, Jürgen, Verschwörung zum Guten. Geschichtliche Bedeutung und heutige Aufgabe der Freimaurerlogen – eine Information, Münster 1985.
Horneffer, August, Das Brauchtum der Freimaurer. Sinn und Werte unserer Symbole, Hamburg (1954) (Die Blaue Reihe 1).
Howe, Ellic, The collapse of freemasonery in Nazi Germany, London 1973 (Manuskript, Freimaurer-Museum Bayreuth).
humanität, Das deutsche Fraimaurermagazin 6 (1980) – 14 (1988).
humanität spezial, Das deutsche Freimaurermagazin 8, 11 (1985); 8, 12 (1986); 8, 13 (1987).
Huscher, Reinhold, Gedanken zur Spaltung der Freimaurerei. Aspekte des Grand Orient de France, in: 3, 12 (1986) humanität 13f.
Ideen und Ideale deutscher Freimaurer. Aufklärung, Klassik, Romantik, Wien 1986.
Igazságot, Ismerök Az, Kissinger. Person, Politik Hintermänner, Euskirchen 1974.
Im Hof, Ulrich, Das gesellige Jahrhundert. Gesellschaft und Gesellschaften im Zeitalter der Aufklärung, München 1982.

Imhof, Gottlieb, Kleine Werklehre der Freimaurerei, 3 Bde., Zürich 1960, 1961, 1966.
Isler, Egon, Stiftung Bibliotheca Masonica August Belz St. Gallen, Katalog 2 Bde., St. Gallen 1982.
225 Jahre Freimaurer in Göttingen, Göttingen 1972.
200 Jahre Freimaurerei in Kärnten, Klagenfurt 1983.
200 Jahre Freimaurerloge Modestia cum Libertate im Orient zu Zürich, Zürich 1971.
200 Jahre Freimaurerische Gebrauchsgraphik, hg. v. Hans Weinberg, Vorwort von Stephan Kekule von Stradonitz, Wien 1930.
100 Jahre „Loge Zukunft" Orient Wien 1874–1974, Wien 1974.
Zehn Jahre Libertas, Wien 1970.
Jakobiner in Mitteleuropa, hg. v. Helmut Reinalter, Innsbruck 1977.
Joseph II. und die Freimaurerei im Lichte zeitgenössischer Broschüren, hg. v. Helmut Reinalter, Wien–Köln–Graz 1987 (Veröffentlichungen der Kommission für Neuere Geschichte Österreichs 77).
Journal für Freymaurer. Eine Festschrift der Großloge von Österreich zum 250. Jahrestag der Gründung der Englischen Großloge, Wien 1967.
Joumal für Freymaurer 1 (1784) – 3 (1787).
Katechismus der Johannis-Freimaurerei mit historischen Erläuterungen, 3 Bde., hg. n. Fredrich Ludwig Schröder v. Eugen W. Schmidt, Leipzig (1924, 1925).
Karte des Deutschen Groß-Logenbundes, Berlin-Schöneberg 1907 (Reprint Bayreuth 1984).
Kehl, Alois, Warum Dialog zwischen Katholiken und Freimaurern?, Hamburg 1978.
Kehl, Alois, Welche Humanität ist das durchzusetzende Ideal, in Quatuor Coronati 20 (1983) 297–300.
Kehl, Alois, Freimaurerei, in: Christliches Abc Heute und Morgen, Emmendingen 1981, Gruppe 4, 1–22.
Keller, Ludwig, Die geistigen Grundlagen der Freimaurerei und das öffentliche Leben, Jena 1911.
Keller, Ludwig, Die Freimaurerei. Eine Einführung in ihre Anschauungswelt und in ihre Geschichte, Leipzig/Berlin 1918.
Kerning, J. B., Maurerische Mitteilungen, 2 Bde., Lorch/Württemberg 1910.
Khaynac, Udo Freiherr von, Der Tempel Salomonis. Generalkarte der Weltrevolution. Arbeitsplan aller Geheim-Orden. Schlüssel zur Weltgeschichte, Potsdam 1935 (Reprint).
Kloss, Georg, Annalen der Loge zur Einigkeit, Graz 1972.
Kloss, Georg, Bibliographie der Freimaurerei und der mit ihr in Verbindung gesetzten geheimen Gesellschaften, Frankfurt/M 1844.
Kloss, Georg, Die Freimaurerei in ihrer wahren Bedeutung, Graz 1970.
Kloss, Georg, Geschichte der Freimaurerei in England. Irland und Schottland aus ächten Urkunden dargestellt (1685 bis 1784) nebst einer Abhandlung über die Ancient Masons, Graz 1971.
Kloss, Georg, Geschichte der Freimaurerei in Frankreich aus ächten Urkunden dargestellt (1725 bis 1830), 2 Bde., Graz 1971.

Knieriem, Volker / Gantner, Theo, Freimaurergeschichten, in: Freimaurer 83–87.
Knight, Stephen, The Brotherhood. The Secret World of the Freemasons, London 1983.
Köhler, Oskar, Die Ausbildung des Katholizismus in der modernen Gesellschaft, in: Handbuch der Kirchengeschichte, Freiburg–Basel–Wien 1985, Bd. 6, 2, 196–264.
Köpeczi B. / Soboul, A. / Balázs, É. H., L'Absolutisme Éclairé. 2 Bde., Budapest 1985.
Körtnig, Walter, ABaW. Ein freimaurerisches Symbol, Hamburg 1971 (Die Blaue Reihe 18).
Koselleck Reinhart, Kritik und Krise. Ein Beitrag zur Pathogenese der bürgerlichen Welt, Freiburg/München 1959.
Kotanko, Christoph, Die Freimaurer-Partie. VOEST-Intern, in: Wochenpresse vom 17. Dezember 1985, 14–17.
Krause, Peter, „O alte Burschenherrlichkeit". Die Studenten und ihr Brauchtum, Graz–Wien–Köln 1979, 5. Auflage 1987.
Kretschmer, Ernst Paul, Neue Beiträge zur Geschichte der antimasonianischen Sozietäten 1741 bis 1805, Leipzig 1931.
Kreuz, Christian, Ein Weltbetrug durch Zeichen, Wort und Griff an der Werkmaurerei, Zürich 1923.
Krivanec, Ernst, Die österreichische Freimaurerei im 18. Jahrhundert, in: Österreichische Freimaurerlogen, 12–14.
Krivanec, Ernst, Humanität und Toleranz. Österreichische Freimaurerlogen im 18. Jahrhundert, in: Österreichische Freimaurerlogen, 14–18.
Kronprinz und Kaiser Friedrich III. als Freimaurer, Leipzig 1931.
Krüger, G., Der Antifreimaurer-Beschluß der Katholischen Deutschen Bischofskonferenz. Aktuell und geschichtlich gesehen. Vertrauliche Handschrift für Brr. Stuhlmeister und Redner, Hannover 1981 (Manuskript in Freimaurer-Museum Bayreuth).
Kuéss, Gustav R., Die Vorgeschichte der Freimaurerei im Lichte der englischen Forschung, Hamburg o. J. (Die Blaue Reihe 11).
Kuéss, Gustav R. / Bernhard Scheichelbauer, 200 Jahre Freimaurerei in Österreich, Wien 1959.
La massoneria in Italia. Mostra documentaria a curia die Agostino Lattanzi. Museo die Roma – Palazzo Braschi, Roma 1978.
Lachmann, H. / Schiffmann, G. A., Hochgrade der Freimaurerei, Graz 1974.
Lagutt, Jan K., Der Grundstein der Freimaurerei. Erkenntnis und Verkennung, Zürich 1958.
Larudan, Die zerschmetterten Freimaurer, Frankfurt, Leipzig 1746.
Lefebvre, Marcel, Offener Brief an die ratlosen Katholiken, Wien 1986.
Lehrgespräche I–III, Münster 1984/1985.
Lennhof, Eugen, Die Freimaurer, Zürich–Leipzig–Wien 1929.
Lennhof, Eugen, Die Freimaurer. Geschichte, Wesen, Wirken und Geheimnis der koniglichen Kunst, Wien 1932.
Lennhof, Eugen, Politische Geheimbünde, Wien–Leipzig 1931.

Lennhof, Eugen / Posner, Oskar, Internationales Freimaurer-Lexikon (Nachdruck der Ausgabe von 1932), Wien 1980.

Lerich, Konrad, Der Tempel der Freimaurer. Der 1. bis 33. Grad. Vom Suchenden zum Wissenden, Berlin 1937 (Reprint).

Lessing, Gotthold Ephraim, Ernst und Falk – Gespräche für Freimaurer. Mit einer Einführung und Erläuterungen von Wolfgang Kelsch, Hamburg 1981.

Lewis, L., Geschichte der Freimaurerei in Österreich im Allgemeinen und der Wiener Loge zu St. Joseph insbesondere, Wien 1861.

Lexikon der Symbole, hg. v. Wolfgang Bauer, Irmtraut Dümotz, Sergius Golowin, Wiesbaden 1985.

Liederbuch der Vereinigten Großloge der Freimaurer von Deutschland. o.O. 1950.

Lindner, Dolf, Ignaz von Born. Meister der Wahren Eintracht. Wiener Freimaurer im 18. Jahrhundert, Wien 1986.

Lindner, Erich J., Die königliche Kunst im Bild, Graz 1976.

Lindner, Erich J., Freimaurerisches Brauchtum in Bildern 1730–1840, Hannover 1969 (Quellenkundliche Arbeit der Freimaurerischen Forschungsgesellschaft und der Forschungsloge Quatuor Coronati Bayreuth 3).

Lothar, Ernst, Der Engel mit der Posaune. Roman eines Hauses, Salzburg 1947.

Ludendorff Erich, Kriegshetze und Völkermorden in den letzten 150 Jahren, München 1931.

Ludendorff, Erich, Vernichtung der Freimaurerei durch Enthüllung ihrer Geheimnisse, München 1927.

Ludendorff, von Kemnitz Mathilde, Der ungesühnte Frevel an Luther, Lessing, Mozart, Schiller. Ein Beitrag zur Deutschen Kulturgeschichte, München 1931.

Mariel, Pierre, Die wahren Söhne des Lichtes. Zeugnis eines Hochgrad-Freimaurers, Zürich 1963 (Lehre und Symbol 16).

Marischka, Viktor, Loge Gleichheit 1914–1979, Wien 1979.

Martire, Gilberto, La Massoneria italiana. A proposito di una Massoneria Filo-Cattolica, Mailand 1952.

Mauthe, Jörg, Demnächst oder der Stein des Sisyphos, Wien 1986.

Mauthe, Jörg, Öffentlichkeit – wozu?, in: 100 Jahre Loge Zukunft, 31–34.

Meldungen aus dem Reich 1938–1945. Die geheimen Lageberichte des Sicherheitsdienstes des SS. Hg. v. Heinz Boberach, 17 Bde., Herrsching 1984.

Mellor, Alec, Logen, Rituale, Hochgrade. Handbuch der Freimaurerei, Graz 1937.

Mellor, Alec, Unsere getrennten Brüder. Die Freimaurer, Graz 1964.

Meyer, Otto, Die Meister von Como, in: Quatuor Coronati 13 (1976) 71–78.

Miers, Horst E., Lexikon des Geheimwissens, Augsburg 1986.

Möller, Dieter, Die Londoner Großloge von 1717. Vorgeschichte und Geschichte ihrer Gründung, in: Quatuor Coronati 5 (1968) 32–58.

Möller, Horst, Die Bruderschaft der Gold- und Rosenkreuzer. Struktur, Zielsetzung und Wirkung einer anti-aufklärerischen Geheimgesellschaft, in: Freimaurer und Geheimbünde 199–239.

Mola, Aldo Alessandro, Storia della Massoneria italiana dall'Unità alla Republica, Mailand 1976.

Molinari, Franco, La Massoneria. Cattedrale laica della fraternità, Brescia 1981 (Nuovi Saggi Queriniana 44).

Nagy, Töhötöm, Jesuiten und Freimaurer. Mit einem offenen Brief an Seine Heiligkeit Paul VI., Wien 1969.

Nagy, Zsuzsa L., Freemasons in the Danubian Region before and after World War I, in: Danubian Historical Studies 1, 1 (1987) 13–22.

Naudon, Paul, Geschichte der Freimaurerei, Frankfurt, Berlin, Wien 1982.

Neuberger, Helmut, Freimaurerei und Nationalsozialismus. Bd. 1: Der völkische Propagandakampf und die deutsche Freimaurerei bis 1933. Bd. 2: Das Ende der deutschen Freimaurerei, Hamburg 1980.

Neues Constitutionenbuch, Frankfurt 1743.

Nitsche, Ernst, Die großen und kleinen Lichter der Freimaurerei, Hamburg 1962 (Die Blaue Reihe 12/13).

Nitsche, Ernst, Das Mysterienspiel von der Erschaffung der Welt und dem Werden des Menschen im freimaurerischen Ritual, Hamburg 1966 (Die Blaue Reihe 16).

Oberheide, Jens, Logengläser. Die Gläsersammlung Bodo Nährer im Rahmen einer kulturhistorischen Betrachtung der Entstehung und Entwicklung von Trink- und Tafelsitten, Graz 1983.

Obermaier, Walter, Freimaurerschrifttum in Österreich, in: Zirkel und Winkelmaß 47–52.

Österreichische Freimaurer, in: Catena 10. März 1968, 10.

Österreichische Freimaurerlogen. Humanität und Toleranz im 18. Jahrhundert, Katalog des Österreichischen Freimaurermuseums in Rosenau bei Zwettl, 3. erw. Aufl., 1978.

O. K., „... in schwerer Sünde...". Roms Diskriminierung gegen Freimaurer, in: Alt-katholische Kirchenzeitung 28 (1984) Nr. 4.

Olbrich, Karl, Die Freimaurer im deutschen Volksglauben. Die im Volke umlaufenden Vorstellungen und Erzählungen von den Freimaurern, in: Wort und Brauch, Volkskundliche Arbeiten namens der Schlesischen Gesellschaft für Volkskunde, Heft 20, Breslau 1930.

Ordensregel der Wilden Rose, Wien 1921.

L'Ordre des francs-maçons trahi, Amsterdam 1745.

Perau, Gabriel L. G., Die offenbarte Freymäurerei, Leipzig 1745.

Peters, Bruno, ... für und über ... Die Geschichte der Freimaurerei im Deutschen Reich 1870 bis 1933, Berlin o. J.

Peukert, Freimaurer, in: Handwörterbuch des deutschen Aberglaubens, Berlin 1931, 23–44.

Pfeifenberger, Werner, Internationalismus gegen Nationalismus, in: Freiheit und Verantwortung. Jahrbuch für politische Erneuerung 1995, Wien 1994, 494–546.

Pflanzl, Günter, Die Bruderschaft der Freimaurer, Recklinghausen 1987.

Pfisterer, Heinrich, Der Schöpfer des Meister-Diploms der Freimaurer-Loge „Zu den drei vereinigten Herzen" in Graz, Bruder Johann Veit Kaupertz, in: Die Drei Ringe. Monatsblätter für Freimaurerei und verwandte Gebiete 9 (1933) 29ff.

Philalethes, Anton, Belzebub und seine Tätigkeit oder die entsetzliche Vergangenheit, traurige Gegenwart und schreckliche Zukunft, Wien 1869.

Physikalische Arbeiten der einträchtigen Freunde in Wien, hg v. Ignaz von Born, I (1783/1785) – 2 (1786/1788).

Pinay, Maurice, Verschwörung gegen die Kirche, Madrid 1963.

Posner, Oskar, Bilder zur Geschichte der Freimaurerei, Reichenberg 1927.

Posner, Oskar / Vogel, Theodor, Am rauhen Stein. Leiffaden für Freimaurerlehrlinge, Frankfurt/M.–Hamburg–Mainz (1954).

Prantner, Robert, Freimaurertum – eine Herausforderung an Wahrheit und Werte, in: Freiheit und Verantwortung. Jahrbuch für politische Erneuerung 1995, Wien 1994, 124–151.

Prichard Samuel, Die zergliederte Freymaurerei, Frankfurt, Leipzig 1788.

Priouret, Roger, La Franc-Maçonnerie sous les lys, Paris 1953.

Quenzer, Wilhelm, „Königliche Kunst" in der Massengesellschaft, Freimaurerei als Gruppenphänomen, in: Information Nr. 58 XII/74, Evangelische Zentralstelle für Weltanschauungsfragen, Stuttgart 1974.

Rahner, Karl / Vorgrimler, Herbert, Kleines Konzilskompendium, Freiburg/Br.–Basel–Wien 1975 (Herderbücherei 270).

Rainer, Hubert, Freimaurerei in Österreich 1871 bis 1938, in: Zirkel und Winkelmaß, 1984, 31–46.

Rainer, Hubert, Die österreichische Freimaurerei 1918–1938, in: Traum 9–21.

Rainer, Hubert / Zörrer, Ferdinand, Die österreichischen Grenzlogen, in: Quatuor Coronati 20 (1983) 143–166.

Rath, John R., The Carbonari. Their origins, initations, rites and aims, in: American Historical Review 69 (1963/64) 353–370.

Rehländer, Jens / Henning, Christoph, Ehrenmanns Bruderbund. Freimaurer in Deutschland, in: Geo 2, Februar 1988, 10–28.

Reinalter, Helmut, Aufklärung, Absolutismus, Reaktion. Die Geschichte Tirols in der 2. Hälfte des 18. Jahrhunderts, Wien 1974.

Reinalter, Helmut, Aufgeklärter Absolutismus und Revolution. Zur Geschichte des Jakobinertums und der frühdemokratischen Bestrebungen in der Habsburgermonarchie, Wien–Köln–Graz 1980.

Reinalter, Helmut, Geheimbünde in Tirol. Von der Aufklärung bis zur Französischen Revolution, Bozen 1982 (Schriftenreihe des Südtiroler Kulturinstituts 9).

Reinalter, Helmut, Das Weltall als Wirkung einer „höchsten Ursache", in: Tradition und Entwicklung. Festschrift Eugen Thurnherr zum 60. Geburtstag, Innsbruck 1982.

Reinalter, Helmut, Die Freimaurerei in Österreich von der Aufklärung bis zur Revolution 1848/49, in: Zirkel und Winkelmaß, 7–25.

Riegelmann, Hans, Die europäischen Dynastien in ihrem Verhältnis zur Freimaurerei, Berlin 1943.

Ritual für den Lehrlings Grad. Zum Gebrauch in den deutschsprechenden Landeslogen des Internationalen Vollkommenen Freimaurer-Ordens „Le Droit Humain". Genehmigt durch den Obersten Rat des Ordens, Margarita Katz, Berlin o. J. (um 1953/54)

Ritual des Ritter-Ordens von der Wilden Rose, Wien 1921.

Rituale dell'Apprendista Libero Muratore, Gran Loggia Nazionale dei Liberi Muratori d'Italia (Grande Oriente D'Italia), Rom 1955.

Ritualkunde der GL AFuAM D, I–III, Hamburg 1971/72.

Rituel der Lehrlinge zum Gebrauch der Loge Wahrheit und Einigkeit zu 3 gekrönten Säulen im Orient von Prag, 1791.

Rituel der Meister zum Gebrauch der Loge Wahrheit und Einigkeit zu 3 gekrönten Säulen im Orient von Prag, 1791.

Rogalla von Bieberstein, Johannes, Die These von der Verschwörung 1776–1945. Philosophen, Freimaurer, Juden, Liberale und Sozialisten als Verschwörer gegen die Sozialordnung, Frankfurt/M 1976 (Europäische Hochschulschriften III/63).

Rogalla von Bieberstein, Johannes, Die These von der jüdisch-freimaurerischen Weltverschwörung 1776–1745, in: aus politik und zeitgeschichte. Beilage zur Wochenzeitung das parlament, B 25/77 vom 25. Juni 1877, 30–46.

Rogalla von Bieberstein, Johannes, Die These von der freimaurerischen Verschwörung, in: Freimaurer und Geheimbünde (1983), 85–111.

Rogalla von Bieberstein, Johannes, Geheime Gesellschaften als Vorläufer politischer Parteien, in: Geheime Gesellschaften, 429–460.

Rosenstrauch-Königsberg, Edith, Freimaurerei im Josephinischen Wien. Aloys Blumauers Weg vom Jesuiten zum Jakobiner, Wien 1975 (Wiener Arbeiten zur Deutschen Literatur 6).

Rosenstrauch-Königsberg, Edith, Eine freimaurerische Akademie der Wissenschaften, in: Revolution und Demokratie in Geschichte und Literatur. Zum 60. Geburtstag von Walter Grab, hg. v. Julius Schoeps und Imanuel Geiss, Duisburg 1979 (Duisburger Hochschulbeiträge 12) 151–169.

Rosenstrauch-Königsberg, Edith, Illuminaten in der Habsburgermonarchie, in: Quatuor Coronati 20 (1983) 119–142.

Rudé, George, Europa im 18. Jahrhundert. Die Aristokratie und ihre Herausforderung durch das Bürgertum, München 1983.

Ruge, Peter, Die Freimaurer in Frankreich richten sich auf die „Cohabitation" ein. Raymond Barre Unterstützung zugesagt, Zehn Logenbrüder in der Regierung Fabius, in: Die Welt 56 vom 7. März 1986.

Runkel, Ferdinand, Geschichte der Freimaurerei in Deutschland, 3 Bde., Berlin 1933.

Scharf, Helmut, Perkonig – ein Dichter der unterschlagenen Generation, in: Carinthia 1, 159 (1969) 211–224.

Scharlach, W., Die Wahrheit über die Freimaurerei, Hannover (o. J.).

Schauberg, Jos., Vergleichendes Handbuch der Symbolik der Freimaurerei mit besonderer Rücksicht auf die Mythologien und Mysterien des Altertums, 3 Bde., Schaffhausen 1861.

Scheichelbauer, Bernhard, Die Johannis-Freimaurerei. Versuch einer Einführung, Wien 1953.
Schenkel, Gotthilf, Die Freimaurerei im Lichte der Religions- und Kirchengeschichte, Gotha 1926.
Scherpe, Wolfgang, Das Unbekannte im Ritual. Versuch einer Darstellung von Instruktionen für Ritual, Symbolik und Logenordnungen in der Großloge AF und AM von Deutschland, Braunschweig 1981.
Scherpe, Wolfgang, Das Schwert im Ritual, in: humanität 8 (1982) 24f.
Schick, Hans, Das ältere Rosenkreuzertum. Ein Beitrag zur Entstehungsgeschichte der Freimaurerei, Bremen 1942 (Reprint).
Schindler, Norbert, Freimaurerkultur im 18. Jahrhundert. Zur sozialen Funktion des Geheimnisses in der entstehenden bürgerlichen Gesellschaft, in Klassen und Kultur. Sozialanthropologische Perspektiven in der Geschichtsschreibung, Frankfurt/M. 1981, 205–262.
Schindler, Norbert, Der Geheimbund der Illuminaten: Aufklärung, Geheimnis und Politik, in: Freimaurer und Geheimbünde 284–318.
Schmidt, J. N. J., Wurzeln der Freimaurerischen Gemeinschaft. Rückblick und Ausblick, Zürich 1961.
Schneider, Carl, Die antiken Mysterien in ihrer Einheit und Vielfalt. Wesen und Wirkung der Einweihung, Hamburg 1979.
Schneider, Herbert, Deutsche Freimaurer-Bibliothek. Verzeichnis der Bibliothek des Deutschen Freimaurer-Museums Bayreuth, Bd. 1, Hamburg 1977, Bd. 2, Bayreuth 1984.
Schneider, Robert, Die Freimaurerei vor Gericht. Neue Tatsachen über Weltfreimaurerei, deutsch-christliche Orden und geheime Hochgrade, Karlsruhe o. J.
Schönmann, Ernst, Aus der Geschichte der Freimaurerei in England, in: Freimaurerei in England 10–21.
Schoepper, Aem., Monarchie oder Republik? Freimaurerei und Kirche über die Staatsform, Innsbruck–Wien–München 1919.
Schröder, Richard / Künßberg, Eberhard von, Lehrbuch der deutschen Rechtsgeschichte, Berlin–Leipzig 1922.
Schuh, Franz Josef, Einige Beobachtungen über Rechtsstaat und aufgeklärten Absolutismus im Österreich der Jakobiner Prozesse, in: Revolution und Demokratie in Geschichte und Literatur. Zum 60. Geburtstag von Walter Grab, hg. v. Julius Schoeps und Imanuel Geiss, Duisburg 1979 (Duisburger Hochschulbeiträge 12) 171–184.
Schwabe, Johannes Conrad, Für und Wider die Freimaurerei. Kleine Bibliographie der Angriffs- und Abwehrliteratur, Leipzig 1931.
Schwartz-Bostunitsch, Gregor, Die Freimaurerei. Ihr Ursprung, ihre Geheimnisse, ihr Wirken, Weimar o. J.
Schwarz, Dieter, Die Freimaurerei. Weltanschauung, Organisation und Politik, Berlin 1938.
Sebott, Reinhold, Freimaurer, in: Staatslexikon 2 (1986) 725–728.
Sendschreiben an die erhabenen Unbekannten, Berlin 1781.
Siebertz, Paul, Freimaurer im Kampf um die Macht, Hamburg 1938.

Singer, Arthur, Der Kampf Roms gegen die Freimaurerei. Geschichtliche Studie, Leipzig 1925.
Six, Franz Alfred, Freimaurerei und Judenemanzipation, Hamburg 1938. (Vortrag am 4. Februar 1938 im Rahmen der Ausstellung „Der ewige Jude".)
Six, Franz Alfred, Studien zur Geistesgeschichte der Freimaurerei, Hamburg 1942.
Smitt, Willem, Handbuch der Freimaurerei, Leipzig 1910.
Speyer, W., Fluch, in: Reallexikon für Antike und Christentum, Stuttgart 1969, Bd. 7, 1160–1288.
Stern von Bethlehem. Ursprung, Wesen und Ziel der Freimaurerei, Belgrad–Laibach 1981.
Stimpfle, Josef, Freimaurerei und katholische Kirche. Nach Veröffentlichung des neuen Kirchenrechtes, in: Communio 13 (1984) 166–174.
Stimpfle, Josef, Die katholische Kirche und die Freimaurerei. Die Dialogkommission hat die entscheidende Frage geklärt, in: Deutsche Tagespost vom 28./29. März 1986 (Nr. 38) 21–23.
Stock, Klaus Jürgen, Humanitäre Vorstellungen, in: Quatuor Coronati 20 (1983) 301–305.
Strathmann, H., Eid, in: Evangelisches Kirchenlexikon, Göttingen 1956, Bd. 1, 1027–1033.
System der Freymaurer-Loge Wahrheit und Einigkeit zu den drey gekrönten Säulen in Prag, Philadelphia 1594 / Prag 1794.
Taute, Reinhold, Maurerische Bücherkunde, ... ein Supplement zu Kloss' Bibliographie, Leipzig 1886.
Taute, Reinhold, Ordens- und Bundesromane. Ein Beitrag zur Bibliographie der Freimaurerei, Graz 1977.
Taxil, Leo, Der Meuchelmord in der Freimaurerei, Salzburg 1891.
Tempelweihe in Graz, Graz 1980.
The Constitutions of the Free-Masons, London 5723 (1723). Reprint in: Die alten Pflichten von 1723, Hamburg 1982.
The „Standard" Ritual of Scottish Freemasonery, Edinburgh 1963.
Thieben, E., Die Enttäuschung des Lehrlings, in: Die Gegenwartsmaurerei, Wien 1928, 186–188.
Tschoudy, Theodore H., Der flammende Stern, Berlin 1779.
Tucholsky, Kurt, Gesammelte Werke, Bd. 6, 1928, Reinbek 1985.
Vaillant, Bernhard, Westliche Entweihungslehren, Paris 1983.
Verbotene Freimaurerei 1848–1918, Katalog zur Sonderausstellung im Österreichischen Freimaurermuseum Schloß Rosenau bei Zwettl, 1978/79.
Verfassung s. Freimaurerische Ordnung.
Vogel, Theodor, Begegnungen und Weggefährten, Hamburg 1976.
Vogel, Theodor, Die ungeschriebenen Gesetze der Freimaurerei, Hamburg 1979 (Die Blaue Reihe 19).
Vorläufige Darstellung des heutigen Jesuitismus der Rosenkreuzerey, Deutschland 1786.

Wagner, Hans, Die Loge zur Wahren Eintracht, in: Österreichisches Freimaurermuseum, Schloß Rosenau bei Zwettl. Freimaurerei um Joseph II. Die Loge zur Wahren Eintracht, Katalog 1980, 7–17.

Wagner, Heinrich, Freimaurer-Logen, in: Handbuch der Architektur, Darmstadt 1985.

Waissenberger, Robert, Freimaurerlogen zur Zeit Kaiser Josephs II., in: Österreich zur Zeit Kaiser Josephs II. Mitregent Kaiserin Maria Theresias, Kaiser und Landesfürst. Niederösterreichische Landesausstellung, Katalog Stift Melk 1980, 232–239.

Waldstein, Wolfgang, Zum rechtlichen Charakter der „Declaratio de Associationibus Massonicis", in: Im Dienst von Kirche und Staat. In memoriam Carl Holböck, hg. v. Franz Pototschnig und Alfred Rinnerthaler, Wien 1985, 519–527.

W., B., Beiträge zu einer Geschichte der Freimaurerei in Österreich. Regensburg 1868.

Wegweiser zur Freimaurerei. Frankfurt/M. 1980.

Wein, Bernhard, Die Bauhütten und ihre Entwicklung zur Freimaurerei, Hamburg 1977.

Weishaupt, Adam, Einleitung zu meiner Apologie, Frankfurt, Leipzig 1787.

Werhan, K., Die Freimaurerei im Volksglauben, Berlin 1919.

Wichtl, Friedrich, Freimaurer-Morde. „In der Freimaurerei ist es erlaubt zu töten!", Wien 1920.

Wichtl, Friedrich, Weltfreimaurerei, Weltrevolution, Weltrepublik. Eine Untersuchung über Ursprung Verlauf und Fortsetzung des Weltkrieges und über das Wirken des Freimaurerbundes in der Gegenwart, München–Berlin 1943.

Winkelmaß und Zirkel. 200 Jahre Freimaurer in Karlsruhe. Festschrift 200 Jahre Freimaurerloge Leopold zur Treue Karlsruhe 1785–1985, Karlsruhe 1985.

Winkelmüller, Otto, Les Compagnonnages. Eine Wurzel der Freimaurerei, Frankfurt/Hamburg 1967.

Wolfenberger, Willi, Die Lehre von der Entwicklung der Einzelpersönlichkeit und die freimaurerische Aufnahme, Münster 1987 (Die Blaue Reihe 30).

Wolfstieg, August, Bibliographie der freimaurerischen Literatur, 3 Bde., Leipzig 1911–1913. Ergänzungsband, Leipzig 1926.

Wulf, Alfred, Geheimbünde in alter und neurer Zeit. Quellen zum Ursprung der Freimaurerei, 2 Bde., Villingen 1959.

Zacharias, Gerhard, Satanskult und Schwarze Messe. Ein Beitrag zur Phänomenologie der Religion, München, Berlin 1979.

Zirkel und Winkelmaß. 200 Jahre große Landesloge der Freimaurer, Katalog der 86. Sonderausstellung des Historischen Museums der Stadt Wien, Wien 1984.

Personenregister

Bildquellenverzeichnis

Seite

123 „Der Teufel Asmodäus erscheint in der Loge.“ „Le Diable au XIXe siècle“. Privatbesitz Dieter A. Binder, Graz.

128 Freimaurerische Gebrauchsgraphik. FM Bayreuth.

129 Freimaurerische Humanität will Gleichheit der Rassen. Aus: Der Schulungsbrief, 6. Jg. 1939, Heft 7. AKG Berlin.

134 Die „Entlarvung der Freimaurerei“ als Teufelsding. Aus: Christian Kreuz. Ein Weltbetrug durch Zeichen, Wort und Griff an der Werkmaurerei, Zürich 1923.

136 Papst Benedikt XV. ÖNB Wien.

142 Gustav Stresemann. Aufnahme um 1926. AKG Berlin.

144 Erich Ludendorff. Aufnahme um 1930. AKG Berlin.

145 Eintragung Ludendorffs in das Gästebuch der Münchner Loge „Empor“ am 2. 5. 1923. Aus: humanität special 1985, S. 41.

147 Flugschrift von Friedrich Hasselbacher. AKG Berlin.

150 Militärloge „Blücher von Wahlstatt“. Orient Luxemburg. Aufnahme 1857. Gregor Schwartz-Bostunitsch: Die Freimaurerei, Weimar 1938, S. 193.

152 Gebhard Leberecht von Blücher. ÖNB Wien.

153 Iffland, Fichte und Schleiermacher als Vaterlandsverteidiger. ÖNB Wien.

155 Gerhard von Scharnhorst. Stich von W. Bollinger. ÖNB Wien.

157 Franklin Delano Roosevelt, Hjalmar Schacht und Hans Luther im Weißen Haus. ÖNB Wien.

158 Deutscher Logenteppich mit freimaurerischen Symbolen, ca. 1760/70. FM Bayreuth.

160/161 Diese bei Palser in London 1809 publizierte Serie beruht auf Vorlagen, die in die Enthüllungsliteratur des 18. Jahrhunderts zurückreichen. FM Bayreuth.

163 „Die Freymäurer.“ Porzellangruppe von Kaendler, Meißen 1743. FM Bayreuth.

166 Friedrich III. setzte sich massiv für die Einigung der deutschen Freimaurer ein, doch blieb ihm in diesem Bereich, ähnlich wie in seinen Vorstellungen über eine wissenschaftliche Freimaurergeschichtsschreibung als Basis für eine vernünftige Öffentlichkeitsarbeit, der durchschlagende Erfolg versagt. FM Bayreuth.

169 Drei Säulen (Linolschnitt von Heinz Braun).
Der Suchende (Torso) steht an den Stufen des Tempels und sieht die drei kleinen Lichter der Freimaurerei, die drei Säulen, die den Tempel tragen. Er steht am Beginn der Reisen.
Wanderer unter Sternen (Linolschnitt von Heinz Braun).
Der Geselle – im Gegensatz zum Suchenden hat er das Torsohafte überwunden – geht auf das Zentrum des Tempels unter dem Flammenden Stern zu. Er strebt die Meisterschaft an, die durch profane Verlockungen noch gefährdet ist (Tiergottheiten).
Lerne Weisheit (Linolschnitt von Heinz Braun).
Die drei großen Lichter der Freimaurerei (Heiliges Buch, Zirkel, Winkelmaß) und die drei kleinen Lichter werden vom Toten-

kopf überragt; gleichsam im Inneren des Tempels angelangt, überwindet der Meister in der Erhebung die Angst vor dem Tod, um sein Leben von nun an bewußt neu zu gestalten. FM Bayreuth.

171 Richard Graf Coudenhove-Kalergi. Zeichnung von Robert Fuchs 1936. ÖNB Wien.

174 Kardinal Franz König. Archiv Kleine Zeitung, Graz.

184/185 Jiří Sliva, F.·.M.·. Cartoons, Verlag Doktor Rähmer.

198 Logensiegel. Aus: humanität special 1985/86, S. 38.

203 „Der Kardinal und der Kanzler": Karikatur von Dieter Zehentmayr.

206 Meisterpaß für Kurt Tucholsky. Aus: humanität 1985, 10, S. 11.

211 Titelblatt des Buches „The Brotherhood" von Stephen Knight. Privatbesitz Dieter A. Binder, Graz.

222/223 Titelblatt der zweiten Auflage des Constitutionensbuches. Universitätsbibliothek Graz.

225 Einladungskarte der Nürnberger Loge „Zu den 3 Pfeilen". Kupferstich um 1780. AKG Berlin.

230 Freimaurerische Gebrauchsgraphik. FM Bayreuth.

232 Aufnahme in den Mopsorden. Kupferstich, Amsterdam 1745. Lindner, S. 247.

243 Lovis Corinth: „Die Logenbrüder". AKG Berlin.

246 Notendruck eines „Kettenlieds" mit Kupferstichillustration von G. Bickham, England 1722. AKG Berlin.

254 Englische Karikatur um 1800. Lennhoff, S. 136.

256 „Abriß der Loge bey Aufnahme eines Lehrlings oder Gesellen", Kupferstich, Amsterdam 1745. Lindner, S. 55.

259 Hammer der Feldloge „Zum Eisernen Kreuz", Orient Lüttich. Schwartz, S. 208.

262 Fragebogen für den Suchenden und freimaurerisches Testament. Lindner, S. 189.

270 Der Tempelhüter Marquis Carnarvon 1738. Lennhoff, S. 32.

280/281 Beamtenabzeichen. Ritualkunde I. FM Bayreuth und Bauhüttenverlag Münster.

283 Der Aufzunehmende legt den Eid ab. Kupferstich 1749. Lindner, S. 37.

286 Der einfach gestaltete Tempel im Schloß Rosenau weist – entsprechend der Bausymbolik „Ziegelwände" und eine „gedeckte" Kuppel auf; der Meister vom Stuhl hat seinen Platz vor einer Marmorverkleidung, die wohl den Tempel Salomons charakterisiert. Atelier für moderne Photographie, Brigitte Schwarz, Scheibbs, Niederösterreich.

289 Aufnahme eines Lehrlings. Stahlstich 1843. Privatbesitz Dieter A. Binder.

291 Der Aufzunehmende legt den Eid ab. Palser, London, 1809. Vorlage Privatbesitz Dieter A. Binder.

292 Freymaurerische Symbolkarte. FM Bayreuth.

Kultur und Geschichte

Rolf Wilhelm Brednich

Die Hutterer

Eine alternative Kultur in einer modernen Welt

Band 4676

Der Autor beschreibt die Lebensgrundlagen, religiösen Traditionen, Erziehungsprinzipien, Lieder und Märchen, das einfache Alltagsleben an den Bruderhöfen.

Mircea Eliade

Indisches Tagebuch

Reise durch einen mystischen Kontinent

Band 4649

„Ein unglaublich reiches, lebendiges, an manchen Stellen erschütterndes Buch" (Eugéne Ionesco).

Lindsay Clarke

Die Zauberharfe der Druiden

Die schönsten keltischen Mythen aus Irland und Wales

Band 4643

Eine geheimnisvolle Welt voller Magie und Überraschungen: Überliefert seit 3000 Jahren – Geschichten, die die Welt verzaubern.

Karl-Heinz Pohl

China für Anfänger

Hintergrund Kultur – Ein Begleiter für Geschäftsreisende und Touristen

Band 4595

Jiaozi sind keine Ravioli – was sie denn nun sind, worauf man bei aller Höflichkeit immer achten sollte, in welche Fettnäpfchen man treten kann und in welche Falle man nicht tappen sollte – das beschreibt der China-Experte.

Andreas Beck

Der Untergang der Templer

Größter Justizmord des Mittelalters?

Band 4575

Eine tragische Geschichte von Korruption, Machtkalkül und politischer Justiz.

Peter Heine

Konflikt der Kulturen oder Feindbild Islam

Alte Vorurteile – neue Klischees – reale Gefahren
Band 4455
Der Autor arbeitet die Geschichte der Vorurteile auf, zeigt, wo Kritik recht hat und wo fatale Mißverständnisse vorliegen.

Eberhard Horst

Der Sultan von Lucera

Friedrich der II. und der Islam
Band 4453
Eine spannende und kenntnisreiche Erzählung über das Leben des Sultans von Lucera – geschrieben von dem berühmten historischen Schriftsteller.

Régine Pernoud

Frauen zur Zeit der Kreuzzüge

Band 4375
Wie lebten die Prinzessinnen, Sklavinnen, einfache Frauen zur Zeit der Kreuzzüge? Spuren zu den Frauen aus dem Mittelalter.

Ingrid Ahrendt-Schulte

Weise Frauen – böse Weiber

Die Geschichte der Hexen in der frühen Neuzeit
Band 4336
Wie wurden Hexen „gemacht"? Die Historikerin hinterfragt alte und neue Mythen.

Amedeo Molnár

Die Waldenser

Geschichte und Ausmaß einer europäischen Ketzerbewegung
Band 4233
Spannende Lektüre und umfassende Information für alle Freunde mittelalterlicher Geschichte.

Zum Nachschlagen

Das Lexikon des Buddhismus
Gundbegriffe, Traditionen, Praxis
Hrsg. von Klaus-Josef Notz
Drei Bände in Kassette
Band 4700
„Unerläßliche, detaillierte und gleichzeitig überschaubare Informationen für die Begegnung mit einer spirituellen Tradition, die immer wieder Menschen im Westen fasziniert" (Prof. Michael v. Brück).

Lexikon der Astrologie
Hrsg. von Udo Becker
Band 4596
In über 1500 Stichwörtern werden anschaulich und präzise alle einschlägigen astrologischen, aber auch die relevanten astronomischen Fachbegriffe erläutert.

Jakob J. Petuchowski / Clemens Thoma
Lexikon der jüdisch-christlichen Begegnung
Hintergründe – Klärungen – Perspektiven
Band 4581
Erstmals in der Geschichte der beiden Religionen ein umfassend informierendes Gemeinschaftswerk zu zentralen Sachverhalten.

Lutz Röhrich
Lexikon der sprichwörtlichen Redensarten
Band 4400
„Ich habe selten ein solches Buch gelesen, das mir von Anfang an soviel Spaß gemacht hat und aus dem ich zugleich soviel gelernt habe." (Südwestfunk)

Herder Lexikon Griechische und römische Mythologie
Götter, Helden, Ereignisse, Schauplätze
Band 4343
Wer sich für den Kosmos der antiken Welt, für seine Mythen und Sagen interessiert, wird hier überschaubar und griffig bedient.

HERDER / SPEKTRUM